사탄의 전술전략

쿠르트 코흐 지음
이중환 옮김

Occult ABC
by Kurt E. Koch, Th. D.

© copyright 1988 by Literature Mission Aglasterhausen INC.
　　　Germany

Korean translation copyright © 2007 by Jerusalem Publishing Co.

사탄의 전술전략

초판 1쇄 발행	1986. 7. 20.
개정판 5쇄 발행	2015. 3. 15.
지은이	쿠르트 코흐
옮긴이	이중환
펴낸이	박성숙
펴낸곳	도서출판 예루살렘
주소	(10252) 경기도 고양시 일산동 고봉로 776-92(설문동)
전화 ǀ 팩스	031) 976-8972~3 ǀ 031) 976-8974
이메일	jerusalem80@naver.com
출판등록	1980년 5월 24일 (제 16-75호)
ISBN	978-89-7210-062-1 03230
책값	뒤표지에 있습니다.

© 이 출판물은 저작권법에 의해 보호를 받는 저작물이므로
무단 전재와 복제를 할 수 없습니다.

도서출판 예루살렘은
하나님을 사랑하며 하나님 말씀대로 순종하며 살기를 원하는
청소년, 성도, 목회자들을 문서로 섬기며
이를 위하여 기도하며 정성을 다하여
모든 사역과 책을 기획, 편집, 출판하고 있습니다.

오직 성령이 너희에게 임하시면 너희가 권능을 받고
예루살렘과 온 유대와 사마리아와 땅끝까지 이르러 내 증인이 되리라 (행 1:8)

이 책의 저자 쿠르트 코흐 목사는 독일 튀빙겐 대학교에서 신학박사 학위를 받으신 저명한 신학자이시며, 한 세기에 걸쳐 우리나라를 비롯한 110여 개국을 두루 순방하시며, 그리스도를 증거한 분이시다. 아울러 성경의 모본을 따르려고 애쓰시는 복음주의자로서 루터교단에 몸담고 있는 목회자이시다. 특히 코흐 목사는 영분별에 탁월한 은사를 받은 그리스도인으로서 사탄의 덫에 걸려 영적 속박과 장애를 받고 있는 사람들을 예수 그리스도께로 구원하고자 애쓰시는 하나님의 사람으로서 영적 안내자와 위로자의 사명을 다하려고 힘쓰신 분이시다.

이 저서는 저자가 전 대륙에 걸친 45년간의 목회카운슬링 경험을 토대로 집필하신 대표적 걸작으로서 독일어, 영어, 불어로 동시에 출판될 정도로 세계적 호평을 받은 영분별 지침서이며, 영적 병법서(兵法書)이다.

이 시대에 우리가 마음깊이 새겨야 할 하나님의 말씀은 "너희는 이 세대를 본받지 말고 오직 마음을 새롭게 함으로 변화를 받아 하나님의 선하시고 기뻐하시고 온전하신 뜻이 무엇인지 분별하도록 하라"(롬 12:2)이다. 정부 당국은 무당을 인간문화재로 지정하고 있고, 매스컴과 광고매체 및 출판물은 앞을 다투어 단(丹), 각종 점술, 수지침술, 선(禪), 무당술, 최면술, TM, 정신암시요법, 각종 호흡법, 부적 등이 우리 사회에 풍미하도록 부채질하고 있다. 뿐만 아니라 현대의 문명이기인 텔레비전은 시청각 효과를 더하며 가정의 안방과 어린이들에게까지 귀신이야기와 초능력 현상을 마구잡이로 세뇌시키고 있다.

　신비술의 본질적 정체는 하나님을 모욕하는 행위로서 마귀의 궤계이다. 하나님께서는 진노의 죄악행위자를 악령에게 넘겨주신다. 신비술은 인간영역에 악령이 침투하는 회로 구실을 한다. 따라서 "마귀의 궤계를 능히 대적하지 위하여 하나님의 전신갑주를 입으라"(엡 6:11)는 말씀을 올바로 깨달아야 할 것이다.

　이러한 시대적 상황 및 요청에 부응하여 이 책은 목회경험을 바탕으로 그리스도를 통한 구원을 생생히 증거하는 값진 책이다. 사탄과 악령에 관하여 신학적 이론 전개를 하는 여타의 저서와는 달리 이 책은 인간생명 및 생활, 그리고 영적 생활에 미치는 사탄과 악령의 영향을 전 세계에 걸친 실제 목회사례를 집대성하여 성경적 관점에서 분석하고 평가하였다. 이 책이 그리스도인들에게 많은 도움을 주리라 확신한다.

　끝으로 이 책을 추천 천거해주신 건국대학교 교수이신 주영흠 박사께 감사드리며, 예수 그리스도의 승리를 전파하는 복음 선교에 이 책이 크게 기여하기를 기도드린다.

홍순욱 목사
(서부교회 담임목사)

역자의 글

실패자이며 미력한 이 죄인을 불러서 이 귀한 책의 번역 사명을 맡기신 하나님과 사망의 음부에서도 능히 건져주시는 생명의 주인이신 예수 그리스도, 그리고 항상 새 힘과 지혜를 주시고 역사해주신 성령님께 찬양과 감사와 영광을 올린다.

창조주시며 주관자이신 하나님! '진노하시는 죄악 행위를 다스리시는 악령 허락의 특수치리(特殊治理)를 보다 많은 사람들에게 알리고자 하오니 주님의 역사 아래 주님의 뜻대로 이루소서.

주님! 하나님께서 진노하시며 가증스럽게 여기시는 각종 신비술이, 초능력, 성령의 은사, 과학적 원리, 종교행태, 학술협회, 무형문화재로 둔갑하여 하나님을 모욕하고 또한 수많은 사람들을 미혹하여 눈먼 자들을 죄악행위의 구렁으로 몰아넣어 이 백성이 '심령성 동원(Psychic Mobilization)'에 휘말려 있다. 주님! 이 백성을 긍휼히 여기시고 당신의 사랑으로 구원을 베푸소서.

역자는 신비술 문제와 관련하여 텔레비전 방송국과 신문, 잡지를 비롯한 매스컴이 각종 보도에 신중을 기하고 분별력을 가져주기를 바라면서 또한 신비술을 업(業)으로 상업행위를 하는 자들은 각성하고 그리스도께 용서와 구원을 간구할 것을 촉구하며, 가톨릭의 몇 분 사제는 수맥탐지술을 성령의 은사 혹은 과학적 원리로 오인하고 있는데 영분별로 확실하게 알아볼 것을 부탁드린다.

그리고 개신교계의 은사 집회자들과 성령 은사자로 자처하는 분들은 영분별을 주님께 간구하고 '성령을 부리는 자'로 행세한 성령모독행위를 참회하기 바라며, 오래도록 참으시고 침묵하시는 하나님을 가벼이 여기지 말기 바란다. 어느 날 어느 시에 진노하시고 그대들에게 악령의 침투를 허락하실는지 모르니 두려워하라.

특히 모(某) 여자고등학교의 수녀님께 간곡히 말씀드리는 것은 수지침술을 교직원에게 장려한 일에 대하여 분별해보고 깨달으시기를 부탁드린다. 진동자 작용과 결합된 수지침술은 하나님께서 가증스럽게 여기시는 죄악행위이다. 즉 마귀의 궤계(엡 6:11)에 기만당하고 속은 일임을 깨닫기 바라는데 이런 치병 행위는 '마귀에게 절한 행위'(마 48:10)로서 수녀님도 모르는 사이에 악령은 기만술을 성공시켜 수녀님의 영혼을 사로잡고 자기의 사업에 그 길을 택한 당신의 인생 목표가 본인도 모르게 정반대의 길로 가고 있음을 분별하시기를 바란다.

하나님께서 수녀님을 긍휼히 여기시고 회개의 기회를 주실 것을 간곡히 부탁드린다. "귀 있는 자는 들을지어다"(마. 13:9). 역자는 여러분께 성령님의 역사하심으로써 영분별의 은사가 부어지기를 간구 드린다.

끝으로 이 책의 한국어 번역을 허락하신 쿠르트 코흐 목사님과 이 책을 천거해주시고 코흐 목사님께 연결 지어 주신 건국대학교의 주영흠 교수님, 기도로 뒷받침해주시고 보살펴주신 서부교회 홍순욱 목사님, 소정교회 김태수 목사님과 소정리에 계신 양무갑님, 물심양면으로 도움을 준 친우들과 교우들, 이 책의 출판을 흔쾌히 허락하고 출판에 힘써주신 예루살렘 출판사 윤희구 사장님과 직원 여러분에게 감사의 인사를 드린다.

역자 드림

머리말

독자들은 대체로 책의 앞부분에 있는 서론, 혹은 서문을 건너뛰는데 전반적으로 귀찮은 감을 주기 때문인 것으로 이해된다. 그러나 이 책을 읽으려 하는 독자 여러분들은 오해와 그릇된 인상을 받지 않도록 하기 위하여 이 서론을 꼭 읽으시기 바란다.

어떤 독자들은 이 책에 나오는 내용의 목차만 훑어보고서도 큰 충격을 받을지도 모른다. 예를 들면 신비술(Occult)을 반박하려고 엮은 책에서 명상을 논술한 장이 나오는 것은 대체 어찌된 영문일까? 하지만 그 대답은 간단하다. 왜냐하면 이 책은 그릇된 것들만을 다루는데 명상의 경우에서는 신비유형이 한층 더 많다. 물론 기도 중에 성경구절에 대한 묵상은 신비술과는 전혀 무관하며, 나는 예수 그리스도로부터 우리를 멀리 떼어 놓으려는 유형의 망상만을 공박하였으며, 그리고 이 책이 갖는 또 다른 특색은 책 이름이 암시하듯이 갖가지 신비술 운동과 사탄의 책략을 다루고 있을 뿐만 아니라, 현대에 풍비하고 있는 여러 모양의 극단 운동의 이념과 견해를 다루고 있다는 점이다.

독일의 독자들은 여태껏 들어보지도 못한 생소한 이름의 여러 운동들이 논술되어 있음을 발견할 것인데, 그 이유는 이 책이 영어권에서도 출판된 까닭이다. 따라서 나는 미국에서 일어나고 있는 각종 운동들을 포함시켰으며, 캐나다의 한 출판사에서 불어 번역판을 의뢰하므로 캐나다에서 전개되고 있는 여러 모양의 운동도 염두에 두고서 집필했다.

여하튼, 북미주에서 일어난 풍조가 10년 후엔 유럽에서도 그 모습을 드러낸다는 말은 오래 전부터 사실이 되어오고 있는 터이므로 현재의 유럽 사람들이 전혀 모르고 있는 일, 이해하기 힘든 일이라 하더라도 10년 후에는 그리 생소한 것이 아닐 것이다.

이 책은 이미 출판되었지만, 이젠 절판된 '미신(Der Aberglaube, Superstition)'을 끊임없이 요구한 것에 부응한 후속타라고 독자들에게 말하고 싶다. 내 자신이 직접 겪은 카운슬링에서 나온 수많은 사례들은 한 번 더 비밀엄수에 대한 문제를 제기할 것이다. 과거에 고해성사와 비밀엄수를 지키지 않았다는 비난을 받은 적이 있으나 나는 이런 주장을 강력히 부인하고 있다.

여태껏 하나님의 은혜 아래서 남극을 포함하여 130여 개국에서 선교의 사명을 감당해왔다. 그 어느 누구도 특정 예증의 출처를 알아맞히기란 거의 불가능한 일로써 나는 필요하다고 생각되는 곳이라면 지명 혹은 카운슬링 받은 사람의 이름, 나이, 직업을 생략하고서 기술했으며, 또한 공표해도 좋다는 허락을 받은 사례들에 국한하여 사용했으므로 이런 모든 주장을 일축하는 바이다.

또 다른 반대 의견은 프라이부르크(Freiburg) 대학교에 재직하고 있는 벤더(Bender) 교수와 같은 심령과학자(Parapsychologist)들이 제기해오고 있는 것으로써 벤더 교수는 나의 사례가 과학적 가치성(Scientific Value)을 지니지 못한, 다만 개인적인 가치성(Personal Value)밖에 없다고 주장하면서 그 이유로 통계자료가 빠진 점을 지적하지만, 이런 주장에 대한 답변으로써 나는 다음의 세 가지를 말하고자 한다.

첫째, 나는 많은 통계적 자료를 나의 자료철에 보존하고 있으며, 둘째, 비밀을 보장하려는 목적 때문에 정확한 세부사항을 생략하였고, 셋째, 심령과학 분야에서도 자생적 사례(Spontaneous Occurrence)가 실험보다 훨씬 더 강력한 증거를 제공하는데, 자생적인 사례는 실험을 통하여 발견될 수 있는 그 어떤 것보다도 한층 강력한 현시가 된다. 벤더 교수는 나의 의견에 대한 반박 답변으로 로젠하임 유령(Rosenheim ghost)을 필름에 녹화할 수 있었다는 사실을 지적할 것이나, 로젠하임 유령은 자생적 사례이지 어느 모로 보나 실험사례가 아니라는 점이 그 반박에 대한 나의 답변이며, 심령과학적 노선에 따른 여타 다른 문제들은 심령과학을 논한 장에서 다루어지고 있으니 참조 바란다.

크리스천 사이에서도 또 다른 비평이 가끔 제기되고 있는데, 신비술을 논박하는 책을 저술함으로써 혹시 악령에게 지나친 영예를 부여함이 아닌지를 캐묻는데, 이 비평은 미국에서 가해진 것으로써 기독교계 잡지인 「영원」(Eternity)에 실렸다.

그에 대한 답으로써 사도 바울이 고린도 교회에 보낸 그의 두 번째 편지에 "우리는 그의(사탄의) 궤계를 모르는 바 아니다"(고후 2:11)라고 했다. 그러나 오늘의 우리는 사탄의 궤계를 모른다는 말이 저절로 튀어나오지 않을 수 없다. 많은 크리스천들이 신비술계에서 횡행하고 있는 온갖 계교에 대해서 전혀 무감각하다. 그러한 무지, 혼동, 단견이야말로 사탄의 작업수행을 더욱 쉽게 만들어 주는 것이다. 몹시도 가슴 아팠던 세 가지 사례를 제시한다.

첫째, 나의 저서 「기독교 카운슬링과 신비술」(Christian Counselling and Occultism)이 출판되었을 때 당시 피셔(Pfarrer Fischer)는 운터바이사하(Unterwissach) 신학교의 학장이었는데, 그는 그런 책이 나올 필요가 없다고 말하면서 만약 크리스천들이 신비력 영향으로 고통을 받는다면 그 사람은 진지하게 기도해야 하며, 그러면 신비력 영향이 빚는 모든 것으로부터 풀려날 것이라고 하였다. 그의 견해는 심도 깊은 무지를 드러내는 것이다. 우리는 조상들, 혹은 자신이 저지른 마법의 죄로 인하여 빚어진 신비력 영향으로 여러 해 동안에 심지어는 수십 년 동안이나 고통 속에 있는 크리스천들이 수없이 많다는 것을 간과해서는 안 된다.

둘째, 그 책이 여러 나라 말로 번역 출판되었고 판수를 거듭하여 이제 23판이 나왔는데, 비텐베르크(Beatenberg) 신학교의 바서쥬크 박사(Dr. Wasserzug)가 비난하면서 비텐베르크 신학생들이 구입하여 읽지 못하도록 금지시킨 금서목록에「기독교 카운슬링과 신비술」을 포함시켰다. 그러나 내가 인터라켄(Intrerlaken)에서 복음전도를 하고 있을 때 비텐베르크에서 온 신학생 교수들이 신비술과 관련된 자신들의 문제에 대하여 카운슬링을 받고자 찾아왔다.

셋째, 이 경험은 바젤(Basle)에서였다. 한 자유교회의 지도자인 길겐(Gilgen) 목사는 하나님께서 쓰셨던 유능한 일꾼이었는데 신비술에 관한 나의 여러 저서들이 출판되자 그는 "우리는 이런 책들이 필요 없습니다. 스위스는 신비술에 얽힌 문제들이 전혀 없기 때문입니다." 라고 말했다.

그러나 스위스의 아펜젤 주(Appenzell)는 신비술, 마법술, 영접주의자 치료사들의 본거지이며, 수십만 명의 사람들이 신비술 만행이 빚은 악영향으로 몹시도 시달림을 받고 있다. 그곳에서 40년 동안이나 하나님의 말씀을 선포하며 여러 사람들을 상담해온 길겐 목사가 신비술에 관한 문제에 전혀 직면해 보지 못했다는 점은 도저히 납득이 가지 않는다.

신비술을 보는 적절한 견해는 양 극단 사이에 놓인 중간의 어느 지점에 위치를 두고 있는데, 한 쪽 극단은 이미 설명을 했다. 일부 크리스천 중에는 어떤 사람이 그리스도께로 오면 신비술의 모든 영향이 그 즉시 종식되어 버린다고 믿는데 이런 견해는 북미주에서 종종 들었던 것으로 경험의 부족에서 나온 그릇된 견해임을 밝힌다.

또 다른 극단은 신비술을 과장하는 일로써, 크리스천 가운데는 자신들이 이해할 수 없는 일이라면 모조리 신비력에서 비롯되어 나온 것이라고 생각하는 사람들이 다소 있는데 그런 교인들은 일종의 '신비력 노이로제'(Occult Neurosis)에 걸리는 수도 있다. 이 질환은 그들의 삶 속에서 상궤(常軌)를 벗어난 일이라면 모든 것을 신비력 영향 탓으로 돌린다. 신비술에 대하여 분별력을 갖는 일이 그러므로 중요한 일이다.

또한 독자 여러분에게 한 가지 경고를 하고자 하는데 신경이 쇠약한 사람, 혹은 너무 쉽사리 영향을 받는 사람이라면 누구를 막론하고 이 책을 읽지 않는 편이 나을 것이다. 따라서 그런 사람들은 다른 크리스천들에게 이 책 내용의 일부를 전해 듣도록 하여야 한다.

일부 사람들은 너무나도 민감해서 읽은 내용 모두를 자신들에게 그대로 적용해버림으로써 엄청난 우를 범하게 되는데 취사선택의 지혜가 필요하다. 정신적, 정서적으로 강건한 사람이라고 할지라도 끊임없이 기도하여 주님의 보호 아래서 보혈로써 공격을 물리치도록 해야 할 것이다. 악마는 항상 우리의 가장 취약한 곳을 골라서 집중적인 공격을 퍼부으려고 우는 사자같이 날뛰고 있기 때문이다.

만일에 여러분이 덥석 실전에 뛰어든다면 여러분은 표적으로서 총탄에 맞아 쓰러지고 말 것이다. 나는 이 책을 쓰면서 이런 사실이 틀림없음을 발견했는데, 갖가지 질병이 꼬리를 물고 계속되는가 하면 많은 사고가 일어났다. 심지어는 어느 날 갑자기 오른쪽 팔에 심한 통증이 생겨 도저히 타자기를 사용할 수 없어서 하는 수 없이 여러 주일 동안에 집필을 쉬어야 했던 적도 있었다.

나는 의도적으로 "기독교 카운슬링과 신비술"처럼 과학적인 스타일로 쓰는 것을 피했다. 그 책이 일반 독자들에게는 너무나 전문적인 기술이라는 말을 누차 들었기 때문이다. 신비술에 관한 문제를 약화시키지 않으면서, 또한 너무 과장하지도 않는 대중적인 책을 요구받아 왔으므로 이 책에서는 바로 그런 것을 제공하고자 노력하였다.

만약에 "어떠한 성과를 거두기를 바라고 이 책을 저술했는가?"라는 질문을 한다면 나는 다음과 같은 예화로 답변을 대신하고자 한다.

수년 전 어느 여교사가 엄청난 위험의 사태를 모면했던 이야기를 나에게 들려주었던 일이 있었다. 그 여교사는 어느 날 오후 등산을 했는데 산에서 내려올 무렵 어둑어둑해져 길을 잘못 들었고 마침내 길을 잃고 말았다. 크리스천이었던 여교사는 주님께서 보호해 주시길 간절히 기도드렸다.

그러자 갑자기 반대편 계곡에서 환한 불빛이 비추어와 그녀의 앞길을 환히 밝혀 주는 것이었다. 그 순간 여교사는 자지러질 뻔 했다. 자신이 높은 벼랑의 끝부분에 서 있음을 발견했기 때문이었다. 만일 그 빛이 때마침 비추어주지 않았더라면 틀림없이 그 여교사는 낭떠러지에서 떨어졌을 것이다.

나의 저서가 의도하는 목적은 바로 그 불빛과 같은 기능을 하고자 함이요., 또 그렇게 함으로써 경솔한 사람들이 낭떠러지 아래로 떨어지지 않도록 처처에 놓여있는 여러 절벽들을 조명해 주고 싶은 것이다.

그러나 경고와 조명은 한쪽 측면에 불과한 것이며, 이 책이 추구하는 궁극적 목적은 우리에게 도움을 줄 수 있는 유일한 분 예수 그리스도 하나님의 독생자- 갈보리 산상에서 옛 뱀의 머리를 짓이겨 놓으신 그분을 증거하려는 것이다.

거룩하신 하나님의 아들께서는 악마의 일을 진멸하시려고 이 세상에 오셨다(요일 3:8). 누구든지 예수님께 나아와 죄를 고백하고 예수님을(자신의) 일생의 주님으로 영접해 맞아들이는 자는 승리의 방향으로 줄달음 친다. 사도 바울은 고린도교회에 보낸 그의 첫 번째 편지에서 "하나님께 감사드리노니 우리에게 주 예수 그리스도를 통하여 승리를 주심이라(고전 15:57)고 하였다.

이 책의 배열에 관하여 한 가지만 첨언하면, 마법술, 영접술, 점술에 관하여 길게 논술한 것은 몇 가지 안 되는 적은 사례를 곁들여 전반적인 탐색을 했을 뿐이며, 중요한 요점들은 재차 특수한 관련 장에서 다루어져 있다. 그리고 영웅반, 진동자, 기타 신비술 도구들의 사용과 같은 중요 문제들이 이 책에 두 번씩이나 등장하는 이유는 바로 그 때문이며, 주의 깊게 살펴보면서 읽는 독자를 위함이다.

끝으로 이 책을 읽는 독자 여러분들, 그리고 이 책에 기술되어 있는 바를 직접 경험하고 있는 모든 분들에게 하나님의 보호하심과 은총이 임하기를 간절히 기도드린다.

쿠르트 코흐

목차

추천사 3
역자의 글 5
머리말 7

제1부 사탄의 전술전략

제1장 인간영역에 파고드는 악령의 미혹전술

- 심령수술(영접자 수술) 21
- 마법주술 치료술 26
- 악령들림증 39
- 진 딕슨 48
- 마인드 컨트롤 51
- 요가 56
- 명상 64
- TM(초월적 명상) 71
- 점술 75
- 점성술 83
- 막대점과 진동자 점술 89
- 영웅반 100
- 최면술 105
- 마법술 114
- 부신술 126
- 변위술 129
- 변신술 132

- 집단 암시술 ··· 136
- 살생마법술 ··· 140
- 모세 6·7경 ··· 143
- 속임수 요술 ··· 147
- 미신 ··· 150
- 유령 ··· 155
- 도깨비 현상 ··· 163
- 자연영물 ··· 177
- 혈맹 ··· 182
- 흡혈한 ··· 185
- 평화의 상징 ··· 188
- 영접술 ··· 191

제 2장 악령의 현대적 침투전술

- U.F.O ··· 227
- 텔레비전 ··· 235
- 심령과학 ··· 241
- 유인원 진화설 ······································· 249
- 동성연애 ··· 253
- 록뮤직 ··· 258
- 마약남용 ··· 266
- 외설문헌 ··· 272
- 시대사조 ··· 275
- 할로윈 ··· 282

제 3장 악령의 전략도구로써의 종교형태

- 성령은사운동 ... 287
- 방언 ... 296
- 거짓 그리스도와 거짓 선지자 ... 303
- 율법주의 ... 307
- 크리스천 사이언스 ... 315
- 여호와의 증인 ... 321
- 프리메이슨 ... 327
- 바하이교 ... 332
- 장미십자단 ... 337
- 흑색미사 ... 341
- 마법의 여왕-마녀 ... 343
- 사탄숭배 ... 353

제 2 부 사탄의 덫으로 인한 여러 징후들

- 영친력 ... 368
- 하나님께 속한 것들에 대한 저항 ... 374
- 성격상의 뒤틀림 ... 380
- 정서적 이상질환 ... 385
- 정신병의 근황 ... 389
- 후손들이 겪는 압박장애증 ... 393
- 자살에의 충동증 ... 395
- 마법죄로부터 비롯되는 유령 및 도깨비 현상 ... 397
- 질병의 빈발 ... 399

제 3 부 구원

1. 예수 그리스도께로 오라 ... 416
2. 모든 신비술 물체를 부수어 없애라 ... 418
3. 모든 영매성과의 접촉 및 교제를 끊어라 ... 422
4. 자신의 죄를 깨닫고 고백하라 ... 426
5. 마법죄로부터 벗어나 자신의 해방을 선언하라 ... 428
6. 죄 용서받음을 믿어라 ... 435
7. 반쯤 걸친 채 엉거주춤 하지 말라 ... 436
8. 영적 권위를 가진 카운슬러를 찾아라 ... 441
9. 기도모임을 결성하라 ... 444
10. 기도와 금식을 행하라 ... 447
11. 예수 그리스도의 보혈 아래 자신을 두라 ... 451
12. 예수 그리스도의 이름으로 원수들에게 명령하라 ... 453
13. 은혜의 수단을 부지런히 활용하라 ... 459
14. 영적 전신갑주를 무장하라 ... 461
15. 어둠의 권세를 쳐부순 예수 그리스도의 승리를 깨달아라 ... 463
16. 악령의 되돌아옴을 경계하라 ... 468
17. 온전한 헌신을 아끼지 말라 ... 471
18. 구원은 오직 예수 그리스도를 통하여만 가능한 것임을 명확히 깨닫자 ... 473
19. 범사에 순종하라 ... 476
20. 성령의 충만하심을 입어라 ... 479

제 4 부 정복자의 대열

- 사탄숭배자들에게서 예수 그리스도에게로   486
- 점성술이냐 예수 그리스도냐   492
- 마법사   496
- 강력자 정복   499

근신하라 깨어라
너희 대적 마귀가 우는 사자같이
두루 다니며 삼킬 자를 찾나니
너희는 믿음을 굳게 하여 저를 대적하라
이는 세상에 있는 너희 형제들도 동일한 고난을 당하는 줄 앎이니
라

벧전 5:8-9

1부 사탄의 전술전략

1장 인간영역에 파고드는 악령의 미혹전술

심령수술(영접자 수술)
마법주술 치료술
악령들림증
진 딕슨
마인드 컨트롤
요가
명상
TM(초월적 명상)
점성술
막대점과 진동자점술
영웅반
최면술
마법술
부신술
변위술
변신술
집단 암시술
살생마법술
모세 6·7경
속임수 요술
미신
유령
도깨비현상
자연영물
혈맹
흡혈한
평화의 상징
영접술

심령수술(영접자 수술)
SPIRITIST OPERATIONS

　종교를 사칭하여 행하는 영접자 치료술보다 영접자 수술로 인한 영향은 훨씬 더 파멸적이다.

　지난 수 년 간에 명성을 떨치고 있는 어떤 필리핀 사람이 있다. 그는 어떠한 외과적 수술도구도 사용하지 않은 채 유사수술(Pseudo-operations)을 해낸다. 그는 반영접경(Semi-trance)에 스스로 몰입하여 마치 진짜 수술을 하고 있기라도 한 듯이 환자의 몸 위에서 손놀림을 한다. 치료를 받아본 사람들은 그가 복부를 절개하지 않고도 충수(蟲垂)나 쓸개를 제거시킬 수 있다고 주장한다.

　나는 그것이 사실인지 X-레이 사진을 보고 확인한 후에야 그 사실을 믿고 받아들이겠다. 그러나 사실인즉 이 영접자 치료사를 만나보려고 사람들은 머나먼 유럽과 미대륙에서 비행기를 타고 몰려온다. 심지어 어느 유럽인 의사가 그런 여행을 주선하는 것을 보고 나는 아연실색하지 않을 수 없었다.

　만일 이 필리핀 사람이 수술도구도 없이 실제로 수술을 하여 병든 조직기관을 떼어낼 수 있다면 이것은 형체소멸술(Demateriation)이다. 카운슬링 중 나는 이 현상을 가끔 들어왔다. 나는 그 어떤 영접자 관행에도 직접 참석해 본 적이 전혀 없었으며, 앞으로도 그럴 생각은 추호도 없다. 어떤 사람들이 악의를 품고 내가 초혼집회에 참석했다는 비방을 일삼고 다니기 때문에 나는 거듭 이 사실을 분명히 밝히는 바이다.

내가 카운슬링을 해준 사람 가운데 두 명이 이 필리핀인의 활동을 언급하였다. 이런 종류의 영기수술(靈氣手術)을 받은 한 학생은 귀국하고 나서 심한 우울증에 시달려 오고 있다. 그는 자살 생각을 늘 품었으며, 완전히 허탈감에 사로잡힌 나머지 학업을 계속할 수 없었다. 그는 먼저 정신요법 의사를 찾아가 보았는데, 그 의사는 어떻게 할 바를 몰라서 그를 나에게 보냈다. 나는 그에게 예수께 나아오는 길과 구원을 가르쳐 주려고 무던히 애썼지만 성과를 거두지 못하고 말았다. 마치 그의 영혼은 얼음처럼 싸늘하게 굳은 것 같았다.

나를 찾아온 이 필리핀인의 또 다른 환자는 스위스에 사는 기독교 여신도였다. 그 부인은 여러 해 동안 가고픈 마음을 억제할 길이 없었다. 그녀와 친척들은 여인이 여행을 하여 치료를 받는 기간 동안 많은 기도를 했다. 그 필리핀인도 이 부인에게는 손도 못 대고 말았다. 그는 기도에 의해 여지없이 봉쇄당한 것이다.

첫 손가락에 꼽을만한 영접자 수술가는 아리고(Arigo)라는 이름을 가진 브라질 사람이다. 그가 했던 일은 오로지 연속적인 기적으로 바로 악령의 기적이다. 천주교회는 그를 영접자 치료사라고 일컫는다.

브라질의 상원의원인 루치오 비텐꼬르(Lucio Bittencourt)는 조그만 소도시 벨로 호리존테에서 선거운동 집회를 전개하고 있었는데, 아리고와 그 동료들이 코곤하스(Cogonhas)로부터 이곳에 여행해 왔다. 비텐꼬르는 폐암을 앓아오던 중이라 선거운동을 끝마친 후 수술 받으러 미국에 갈 예정이었다.

상원위원 아리고는 같은 호텔에 묵고 있었다. 밤중에 비텐꼬르는 아리고가 손에 면도칼을 쥐고 자기 방안에 들어와 서 있는 것을 언뜻 보았다. "당신은 대단히 위험한 상태입니다."라는 아리고의 말을 듣고 난 후 그는 의식을 잃고 말았다.

그런데 다시 깨어났을 때는 전혀 다른 느낌이 들었다. 그는 불을 켰고 잠옷 겉저고리에 핏자국이 얼룩져 있는 것을 발견했다. 겉저고리를 벗고 가슴을 거울에 비쳐보니 그의 가슴에는 칼자국이 선명하였다. 그는 아리고의 치료 솜씨를 익히 알던 터였으므로 급히 아리고의 방으로 달려가 물었다.

"당신이 나를 수술했지요."

"아닙니다. 당신은 너무 과음했던 모양입니다."

상원의원은 말했다.

"나는 일어났던 일을 정확히 알아야만 합니다. 나는 다음 번 비행기를 타고 리오에 있는 주치의에게 진찰을 받아야겠습니다."

비텐꼬르는 주치의에게 자신이 수술을 받았다고 말했다. 그 전문의는 방사선 사진을 몇 장 찍어본 후 수술 사실을 확인했다.

"그렇습니다. 당신은 미국 외과수술법에 따라 수술을 받았습니다. 브라질에선 아직 이 정도 수준에 못 미칩니다."

그러자 그 상원의원은 일어났던 일을 그대로 설명했다. 이 이야기는 신문에 대대적으로 보도되어 선풍을 불러 일으켰고, 아리고의 병원엔 손님들이 홍수처럼 밀려들었다.

미국 의사들, 언론인들과 카메라맨들이 아리고의 병원을 줄지어 찾아왔다. 그들은 갖가지 시험검사를 해보았으나 속임수라곤 도저히 찾아낼 수 없었다.

아리고는 그 어떤 시험검사에도 순순히 응했다. 그는 심지어 그의 수술 장면을 촬영하는 것도 개의치 않았다. 미국인 의사인 푸하리치(Puharich) 박사는 지방종(Lipoma) 제거수술까지 받았는데, 그 수술은 녹슨 칼로 아무런 국소마취제나 소독제도 없이 행해졌으나, 아무런 통증도 느끼지 않았다. 이 수술도 역시 촬영되었다.

이처럼 놀라운 수술의 성격은 과연 무엇일까?

아리고는 단지 4년의 초등교육을 받았을 뿐 의학교육은 전혀 받은 바 없다. 직업은 광부였고, 후에 공직 근무 경력이 있다. 그는 영접경에 몰입하여 수술을 한다. 그는 독일인 의사 아돌프 프리츠(Adolph Fritz)의 혼령이 자신에게 들어온다고 주장한다.

그러나 이것은 오류를 범한 주장이다. 왜냐하면 독일인 의사가 마취제와 소독제도 없이 그런 수술을 할 리도 없을뿐더러 그러한 여건 아래서는 폐수술과 같은 힘든 수술을 아무도 할 수 없기 때문이다.

아리고가 수술 절개한 상처는 심지어 바늘로써 꿰매지 않고도 매우 신속하게 아물었다. 더욱이 아무런 검사도 하지 않고 원거리에서 정확한 진단을 해낼 수 있는 의사는 이 세상엔 아무도 없다. 아리고는 영접경에 접어들면 그 어떤 고객이든 간에 즉시 정확한 진단을 할 수 있었다. 여기서 우리가 보는 바는 초감각적 진단의 경우인데, 강력한 영접자나 영매들만이 이런 일을 해낼 수 있을 뿐이다.

아리고는 간단히 말해서 악령 들린 자이다. 경건한 척 연막전술을 써도 사실을 실효시키는데 아무런 도움이 못된다.

아리고는 그의 집 문 위에 다음과 같은 표지를 붙여 놓았다. "이 집안 사람들은 모두 천주교인입니다." 그는 자택에서 수술을 할 땐 언제나 "예수를 생각하라"란 글귀가 쓰여 있는 예수의 초상화 아래에 환자를 눕게 하였다. 아침에 일을 시작하기에 앞서 그는 늘 주기도문을 외웠다.

방문객들은 이처럼 그럴싸한 기독교적 치장물에 속아 넘어갔다. 악마는 그 레퍼토리 가운데 심지어 기독교 외관의 표지물까지도 보유하고 있어서 영혼을 낚아채기 위하여서는 그런 것들을 서슴없이 활용한다. 따라서 인간의 영혼은 늘 위험에 처해 있다. 이러한 모든 말은 완고하고 악의적이며, 편협하고 광신적으로 들리며, 그밖에도 천진난만한 기독교인들은 마음 내키는 대로 평가하여 부른다. 그러나 영접술의 악영향을 45년간이나 지켜보아야만 했던 사람이라면 그 누구든 혼신의 힘을 다하여 능히 사람들에게 경고해 줄만할 것이다.

이제 분명한 정리를 해보도록 하자. 아리고의 치료는 속임수도 아니요, 사기술도 아니며, 진짜 수술이었다. 그렇기 때문에 심지어 정부의 고위층 인사들까지도 치료받으러 은밀히 아리고를 찾아왔던 것이다. 아리고는 무면허 의료행위로 인하여 법정에서 16개월 징역형을 선고 받았으나 대통령은 2개월로 감형시켜 주었다. 대통령의 고명딸 역시 아리고의 치료를 받은 적이 있었기 때문이다.

내가 혼신의 힘을 다하여 강력한 경고를 해주고픈 마음을 가누지 못하는 이유는 바로 무서운 부작용 때문이다. 영혼의 구원을 대가로 치르고서 육신의 병 고침을 얻은 들 무슨 소용이 있겠는가?

앞에서 말한 상원의원은 그 후에 비행기 추락사고로 죽었고, 아리고는 자동차 사고로 죽었다. 이것은 내가 종종 목격해 보는 또 한 측면의 일이다.

신비력 속박장애를 받거나 혹은 더 나아가 악령 들린 자들은 치명적 사고를 당하는 일이 잦다. 나는 이러한 많은 사례들을 나의 자료철에 보유하고 있다. 종교적 영접자인 윌리암 브랜햄도 역시 자동차 추락사고로 죽었다.

모 독일인 기적 치료사도 많은 다른 사람들처럼 똑같이 비참한 종말을 고했다. 아직도 꾸물대며 경고를 선뜻 받아들이지 않을 것인가?

마법주술 치료술
MAGIC CHARMS

주술치료(Charming)는 마법적 치료분야에 속한다. 독일에는 마법주술 치료에 대한 여러 가지 표현이 있다. 남부 독일에서는 마법주술 치료가 부림(Bauchen: 영적 존재를 부리고 사용한다는 뜻)이라고 불리며, 함부르크에선 불어내기(Bepusten or Beblasen), 뤼넵르크 헤쓰에선 추방(Wegersetzen)이라고 불린다. 그 외에도 굿(Beschreien: 우리나라의 무속신앙과 유사한 형태)와 같은 용어가 있다. 기록에는 끔찍스러운 용례도 몇 가지 있다.

주술 1

한 부인이 카운슬링 받으러 나를 찾아왔다. 그 부인은 어린 소녀시절 때 병에 걸려 어머니가 어떤 주술치료사에게 자신을 데려갔던 적이 있다고 옛 일을 설명했다. 그 늙은 주술 치료사는 소녀에게 말했다.

"얘야, 잠시 입을 좀 벌려 보렴."

소녀가 입을 벌리자 그 늙은 주술치료사는 끈적끈적한 액체즙을 소녀의 입 안에 한 입 가득 뱉어 넣는 것이었다. 소녀는 구역질을 참을 수가 없어 몸서리쳤으며 그 후에도 그 메스꺼움이 되살아나 고통을 겪었는데 그 메스꺼움은 몇 년간 계속되었다. 하여간 그 몸서리나는 치료가 주효하여 소녀는 병이 나았다.

주 술 2

어떤 어머니가 딸의 결혼을 못마땅하게 여겨 결혼승락을 거절했다. 그 어머니는 장래의 사위를 거들떠보려고도 하지 않았다. 그렇지만 처녀는 그 남자와 결혼하겠다는 결심을 굽히지 않았다. 처녀가 지아비를 따라 부모 곁을 떠나갈 때 그 어머니는 마치 울부짖는 짐승처럼 비명을 지르며 욕설을 퍼부었다. 그런 후 딸의 결혼생활은 갖가지 어려움과 문제들이 잇달아 중첩되었다. 심지어 외손자와 외손녀에게까지도 그 외할머니가 딸에게 퍼부었던 저주 욕설이 붙어 다녔다.

나는 해외에서 또 다른 표현들도 접해 보았다. 오스트리아에서는 주술치료가 축사(Wenden)라고 불리고 있으며, 스위스에서는 주사치료(mit Worten heilen), 폴란드에서는 영혼측정(Measuring the Soul), 프랑스에서는 공감시술(Practicing Sympathy) 등으로 불린다.

알자스 지방에는 가정애사처리 상용서(Sympathetic Family Scrap-book)라는 마법책이 있다. 이 책은 마법주술치료와 마법을 거는 것에 관한 지식을 담고 있다.

미국 펜실베니아 주에서 나는 푸닥거리(powwow)란 표현을 들었다. 이 용어는 아마 인디언에게서 유래되었을 것이다. 또 남아메리카에서는 브루코(Brucho)란 술어를 들었다. 이 말은 아마도 남부 독일에서 이주해 온 사람들을 통하여 전달되어진 것 같다. 주술치료에 해당하는 남부 독일어는 브라우헨(Brauchen)인데, 이 말이 아르메니아 방언에서는 브루헨(Bruche)로 변모되었고, 그 후 다시 남아메리카에 건너가 브루코로 바뀌었다. 아르헨티나에서는 또 폴란드식 표현인 영혼측정이란 말이 재차 발견된다. 이 표현어는 폴란드 이주자들이 아르헨티나에 들여왔을 것이다. 그러면 이제 부르코 주술치료사에 관한 사례를 하나 들어보자.

주술 3

한 사나이의 승마용 말이 병들었다. 그래서 그 사나이는 브루코를 찾아가 조언을 받아 하라는 대로 실행하여 성공적인 결과를 얻었다. 사나이는 말꼬리에서 말총 세 가닥을 잡아 당겨 말의 가슴과 콧구멍 사이로 세 번 끌어 당겼다. 그러고 나서 남미 쪽에서도 흔히 나돌고 있는 모세 6·7경의 주문 하나를 외우며 성삼위일체의 이름을 첨언하였다.

그러자 그 말은 완쾌되었다. 그런데 그 이후 사나이의 가족은 정신 및 신경이상 질환으로 시달려오고 있다. 이 경우 성삼위일체의 이름을 마법주술이 도용하여 백색마법의 유형으로 시술되었던 것이다.

흑색마법과 백색마법의 구분은 그 형태이다. 전 세계를 통틀어 마법문헌에서는 흑색마법이 악마의 도움을 받는데 반하여 백색마법은 하나님의 도우심으로 이루어진다고 주장되고 있다.

그러나 이런 정의는 오류이다. 백색마법도 흑색마법과 다를 바 없이 '저 아래로부터 비롯되는 권세'에 의존하고 있기는 매한가지이다. 그 증거를 찾아내기란 그리 어렵지 않다. 백색마법의 영향도 흑색마법의 효과와 동일하다.

백색마법에서는 성삼위일체의 이름이 사악한 목적에 도용당하고 있는 것으로 대체로 마법주술치료는 모세6,7경 또는 다른 마법서에 전거(典據)하며 대개 성삼위일체의 이름을 들먹거린다.

마법적 주술치료는 세계 도처에서 두루 행해지고 있다. 각 대륙에서 모아둔 실례를 들추어 볼 경우 나는 대략 마법주술치료의 관련 사례 150여 가지를 제시할 수 있다.

쉘레스비히 홀스타인 지바에서는 단독증(Erysipelas)이나 대상포신증(Shingles)환자를 의사들조차도 주술치료사에게로 보낸다는 사실을 알고서 나는 아연실색하지 않을 수 없었다. 나는 또 교회 장로 몇 사람, 개신교 목사 한 사람, 그리고 가톨릭 신부 여러 명이 주술치료사로 활동하고 있는 것을 발견했다. 그들은 아마도 자신들이 야기하는 비극들을 모르고 있을 것이다.

능동적으로 나섰건 혹은 환자로서 수동적으로 개입되었건 간에 불문하고 주술치료가 행해진 가정은 불행이 문자 그대로 뒤쫓는다. 자살, 살인, 갖가지 중병과 불치의 질병, 그밖에 다른 여러 가지의 우환이 그런 가정에서는 다반사로 발생한다.

뤼네부르크 해쏘 주에서 가장 잘 알려져 있는 위험천만한 주술치료사는 아스트(Ast)란 자다.

주술 4

하인리히 아스트는 1848년 4월 4일 라이네(Leine)의 그로나우(Gronau)에서 태어났다. 그 후 아스트는 뤼네부르크 해쏘 주에 있는 라트부르흐(Radbruch)로 이사해 왔다. 아스트의 치료 행위는 1894년경에 시작되었다. 초기엔 10여 명 정도의 환자를 치료했다.

그 후 몇 달이 지나자 방문객의 숫자는 하루 600여 명으로 불어났다. 1895년이 되자 매일 천여 명 가까운 사람들이 아스트를 만나러 라트부르흐로 몰려와 장사진을 이루었다.

이 주술치료사의 진단과 치료방법은 극히 간단하였다. 아스트는 환자의 목 부위에서 머리털 세 가닥을 잘라 그 머리카락을 불빛에 비추어 확대경으로 조사해 보고서 곧바로 진단을 내렸다.

여러 번 의사들의 점검을 받았는데, 이상하게도 그 진단은 모두 정확했다. 진단이 끝나면 아스트는 환자에게 미리 혼합하여 준비해둔 처방약을 주는 일이 허다하였다. 그런데도 아스트는 치료를 받고서 자신들의 병이 나았다고 주장하는 사람들의 수효가 수만 명에 달한다.

아스트의 그런 치료 방법은 의학적으로는 도저히 납득이 되지 않았다. 그 이유는 물론 그의 치료법이 신비적 시술법이기 때문이었다. 기법을 가름하여 평가 내린다면 그 진단은 정신측정술을 활용하는 기법이다. 아스트는 환자에게 부속된 물품을 취해 치료받고자 하는 환자에게 잠시간 정신을 집중시킨다. 어떤 치료사들은 영접경에 몰입하여 진단을 하며, 또 어떤 자들은 반영접경 상태에서도 진단한다. 아스트의 경우 환자에게 정신집중을 하는 평상적인 과정만으로도 충분했다.

나는 수만 명의 사람들이 아스트의 치료로 병이 나았다는 것을 안다. 다시 말해서 그들은 육체적 병 치료의 효험을 보았다. 그러나 동시에 그들은 징후전환, 즉 무서운 압박장애증의 나락으로 떨어졌다.

아스트는 거지꼴 가난뱅이로 라트부르흐에 흘러 들어왔으나 거부가 되어 1921년 죽었다. 아스트는 굉장한 재산을 남겼다. 그 재산은 주택 다섯 채, 대단위 농장 다섯 곳, 그리고 막대한 액수의 현금이었다.

하인리히 아스트의 전기 작가는 아스트가 수십만 명을 진찰하여 병을 낫게 해주었다고 선언했다. 그러나 이 이야기가 내포하고 있는 다른 측면이 그 윤곽을 드러내 준 것은 뤼네부르크 헤쏘 전 지역을 누비고 다녔던 여러 차례의 순회강연 여행 때였다.

주술 5

뤼네부르크 헤쏘에 대한 이야기가 나온 김에 곁들여 또 다른 문제를 필히 짚고 넘어가기로 한다. 그 지역에서 나는 방화광을 여러 번 만나 보았다. 방화광이란 때때로 물체를 불태워버리고 싶은 충동에 못 견딜 정도로 사로잡히는 사람이다. 건물 여러 채가 한 젊은이의 방화로 불타버렸다.

체포된 후 법정에서 그 젊은이가 진술한 내용은 불에 대한 강렬한 욕구가 때때로 자신을 엄습할 경우 도리 없이 어딘가에 불을 질러야만 직성이 풀린다는 것이었다.

1975년 늦여름 뤼네부르크 헤쓰에서 대화재 사건이 발생하여 수만 평의 살림이 잿더미로 변하였다. 이 사건도 역시 방화광에 관한 문제였다. 방화광은 불을 지르는 행위에서 쾌감과 만족을 느낀다. 나는 사람들을 카운슬링 해주면서 여러 차례 방화광의 근원을 발견했다. 그런 방화광 중세는 부모 또는 조부모를 비롯하여 그 조상들이 마법 주술사였거나 혹은 어렸을 적에 주술치료를 받았던 경력자에게서 대개 나타난다.

현대 정신과 의사들과 정신요법 치료사들이 이 사항을 모르고 있는 것은 물론이다. 혹 그들에게 이 사실을 말해준다고 해도 그들은 이런 관찰사항에 대해 대수롭게 여기면서 지나쳐 버리고 만다. 이제 이야기의 무대를 독일에서 벗어나 세계 여러 곳으로 떠나 보기로 한다.

주술 6

수년 전 나는 세인트로렌스 섬에 위치한 갬벨(Gamblell)에서 여러 차례 강연을 했다. 그때 나는 쉬넨(Shinen)이란 선교사 집에 묵고 있었다. 그 선교사 바로 이웃집 사람은 알렌 왈룽가(Allem Walung)였다. 그 집 아버지는 수년 전에 기독교인이 되었다. 그의 개종은 온 가족에게 일대 변혁을 몰고 왔다. 왜냐하면 그 아버지는 여러 해 동안 샤머니즘의 해로운 술법에 열렬히 심취해 있었기 때문이었다. 샤먼(Shaman)은 북알래스카의 에스키모인들 사이에서 흑색마법을 시술하는 자들인데 시베리아 베링해협의 여러 군도에도 그런 샤먼이 있다.

그 아들 알렌은 여느 소년처럼 정상적으로 성장했다. 그러나 그의 아버지가 기독교인이 되고난 후 상황이 졸지에 급전되어 마치 기구한 흑암의 주문이 이 소년에게 덮친 것 같았다. 때때로 알렌은 스스로를 제어할 수 없었다. 마치 그 아버지를 단단히 결박하여 옭아맸던 흑암의 권세가 이제 아들에게로 자리를 옮긴 듯 했다.

알렌은 타고난 재능이 있어서 페어뱅크스(Fairbanks)에 있는 대학에 진학했다. 어느 날 이 흑암의 악령 세력이 또다시 알렌을 덮쳤다. 알렌은 여학생 기숙사에 잠입해 들어가 한 여학생을 강제로 겁탈하여 성적 쾌감을 만끽한 후 그 여학생을 살해했다.

그런 후 알렌은 또다시 두 번째 대상자를 습격하였는데 그 여학생은 고함을 질러 구조 요청을 했다. 때마침 그 비명소리를 듣고 교직원 몇 사람이 급히 달려와 알렌이 두 번째 잔혹행위를 저지르지 못하게 막았다.

알렌이 체포되어 오랜 수사 심문을 받았고 뒤이어 장기간에 걸쳐 법정 심문이 속개되었다. 여러 명의 정신과 의사들이 정신감정보고서를 제출했다. 혹자들은 알렌이 정상이라고 평가했고, 다른 의사들은 알렌의 제한적 책임을 논했다.

한 정신과 의사의 보고가 흥미로웠다. 그 의사의 생각은 그 가족이 무속종교에서 기독교로 개종함으로 말미암아 알렌이 걷잡을 수 없는 무서운 갈등 속으로 휘말려 들어갔다는 것이었다. 신앙의 변화가 알렌의 폭발적인 충동과 잔혹행위를 초래케 한 근원이라는 주장이었다. 그러한 범죄행위에 대한 책임을 기독교 신앙에 전가하는 논리는 터무니없는 졸견이다. 믿지 않는 일개 정신과 의사에게서 색다른 그 무엇을 기대할 수는 없을 것이다. 그러나 이 엉터리 보고서에도 일말의 진리는 내포되어 있다.

카운슬링을 하면서 나는 가끔 다음과 같은 모형을 발견했다. 가족 중

한 사람이 악령들림증 혹은 심한 신비력 압박장애증에서 구원을 받고 나면, 그 가족의 다른 구성원이 때때로 바로 그 악령의 영향력 하에 놓이게 되는 불행스런 일이 일어난다.

이런 일은 가족 모두가 예수 그리스도의 보호 아래 자신들을 내맡겨 의탁하지 않는 경우에 한하여 생기는 일이다. 다음 몇 가지 사례들은 마법주술 치료의 영향을 잘 예시해 줄 것이다.

주술 7

한 소녀가 세 살 적에 주술치료를 받았다. 기억나는 어린 시절 이후부터 소녀는 우울증에 시달려 왔으며 자살 생각, 자해행위의 생각 및 갖가지 사고로 고통당해 왔다. 어느 해에는 세 가지 씩이나 요동을 겪기도 했다. 소녀의 남동생도 역시 마법주술치료에 예속되었던 까닭에 똑같은 정신이상 질환으로 고통당한다. 그 남동생은 마음을 뜻대로 가누지 못했고 자살생각에 몹시 시달렸다. 마침내 그 남동생은 충동질환이 악화되어 하나님의 이름으로 어린아이를 살해하는 지경에까지 이르렀다.

물론 충동성 질환 모두가 다 신비적 배경을 가지고 있는 것은 아니다. 그러나 내가 카운슬링 했던 충동성 신경질환자들 중 약 절반가량이 과거에 신비술 활동 경력의 소유자였음을 탐지해낼 수가 있었다.

주술 8

한 남자가 스위스의 헤리사우(Herisau)에 있는 어느 신비술 주술 치료사를 찾아갔다. 그 남자는 주술치료를 받고서 신체조식 기관의 질병이 말끔히 낫게 되었다. 그러나 그 이후 그 남자는 우울증에 시달렸다. 밤마다 두들겨대고 덜커덩거리는 소리가 들렸고, 험상궂은 얼굴과 절단된 형상들이 눈에 어른거렸다.

때로는 주술치료사들이 기독교의 가면을 쓰고서 활동한다. 다음 두 사례가 그 사실을 잘 예시해 줄 것이다.

주술 9

한 전도자가 병에 걸려 기독교인이란 평판이 자자한 치료사 두 사람을 찾아갔다. 치료를 받고난 후 그 전도자는 심한 우울증과 아울러 끓어오르는 음란한 유혹감의 고통을 견디다 못해 내게 조언을 구하러 오게 되었다.

이 두 사람은 이처럼 기독교 신앙치료가 아니라 주술 치료사였으며, 더 정확히 말해서 기독교의 가면을 뒤집어쓰고 활동하는 신비력 주술치료사였다.

주술 10

이 책이 집필되고 있을 때 어떤 기독교인 여신도가 내게 다음 이야기를 들려주었다. 모 독일선교회 소속의 한 여선교사가 어떤 치료사에게 자신의 집을 제공하여 사용토록 해주었는데, 그 치료사는 기독교인 친교모임의 성경공부에 계속 참석하고 있었으므로 기독교 신앙인으로 인정받았다.

도처에서 기독교인 친교회 소속 회원들이 이 기독교인 치료사에게 진료를 받으러 몰려왔다. 내게 이 이야기를 전해준 이 여신도 역시 친교모임의 회원 여러 명을 자신의 차에 태워 그 치료사를 만나러 갔었다. 가는 도중에 이 여신도는 다음과 같은 기도를 했다.

"주 예수님, 혹시 이 치료사가 주님의 권능에 힘입어 일하는 사람이 아니라면 저를 그자에게서 보호하여 주옵소서!"

그들은 모두 차례로 진찰실에 들어가 진료를 받았다. 이 여신도가 진찰실로 들어서자 치료사는 힐끔 쳐다보고는 "나는 당신에겐 아무런 도움도 줄 수가 없소."라고 퉁명스럽게 한마디 내뱉으면서 즉시 나가라고 재촉했다.

여신도의 기도에 대한 응답은 바로 이런 것이었다. 여신도는 여선교사에게 불경스러운 자를 집에 머물게 하고 있다고 경각심을 일깨워 주었다. 여선교사는 처음엔 화를 벌컥 냈으나 곧이어 그 문제에 대해 기도해 보기로 동의했다.

집중 기도를 하고난 결과, 이 주술치료사는 한마디도 없이 슬머시 그 여선교사 집을 떠나고 말았다. 왜냐하면 그 주술치료사는 더 이상 그런 영적 분위기를 버텨낼 수가 없었기 때문이었다.

주술 11

한 소년이 소아마비를 치료받으려고 어떤 주술치료사를 찾아갔다. 그 신비력 치료사는 소년에게 부적을 주며 목에 걸라고 했으며, 배게 밑에 가위와 성경책을 놓아두라고 일러 주었다. 또 그 주술치료사는 마법주문을 하나 써주며 그것을 성경책 갈피 속에 끼워두라고 소년에게 지시했다. 그 후 소년의 소아마비는 치유가 되었건만 아무 이유 없이 16세 때 목매달아 자살해버리고 말았다.

주술 12

한 여인이 소녀시절에 마법치료를 받으러 스위스에 있는 후겐토블러를 만나러 갔다 온 적이 있었다. 후겐토불러는 악마에게 자신을 팔았다고 쓰인 약정서를 주었다. 그녀는 거기에 서명을 한 다음 그 약정서를 갈기갈기 찢어 물과 함께 꿀꺽 삼켜야만 했다. 그 결과 그녀는 병이 나았다. 그러나 그 이후 몰려든 불안증, 신경과민, 우울증 및 자살충동에 시달려 오고 있다.

주술 13

한 사나이가 어떤 마을에서 마법주술치료를 일삼았다. 그 사나이가 거둔 외견상의 병 치료 성공은 그 지방 의사로부터도 인정 받을 정도였다. 심지어 그 지역 교구 목사조차도 중병 환자들을 그 주술치료사에게 계속 보내어 치료받게 하였는데, 그 이유는 이 주술 치료사가 교회 모임에 빠짐없이 참석하는 자였기 때문이었다. 그 목사가 은퇴하고 난 후 새로 부임해 온 목사는 설교로 마법술과 신비술 활동을 공격하기 시작하였다.

그 지방민들은 서로 상반되는 이들 두 목사의 가르침에 어안이 벙벙하였다. 신임목사는 하나님께서 축복해 준 사람이었다. 전 교인들은 그 목사의 재임기간 동안에 사물을 바라보는 시각에 커다란 변화를 일으켰다. 그 마법주술치료사는 자신이 해 온 활동의 잘못을 스스로 확신하게 되었고 그는 주술치료를 그만 두고 철저한 속사람의 거듭남을 체험했다.

그 두 번째 목사는 오래지 않아 다른 곳으로 전근해 갔다. 그 목사는 하나님 나라를 위하여 일할 수 있는 특별한 재능을 발휘했기 때문에 새로운 직위로 부름을 받았다.

세 번째로 부임해 온 목사도 첫 번째 목사와 같은 태도를 취했다. 어느 날 지방민 한 사람이 중병에 걸려 의사를 찾아갔더니 그 의사가 고작 조언해 준다는 말이 옛 주술 치료사에게 찾아가 보라는 것이었다. 그 의사는 환자에게 설명을 늘어놓았다.

"나는 당신을 위해 더 이상 손쓸 재간이 없소. 그러나 저 옛 목자가 당신을 고쳐줄 수 있는지 가서 문의해 보시오. 그 목자는 보통 사람이 불가능한 일들을 해낼 수가 있지요."

그 환자는 목사와 의사에게 영향력을 발휘하여 그 목사를 설득시켜 달라고 간청하였다. 이 두 사람은 옛 목사를 방문하여 대화를 나누었다. 그때 목사가 한 말은 다음과 같다.

"만일 하나님께서 당신에게 병 고치는 신유은사를 주셨다면 당신은 이웃을 위해 그 은사를 활용하셔야 마땅할 것입니다."

"목사님, 하나님의 은총 덕분에 나는 마법주술 치료가 사탄의 일임을 깨닫게 되었습니다. 나는 생전에 두 번 다시 그런 일을 하지 않겠습니다."

사실 그 치료는 그러했다. 첫 번째와 세 번째 목사가 마법주술 치료를 지지했던 반면에 두 번째 목사는 상반된 견해를 보였기 때문에 교회 내에서는 걷잡을 수 없는 혼란이 팽배해 있었다. 첫 번째와 세 번째 목사는 장님을 인도하는 삯꾼 인도자였고 두 번째 목사는 주술치료를 반대하는 입장을 확고히 했던 자였으므로 하나님께서 축복을 내린 사람이었다.

주술 14

내가 이 책의 저술에 전념하고 있을 동안 주님께서는 끊임없이 새로운 자료를 공급해 주시고 계신 것 같은 느낌이 문득문득 들었다. 내가 이 장을 쓰고 있을 무렵 러시아에서 성장한 어떤 독일인이 나를 찾아와 속마음을 툭 털어 놓았다. 그 독일인은 양친이 모두 기독교인이었다고 말했다. 어릴 적에 살았던 러시아의 마을에는 교회가 없어서 그의 아버지는 가정 성경공부를 줄곧 개설하였는데, 많은 독일계 지방민들이 이 가정 성경공부에 참석하였다.

어느 날 갑작스레 아들이 아프게 되었다. 사방 수마일 내에는 의사라곤 단 한 명도 없었다. 그래서 그 어머니는 아들에게 무릎을 꿇고 앉으라고 시켰다. 어머니는 아들의 머리 위에 손을 얹고 마법 주문을 외우고 난 후 성삼위일체의 이름으로 마무리 지었다. 그 후 아들은 병이 나았다. 그리 오래지 않아 아들의 그 주문이 모세6,7경에 나오는 주문이었음을 알게 되었다.

그 어머니가 했던 일은 야고보서 5:14을 따르는 성경적 기도가 아니라 마법술이었다. 그 어머니는 성삼위일체의 이름을 오용하여 아들의 병을 고치는 마법주문으로 사용하였다. 이제 바로 그 아들이 성장하여 내게 카운슬링 받으러 찾아왔다.

그 아들은 이제까지의 자신의 삶이 주술치료의 결과로 고통당해온 삶이었다고 말했다. 그의 아버지는 성경에 충직한 신앙인이었으나, 아들인 그는 하나님의 말씀 및 그리스도와 더불어 융화를 이룰 수가 없었다. 그의 생활 전 영역이 무질서에 빠져 들었고 술에 취하는 경우 자신을 도저히 제어할 수가 없었으며, 그래서 차마 여기서 밝힐 수 없는 유별난 짓들을 했다.

마법적 병 치료의 결과로 혹독한 신비력 영향을 받아왔다는 사실을 그가 깨닫게 된 것은 바로 내 강연을 듣고 내 저서들을 읽고 난 이후부터였다. 그는 모든 죄를 고백하고 회개했으며, 예수 그리스도의 이름으로 어머니가 걸었던 이러한 마법주문에서 벗어났다고 선언하였다.

하나님의 신성한 것과 악령적인 것 사이에는 종종 백지 한 장 차이에 불과한 경우가 있다. 평범한 사람은 그 둘의 차이를 분별할 만한 재능을 갖추지 못하고 있다. 그러나 성령께서 우리의 눈을 뜨게 해주시고 풍부한 상담 경험을 쌓을때, 우리는 비로소 이들 두 영역의 서로 다른 차이점을 분별할 수 있는 경지에 도달하게 된다.

악령들림증
DEMON POSESSION

    벤더 교수가 프라이부르크 대학교에 부설되어 있는 그의 연구소에서 악령들림증이란 주제로 토론회를 개최하여 그 주제 강연 연사로 나를 초청했던 것은 20여 년이 훨씬 지난 일이다.

    그때 벤더 교수는 심리학자와 가톨릭 신학자 여러 명과 정신병원에 입원해 있던 한 명도 함께 초청했었다. 강연을 마친 후 정신병원에 입원해 있던 한 여 환자에 관한 토론회를 가졌다. 그녀의 증세는 정신과 전문의에게는 아주 생소한 양상을 나타냈다. 그녀는 돌발적으로 외마디 비명을 지르며 '보이지 않는 세력들'이 마구 때린다고 외쳐대곤 했는데 실제로 그녀의 온 몸에 시퍼렇게 멍든 타박상이 나타났다.

    또 그녀는 마치 거대한 뱀에 온 몸이 휘감겨 질식당하는 듯 한 모습도 보였다. 뱀이 칭칭 감았던 것같이 울퉁불퉁한 흔적은 보조 의사가 사진촬영을 하여 자료로 남겨 두었다. 정신의학자는 이런 현상을 '심인성 피부병반응(Psychogenic Dermatography)'이라고 설명했다.

    한 번은 당직 간호사가 그녀를 진정시키려고 몸부림치며 휘저어대는 양 팔을 몸에 꽉 끼고서 제어해보려고 했다. 그때 그 간호사도 역시 '보이지 않는 세력'으로부터 얻어맞고서 나동그라졌다. 정신의학자는 이런 현상을 '심리적 감응(Psychological Induction)'이라고 규정짓는다.

때로는 느닷없이 여 환자에게서 여러 '남자 목소리'가 튀어나와 자칭 일곱 악마라고 밝혔다. 정신의학자는 이 현상을 무의식이 분리되어 나와 일곱의 독립 부분체로 분열되었다고 설명한다. 간혹 천리 안에 해당되는 본보기도 발생하는 것이었다.

　벤더 교수는 먼저 가톨릭 신학자들에게 의견을 물었다. 가톨릭 신학자들은 선언적 대답을 했다. "이것은 악령들림증입니다." 정신의학자는 이 말을 듣고서 짐짓 화가 난 듯 다음과 같이 말했다. "그 답변은 당신네 주교가 소개 편지에 써 보낸 내용과 하나도 다를 바가 없습니다. 나는 악령들림증을 인정하지 않습니다. 그 증세는 기껏해야 히스테리의 일종에 불과하다고 나는 생각합니다. 비록 지금까지 내가 경험해본 적이 없는 유형이긴 하지만 말입니다." 그리고서 그 정신의학자는 내 의견을 물었다. 나는 되받아 그 정신의학자에게 질문을 했다. "당신은 이 여 환자가 혹시 과거에 마법술이나 영접술과 모종의 관련을 맺었던 사실이 있는지에 대하여 알고 계십니까?" 긍정적인 답변이 나왔다. 그래서 나는 이 경우가 악령들림증이라고 확신을 토로했다. 그 후 나는 이 여 환자가 자신의 피로써 악마에게 혈맹(Blood Pact)을 했다는 사실을 알아내게 되었다.

　과학자들이 악령들림증의 경우를 인정하는 데 주저하며 망설이는 이유는 그런대로 이해가 간다. 악령들림증이 의학적인 문제가 아니라 종교적인 문제이기 때문이다. 오히려 이해하기 곤란한 일은 어째서 대다수의 신학자들은 정신의학자들과 심리학자들이 자신들을 질질 끌고 가도록 방치해 두었는가 하는 문제이다. 나는 지금 비단 현대주의 신학자들만을 빗대놓고 말하는 게 아니고, 그리스도의 몸 된 교회 내에서 명성을 날리고 있는 많은 사람들까지도 아울러 논박하는 바이다.

　그 한 사례를 들어본다. 비세돔(Vicedom)교수는 함부르크에 있는 미가엘 교회(the Michaelis Church)에서 2,500여 명이 모인 청중 앞에서 다음과 같이 선언했다. "악령현상이란 우리의 잠재적 인성부분과 초인적 부분이다." 그 당시는 아직 하이트뮬러(Friedrich Heitmuller)목사가 생존해 있었던 때였다. 하이트뮬러는 홀스텐발(Holstenwall)에 있는 그의 회관에서 비세돔의 말을 곧바로 정정하여 잡았다. "악령현상은 우리의 잠재적 인성부분(the subhuman part)도 아니고 초인적 부분(the superhuman part)도 아니며 바로 인간외적요소(the extrahuman factor)이다."

'어째서 신학자는 단 한 사람도 악령들림증에 관하여 저술서를 쓰려고 조차 안 했는가' 하는 점이 유능한 과학자들의 조소하는 이유이다. 누구든지 악령론에 관한 서적을 찾아보려고 하면 공식적 교계를 벗어난 외곽지대를 살펴보아야만 할 형편이다.

비기독교인이 기여한 공헌 가운데에서 꼽아본다면, 로버트 뮬러 쉬테른베르크(Robert-muller Sternberg)가 쓴 '악령론-그 현상의 존재와 작용'이다. 이 책은 역사적 철학적 관점에서 쓴 것으로 신약성경의 관점에서 저술된 책은 결코 아니다. 신앙심이 깊은 그리스도인은 그다지 많은 도움을 받지는 못한다.

성경적 관점에서 볼 때, 제수이트 교단의 아돌프 로드빅(Adolf Rodewyk)이 쓴 저서가 훨씬 내용 있는 책이다. 그 책의 제목은 '현대인의 악령들림증(Damonische Bessessenheit heute)'이며, 여기서 로드빅이 기술하고 있는 내용은 내 자신이 카운슬링하면서 경험했던 사항과 상통하는 점이 많다. 가톨릭교회가 악령 들린 사람을 다루는데 있어서 개신교 목사들보다 훨씬 더 실제적인 경험을 많이 보유하고 있다는 사실을 나는 오래전부터 느껴오던 터이다. 물론 복음주의적 교회 내에도 악령 들린 자들에게 헌신하고 있는 평신도들이 있는 것은 사실이나 그 수효는 극소수에 불과하다.

로드빅의 책에서 내가 용납할 수 없는 것은 세례를 너무 지나치게 강조하는 경향과 '한 인간이 다른 사람의 죄를 대신 짊어지고 속죄할 수 있다' 는 사항이다. 로드빅의 책에는 바로 이런 사항이 논술되어 있다.

대속행위는 오로지 단 한 번뿐이며, 그것은 바로 갈보리 십자가상에서 일어났던 예수 그리스도의 속죄 죽음인 것이다. 게다가 '현대의 악령들림증' 이란 책에는 성경과는 동떨어진 전형적 가톨릭 문구가 더러 섞여 있다.

물론 로드빅과 나는 공통된 경험사항들도 많이 가지고 있다. 예컨대 악령을 쫓아낼 때 우리 두 사람은 똑같은 기도문을 사용한다.

"하나님의 독생자이신 예수 그리스도의 이름으로 명하노니 너희 더러운 영들은 이 사람에게서 떠나가라!" 이 기도문을 공식처럼 생각하거나 사용해서는 안 된다. 이 기도문이 갖는 핵심적 중요성은 다음과 같다. 즉 예수께서 제자들에게 부여해 주셨던 권능을 우리도 용기를 내어 주장할 수 있다는 점이다. 누가복음 10:10절에 그 기록이 나온다. "보라 내가 너희에게 뱀과 전갈을 밟으며 원수의 모든 능력을 제어할 권세를 주었으니 너희를 해할 자가 결단코 없으리라".

유럽보다도 미국에는 오히려 '악령 들린 현상' 에 관하여 성경에 기초를 둔 유용한 문헌들이 있다. 여기에 중요 서적들을 모두 거론하기란 불가능하다. 특히 가치 있는 문헌은 나비어스의 '악령들림증(Nevius, John I : Demon Possession : Grand Rapids Mi : Kregel, 1968)' 과 엉거의 '성서적 마귀론(Unger, Meerrill F. : Biblcal Demonplogy : Wheaton II : Scripure Press, 1952)'

정신의학적 견해에 대한 충분한 답변을 하려면 대단히 많은 지면이 요구되므로 여기서 소기의 충족을 기할 수는 없다. 정신의학자로서는 그리스도인이 아니거나 명목상 기독교인에 불과할 뿐이라면 악령들림증을 확신하기란 도저히 불가능하다. 좌우간 몇 가지 논점을 거론해 보자.

첫째, 정신의학자들이 단언하는 바로는, 예수와 그 제자들은 그 시대적 산물에 불과하다는 것이다. 당시 그들이 알고 있던 바는 그 이상을 넘을 수가 없다고 하며, 그들이 생각했던 악령들림증이란 실제론 정신질환이었다고 한다. 나는 이런 논쟁의 요지를 누차 들어오던 터이라 이젠 신물이 날 지경이다. 이 논점을 반박해 주기란 너무도 쉽다. 예수와 그 제자들, 그리고 이 신약성경 기자들은 질병과 악령들림증을 분별하여 구분 지을 수 있는 능력을 갖추고 있었다. 다음 구절에서 그 명백한 구분이 나타나 있다. 마태복음 4:24, 8:16, 10:1-8, 마가복음 1:32, 누가복음 9:1-2 및 기타 여러 다른 곳에 그 구분이 나온다.

둘째, 정신질환자가 나타내는 반응과 악령 들린 자가 보이는 반응은 사뭇 다르다. 이러한 상이점을 이미 다른 책에서 공표했던 바가 있으므로 여기서는 되풀이 하지 않으려고 한다. 나의 저서 '악령론'(Deomonolgy, past and present)에는 악령들림증의 여덟 가지 징후가 정리되어 있다. 여기서는 그 중에서 세 가지 주요점만을 논해 보기로 한다.

첫번째, 광증의 발작은 반드시 영적 카운슬링을 해주려고 할 때 나타난다. 이러한 사실에 대해 증언할 수 있는 기독교계 일꾼들은 여럿이 있다. 나는 전갈을 받고서 한 여인을 방문하러 갔었는데, 그 여인은 누가 함께 기도를 하려고 하면 어김없이 미쳐 날뛰기 시작하였다. 내가 기도를 해줄 때도 매 한가지였다. 그런 경우 예수 그리스도의 이름으로 악령에게 명령하는 것이 나의 상례(常例)이다.

두번째, 영접경(Irance)은 영접술로 말미암아 사악한 영향 아래 놓여 있는 사람들을 위해 함께 기도해 주려 할때 곧바로 정신을 잃고 혼수상태에 접어든다.

악령들림 1

취리히에 있는 어떤 목사가 카운슬링을 받으려고 한 여인을 데리고 찾아왔다. 내가 여인과 함께 기도를 시작하려고 하자 그 여인은 영접경에 빠져 들면서 나에게 혀를 날름 내미는 것이었다. 기도를 마치고 "아멘" 했더니 그 여인은 제 정신이 들었다. 내가 여인에게 영접자의 초혼집회에 참석했던 적이 있는지 여부를 질문하자 여인은 그런 적이 있다고 답변했다. 여인은 지난 9년 동안 어떤 영접자 모임에 참여했었다고 말했다.

세번째, 미지의 언어구사도 역시 악령들림증의 징표로 꼽힌다고 로마 가톨릭의 의례전(Rituale Romanum)에서는 지적한다. 어느 날 한 젊은이는 혼수상태에 빠져 들었고 그 입에서는 외국어가 튀어나왔다. 그 외국어는 젊은이가 배운 적도 없는 생판 모르는 말이었다. 이 현상이야말로 가장 논란 많은 논점인 바, 정신의학자들의 견해를 여지없이 일축해 버린다. 정신질환자라면 배운 적도 없는 미지의 언어를 갑작스레 말하는 일이 결코 없다.

정신이상 질환의 증세는 악령들림증과는 사뭇 다르다. 악령들림증의 징후는 성령으로 거듭난 체험을 겪은 사람이라야만 비로소 포착 가능한 것이다. 악령들은 허울뿐인 명목상의 기독교인들에게는 반응을 나타내지 않는다. 이 말은 좀 지나치고 오만스럽게 들릴는지 모르지만 분명히 성경의 가르침과도 일맥상통한다.

'정신질환과 악령들림증(Ergriffenheuit und Bessessenheit)'이란 책에서는 한 줄기 서광이 보인다. 이 책에 수록된 기고문은 세계정신의학협회의 세계회의와 베르너 라이머 재단(Werner- Renners Stifung)에 인류학적 연구를 위하여 제출되었던 정신의학과 인류학 연구 논문에서 선정한 것이다. 그 세계회의에는 정신의학자, 심리학자, 사회학자, 신학자, 의학자 및 인류학자가 대거 참석하여 각기 나름대로의 견해를 발표했다. 그 회의 결과 채택되어 공표된 선언은 다음과 같다.

"현재로서는 정서질환과 악령들림증은 각기 그 나타내는 종교적 반응 양상이 다르다고 따로 구분 짓는 독립개별평가를 기꺼이 허용해야 하며, 또한 이 현상들을 성급하게 정신질환으로 규정지어도 안 된다." 이 선언은 놀라움을 금치 못할 인정이다. 물론 신앙심 깊은 그리스도인들은 의학이나 심리학, 또는 인류학을 연구하지 않고서도 악령 들린 현상을 오래 전부터 익히 알고 있던 터이다. 과학은 길고도 머나먼 우회로를 빙빙 돌아 드디어 신앙인들이 성경을 토대로 2000여 년 전부터 믿어오던 바를 차츰 인식하는 위치에 도달해가고 있는 것이다.

기독교 신앙인들 사이에서도 논란의 쟁점이 되고 있는 문제가 있다. '기독교인도 악령 들릴 수 있는가?' 하는 문제가 그것이다. 수십 년간의 경험을 바탕으로 나는 다음과 같은 결론을 얻었다. 악령 들린 자를 다루어 경험이 없는 사람들의 경우 기독교인은 악령 들릴 수가 없다고 부정하는 반면, 악령 들린 자들을 다수 카운슬링해 본 경험자들은 비록 믿는 자라고 할지라도 악령의 지배를 당하며 제어당할 수 있다는 사실을 안다. 더 정확히 말하면 우리는 도리어 사실에 바탕을 두고서 관념을 형성시켜 가야 한다.

특히 미국에서 나는 이 문제를 둘러싸고 많은 논의를 거듭해왔다. 따라서 내가 겪은 직접 경험을 확인해준데 대하여 다음 여러분께 나는 더한층 심심한 사의를 표한다. 휘튼 대학의 전 학장이었던 에드먼 박사(Dr. Edman), 앞서 말한 엉거 교수, 밀워키의 정신의학자 잭슨 박사(Dr. Jackson: 의학, 신학박사임), 정신의학자 리드 박사(Dr. Read)와 기타 여러분들이 내 경험을 인정해주신 분들이다. 또 순회강연차 세계 각국을 돌면서 대화를 나누어본 사람들도 여럿 있는데 그들은 불신자보다도 드디어 신앙인들의 악령 들린 경우를 더 많이 카운슬링해 주었다고 공언하였다.

버치(G. Birch)목사는 내게 보낸 1973년 9월 21일자 편지에 다음과 같이 썼다.

"아내와 나는 보르네오에서 주 예수 그리스도의 이름으로 악령을 내쫓은 경험을 했습니다. 그런데 고국 캐나다에 돌아온 후 불과 18개월 동안에 우리 내외는 악령들림증에서 구원받는 사람들을 무려 120명이나 목격했습니다. 그들은 모두가 기독교인들이었습니다."

그는 나와 절친하게 지내는 사이로서 결코 극단주의자가 아니다.

경험이 풍부한 정신의학자 레힐러(Lechler) 박사도 나처럼 악령들림증의 실존을 인정하는데 그는 나의 그 설명이 현대에 있어서 악령들림증을 가장 잘 정립시킨 모범 설명이라고까지 논술했다.

영국에서도 역시 나는 나와 동일한 확신을 가진 정신의학자 몇 분을 만나 보았다. 수년 전 나는 마틴 로이드 존스 박사(Dr. Martyn Lloyd-Jones)의 초청을 받아 악령들림증이란 주제로 웨스트민스터 게이트에서 열린 정신의학자 모임에서 강연을 했다.

강연 후 속개된 토론회 때에 한 정신과 의사가 일어나 악령 들렸다고 성경에 기록된 것은 실상 정신질환일 것이라는 범론을 폈다. 나는 이 견해를 굳이 바꾸어 놓으려고 애쓸 필요가 없었다. 다른 정신과 의사 두 사람이 그를 보기 좋게 공박해 주었기 때문이었다.

한 의사는 악령들림증의 경우를 일곱 번 직접 겪어 보았고, 또 다른 의사는 열한 번이나 겪었다고 말했다. 나중에 말한 정신과 의사는 그 후 나와 절친한 사이가 되었으며, 우리 두 사람은 영국국교회 소속 목사 200여 명을 대상으로 세미나를 함께 개최하였다.

세미나 개최 주간에 이 믿음의 형제는 내게 말했다.

"목사님께서 저술하신 '기독교 카운슬링과 신비술' 이란 책을 보고 난 후 저는 악령들림증이란 문제를 접하게 되었습니다. 그 후 수년 간 저는 정신의학의 일반적인 용어로서는 분류가 안 되는 전형적인 사례들을 관찰해 왔습니다. 바로 여기서 저는 목사님께서 주장하신 명제가 참이라는 사실을 발견했습니다."

만일 마귀들이 없다고 할 것 같으면 그리스도께서 마귀들을 진멸하셨을 리가 만무했을 것이다(골 2:15). 만일 믿는 자들이 사탄에 의하여 그 대변자로 오용당하는 일이 있을 수 없다면, 예수께서 베드로에게 다음과 같이 말씀하셨을 까닭이 없었을 것이다.

"사탄아, 내 뒤로 물러가라. 너는 나를 넘어지게 하는 자로다"(마 16:23).

우리는 원수의 능력을 안다. 믿는 자들이라고 할지라도 쉽사리 유혹에 넘어가고 만다는 사실을 우리는 안다. 그러나 우리가 뚜렷이 알고 있는 바는 예수 그리스도께서 승리하신 사실이다. 사도들의 만세소리 외침은 지옥까지도 진동시켜 떨게 한다.

"하나님께 감사드리노니 우리 주님 예수 그리스도를 통하여 우리에게 승리를 주시는도다"(고전 15:57).

진 딕슨
JEAN DIXON

몇 년 전에 여류작가 몽고메리가 '예언자 진 딕슨'이라는 책을 썼다. 영 분별을 못하는 자만이 진 딕슨을 예언자라고 묘사할 수 있을 것이다.

진 딕슨과 그녀의 예언은 세계 곳곳에서 논의되고 있다. 몇 가지 실례들이 충분히 입증되자 광범위한 관심을 불러 일으켰다. 그녀가 예언했던 몇 가지 정치적 사건들을 살펴보기로 하자.

- 1944년 진 딕슨은 중국이 공산화될 것이라고 예언했다. 이 예언은 1949년에 성취되었다.
- 1947년 간디의 암살을 예언했는데, 6개월 후 간디는 한 광신자에게 저격당했다.
- 1961년 마릴린 먼로의 자살을 예언했다. 1년 후 그 유명한 영화배우는 수면제를 다량 복용하여 자살했다.

진 딕슨은 케네디 대통령의 암살을 예언했으며, 다음엔 인도와 파키스탄의 분리를, 그리고는 파키스탄의 초대 대통령의 이름을 수개월 전에 알아맞혔다. 또한 처칠의 낙선과 재선, 그리고 후르시초프의 몰락을 예언했다.

이 같은 기사는 정밀하게 고찰되어야 한다.

먼저 우리가 주목해야 될 점은 적중된 예언들만 공식 증명을 거쳐 알려지게 되었다는 점이다. 이것은 왜곡된 인상을 심어준다. 우리들은 진 딕슨의 틀린 예언이 얼마나 되는지를 모르고 있다. 여기에 대한 진 딕슨의 답변은 예언의 10% 만이 빗나갔다는 것이다. 나는 이 주장에 대하여 회의적이다. 아마도 빗나간 율이 더 높을 것으로 추측되어진다. 정직한 점쟁이들은 자신들의 예언 적중률의 50%정도에 불과하다고 고백한다.

진 딕슨의 오류를 몇 가지 들어보자.

- 진 딕슨에 의하면 3차 세계대전이 1954년에 일어났어야 했다.
- 중공이 1958년에 유엔에 가입된다고 했다. 그러나 중공의 유엔 가입은 1971년까지 지연되었다.
- 베트남 전쟁이 1966년에 끝날 것이라고 했으나 1975년까지 지속되었다.
- 1968년 10월 19일 진 딕슨은 재클린이 재혼을 생각하지 않을 것이라고 예언했으나, 그 다음 날 재클린은 오나시스와 결혼했다.

진 딕슨이 엉터리라는 의미를 나타내려고 이 같은 반대 의견을 말하는 것인가? 그렇지 않다. 진 딕슨은 미래를 예언하는 대단한 능력을 가지고 있다. 케네디의 댈러스 여행을 한사코 말리려 한 사건 이후 그녀의 예언 능력은 세계 도처에 알려지게 되었다.

진 딕슨의 예언의 특징은 무엇인가? 다른 점쟁이들과 마찬가지로 진 딕슨도 살인, 화재, 홍수, 그리고 대이변 따위의 비극적인 사건들만을 예언한다는 점이 제일 먼저 관찰되어야 한다. 좋은 일을 예언한 적은 결코 없다. 이 사실은 하나님의 나라가 아닌 음부와의 관련성을 시사해 주는 것이다.

에밀 크래머(Emil Krämer)라는 분은 신비술에 관하여 오랜 경험을 쌓은 노목사인데, 악령의 세계도 신비력을 지닌 점쟁이들에게 그 세계의 계획을 미리 알려준다고 믿고 있다. 악령들은 오로지 살인, 화재, 범죄만을 조작하기 때문에 이 음부세계와 관련을 맺은 에리히 테니켄(Erich Von Daiken)이 주장하는 세계의식의 감지 혹은 무한성과의 접촉 따위와 같은 억지가설 보다는 한층 더 설득력이 있다.

영매자들은 음부로부터 신비력을 받으며, 그 지옥의 세계로 방향을 맞추고 있다. 이 같은 견해는 진 딕슨의 종교적 습관과 상충이 된다고 여겨질 수도 있다. 진 딕슨은 자신의 능력을 하나님의 은사로 생각한다. 진 딕슨은 열성적인 가톨릭 신자이며, 매일 아침 미사에 참석하여 시편 23편으로 기도한다고 한다.

우리는 이러한 종교적 행위로 인하여 그릇된 판단을 내리는 일이 없도록 해야 한다. 우리는 사도행전 16:16-18절에 언급된 빌립보 점쟁이의 경우와 견주어 볼 수 있을 것이다. 사도 바울의 선교여정 중 그 여자 점쟁이는 군중들 틈에 나타나서 소리쳤다. "이 사람들은 지극히 높은 하나님의 종이며, 구원의 길을 너희에게 전하는 자라."

여자 점쟁이는 바울의 선교사역을 위해 훌륭한 증언을 해주었지만, 그러나 바울은 영분별의 은사를 지니고 있었다. 바울은 그 여자 점쟁이를 향하여 외쳤다. "예수 그리스도의 이름으로 내가 너에게 명하노니 그에게서 나오라!" 바로 그 순간, 그 여자 점쟁이는 구원을 받았다.

점쟁이들도 가끔 경건을 가장하고 나타난다는 사실을 우리는 항상 염두에 두어야 한다. 비록 습관적으로 늘 교회에 나간다고 할지라도 진 딕슨은 예언자가 아니라 점쟁이이며, 위험성을 내포한 사람이다.

마인드 컨트롤
MIND CONTROL

1929년 독일의 생리학자 한스 베르거(Hans Berger)는 두뇌가 약한 전기적 단파를 생성해 내며 그 주파수는 의식의 변화와 관련이 있다는 사실을 발견했다.

그 당시 의학계는 이 발견을 대수롭지 않게 여겨 관심을 전혀 보이지 않았다. 25년이 지난 후에야 비로소 뇌활동도가 뇌의 전기적 활동을 기록하기 위해 사용되기 시작했다. 결국 베르거의 발견이 재발견된 셈이다.

다음 일람표는 다양한 주파수가 나타내는 의미를 설명해 준다.

- 베타파(beta waves; 매초당 13-30 사이클) 일을 하고 있을 때의 정상적인 의식상태, 눈을 뜬 상태, 정신집중이나 긴장을 느끼는 상태.
- 알파파(alpa waves; 매초당 8-12 사이클) 긴장이 풀린 편안한 감 및 내적 지각상태, 눈을 감은 상태, 긴장을 푼 상태, 비몽사몽경이나 최면에 걸린 상태에 해당한다.
- 세타파(theta waves; 매초당 4-7사이클) 잠들기 직전의 상태
- 델타파(delta waves; 매초당 0.5-3 사이클) 깊은 수면의 상태, 갓 태어난 어린애가 느끼는 상태.

미국에서는 이러한 계산수치를 의식수준에 따른 상호관계를 기초로 활용하여 여러 운동들이 개발되었다. 이런 운동들 중의 하나가 '생체활력증강 연구'이며 로스앤젤레스의 한 박사(Dr. J. W. Hahn)가 이 연구를 맡고 있다. 생체활력증강이란 술어는 생체의 생물적인 재활, 원기의 증강, 에너지의 보강을 뜻한다.

캘리포니아에 있는 60여 개가 넘는 회사들이 이 연구의 방법 및 목적과 관련지어 두뇌 전기활동의 조절용 기계를 개발했다. 특별히 그 기계 개발의 목적은 베타상태에 있는 과도한 긴장을 이완시켜 주려는 것이다. 사람은 알파상태에서 보다 많은 생활을 해야 한다는 것이 그 기본 착상이다. 그래서 이 기술적 고안물을 명명하여 '알파조절기'라고 한다. 이들 기계의 프로그램은 뇌의 전기활동을 알파상태로 낮추는 것이라고 정의되고 있다.

따라서 생체활력증강은 새로운 유형의 치료요법이다. 그 목적은 뇌파를 조절시키려는 것일 뿐만 아니라 또한 여타의 무의식적 신체작용을 조절하려는 것이다.

외견상 얼핏 보기에는 이것은 과학적 방법인 것처럼 보인다. 그러나 이에 대한 문헌을 읽어보면 회의를 느끼게 된다. 요가 수도자, 마법사, 최면술사, 그리고 여타 신비술 종사자들이 끊임없이 거론되고 있다. 한(Hahn) 박사가 쓴 논술에서 가려 뽑은 짤막한 사례를 소개한다.

마인드컨트롤 1

'메닝거' 재단에서 일하는 엘머 그린(Elmer Green) 박사는 생체활력증강을 사용함으로써 인간이 양쪽 손의 체온을 각기 다르게, 즉 한 손은 뜨겁게, 또 한 손은 차게 조절하는 법을 배울 수 있다는 사실을 보여 주었다. 요가 수도자들도 제2단계에 이르면 이 같은 시범을 조금도 다를 바

없이 수행한다.

신비술적 요소가 한층 더 분명히 나타나는 운동은 이런 유형의 두 번째 형태인데 실바 마인드컨트롤(Silva Mind Control)로 알려져 있다. 그 창시자는 호세 실바(Jose Silva)이며, 텍사스 출신의 전직 전기기사이다. 실바는 정상적인 교육이라곤 전혀 받은 적이 없으면서도 대학 강의에서조차 거론의 대상이 되고 있다.

'마인드 컨트롤'이란 뉴스지는 이 운동이 용의주도한 신비술 프로그램이란 사실을 알려준다. 생체활력증강처럼 마인드 컨트롤도 두뇌에서 생성되는 전기적 활동이 변화하는 횟수에 그 기초를 두고 있다. 실바의 추종자들은 기술적 장치를 사용하지는 않는다. 그들은 모든 것을 정신집중으로 처리해 버린다.

이 방법을 터득하려는 사람은 누구든 하루 열두 시간씩 나흘간 수련하는 예비 교육과정을 거쳐야 한다. 이 과정의 특성은 초월적 명상(Transcendental Meditation)이나 요가를 연상케 해준다.

침묵과 문장의 단조로운 반복(탄트라의 반복)을 번갈아 되풀이 하는데 호흡연습도 병행된다. 그런 후 드디어 가벼운 유형의 집단최면이 착수된다. 실바운동의 전문가들과 회원들이 설명하는 것에 귀를 기울여 보도록 하자.

마인드컨트롤 2

캐더린 빅우드(Carherine Bigwood)는 기술하기를 마인드 컨트롤이란 종교도 아니며 철학도 아니다 라고 실바는 말한다. 요가 수도자는 마음의 제어조절을 추구하며 그것을 요가라고 일컫고, 선불교도는 그것을 선(禪)이라고 하며, 최면술사는 최면상태라고 한다. 이 모두는 알파 수준에 도달하려는 방법으로써 그 기법만 다를 뿐이다.

마인드 컨트롤은 두뇌를 더욱 많이 활용하는 방법이며, 잠재의식의 활용법을 의식적으로 익히는 방법이다. (마인드 컨트롤의 주요목표는 주관적인 통신, 즉 ESP이다.) "ESP란 초감각적 감지력으로서 신비력 현상이다.

우리는 「실바」기법의 신비적 특성에 관하여 더 이상의 증거를 찾아내려고 애쓸 필요가 없다. 그 추종자들이 신비적 특성을 공공연히 인정하기 때문이다. 사실인즉 「실바」는 ESP가 해롭지 않다고 간주한다. 바로 이점이야말로 모든 신비술 운동이 저지르고 있는 오류이다.

그들의 뉴스지는 가히 예상해 볼 수 있는 각종 유형의 자료를 실어 제공한다. 이 운동의 창시자인 실바는 무당(Medium)이다. 실바의 추종자들은 정신감응통신, 예컨대 텔레파시를 실습하며 투시력 훈련을 한다. 그 추종자의 숫자가 어머 어마하게 불어난 결과 오늘날 「실바 마인드 컨트롤」은 심령과학 분야에서는 그 규모가 가장 큰 협회가 되었다.

다음 실례는 이 운동에 관한 보고서가 서로 엇갈리는 상반성이 있음 잘 입증해 준다. 빅우드(Mrs. Bigwood)는 마인드 컨트롤이 종교가 아니라고 기술한다. 그러나 또 다른 추종자인 로버트 테일러는 말한다. "잠재의식의 의식적 제어조절-기독교와 유대교의 신비론자, 회교의 범신론자, 인도의 요가 수도자, 그리고 선의 대가들이 수행해 왔던 그 제어조절, 즉 상상을 초월한 평화-은 서구문화에 그 유용성을 제공해 준다."

이 얼마나 끔찍하고 괴기스런 말인가! 상상을 초월한 평화가 텍사스 출신의 신비술을 일삼은 일개 전기기사에 지나지 않는 「실바」로부터 온다니…. 그리스도인들이 신비론자들이고, 그리스도인들이 요가 수도자, 범신론자, 선불교도들과 동일한 목표를 추구한다고? 터무니없는 말이다. 사실에 어긋난 말이다. 그리스도인들은 예수 그리스도를 모신다. 그분은 하나님의 독생자이시고 온 인류의 구속자이시며, 심판자로서 앞으로 그 어느 날엔 모든 신비술과 악령적 운동을 종식시켜 버릴 분이시다.

참으로 말할 수 없이 비통스런 일은 수백 명의 목사들이 이미 이 신비술 방법을 실습했다는 사실이다. 그들이 배운 신학이 예수 그리스도를 통한 인간의 구원을 가르치지 않았기 때문에 그들은 신비술 속으로 빨려 들어 가버리고 말았다. 그리고 이들 목사들은 이처럼 다듬고 손질한 신비술의 변형을 자신들이 목회하고 있는 회중들에게 전달한다.

여기서 우리는 가장 훌륭한 도움을 히브리서 4:12절의 말씀 속에서 찾아볼 수 있다.

"하나님의 말씀은 살았고 운동력이 있어 좌우에 날선 어떤 검보다도 예리하여 혼과 영과 관절과 골수를 찔러 쪼개기까지 하며 또 마음의 생각과 뜻을 감찰하나니"

이편에는 살아계신 하나님께서 계시고, 저편에는 갖은 계교를 다부리며 울부짖는 사자처럼 날뛰는 사탄이 있다. 각자는 어느 진영에 귀속하고 싶은지 스스로 결정해 볼 일이다.

요가
YOGA

요가란 산스크리트어(Sanskrit)에서 유래된 말로서 아마 은신처를 뜻하는 헬라어와 멍에를 뜻하는 라틴어 'jugum'에 그 어원을 둔 말인 것 같다. 이러한 언어학적 유래를 따른다면 요가 수련은 자신을 멍에 아래 놓이게 하는 것이나, 또는 보호해 주는 힘으로부터 은신처를 구한다는 의미가 된다.

짤막한 장에서 요가를 충분히 다룬다는 것은 불가능하다. 우선 인도와 티베트의 요가에는 유형이 너무나 많아서 그 모두를 열거만 한다해도 두툼한 책 한 권이 될 정도이다.

나는 간략한 논술에서 극히 한정된 일부만을 제시할 수밖에 없다. 나는 다음과 같은 자료들을 사용하였다.

- 동서양을 망라한 목회 카운슬링, 특히 여덟 번이나 두루 여행했던 동아시아 지역에서의 목회 카운슬링
- 인도인 교수 드 로이(De Roy)씨가 내게 준 정보. 그는 본국에서 요가수련을 공부했다.
- 파탄잘리 요가(Patanjali Yoga)에 대하여 쓴 미쉬라(Mishra)씨의 저서 '요가 심리학 교본(The Textbook of Yoga Psychology)'

미쉬라 씨의 저서에서 가려 뽑은 몇 가지 중요한 구절이 우리에게 요가의 영적 분위기를 소개해 줄 것이다.

· 인간의 보다 높은 자아는 초월적이면서도 고유 존재성을 띠므로, 시작도 없고 끝도 없으며 출생도 없고 사망도 없다.
· 요가는 물질적 우주와 형이상학적 우주의 합일을 뜻한다.
· 천국과 지옥은 인간 마음이 지어낸 산물에 지나지 않는다.
· 마법술과 신비교, 신비술의 배후에는 요가 체계가 버티고 있다.

이 네 문장은 요가와 성경이 도저히 조화를 이룰 수 없다는 점을 분명히 보여준다. 극동의 여러 체계와 기독교 신앙은 타협불능의 상극이다.

첫단계는 요가 수련생이 자신의 의식과 육체를 다스릴 수 있도록 도움을 주는데 목표를 두고 있다. 이 목표는 정신과 신체훈련으로 달성된다.

정신훈련에는 명상, 자율신경훈련, 정신통일과 만트라를 반복하는 일종의 연도인 코안(Koan)이 있다.

신체훈련은 호흡훈련과 연화좌, 코브라좌, 물구나무서기 등의 여러 가지 몸의 자세를 포함한다.

따라서 첫 단계는 몸과 마음의 합일을 도모하려는 신체요법적 특성을 띠고 있다. 아무런 해악도 입지 않으면서 이 첫 번째 단계의 요가에 참여할 수 있다고 믿는 기독교인들이 상당수 있다. 그것은 단순히 이완운동에 지나지 않는 일이라고 한다. 이것만이라도 사실이라면 좋겠지만 카운슬링 경험이 알려주는 바는 다르다.

요가수련생들이 극구 찬양하는 이완의 기법과 이들 '텅 비우는 수련'은 또 다른 영의 유입을 초래한다. 다시 말해서 악령이 틈타 들어오는데 요가 수련생들은 이것을 모르고 지나친다.

요가 1

복음전도대회 기간 중에 어떤 남자와 그 딸이 그리스도께 삶을 맡기고 싶어 나를 찾아왔다. 그러나 그들은 스스로 그렇게 할 수 없음을 알았다. 그들은 여태껏 해오던 요가 수련을 단절하고 회개한 후에야 비로소 어려움을 헤치고 예수 그리스도께로 나오는데 성공했다.

요가 2

남아프리카의 요하네스버그에서 나는 한 신학생을 카운슬링 했다. 그는 수년 전에 그리스도께로 회심했던 젊은이로서 교회에서 공개 광고로 알려준 요가 수련과정에 대한 소식을 듣고 입회신청을 했다. 몇 달이 지난 후 그는 자신의 영적 생활에 일어난 변화를 감지했다. 성경을 읽고 싶은 의욕이 싹 가셨고, 또한 기도에 싫증을 느꼈다. 나는 그에게 요가 수련을 즉시 그만두고 그 모두를 단절해 버리라고 강력히 충고해 주었다.

요가의 두 번째 단계는 무의식의 통제를 포함한다. 이 두 번째 단계를 통달한 사람은 예컨대 자신의 장과 신경까지도 자유자재로 다스릴 수 있다. 나는 이 두 번째 단계의 통달자를 만나보았는데 그는 놀랄 만치 절묘한 묘기를 연출할 수 있었다.

요가 3

서구의 어느 대학도시에서 나는 요가의 두 번째 단계를 수련하고 있는 한 신학생을 만났다. 그는 자신의 혈액 순환을 증가 또는 감소시키는 능력을 가졌는데, 익살스런 마음이 일면 그의 능력을 과시해 보임으로써 동료학생들을 곧잘 즐겁게 해주곤 했다. 그는 동시에 한 쪽 귀는 붉게 또 다른 쪽 귀는 하얗게 할 수도 있었고, 암시로 피부에 붉은 반점이 나타나게도 할 수 있었다.

훗날 이 젊은이가 교인들에게 과연 어떤 복음을 설파할는지 나는 궁금하기 이를 데 없다.

요가 4

나는 두 번째 단계의 대가라는 경찰관의 이야기를 들었다. 그는 암시술로 손바닥에 성흔을 만들어 낼 수가 있었다. 그러나 그는 성인이 아니며, 또한 무신론자이다. 따라서 우리는 손바닥에 나타나는 상처자국이 종교적 현상만은 아니란 사실도 겸하여 볼 수 있다. 의식적 성흔과 무의식적 성흔, 종교적 성흔과 비종교적 성흔이 존재한다. 다시 말해서 이들 네 가지 유형의 상처자국은 그리스도와는 전혀 관계가 없다. 모조성흔이 그리스도의 상처에 집중된 신비술적 명상의 결과로써도 생겨날 수 있는지에 대해, 나는 가능하다는 답변을 감히 말할 수 있다.

그러나 성흔이 신앙이나 구원에 꼭 필요한 것이 아님은 분명하다. 우리에게는 예수 그리스도께서 계신다. 그러므로 우리는 성인이건 아니건 간에 우리에게 구원을 가져다 줄 수 있는 성흔 지닌자를 옥상옥으로 또 가질 필요가 없다.

요가 5

동남아시아에서 나는 가끔 요가 수도자를 만나보았는데, 그들은 호흡, 맥박, 그리고 혈액순환을 최저로 감퇴시킬 수 있었다. 그러면서 그들은 영접경과 흡사한 잠 속으로 빠져드는데, 그런 상태가 2주 내지 4주까지 지속되기도 한다. 이때 그들은 음식이나 음료를 일체 들지 않는다.

요가 6

내가 겪어본 이런 종류 가운데 가장 큰 깨우침을 받은 경험은 캘리포니아에서이었다. 젊은 여인 하나가 나에게 카운슬링을 받으러 왔다. 여인은 요가의 두 번째 단계를 끝마쳤다고 말했다. 그런데 요가 수련을 쌓는 과정에서 그녀는 예수를 사부로 삼았다. 여기서 주목해야 할 사실은 예수를 구세주와 대속자로서가 아니라 한낱 귀감에 불과한 스승으로 삼아 버린 점이다.

요가 수련 중 여인은 신비력이 생성되었으나 그 신비력에 대하여 성가심을 느끼고, 벗어나 보려고 무던히 애를 썼다. 바로 그 무렵에 여인은 그리스도를 찾기 시작했으며, 주위의 여러 친지들이 그녀를 위해 기도해 주었다. 무서운 투쟁을 거친 후 여인은 풀려나 자유로워졌다. 여인은 "요가에서 그리스도께로"라는 제목으로 자신의 체험담을 썼다.

요가는 해방시켜 자유를 누리게 하지 않고 옭아매어 속박한다. 요가는 앞길을 밝혀주지 않고 혼동을 몰고 온다. J.M 드샤네(J.M. Dechanet) 신부가 주장하듯이 요가는 그리스도를 위한 길을 예비하는 것이 아니라 사람들로 하여금 그리스도를 통한 대속의 진리를 전혀 감지하지 못하도록 불감증을 유발시킨다. 요가는 성령을 위하여서가 아니라 영접자가 섬기는 악령을 맞아들이려고 문을 여는 것이다.

이 사실은 요가의 세 번째와 네 번째 단계를 간략히 설명하고 나면 한층 더 분명해질 것이다.

요가의 세 번째 단계는 자연력의 지배와 관련되어 있다. 나는 이런 사례를 서양에서는 좀처럼 찾아보기 어려웠으나, 동양에서는 여러 번 발견했다. 마법술과 요가를 결합시킨 것이 티베트 요가 수도승의 특기인데, 이런 술법의 대가인 라마승 밑에서 3년간 수련을 닦고 나면 그 숙달자는 예컨대 정신통일로 얼음을 녹이는 것처럼 에너지를 자연물체에 방사할 수 있는 경지에 이른다고 한다.

나는 이런 이야기를 숱하게 많이 들어보았는데 심지어 요가 수도자들이 열과 아울러 화염까지도 내뿜는다는 이야기가 있다. 배화교도 가운데서 흔히 이런 것을 보게 되는데 그들은 또 불마법술도 한다.

요가 7

남아연방의 항구도시 포트 엘리자베스(Port Elizabeth)에서 있었던 일이다. 인도에서 이주해 온 이러한 화염술의 대가 한 사람이 나에게 카운슬링을 받으러 찾아왔다. 그 사나이는 툭 털어놓고 나서 나의 도움을 간청했다. 나는 그에게 예수께로 오는 길을 알려 주었다. 그 사나이는 기꺼이 예수 그리스도를 주님으로 영접하였다. 지금도 그 사나이가 계속 신앙생활을 잘하고 있는지 나는 모른다. 신비술사들은 가끔 다시 옛 생활로 되돌아가 주저앉고 만다.

요가의 첫 단계 또는 둘째 단계가 신비술 과정으로 귀착되는 문제에 대해 여태껏 의심을 품고 있는 사람이라고 하더라도 세 번째 단계쯤에 이르러서는 요가가 이끌고 가는 곳이 지옥의 권세라는 사실을 인정해야만 할 것이다.

모리스 레이는 "하타 요가에 깊숙이 심취한 자는 누구나 새로운 능력을 얻는다. 텔레파시(Telepathy), 예감력(Presentiments), 투시력(Second Sight), 그리고 신비술 활동에 필수불가결한 초자연적 모든 능력을 포함한다."라고 말한다. 아마도 우리는 이런 것을 염두에 두고서 명상으로써 남모르는 일들을 척척 알아내는 능력을 가진 목사에 관한 사례를 읽었어야 타당했을 것이다.

넷째 단계에서 요가수도자들은 죽음을 일으키는 흑색 마법을 통달한다. 티베트의 라마승들이 특히 이 점으로 잘 알려져 있는데, 티베트 국경지대에 위치한 칼림풍(Kalimpong)에서 나는 많은 티베트인들과 접촉을 가졌다. 나는 또한 티베트에서 일한 적이 있는 옛 선교사들로부터 받은 사례도 가지고 있다. 특히 어떤 사나이의 고백은 알려준 바가 많았는데, 그는 자신의 이야기를 공표해도 좋다고 허락하였다.

요가 8

나에게 이 정보를 준 사람은 라마승과 더불어 10년간이나 요가 마법술 그리고 영접술을 익혔다. 이 사나이는 시드니에서 내 강연을 듣고서 오스트레일리아의 뉴캐슬까지 나를 따라왔다. 그는 자신의 죄를 조목조목 들어가면서 모조리 회개하였다. 그가 말하기를 "라마승들이 가르치는 것은 숱한 영을 섬기는 것인바, 곧 악령숭배입니다. 제발 제가 풀려나도록 좀 도와주십시오." 우리는 함께 장시간에 걸쳐 대화를 나누었다.

이 사나이로부터 들은 바에 의하면 티베트의 요가 수도자들은 영접경, 형체구현술, 영혼의 유람, 원격력, 부신술, 완벽하게 통제되는 텔레파시, 그리고 각종 영접술 기법을 통달한 대가들이다. 내가 만나본 바로는 이 정도의 강도를 지닌 것은 극히 드물어 티베트인, 좀비스교도(Zombis), 알라우트 무당(Alaut), 머쿰바교도, 부두교에 국한되어 있다. 네 번째 단계에 이르고 보면 요가는 아무리 선의로 뜻 새김을 하더라도 그 본래의 진상을 더 이상 위장할 수가 없다.

여기서 요가는 그 최종적인 우두머리인 사탄에게로 가 닿는바, 사탄은 온갖 감언이설과 책략으로 사람들을 낚아채어 지옥으로 끌어들이는 것이다.

요가의 종교적 측면에 대해서는 더 이상 왈가왈부할 필요조차 없다. 요가는 자력구원과 무신론으로 귀착될 뿐만 아니라 종국에는 악령숭배로 귀결되고 만다.

　　요가 수련에 참여한 사람들은 모종의 힘 속에 들어서며, 따라서 자신도 모르는 사이에 힘의 원천으로 향해진다. 골로새서 2:15절에서 보듯이 바울 사도가 말하는 세력들이 바로 이들이다. 그리스도께서는 우리를 악령들과 악한 세력들로부터 건져 내셨다. 이러한 세력들의 우두머리는 '루시퍼(Lucifer)' 이며, 이 대적은 잃어버린 자들을 도로 찾으려고 노심초사하고 있다. 그런데 서구 사회에서 요가가 이미 유행되고 있으니 과연 대적은 꽤나 성공을 거두었다!

　　해외에서 출간된 한 서적에서 발췌한 인용문도 내 자신의 견해와 일치한다. 린제이와 카알슨의 저서 '사탄은 이 세상을 쟁취하려 한다' 란 책에 나오는 구절이다.

　　"크리스 파이크(Chris Pike: 파이크 주교의 아들)는 과거 요가와 명상을 했다고 개인 면담 시에 나에게 말했다. 그 결과 그는 영적 존재들에게 통제를 받게 되었으며, 그 영적 존재들은 그의 삶을 거의 파멸시켰다. 그래서 그는 예수 그리스도의 이름으로 이 세력들을 단절해버렸으며, 이제 그는 예수 그리스도의 변화력에 대한 증거자가 되어 있다. 그의 삶은 완전히 변화되었다."

　　아무런 의심도 해보지 않고 요가에 빠져들고 있는 기독교인 모두 갈라디아서 5장 1절을 주목해 보아야 할 것이다.

　　"그리스도께서 우리로 자유롭게 하려고 자유를 주셨으니 그러므로 굳세게 서서 다시는 종의 멍에를 메지 말라."

명상
MEDITATION

　명상에 관한 풍부한 정보 제공서는 프리즈 멜쩌(Friso Melzer) 박사의 저서 '정신통일, 명상, 묵상' 이란 책이다. 제1편은 독자로 하여금 내면적 자아 집중 통일을 하여 집중 통일을 이룬 사람이 되도록 유도하며, 제2편은 명상 중에 하는 각종 다양한 활동을 다루고, 제3편은 일종의 사후 세계에 대한 명상(meditatio mortis)을 말하고 있다.

　여기서 멜쩌의 저서를 왈가왈부 할만 한 여백이 없다. 오늘날 소위 명상이란 물결이 눈에 띄게 관측된다.

　이러한 시류를 반영하는 지표로서 예컨대 바드 볼(Bad Boll)에서 열렸던 명상에 관한 집회에 참석자가 많아 전반적으로 초과 등록된 사실이 이를 잘 반영해준다.

　바드 볼 집회에서 우리는 명상이 연원하는 진원, 혹은 최소한 새로운 충격을 소개받게 된다. 한스 하인쯔 폴락(Hans Heinz Pollack)은 바드볼 집회에 관하여 논술하였다.

　"대학 교목인 알브레히트 쉬트레벨(Albrecht Strebel)은 오늘날의 요가 열풍에 휘말려 들어갈 의향을 전혀 갖고 있지 않다. 그러나 극동의 선에 자칭 전문가라고 하는 이 목사는 자신이 하는 명상에 요가의 제요소를 이용하는데 망설이지는 않는다."

어떤 명상 연구가들은 말한다. "우리는 요가의 기교를 배우려고 할 뿐이지 그 철학적 내용에는 관심조차 없다."

명상의 진기한 한 유형은 토트모스(Todtmoos)에 있는 프리클리닉(the Free Clinic)의 히피우스 박사(Dr. Hippius)가 사용하는 도화요법(Graphotherapy)에서 볼 수 있다. 여기서는 명상 중 특수 활동의 하나로써 명상화가 이용된다. 그 그림은 지력을 이용하여 의식적으로 그리는 것이 아니라, 오히려 무의식을 풀어 놓아서 전 자아를 느슨하게 이완하여 얻어지는 것이라고 한다. 결과적으로 "그 작품은 다시금 선화를 연상하게 한다"고 폴락(H. Pollack)은 기술한다.

우리는 선이란 말을 두 번이나 사용했는데, 그 뜻하는 바를 간략히 설명해 보고자 한다. 선이란 불교의 일본적 유형의 일종으로서 정신통일과 명상을 활용하여 해탈에 도달해 보려는 것이다.

그러므로 이것은 일종의 자조(Self-help)에 관한 일이다. 자신의 문제를 스스로 해결해 보려는 실마리를 찾고자 하는 행동에 방해를 하고 싶은 사람은 아무도 없다. 그러나 극동의 명상 체계에서는 종교적 영역에서 추구하는, 자력구원(Self-deliverance)의 실현이라는 그 유혹을 성공적으로 극복해 본 적이라고는 전무하다.

자아 구원을 이루어 보려는 이러한 시도는 서구에서 행하는 명상수련에도 역시 종종 침투한다. 그러면 그 실질적인 효능을 살펴보도록 하다. 나는 동서양을 망라하여 일해 본 카운슬링 경험을 통하여 명상의 특질과 관례를 파악해 볼 줄 아는 통찰력을 얻게 되었다.

명상 1

나는 1969년 티베트 변경의 칼림퐁(Kalimpong)에 있는 타할친(Tharchin) 목사 댁에서 2주 동안 묵었다. 타할친 씨는 기독교 목사로 임명받은 유일한 티베트 사람인데, 그가 베푼 가장 훌륭한 세례는 1963년에 데이비드 텐찡(David Tenzing)에게 준 것이다. 텐찡은 동부 티베트 지방에 있는 22개 이상의 수도사원을 다스리는 대주지승이었다. 1962년 찡은 획기적인 결단을 내렸다. 그동안 그는 지성을 갖춘 불교인으로서 철학과 논리학을 공부했으며, 각종 유형의 명상을 규칙적 습관으로 삼고서 수행하였다. 선교사 마가렛 얼번(Margarete Urban)이 텐찡에게 한 번 넌지시 물었다.

"아직도 참선을 하시나요?"

"안 합니다."

텐찡의 대답이었다.

동아시아에선 누군가 그리스도께로 나아와 인생의 일대 변혁을 겪고 나면 그는 불교의 참선을 단절해 버린다. 그럼에도 불구하고 서구에서는 많은 사람들이 무비판적으로 그 명상법을 받아들인다.

이번에는 내가 받아 본 두 편지에서 간추려 인용해 본다.

명상 2

스톡홀름에 살고 있는 기독 형제의 한 사람인 발터 왜만(Valter Ohman)이 내게 쓴 편지 구절이다.

"극동에서 넘어 온 명상이 현재 그 터전을 넓혀가고 있다. 많은 사람들이 명상하는 것은 자극이 촉진되며, 유익하다고 생각하지만 명상이 오도할 가능성은 명약관화하다. 만일 명상이 그 내용에 있어서 철저히 기독교적인 것이 아니라면 그것은 악령들과 더불어 내왕하는 이교적 교제로 낙착되고 만다. 잘못된 이념에 기초를 둔 명상은 사람들로 하여금 거짓 영들과 가짜신과 접촉하도록 유발시킨다. 그 결과는 해방이 아니라 속박장애

(Oppression)와 강점(Possession) 당하는 불행 뿐이다."

명상 3

청십자회(the Blue Cross)의 회보인 '블라 코르제(Bla Korset)' 지는 이와 관련된 실감나는 간증 기사를 실었다. 크옐 월그런(Kjell Wallgren)이란 한 스웨덴인이 자신의 진리탐구열에 이끌려 멀리 히말라야 산맥까지 찾아 들어갔다. 그곳에서 그는 참선의 대가인 한 불교의 수도승으로부터 기법을 소개받았다. 배운 대로 수련을 거듭하여 그 스웨덴인은 자신의 육체에서 영혼을 분리시켜 체외로 보낼 수 있을 정도까지 자아 통제력을 진전시켰다. 하지만 그 후에 문제가 발생되었다.

참선은 그만 영접술(Spiritism)로 치닫고 말았고 영혼의 유람(Excursion of the Soul)으로 그는 보이지 않는 세계를 두루 여행했다. 그 보이지 않는 세계에서 그는 자신처럼 참선을 하여 이런 경지에 도달한 영혼들을 만나 보았다. 참선으로 해방을 찾고자 애써 노력을 기울였으나, 그는 길 잃은 영들이 떠도는 세계와 접촉하게 되는 종국을 맞이하고 말았다. 그 스웨덴인은 실의에 젖어 헤매던 중, 돌연 어떤 힘을 감지하게 되었는데, 이 힘이 그를 끌어당겨 다시는 육체로 되돌려 보내주었고, 나중에야 그는 그 힘이 예수 그리스도의 힘임을 알게 되었다.

몸소 겪은 체험에 놀란 나머지 그 사람은 참선을 집어 치우고 스웨덴으로 돌아오려고 힘썼다. 그는 무일푼인 탓으로 고국으로 귀국하는데 수많은 어려움을 겪었다. 불교에 완전히 환멸을 느낀 터이라 그는 기독교 메시지를 경청하려는 마음의 자세가 완연했다.

그는 어떤 부흥집회에 참석했는데, 스웨덴에서 일하고 있는 모 아프리카 기독교인이 그 집회에서 설교를 했다. 이 사람의 설교를 듣고 난 후 그는 요한복음 14장 6절에서 참선을 퇴치시키는 위대한 메시지를 발견했다.

"내가 곧 길이요 진리요 생명이니 나로 말미암지 않고는 아버지께로 올 자가 없느니라."

하나님 아버지께로 가는 길은 오직 한 길만 있을 뿐이며, 하늘나라로 가는 길도 단 하나 뿐이요, 구원에 이르는 길도 오로지 외길만 존재한다. 바로 예수 그리스도이시다. 아시아까지 갔다가 실의를 느끼고 돌아온 이 여행자는 자신의 삶 속에서 이 진리를 터득했으며, 그 이후 만사가 모두 바뀌었다.

명상 4

내가 띄우는 뉴스회보를 받아보는 독자 중 한 사람인 슈투트가르트(Stuttgart)에 사는 게르리히(Mrs. R. Gerlich)라는 부인이 편지를 보내왔다. "최근 라디오 방송으로 수 시간에 걸쳐 명상수련을 다루는 강연이 있었습니다. 연사는 요가를 신체적 단련의 일종으로서 뿐만 아니라 정신적, 영적 훈련으로도 보아야 한다고 말했어요. 이 같은 흐름은 사람을 사로잡고 말 것입니다. 서구의 신비학에서부터 동양의 종교에 이르기까지 한결 같이 범세계적 통일성이 있었지요. 그 강연은 전반에 걸쳐 실제 활용의 앞과 뒤에 양념처럼 성경 인용을 곁들였습니다. 악령의 짓거리에요! 신앙인들의 경각심을 필히 일깨워야만 합니다!"

다음 사례는 신앙인들조차도 때론 현대의 동향에 휩쓸려 길을 잃을 수도 있음을 잘 예시해 준다.

명상 5

대학교육을 받은 어떤 공무원이 우울증으로 고통을 당했다. 교인이었던 지라 그는 모 목사를 찾아갔다. 이 목사는 기독교인 친교운동계와 초교

파적 모임에서도 신앙인으로 널리 알려져 있는 인물이다. 그 목사는 우울증으로 시달리는 그 사나이에게 요가 수련을 좀 해보라고 조언해 주었다. 한 가지 훈련을 예로 든다면, 목사는 그에게 촛불을 응시해 보며 명상을 하라고 일러주었다. 그 사나이는 그 조언을 따라 보았으나 그의 우울증은 멎지 않았다.

그 후 그 사나이는 나를 찾아와 상담할 것을 요구했다. 내가 그에게 요가 수련을 즉시 그만두고, 진실로 요가와는 완전히 절연함과 아울러 삶을 그리스도께 내맡기라고 조언해 주자 그는 소스라치게 놀랐다. 믿음을 가진 목사가 어처구니없게도, 우울증에 걸린 사람에게 그 치료법으로 명상과 요가를 하라고 조언해 줄 정도니 놀라움을 금할 길이 없다.

신앙을 가진 목사와 전도자에 관련된 명상의 또 다른 부정적 사례를 듣고서 나는 경악을 금치 못했다.

명상 6

내가 잘 아는 모인은 목사이자 전도자였다. 그는 그 이후 곧 고인이 되었다. 어느 날 우리 두 사람은 명상이란 주제로 토론회를 개최하는 어떤 모임에 갔다. 강사가 말을 끝마치고 난 후, 내 친구와 나는 청중 가운데 한 사람과 이야기를 나누기 시작했다. 내 친구는 수년 간 명상을 해오고 있다고 실토했다. 그는 심지어 사람들을 꿰뚫어 보는 명상의 특수한 기법을 개발해 냈다. 만일 그가 3일간 어떤 사람에게 정신집중을 하면 그 사람의 비밀, 계획, 의향, 과거, 죄악, 현재의 어려운 일, 그 밖의 많은 것들을 모두 알아낸다. 나는 이런 실토를 듣고 당혹감을 느꼈다.

이미 읽어 본 스웨덴 사람과 마찬가지로 이 목사의 명상은 신비술과 악령적 투시력으로 빠져 들었다. 아마 바로 이러한 이유 때문에 불과 50세의 한창 나이임에도 불구하고, 하나님께서 갑작스레 목사이자 전도자인 그의 일을 못하도록 불러 가신 모양이다.

내가 부정적 사례만 들추어낸다는 이유로 반박을 받음직도 할 것이다. 그러나 사실이 바로 그러하다. 나는 극동 모형의 명상을 전적으로 반대한다. 아울러 이 책에 나오는 요가에 관한 장을 비교해 보기 바란다.
그러면 과연 긍정적 명상이란 게 존재하는 것일까?
물론 있다. 기독교인에게 합당한 명상의 일종이 분명히 존재하는데 우리가 일상 정진해야 할 일이다.

· 신실한 기도와 병행하는 충실한 성경정독
· 진리의 말씀 묵상
· 하나님께 비추어 보는 양심 점검
· 참 진리로 이끄시는 성령의 인도하심에 따른 범사 처리

우리는 우리 자신에게로 깊이 파고들 필요가 없으며, 그보다는 오히려 우리를 위하여 십자가상에서 돌아가신 그분을 향하여 정진해 들어가야 한다. 우리는 깊숙한 자아를 발견할 필요가 없으며, 오히려 그보다는 우리의 주님이시며 구원자되신 분을 발견해야만 한다. 우리가 기법과 마음가짐을 수단으로 삼아 우리 자신을 비운다는 것은 도저히 불가능하다. 혹 그렇게 된다면 영락없이 이질적인 세력이 물 밀듯 안으로 파고 들어온다. 우리는 하나님 아버지와 독생자 예수와 성령으로 충만하여야 하리니, "성령께서 우리에게 오셔서 거처를 우리와 함께 하시리라"(요 14:23).

TM(초월적 명상)
TRANSCENDENTAL MEDITATION

　이 동양적인 명상 방법은 1965년 마하리쉬 마헤쉬 요기(Maharish Maheshi Yogi)에 의해 미국에 소개되었다. 마하리쉬란 말은 선생, 학자, 또는 안내자란 뜻이며 인도에서는 기독교, 불교, 힌두교의 지도자들에게 쓰는 존칭이다. 마헤쉬는 그의 성(性)이고, 덧붙은 이름 요기는 이 힌두교 수도승이 그의 배경을 요가에 두고 있음을 나타낸다.

　초월적 명상은 비록 요가의 극히 일부분만을 반영하고 있다고는 하지만 여하튼 요가의 가르침에서 흘러나온 것이다. 초월적(Transcendental)이란 말은 잘못 쓰이고 있다. 신학적 용어로는 하나님의 영역에 속하는 것을 묘사하는데 쓰이는 말이다. 초월이란 삼위일체 하나님의 영역으로, 인간은 도저히 접근조차 못한다.

　초월적 명상이란 용어 중에서 '초월적'이란 말은 마하리쉬 마헤쉬 요기에 따른다면 단순히 의식적 활동에서 무의식적 활동으로의 이동을 뜻하는 정도에 지나지 않는다. 이 체계의 특성은 명상 중에서 행하는 갖가지 활동에 대해 살펴보면 가장 잘 설명된다.

　현재 미국에는 TM을 가르치고 있는 근거지가 약 250여 군데 있으며 약 4,000여 명의 교사들이 전국 각지에 퍼져 있다. 또한 60여 개국에 흩어져 일하고 있는 교사들도 약 1,000여 명 가량 있다. 이 새로운 명상법을 가르치기 위해 미국으로부터 많은 교사들이 독일과 스위스 등지로 파견되어 나갔다. 이 TM의 최초 제자들 중엔 보컬그룹 비틀즈도 끼어 있다는 사실은 의미심장한 일이다.

이 운동의 추종자들 중 3분의 2정도가 목적 없는 젊은이로 편성되어 있으며, 그들 중 상당수는 약물을 복용한다. 혹자들은 이 명상법을 통하여 약물중독에서 벗어나 보려고 기대한다. 린제이(Lindsey)이와 카알슨(Karlsn)에 따르면 이 운동은 북미에 있는 각 대학교에 30,000여 명의 학생회원을 확보해 놓고 있다고 한다.

미국에서 하는 입문과정은 4일 간에 걸쳐 저녁 강습을 받는 것으로 100달러의 비용이 든다. 참가자들은 매일 20분 간 자리에 앉아 긴장을 풀고 두 눈을 감고 명상에 몰입하는 가르침을 받는다. 각자는 명상촉진제로 나름대로의 독특한 만트라(Mantra)를 받는다.

만트라는 산스크리트어로서 암호, 표어, 또는 힘을 주는 것, 신비를 품고 있는 것을 의미하여 만트라는 비밀스럽게 간직되어야 한다. 누구든지 자신의 만트라를 남에게 노출시켜서는 안 되며, 혹 공개하는 경우엔 그 힘을 잃는다고 한다.

명상활동을 하는 동안 만트라는 계속 되풀이 되어야 한다. 그러나 생각이 흐트러져 방황하는 경우 억지로 만트라를 사용해 보려고 해서도 안 된다. 그것은 의식이 잠재의식을 억제하며 제어하고 있음을 뜻하기 때문이다. 명상은 무의식의 문을 열어 그 힘을 동원하려는 의도인 것이다.

TM은 철학도 종교도 자기 암시도 아니요, 오로지 무의식 속에 갇혀있는 힘을 해방시키는 기법일 뿐이라고 주장한다. 이러한 명상으로부터 어떤 결과가 나오리라고 기대하는가? 어떤 참가자들은 몇 번 해보고 나서 별 도움이 안 된다는 것을 알고는 TM을 포기한다. 그러나 대다수는 금과 옥조로 여기고 연습을 거듭하여 기어이 해내고 만다.

과연 무엇이 성취되는 걸까? TM 수행자들은 편안함을 발견한다고 주장한다. 다시 말해서 스트레스가 해소되어 긴장감이 사라진다고 한다. 어떤 사람들은 잠시 후면 몸의 혈액순환도 느낄 수 있다는 주장까지도 한다. 그와 같은 수동적 경험에 덧붙여 능동적 측면도 역시 존재한다. 무한한 에너지 저장소가 발견된다.

사람들은 창의적이 되어 더욱 큰 성취를 이룰 수가 있다. 그들은 일상생활을 더욱 잘 대처해 나갈 수 있게 된다. 그들은 더 이상 무의식이 이끌고 통제하는 대로 움직이는 피동적 삶이 아니라, 주체적 삶을 시작하여 상황을 다스려 나가는 주인이 된다.

의학적 측면에서는 TM을 수행하는 환자의 신체적 및 심리적 상태가 눈에 띄게 좋아진다는 사실이 확인되고 있다. 혈압이 정상으로 되고 혈액순환이 보다 안정된다. 정신적인 상태도 더욱 편안해진다.

이 모든 것이 꽤 멋지게 들린다. 그렇다면 성경적인 관점에서 무슨 할 말이 있겠는가?

만일 사람들이 매일 TM에 소요되는 40-60분의 시간을 할애하여 성경 공부와 기도를 한다면 어떤 일이 일어날 것인가? 그 결과가 한층 더 선명하지 않겠는가?

이 신비술법이 뜻하는 의미는 과연 무엇인가? 명상을 시작할 때 그 사람은 과일 세 개, 꽃 여섯 송이와 흰 손수건을 입회 헌납물로 바쳐서 활용해야만 한다. 이미 말했듯이 아무도 자신의 만트라를 공개하여서는 안 된다. 그와 같은 신비의식은 프리메이슨단과 여러 마법에서도 찾아볼 수 있는 것이다.

기독교 신앙에 맞지 않는 또 다른 것은 만트라를 수백 번씩이나 반복하는 일이다. 이것은 필연적으로 비기독교적인 여러 종교에서 자주 보이는 것처럼 결과가 자동적으로 뒤따라 일어난다는 가정으로 이끌고 간다.

생각 없이 중얼대는 기도는 만트라의 자동적인 반복 암송과 일맥상통한다. 심리학적으로 말한다면 이는 의식이 구원의 성경적 계획과는 대치되고 있다. 우리의 의식적 마음은 성령의 다스림에 내맡겨야만 한다.

내가 매우 의미심장하게 생각하고 있는 바는 이런 종류의 명상이 심령성 기질을 띤 사람에게 잘 먹혀든다는 사실이다. 이것 하나만으로도 기독교인들에게 TM을 멀리하라고 경고해 줄만한 충분한 근거가 된다.

마지막으로 가장 중요한 것은 과연 우리가 일개 힌두교 수도승에게 마음을 편히 갖는 법을 배워야할 법을 필요가 있을까 하는 문제이다. 우리에게는 하나님의 아들 예수님이 계시며 그분께서는 마음의 편함뿐만 아니라 더 나아가 구속, '깊숙한 자아'로부터의 해방, 그리고 평화도 아울러 이미 우리에게 주셨다.

점술
FORTUNETELLING AND SOOTHSAYING

점술에 관하여는 다른 나의 저서에서 상술한 바 있으므로 여기서는 간략히 설명하기로 한다.

점술의 가장 오래된 유형은 막대점과 진동자의 사용이다. 막대점과 진동자점은 6,000년 전으로 거슬러 올라간다. 두 번째 오래된 유형은 점성술이다. 점성술은 5,000여 년 전으로 거슬러 올라갈 수 있다. 세 번째는 유형은 수상술로써 4,000여 년 전부터 전해져 내려오고 있으며, 손금점은 고대 바빌론의 승려들이 행했던 것이다. 점술의 네 번째 유형은 카드를 사용하는 것이다. 로마인들은 상징을 새긴 자그마한 밀랍명판을 만들어 미래를 점치는데 사용했다. 카드점의 관행은 대략 2,000여년 쯤 된다. 다섯 번째 유형의 점술은 정신측정술이다. 여기서는 점술가가 대상자에게 속한 물품을 손에 쥐어보고 난 후 그 사람에 관한 일을 알아맞힌다. 여섯 번째 유형은 크리스탈공을 활용하는 점술이다. 좋은 본보기는 진 딕슨의 경우이다.

이방민족은 모두 예외 없이 점술관행을 행했고, 구약성경에서도 역시 이러한 이방 악행에 참여하지 못하도록 끊임없이 경고하는 것을 볼 수 있다. 신명기 18:10-12절을 참고해 보기 바라며 레위기에 나오는 관련 구절을 인용한다.

"너희는 신접한 자와 박수를 믿지 말며 그들을 추종하여 스스로 더럽히지 말라 나는 너희 하나님 여호와니라"(레 19:31).

"음란한 듯 신접한 자와 박수를 추종하는 자에게는 내가 진노하여 그를 그 백성 중에서 끊으리라"(레 20:6).

"남자나 여자가 신접하거나 박수가 되거든 반드시 죽일지니 곧 돌로 그를 치라 그 피가 자기에게로 돌아가리라"(레 20:27).

이 책에서 독립된 장으로 다룬 점술 유형은 여기서 다루지 않기로 하며 그 대신 수상술부터 시작해 보도록 한다.

수상술이 점성술과 관련을 맺고 있다는 사실은 손바닥의 구역을 일곱 혹성산으로 나누는 것을 보면 명백히 드러난다. 집게손가락부터 새끼손가락의 차례로 머큐리산, 아폴로산, 새턴산, 쥬피터산과 달산이며, 손금은 심정선, 두뇌선, 수명선, 및 운명선이라 불리는 네 가지 중요한 선으로 구별된다. 이러한 체계를 따라 직관적 수상술을 행하기도 한다.

다음에서는 암시적이거나 속임수로 하는 경우가 아닌 진짜 사례에 관심을 기울여 보기로 한다.

점술 1

대학교육을 받은 기독교인 부인이 내게 들려준 이야기이다. 부인의 사촌은 뤼겐(Rugen)에 살고 있는데, 어느 날 한 집시 여자가 그 사촌에게 다가와 손금을 봐주며 말했다. "당신의 아버지는 곧 거액의 돈을 벌겠는데 그 후 60세가 되면 죽겠군요." 젊은이는 피식 웃어버리고 말았다. 그러자 집시 여자는 다음 말을 덧붙였다. "당신은 스물일곱 살이 되면 죽을 팔자입니다." 그 후 어느 날 젊은이는 아버지로부터 50,000마르크를 벌었다는 편지를 받았다. 다시 얼마 후 아버지의 회갑날 아버지께서 치명적 사고를 당했다는 전보가 날아왔다. 마침내 일은 그대로 벌어지고 말았다.

여기서 우리는 미래를 점친 예언이 적중된 진짜 사례를 본다.

점술 2

그라쯔(Graz)에서 복음전도를 하고 있었을 때 한 의사부인이 카운슬링을 받으러 나를 찾아왔다. 이 부인은 의학을 전공했다. 학생시절에 부인은 동료 학생들과 어울려 헝가리 술을 즐기려고 주말여행 차 헝가리에 갔었다. 돌아오는 길에 그 일행은 한 집시 여자를 만났다. 젊은 학생들은 들뜬 기분이었던지라 집시더러 손금을 보여주며 점을 쳐보라고 했다. 그런데 그 집시는 한 젊은이에게 점괘를 거부하고 입을 다물어 버렸다. 일행들은 모두 제 갈 길을 가버렸다. 그 일행 중에 함께 끼어있던 젊은 강사 한 사람이 가다말고 집시에게 되돌아와 물었다.

"어째서 당신은 그 젊은 학생의 운명을 말하려고 하지 않았나요?" 집시 여자는 대답했다. "그 젊은이는 앞으로 6주후 끔찍한 사고를 당하여 죽게 될 거예요. 나는 그에게 그런 말을 하고 싶지 않아요." 그 젊은 학생은 이러한 예언을 전혀 듣지 못했고, 따라서 그 학생은 암시에 의한 영향도 받지 않았다. 6주일이 흘렀고 때마침 그 젊은이는 아버지가 임종이 가까우니 와보라는 전보를 받았다. 두 친구가 그 학생을 그라쯔 역까지 전송해 주러 나갔으며 그 학생은 짤쯔부르크(Salzburg)행 열차를 탔다. 불과 몇 시간 후 이 열차의 객차 2량이 탈선했다는 긴급 뉴스가 발표되었다. 사고로 죽은 사망자 중에 그 학생도 끼어 있었다.

여기서도 다시금 미래 예언이 적중한 사례를 본다.

이 이야기를 나에게 들려준 의사 부인에게로 화제를 옮겨본다. 그 부인도 역시 집시 여자에게 점을 보았다. 점괘의 예언은 이 부인을 여러 해 동안 불행스럽게 했다. 자세한 이야기는 삼가겠다. 간혹 점술가들이 들어맞는 정보를 제공해 주긴 하지만 그로 인하여 당사자는 너무도 비싼 대가를 치르게 마련이다.

정신측정술적 투시력으로 알려져 있는 유형에 의해서도 역시 문제가 제기되고 있다. 정신측정술을 사용하는 투시력자는 어떤 물체에 장시간 정신을 집중하고 난 후, 그 물체 주면을 휩싸고 있는 상황 및 그 소유자의 과거, 현재, 미래에 관하여 알아맞힌다.

뤼쉐, 오스티, 프리체, 굼페베르그 및 가터러와 같은 일부 심령과학자들은 '사람은 본인이 사용하는 의복과 모든 물건 속에 그 사람 됨됨이의 이모저모를 스며들게 한다.' 고 생각한다. 이러한 견해에 입각해서 정신측정술을 터득한 투시력자는 영접경 혹은 준영접경을 일으켜 이 같은 정신적 흔적을 읽고 해설할 수 있는 능력을 지닌다는 것이다.

정신측정술을 쓰는 투시력자는 또한 미래사까지도 알아맞힐 수가 있다. 미래가 입고 있는 의복과 연관을 맺을 수는 없다. 따라서 정신측정술에 의한 미래예지 현상을 심령과학이 쓰는 용어로 설명한다는 것은 불가능하다.

그러나 '보다 높은 차원에 이르면 과거, 현재, 미래는 모두 현재에 합류된다.' 라는 칼 구스타프 융(Carl Gustav Jung)의 이론을 여기에 끌어들여 보려고 할 것이다. 만일 사람이 어떻게 이 같은 보다 높은 경지에 도달할 수 있는가를 재차 묻는다면 오스티와 하르트만은 다음과 같이 답할 것이 뻔하다. "심령성을 띤 사람들은 세계정신과 신비스런 합일에 도달할 수 있는 능력을 지닌다."

세계정신은 인간의 모든 계획과 인생전력을 내포하고 있으므로 이 세계정신과 접촉함으로써 이러한 모든 게 알려질 수 있다는 것이다.

성경적 관점에서 본다면 이것은 불가능한 경로이다. 우리 기독교인에게는 세계정신이란 곧 살아계신 하나님이시며, 하나님께서는 가려 두신 비밀을 점쟁이들이 슬쩍슬쩍 엿보며 파고들도록 허용하시지 않는다. 이 진리는 언제나 변함이 없다. 풍부한 학식의 소유자들은 이 진리와의 맞대면을 피해 달아나려고 터무니없는 이론들을 꺼내 보이는 우를 범한다. 갖가지 형태를 가진 점술은 모두가 하나님의 심판 아래 놓인 악령적 악습이라고 성경은 기술한다. 성경은 지침으로 삼고 따르는 자는 이처럼 얄궂은 심령과학적 이론을 보고 현혹당할 리가 만무하다.

정신측정술에 의한 점술 사례 두 가지를 제시해 본다. 하나는 어느 목사의 가족에 관한 것이고 다른 하나는 어떤 의사의 치료술에 관한 것이다.

점술 3

어떤 프랑스인 목사의 부인이 나를 찾아와 상담을 했다. 그녀는 여러 해 동안 우울증으로 시달려 왔다. 그 우울증은 의학적으로 도저히 설명될 수가 없었다. 목사의 부인은 살아온 인생경력을 나에게 말해 주었는데 내용인즉 점술에 포함되는 경우였다. 현재 다 큰 아들이 어렸을 적에 몹시 아팠던 어느 날 같은 교구에 사는 한 사나이가 찾아와 문을 두드리며 말했다. "댁의 아들이 앓고 있군요! 아들과 관련된 아무것이나 주시면 병을 고쳐 드릴 수 있습니다." "어쩔 셈이시지요?" 목사의 부인은 대답했다. "우린 주치의가 있어요. 우선 남편과 상의해 보아야 해요. 하지만 지금 남편은 출타 중이에요." 사나이는 말했다. "댁의 아이는 열이 높다고 하던데요." 애 어머니는 아이의 열이 화씨 104도라고 대답해 주었다. 그러자 사나이는 다시 말했다. "상황이 위급하다는 걸 잘 알텐데요. 혹 어린애가 죽기라도 하면 부인은 책임을 면치 못할 것입니다. 알아두셔야 할 일은 하나님께서 내게 병고칠 능력을 주셨다는 사실입니다."

이쯤 되자 사랑하는 어린 자식을 염려하는 어머니로서는 설득당하지 않을 도리가 없었다. 그래서 부인은 집안으로 들어가 아들의 옷가지 하나를 가지고 나왔다. 그 사나이는 그 옷을 가지고 자기 집으로 돌아갔다.

잠시 후 열이 내리고 아들은 병이 나았다. 그런데 이 아들이 성장해 감에 따라 이상해져 가는 것이었다. 아이는 정상이 아니었다. 그는 대단히 영리하여 고등학교에 진학하였다. 그러나 학교를 마치고 집에 돌아오면 그는 약 두 시간 가량 벽을 향해 선 채 자기 이마를 벽에 짓찧곤 했다. 아무리 말려도 막무가내였다. 그 부인도 역시 영적인 문제가 있었다. 부인은 기도조차 할 수 없는 지경에 처했고, 성경을 읽을 수가 없었으며, 우울증에 시달리기 시작했다.

점술 4

이번 사례는 모 의사의 치료 시술법이다. 이것은 신비술을 사용하여 진료나 치료를 일삼는 돌팔이와 아마추어 치료사에 불과한 정도가 아니다. 의사들 중에도 신비술사들이 소수 있다. 문제 삼고 있는 이 의사는 충분한 자격을 구비한 전문의일 뿐만 아니라, 동시에 정신측정술의 대가이며, 초감지력자요, 점술가이다. 이 의사는 환자에게서 피 한 방울을 뽑는다. 채취한 혈액을 시험실로 가져가는 것이 아니라 밝은 불빛에 비추어 보며 여기에 정신을 집중시키는 정도로 모든 것이 끝난다. 그러고 나서는 완벽한 진단을 해낸다. 물론 많은 질병들이 혈액 검사로 진단될 수가 있고 나 자신도 실제로 혈액검사를 받아 보았다. 보통 의사는 혈액을 시험실에 가지고 들어가 40여 가지의 시험을 한다. 단 한 방울의 피를 가지고 이런 시험 모두를 하는 것은 가능하지도 않을뿐더러 단 몇 가지 시험을 점검하는데도 패나 시간이 걸리는 게 통상이다. 분명히 이 의사는 신비술사이다. 이러한 신비술 진단을 받은 환자들은 에누리 없이 모두가 장애를 겪는다.

의사에 관한 이야기를 하는 김에 다른 사례를 하나 더 거론해본다. 카운슬링을 하면서 나는 뇨검사를 요구하는 어떤 교의에 관한 이야기를 들었다. 그 교의는 통상하는 뇨검사처럼 단백질, 당도, 헤모글로빈 등을 알아보는 것이 아니었다. 채취한 오줌을 실험실로 가져가 검사하는 것이 아니라 그 교의는 단지 잠시 동안 그 오줌에 정신을 집중하고 난 후 진단을 내리고 처방을 했다. 이것도 역시 신비술 진단의 경우인 것이다.

이처럼 신비술을 사용하는 자들이 비단 돌팔이와 아마추어 치료사에 국한된 것이 아니라, 의사들도 전문면허 자격증을 앞세우고 한 몫 끼어들어 똑같이 신비술 사용에 열을 올리고 있다.

이번에는 카드점에 관한 사례 하나를 더 제시하고 난 후 점술에 간한 전반적인 논평을 하고자 한다. 저변에 깔린 문제는 근본적으로 항상 동일하다. 암흑의 권세를 이용하는 사람은 예외 없이 자신의 내적 평화, 더 나아가 자신의 구원을 대가로 지불하게 마련이다.

점술 5

어떤 목사가 취미삼아 카드놀이에 심취했다. 이 목사가 하는 카드놀이는 일상적인 심심풀이 놀이가 아니라 카드를 이용한 점술이었다. 여러 해 동안 이 목사는 자신과 가족뿐만 아니라 심지어 교회를 인도하는 데에도 카드점을 사용했다. 그 여파는 뚜렷했다. 목사의 부인은 알코올중독자가 되었고, 딸은 흑색 및 백색 마법에 탐닉해 들어갔고, 열일곱 살 되던 해, 이 딸은 정신이상이 되어 정신병원에 입원했다. 카드점 놀이로 말미암아 이 목사의 전 가족은 파멸당하고 말았다.

갖가지 유형의 점술에 대하여 경종을 울리는 것만으로 충분치 못하다. 복술 전반에 걸쳐 관련된 또 다른 문제가 있다. 그것은 바로 우리가 '누구를 신뢰하며 누구에게 인생을 기꺼이 의탁하려는가' 하는 문제이다. 사람이 어려운 궁지에 몰렸을 때 헤어날 길을 찾는 이유는 쉽사리 이해가 간다.

그러나 우리는 이러한 근심, 걱정의 짐 보따리를 올바른 처소, 즉 "저희를 내 손에서 빼앗을 자가 없느니라"(요 10:28)고 말한 분께로 들고 가야 한다. 우리에게 언약을 주신 분은 예수 그리스도이시다. "볼지어다 내가 세상 끝날 까지 너희와 항상 함께 있으리라"(마 28:20).

성경은 우리의 힘을 북돋아 주는 수많은 약속들 곧, 우리의 모든 두려움을 떨쳐 버리기에 충분할 정도로 강력한 언약들을 담고 있다. 특히 시편은 우리가 일상에 필요한 것을 취할 수 있는 풍요로운 보고이다. 가장 널리 알려진 시편 23편을 묵상해 보라.

"여호와는 나의 목자시니 내가 부족함이 없으리로다."

나는 자녀들과 함께 기도할 때 이 구절을 애용한다. 시편 37:5절을 마음속에 새겨보라.

"너의 길을 여호와께 맡기라 주를 의지하면 주께서 이루시리라".

점성술
ASTROIOGY

    천문학은 은하수, 항성 및 행성에 관한 연구를 하는 훌륭한 과학이다. 점성술이란 인간의 운명이나 미래를 그 사람이 태어날 당시에 놓여 있던 별들의 위치를 참조하여 판별하는 길흉풀이법이다. 따라서 점성술은 길흉을 알아맞히는 점술의 한 유형으로서 약 5,000년간이나 존속해 왔다. 슈메르인, 아카디아인, 갈대아인, 바빌로니아, 희랍인 및 로마인에게는 모두 나름대로의 점술가가 존재했었다. 12궁도의 징표를 열거해 놓은 6행시들이 로마시대 때부터 전해 내려오고 있다. 12궁도는 산양, 황소, 쌍둥이, 큰 게, 사자, 처녀, 천평, 전갈, 사수, 염소, 물병, 쌍어자리를 말한다.

    점술가들은 자신들의 마법술을 정당화시켜 보려고 동방박사 세 사람을 입에 거품을 품고 들먹인다. 그러나 동방박사 세 사람은 하나님을 경외하는 사람들로서 별에 관한 지식을 선용하였고, 그리스도께로 인도받는데 활용하였다. 그 당시에는 천문학과 점성술이 구분되어 있지 않았다. 양자는 18세기 계몽시대에 와서야 비로소 분화되었다.

    따라서 점성술의 길흉점술을 정당화시켜보려는 의도로 동방박사를 이용하려는 권리주장은 정당성이 전혀 성립되지 않는다. 최근 사례 하나를 살펴보기로 한다.

점성술 1

1975년 10월 바드 비세에 있는 천주교회를 방문했을 때 나는 그 교회 탑에 걸려 있는 시계의 문자판이 12궁으로 수놓아져 있는 것을 목격했다. 나는 신부에게 기독교 교회에 12궁을 그려 놓은 것은 기독교 신앙에 배치된다는 내용의 편지를 보냈는데, 그 신부는 12궁은 조물주의 영광을 나타내는 상징이라는 회답을 보내왔다.

하필이면 점술에서 사용되고 있는 상징들을 골라서 하나님의 영광을 찬양하는데 사용했단 말인가? 참으로 해괴한 발상에서 나온 괴이한 논증이다. 나는 신부에게 성경의 몇 구절을 인용하여 재차 편지를 보냈는데, 인용한 성경말씀 중에는 이사야 47:12-14절이 포함되어 있다. 이 성경구절을 찾아보면 점성가는 하나님의 진노 아래 놓여 있으며 심판을 피할 길이 없다는 내용이 나온다.

점성술 2

어떤 파티 모임에서 한 루터교 목사가 많은 참석자들 가운데 35세 된 어떤 여인을 만나게 되었다. 그 여인은 모 점술가로부터 받아온 천궁도를 그 목사에게 내보였다. 그 루터교 목사도 역시 점성술 예언을 잘하는 사람으로 널리 알려진 인물이었다.

그 목사는 여인에게 말했다. "당신은 꽤 지위가 높은 교사이시군요. 당신은 결혼하고 싶은 마음이 간절하면서도 선뜻 나서지를 못하시는군요. 당신은 파란만장한 풍파를 겪었고, 현재 당신은 스무 살이나 연상인 어떤 남자와 사귀고 있군요. 그 사람은 장교인데 아마 참모장교일 겁니다. 그 남자와 당신의 관계는 중대한 위기를 맞게 될 것이며 머지않아 끝장이 나고 말 것입니다." 그 여인은 그것이 사실이라 시인하면서 말하기를

"그이와의 관계는 엊그제 끝났어요." 그 여인을 루터교 목사와는 초면이었다.

이 두 사람은 파티 이전에 어디서도 만난 적이 없었다. 그 목사는 직접 이 실례를 나에게 말해주면서 점성술을 배척하는 나를 공박했다. 천주교 신부에게 지적해 준 것처럼 나는 그 목사에게 이사야 47:12-14절을 제시해 주자 그 목사는 다음과 같이 항변했다. "그 말씀은 우리에게 적용되는 게 아니오. 이사야서는 그 당시의 유대인을 위하여 쓰인 것입니다."

참으로 별난 성경해석법이다. 그런 원리에 입각해서 본다면 바울서신들은 우리에게 하등의 의미가 없다. 왜냐하면 바울서신은 로마교회, 고린도교회, 빌립보교회, 갈라디아교회 및 기타 여러 교회에 보낸 서신에 불과하기 때문이다. 여기서 우리는 한 신학도가 성경이 주장하고 명령하며 금지하는 바를 교묘히 피해가는 모습을 역력히 목격하는 바이다.

이 사례는 우선 이 목사의 완전히 잘못된 태도와 행동을 잘 예증해 준다. 아울러 모든 점술이 다 속임수와 엉터리는 아니라고 하는 사실도 드러난다. 이 루터교 목사는 점성술의 도움을 받아 족집게처럼 척척 알아맞히는 능력을 보였다. 다른 형태와 점술, 예컨대 손금점, 카드점, 진동자점과 막대점술 및 그 외에 다른 여러 신비술도 역시 과거나 현재를 알아맞히기는 하지만 전체적으로 보아 그 정확도는 고작 5-8% 정도이다. 정확도가 있다고 해서 우리가 점성술을 사용해도 무방하다는 뜻은 결코 아니다.

구약성경은 선언한다. "너희는 남자 점쟁이와 여자 마술사를 살려주지 말지니라." 물론 20세기에 살고 있는 우리는 점성가와 점쟁이들을 화형에 처할 수는 없다. 그러나 우리는 그들 관행의 속성을 속속들이 파헤쳐 드러내고, 사람들에게 경고해 주며, 점성술로 인해 피해를 입은 희생자들에게 구원에 이르는 길을 알려 주어야만 할 것이다. 점술은 그 점괘가 들어맞건 안 맞건 간에 좌우간 위험천만이다. 나는 직접 카운슬링해 본 경험에 비추어 한 사례를 예로 들어 이 사실을 설명해 보고자 한다.

점성술 3

스무 살 난 한 청년이 어떤 점성가를 찾아가 자신의 운명을 점쳐 달라고 부탁했다. 점괘에서 나온 것들 중 한 가지는 그가 첫 번째 부인과는 행복하지 못할 것이라는 내용이었고, 점성가는 두 번째 부인과 비로소 부부 화합을 이루게 될 것이라 했다. 청년은 젊은 나이에 일찍 결혼을 했고 결혼식 날 그는 형에게 말하길 "오늘 나와 결혼하는 이 여자는 진짜가 아닙니다. 두 번째 맞이하는 아내라야 나를 행복하게 해 줄 겁니다." 그의 형은 화를 내며 꾸짖었다.

이 첫 번째 부인은 진실하고 믿음직스런 사람임이 판명되었고, 청년의 양친도 이 신부를 기뻐하며 만족스럽게 여겼다.

이 부부는 세 자녀를 낳았다. 그러자 이 젊은이는 집을 나갔고 부인과 세 자녀를 저버렸다. 기독교인인 젊은이의 모든 가족들은 몹시 슬픔에 잠겼다. 젊은이의 부친은 재산 상속권을 그에게서 박탈하여 세 명의 손자에게 가옥에 대한 권리를 상속시켜 주었다. 얼마 후에 그 젊은이는 재혼을 했고 이 여자야말로 자신의 반려가 되어 행복하게 살아갈 아내라고 생각하였다.

그러나 두 번째 결혼생활은 불과 일 년 밖에 가지를 못했다. 그 두 번째 아내는 여호와의 증인에 폭 빠져 남편을 그 종파에 끌어들이려고 온갖 수완을 다 부렸다. 그러나 젊은이는 그런 종파와 관계하고픈 생각이 추호도 없었다. 젊은이는 두 번째 아내와도 결별하고 이제 세 번째 아내를 찾아내어 행복해지기를 고대하고 있다.

두 번째 결혼이 행복을 가져다 줄 것이라는 점성술 예언은 틀렸고, 두 번째 결혼은 첫 번째 보다도 더 결혼생활이 짧았다. 점성술에 관한 이 사례에서 분명히 볼 수 있는 바는, 점괘에서 비롯된 암시 영향으로 말미암아 이 젊은이는 생을 그만 파국으로 몰고 갔다는 사실이다.

많은 사람들이 점성술은 엉터리라고 말한다. 그러나 비록 엉터리라고 할지라도 암시적 힘은 발휘할 수는 있다. 이런 암시력은 미신에 사로잡힌 사람들의 행동과 결심에 영향을 미쳐서 그들에게 해악을 끼친다. 진정 이런 점성술을 비롯한 갖가지 유형의 점술 모두를 금지시키는 입법이 마련되어야 한다. 점성술은 수많은 자살행위와 살인행위를 부채질해 왔다.

점성술 4

수년 전 나는 브라질에서 세 차례의 복음전도대회를 개최했는데 그곳의 어떤 교회에서 내 관심을 끌었던 사례를 하나 더 소개한다. 약혼중인 한 젊은 아가씨가 어떤 점성가에게 찾아가 점괘를 보았다. 그 점성가는 다음과 같은 예언을 해주었다. "아가씨의 결혼은 깨질 것이며 약혼중인 그 남자는 아가씨와는 결혼하지 않게 될 것입니다. 아가씨는 가엾게도 결혼이라는 것을 결코 못하고 독신으로 일생을 보냅니다."

이 말을 듣고 아가씨는 대경실색을 했다. 아가씨는 약혼자를 매우 사랑하던 터이므로 약혼자를 잃게 된다는 생각이 들면 한시도 견딜 수가 없었다. 아가씨는 약혼이 파기되고 결혼을 못하게 되리란 상념에 사로잡혀 잠시도 근심을 떨쳐버리지 못했다. 결국 이 아가씨는 우울증으로 시달렸으며 그런 나머지 삶을 포기해 버리려고 결심했다.

아가씨가 이 결심을 실행하려고 했던 어느 날 마침 약혼자의 친구가 만류하는 바람에 그만두었다. 그 친구의 충고를 듣고서 아가씨는 내게 카운슬링을 받으러 찾아와 자초지종을 모두 말했다. 그 두 사람은 후에 결혼을 했으며 현재 자녀를 여럿 낳고 행복한 결혼생활을 누리고 있다. 이 경우에 있어서는 그리스도께서 점성가가 진행해가고 있던 재앙을 예방해 주셨다.

점성술 분야에서 카운슬링해 준 가장 멋진 나의 경험은 이 책의 맨 마지막편 '정복자의 대열'에 나오는 관련 소절에서 찾아볼 수 있을 것이다. 끝으로 이사야 47:12-14절을 인용한다.

"이제 너는 젊어서부터 힘쓰던 진언과 많은 사술을 가지고 서서 시험하여 보라 혹시 유익을 얻을 수 있는지 혹시 원수를 이길 수 있을는지, 네가 많은 모략을 인하여 피곤케 되었도다. 하늘을 살피는 자와 별을 보는 자와 월삭에 예고하는 자들로 일어나 네게 임할 그 일에서 너를 구원케 하여 보라. 보라! 그들은 초개같아서 불에 타리니 그 불꽃의 세력에서 스스로 구원치 못할 것이라. 이 불은 덥게 할 숯불이 아니요 그 앞에 앉을 만한 불도 아니니라."

막대점과 진동자 점술
ROD AND PENDULUM

 지난 43년 간 내가 수집해 온 막대점과 점추에 관한 자료는 대단히 광범위하여서 그와 관련된 선풍적인 이야기들을 엮는다면 방대한 책 한 권을 엮을 수 있을 정도다. 여기서는 다만 몇 가지 문제점을 약술하는 정도로 그치고자 한다.

 수맥, 광맥 탐지가들은 대개 두 갈래로 갈라진 버드나무 가지를 사용하는데, 그밖에도 낚싯대에서 뽑은 한 칸 막대나 강철 막대를 쓰는 사람도 더러 있다. 그러나 전혀 도구를 사용하지 않고 지파선을 탐지해 보려고 그저 손가락을 펼쳐 이리저리 더듬거려보는 수맥탐지가도 간혹 있다. 혹자들은 진동자, 즉 금속추를 실에 매달아 사용한다.
 점막대와 진동자는 똑같은 작동분야에 속하므로 수맥탐지가와 점추 사용자들의 양측 협회는 지파선 감지협회로 통합 조직되었다. 수년 전 나는 이 협회 회장을 만난 적이 있는데, 그는 함부르크 출신으로 점막대와 진동자로 일할 뿐만 아니라 또한 주술 마법을 인정하고 실제 행한다. 우리가 회의에서 만났을 때 그는 이 사실을 나에게 말했다.

 심지어 믿음을 가진 기독교인들조차 점막대와 진동자를 어떻게 생각해야 하느냐 하는 문제에 대한 의견이 각양각색이다. 나는 점막대와 점추를 사용하면서 하나님께로부터 이런 은사를 받았다고 믿는 의사, 목사, 선교사 심지어 복음전도자까지도 만나보았다. 기독신앙인들까지도 속아 넘어갈 지경이니 여기서도 사탄의 간교함이 너무나도 뚜렷이 두드러진다. 한 사례를 제시한다.

진동자 1

프랑스에서 내가 복음전도대회에 참석하였을 때 교구 목사가 나에게 점막대와 진동자에 관한 주제를 강연해 달라고 부탁해 왔다. 그가 맡고 있는 교회의 많은 교인들이 이 신비술 분야의 기법을 사용했다.

그런데 나의 강연이 끝난 후 경청해 듣던 목사들 중 한 사람이 발언을 해도 좋은지 문의해 왔다. 나는 우선 그 교구 목사에게 이에 동의하는지를 물어보았다. 그 이유는 가끔 신비술을 하는 사람들이 강단에 뛰어올라와 내 강연한 내용과 전혀 반대되는 발언을 하는 것을 목격했기 때문이다.

"발언하도록 해주세요."

목사가 위엣 말로 속삭였다.

"그 분은 저희 지방회 회장입니다."

그 지방회 회장은 회중을 향하여 말했다.

"여러분 모두는 저를 알고 있습니다. 나는 숨겨진 일들을 알아내려고 25년간이나 진동자를 사용해 왔음을 고백하는 바입니다. 내가 대답해 줄 수 없는 문제가 생길 때마다 나는 점추를 이용했습니다. 나는 저희 교회를 섬기기 위하여 점추를 활용해 왔습니다. 이제 나는 진동자의 사용이 하나님의 은사가 아니라 저 아래에서 올라오는 재능이란 것을 깨닫게 되었습니다. 나는 이 점을 회개하는 바입니다. 아울러 여러분 모두가 저를 용서해 주실 것을 요청 드립니다."

이 사례는 전 관할구역 내에서 신앙인으로 인정받는 목사가 사실은 25년간이나 마법을 행해 왔으며, 그가 맡고 있는 교회에 신비력의 영향을 끼쳐왔음을 보여준다. 그는 그 자신의 개인 생활에서는 한층 더 심각한 악영향을 겪었는데 여기서는 그 자세한 이야기를 피하고자 한다.

이것으로 간략한 소개를 끝내고 다음으로 인류 역사상 점막대와 진동자의 사용을 간단히 훑어보기로 한다. 이 마법술을 발견해 낸 것들 중 가장 고대에 속하는 그 몇 가지는 아마 남아프리카 오렌지프리 주(the Orange Free State)에 있는 동굴 벽화들일 것이다. 고고학자들은 소위 소원풀이 요술 지팡이가 그려져 있는 이 동굴벽화를 6,000여 년 훨씬 이전 것으로 추정한다.

우리는 또한 4,000여년 이전의 중국문화에서도 점막대를 발견한다. 그 당시 점막대는 물을 찾아내는데 사용되었으며, 아울러 땅 밑으로 지하수가 흐르지 않는가를 확인하여 주거용 부지를 골라내는 데에도 이용되었다. 점막대는 고대 희랍인들 가운데에서도 발견된다.

서사시인 호머(Homer)도 점막대를 언급했고, 로마인들도 역시 점막대와 점추를 사용했다. 지난 2,000여 년간 유럽의 전 역사가 점막대와 점추의 광범위한 사용을 지적해 준다. 신앙인으로 평판 높은 신학자가 점막대와 점추 사용을 찬성하며, 그것이 하나님의 은사라고 믿는다는 말을 듣고, 나는 형언키 어려운 답답함을 느꼈다. 그런 견해는 목회경험 부족과 심각한 결과를 모르는 무지 탓으로 인하여 형성된 졸견일 따름이다.

점막대 수맥탐지가와 진동자 사용자들은 점막대나 진동자의 반응이 소위 지파선에 의하여 일어난다고 주장한다. 이런 종류의 지파선을 과학계에 알려져 있을게 아니다. 그러나 지파선의 설명으로 제시해 볼 수 있는 다른 물리적 요소들은 있다.

우리가 사는 지구는 전기자장(Electromagnetic)을 가지고 있다. 그래서 나침반 바늘은 자북(磁北)을 가리킨다. 지구의 자장(磁場)은 일정하지가 않아 교란지역(fields of interference)이 있는데, 이것은 지질학적 결점, 동굴, 지하수흐름, 광물매장, 소금, 석유, 철 등과 같은 것이 원인이 되어 생긴다. 그것들은 측정될 수 있어서, 중심부를 측정해 내는데 사용될 수 있는 장비는 자기계(the magnetometer), 이중 나침반(the double compass), 아스카니아 측정기(the Askania scales), VHF 탐사기(the VHF probe), 시추기(the gerameter) 등이 있다. 가장 좋은 장비는 양자공명 자기계(the proton resonance magnetometer)이다.

경험 많은 수맥 탐지가가 점막대나 점추를 가지고 이런 교란 지역의 위치를 찾아낼 수 있는지를 알아보려는 실험은 이미 실시된 적이 있다. 몇몇 수맥 탐지가들은 그런 일을 해낼 수 있었다. 그러나 이러한 결과가 나왔다고 해서 기독교 입장에서 보아 점막대와 점추 시술자의 활동을 받아들일 수 있다는 뜻은 결코 아니다.

점막대 수맥 탐지가들은 사람들의 일터나 잠자리가 지파선이 있는 장소에 놓여 있다면 위험스럽다고 주장한다. 그들은 대체로 사람들에게 사무용 책상이나 잠자리를 딴 곳으로 옮기라고 조언해 주거나 혹은 지파선 퇴치함(Deradiat Box)을 이용하여 위험을 막으라고 조언해 준다. 나는 많은 수의 이들 지파선 퇴치함을 조사해 볼 수 있었는데, 모두 엉터리에 지나지 않는다. 나는 여기서 이 지파선 퇴치장치에 대해 왈가왈부 할 만큼 지면의 여유가 없다.

지구 자장의 교란 중심부가 사람들에게 정말 부정적 영향을 끼칠 수 있다면 간단한 측정기구의 사용이 사리에 맞지 않는 것은 아니다. 그러나 그 어떤 상황이라 할지라도 그런 교란 중심부를 시험해 보기 위하여 심령력(Psychic Powers)이 사용되어서는 안 된다.

이들 교란지역이 실제로 사람들에게 어떤 영향을 미치는가 하는 문제가 제기된다. 동물 실험 결과 개미, 고양이 및 벌은 교란 중심부를 찾아내고 좋아한다는 사실을 보였으며, 가축들은 가능한 대로 이를 피했다.

인간의 경우 교란 중심부에 반응하는 사람은 심령성 기질을 띤 사람이거나 허약하고 민감한 신경조직을 가진 사람뿐이다. 만일 교란지역에 대한 민감성이 어떤 사람에게서 발견된다면 교란 지역의 힘을 측정해보기 위하여 앞서 열거한 과학적 장비를 골라 사용하는 것이 적절하다. 그러나 점막대나 점추를 이와 관련하여 사용하는 일은 전적으로 반대하는 바이다.

수 년 전엔 내가 지금처럼 강경한 견해를 갖지 않았다고 공박을 당할 수도 있을 것이다. 여기에는 이유가 있다. 1953년에 나의 첫 저서 '기독교 카운슬링과 신비술' 이 발행되었다. 내가 그 책을 쓸 때만 해도 나는 불과 600여 사례의 신비술 경험을 가졌을 뿐이었다. 그러나 해를 거듭하면서 신비술을 공격하는 더 많은 나의 저서들이 발행되어 왔다. 그 결과 나는 전 세계적으로 카운슬링을 요구하는 부름을 무척 많이 받아왔던 것이다. 첫 저서 이래 24년이 지난 지금까지 나는 직접 면담, 혹은 우편으로 약 20,000여 명에게 조언을 해주었다. 이들 가운데 신비술과 연관을 맺고 있는 사람의 수효는 대략 10,000명 내지 11,000명가량이나 있었다.

우리는 아직도 무엇을 심령적 요소로 이해하여야 하는지 모르고 있다. 여기서는 충분히 논의를 할 만한 여백이 없는 관계로 다만 짤막한 논평을 하는 정도로 가름할까 한다. 심령력은 대개 마법의 죄와 관련되어 발견되고 있다. 만일 3-4대까지 거슬러 올라가면서, 조상들이 영접자였거나 혹은 마법과 기타 유형의 신비술 활동을 했다면, 그 자손들은 대개 심령성을 띤다.

심령력은 의식되기도 하지만 모르고 지내는 경우도 있어서 어떤 사람들은 그것을 전혀 알아차리지 못하면서도 심령성을 띤다. 또 다른 사람들은 모종의 특별한 체험을 통하여 자신들의 심령성을 인식하게 된다. 점막대에 대한 민감성과 진동자를 반응시키는 능력은 심령력이다. 나는 심령성 기질을 가진 많은 사람들의 집안 내력을 조사해 보았다. 점막대 사용 재능, 혹은 점추로 비밀스런 일을 알아내는 것은 세 가지 방법으로 얻어질 수 있다. 유전에 의하여 강력한 신비술사로부터 전이를 받음으로써 혹은 신비술 서적에 나오는 마법 공식을 직접 실습해 봄으로써 생성된다.

중성적인 심령력이 존재하는 지에 관한 문제가 가끔 논의 대상에 올랐다. 만일 기독교인이 자신의 심령성 기질을 발견한다면, 그는 하나님께서 심령력을 제하여 주시기를 간구하여야 한다. 심령력이 순화될 수 있으며, 순화 후에는 하나님 나라를 섬기는데 사용될 수 있다고 하는 일부 신학자들의 견해는 비 성경적이다. 이 사실을 보여주는 본보기는 사도행전 16:16-18절에 나오는 빌립보의 여자 점쟁이 이야기이다. 혹 기독교인이 심령력을 사용한다면 그는 죄악을 저지르고 있으며 용서받아야 할 처지에 놓여 있는 것이다.

나는 의사와 관련된 두 가지 사례를 제시하겠는데 이 사례들은 심령력의 활용 불가능성을 예증해 준다.

진동자 2

한 의사가 나에게 목회 조언을 받으러 찾아왔다. 그는 2년간 진료업무에 진동자를 사용해 오고 있는 중이라고 말했다. 그는 점추의 도움을 받아 많은 감춰진 일들을 알아낼 수 있었는데, 만일 누가 어떤 사람이 사진 한 장을 그에게 주면, 그는 진동자로 그 사람의 이름, 주소, 직업, 그리고 다른 온갖 것들에 관하여 정확한 세부사항을 제공해 줄 수 있었다. 더욱이 그는 점추로 미래의 사건을 정확히 알아맞힐 수도 있었다.

그러나 의사는 이러한 능력이 곤욕스러웠으며, 그로 인해 성격이 점점 나빠진다는 것을 깨달았다. 그는 엄청난 술꾼이 되었고, 담배는 하루에 4갑씩이나 피워야 했다. 그러다 보니 모든 면에서 그는 정상을 이탈했으며 완전히 타락하게 되었다.

그러던 어느 날 이러다가 정신요양원 신세를 지는 게 아닌지 겁이 덜컥 난 그는 나를 찾아왔다. 나는 그에게 예수님께로 나오는 길을 알려주었고, 그는 모든 죄악 생활을 회개하였다. 그가 심령성 재능에서 풀려나는 일은 무척 험난하였다. 우리는 네 번이나 모임을 가졌으며, 기도 모임이 결성되어 약 4개월간에 걸쳐 그를 위하여 기도한 후에야 그는 완전히 풀려나왔다. 물론 그러한 심령력은 가뭄에 콩 나듯 드물다. 그러나 여기서 독자는 잘 익어 제 골격을 갖춘 심령력을 볼 수 있는 바 그로인한 결과도 확연히 드러나 보인다.

 **진동자 3**

어떤 도시에서 조금 무리하게 강연을 하다 보니 병이 나서 기독교인 의사 한 사람을 소개해 달라고 부탁하였다. 한 사람이 천거되었고 나는 그 사람과 약속을 했다. 그런데 진찰실에 들어가 보니 벽에 진동자가 걸려 있었다. 이 진동자를 진료할 때 쓰느냐고 묻자 그는 추가 진단을 해줄 때 그것을 사용한다고 대답했다. 나는 이 사람이 돌팔이 치료사가 아니라 전문자격 면허를 갖춘 의사라는 점을 확고히 언급해 두는 바이다. 그가 이런 말을 하고 난 후, 나는 점추 시술과는 관계를 맺고 싶지 않다는 이유를 들어 그의 진료를 받을 수가 없노라고 말하자 그는 깜짝 놀랐다. 나는 그 이유를 설명해 주었고, 아울러 하나님께서 그의 눈을 뜨게 해줄 것을

마음속으로 기도드렸다.

그러자 이 일에 대한 하나님의 심판을 구해보자는 생각이 내 머릿속에 떠올랐다. 나는 강조하여 밝히건대, 내 인생 중 이런 일을 해본 것은 단 한 번 뿐이며 두 번 다시 한 적이 없다. 나는 그에게 말했다. "당신은 나에게 점추를 사용해보도록 하시지요." 그는 진동자를 손에 들었으나 점추는 작동을 하지 않았다. 그는 놀란 표정으로 나를 바라보며 말했다. "이 진동자가 작동을 안 하는 사람은 당신이 생전 처음입니다." 나는 계속 기도드리며 하나님께서 이미 역사하셨음을 기뻐하였다.

그는 나를 진찰실의 다른 두 곳으로 옮겨 세워 보았으나, 점추는 꼼짝도 하지 않았다. 의사가 나에게 물었다.

"당신이 대체 어찌한 것인가요? 당신은 어떤 사람입니까?"

나는 대답했다.

"나는 예수 그리스도를 믿습니다. 심령력은 저 아래 편에서 나오는 힘이므로 우리가 그것을 이용해서는 안 된다고 나는 확신합니다. 진동자 사용도 그 속에 포함됩니다."

나는 하나님께서 주님의 뜻을 알려주시고, 그 의사가 눈을 뜨게 해주시기를 간구하여 기도한 사실을 시인했다. 그 의사도 이것을 받아들인다고 대답을 했다.

"만일 당신이 기도로 점추작동을 멈추게 할 수 있다면 점추 배후에 가로놓인 것은 자연력이 아닙니다. 그것은 하나님을 거역하는 힘임에 틀림없겠지요."

그 의사는 약속을 지켜, 그 이후로는 진동자를 전혀 사용하지 않았다.

나는 그 누구도 내가 했던 것처럼 하지 말 것을 충고하는 바이다. 나는 내 생애 중 단 한 번 그런 일을 했을 뿐이며, 그것도 주님께서 그 의사의 눈을 뜨게 하기 위하여 나에게 그런 일을 허락해 준 내적 마음의 평온을 주셨기 때문이었다.

기도로 교란될 수 있는 힘이란 물리적 힘이 아니다. 또 다른 사례를 참조해 보면 아마 그것이 더욱 두드러질 것이다.

진동자 4

이것은 여러 해 동안 가깝게 지내온 프랑스에 살고 있는 친구가 직접 해 본 경험이다. 그가 한 친구 집에 들어갔더니 때마침 어떤 수맥 탐지가가 그곳에서 물을 찾고 있었다.

내 친구는 이 일이 심히 마음에 걸려서 방으로 들어가 무릎을 꿇고 하나님께 기도드렸다.

"주님, 만일 저 능력이 주님께로부터 연유된 것이 아니라면 즉각 멈추게 하여 주옵소서."

그때 갑작스레 밖에 있는 수맥 탐지가가 투덜대며 욕지거리를 내뱉는 소리가 들렸다.

"방금 여기서 강한 물줄기를 찾아내었는데, 제기랄, 어디로 꺼져 버렸는지 다시 찾을 수가 없으니 어찌된 일이야?"

이 일은 방안에서 기도드린 사람에게 보여준 하나님의 응답이었다.

점막대와 점추 수맥 탐지술의 신비적 성격은 다음 사건을 보면 적나라하게 드러난다. 나는 각국에서 온 약 60여 명의 수맥 탐지가들이 참석한 회의에 관람자인 동시에 비평적 참가자로 참석했다.

어느 스위스인 진동자 사용자는 수맥과 광물자원을 위하여 막대와 진동자를 들고 그 지역 현장에 직접 나가볼 필요도 없다고 말했다. 그에겐

지도 한 장만으로도 충분하며 지도 위에 매장 위치를 지적해 낸다는 것이다. 그는 직접 시범까지 보여 일본지도 한 장을 갖다놓고 진동자를 사용하여 수맥, 석유, 소금 그리고 다른 광물자원의 매장 위치를 지적해냈다.

이 일본지도는 아마 스위스에서 인쇄되었을 터이고 종이와 인쇄잉크도 역시 스위스에서 생산되었다. 그 일본지도가 일본에서 받은 지파선의 충격을 재생할 수란 도저히 없는 노릇이다.

여기서 이 지도는 수맥 탐지기가 일본에 있는 지표의 특성을 감지해 들어가기 위하여 사용한 접촉가교물(Contact Bridge)의 일종에 지나지 않는다. 다시 말해서 이것은 명약관화하게 신비술 활동의 사례인 것이다. 수맥 탐지가는 그것을 원격감지력(Telesthesia)이라고 부르는데, 원거리에 떨어져서도 감지해 낸다는 뜻이다. 그들은 육체적 수맥 탐지술(Physical dowing)과 정신적 수맥탐지술을 구별 짓는데, 앞의 경우는 수맥 탐지가가 현장의 땅을 직접 돌아다녀야 하며, 뒤의 경우는 단지 문제 지역의 지도나 스케치 정도만으로도 족하다.

이 회의에 배석했던 신학자는 이 모든 능력들을 하나님께서 베풀어 주신 자연적 재능으로 여겼다니 믿기 힘들 정도로 어처구니없는 일이다. 물론 그 신학자는 수맥 탐지가를 인정하는 것이 확실하였다. 참석자들 중 단 두 사람만이 반대하였는데, 프랑스 의사인 낭시(Nancy) 출신의 아더 바하(Arthur Bach)와 나 자신 뿐이었다. 막대와 진동자 수맥 탐지가들이 좋아라 박수갈채를 보낼 정도로 우리 둘은 의장을 맡고 있는 그 신학교수의 노기서린 비난을 받았다.

1976년 1월 6일자 발행의 샌프란시스코 연감에 실린 한 훌륭한 보도 기사를 옮겨 본다. 그 기사는 일종의 고백인데, 존 프라이스(John Price)라는 신앙인의 자필 서명이 되어있다. 나는 그의 명확하고 용기 있는 증언에 대해 이 기회를 빌려 그에게 감사를 표함과 아울러 하나님께 감사드린다.

나는 수맥 탐지가였다. 이 재능은 유전의 법칙을 타고 내려온 가문 전래의 것이다. 에드가 케이시(Edgar Cayce)의 조부는 늙은 마법사였는데, 그는 빗자루로 방 주변을 돌아다니며 춤추게 할 수 있는 능력을 가졌다. 그는 가끔 점막대를 가지고 물을 찾으러 여기저기 여행을 하였다.

점막대나 점추를 다룰 수 있는 능력은 또한 쉽사리 이전될 수 있다. 늙은 수맥 탐지가가 젊은이의 손을 잡고 인도해 주는 경우 심령성 사람은 이 재능을 옮겨 받을 수 있다. 그 효과는 즉시 눈에 보이며 새로운 마법사가 탄생된다. 내가 이런 일에 끼어들게 된 경로가 바로 그러했으니 나의 아버지가 그 능력을 나에게 전해 주었고, 그 이후 나는 물을 찾아내려고 많은 여행을 했고, 나의 이런 능력을 다른 사람들에게 옮겨 주었다.

막대로 하는 수맥 탐지는 또한 구약성경의 호세아 4:12절에 언급되어 나온다. 흠정역성경(the King James Version)에 나오는 막대기(Staff)에 해당하는 히브리어는 벌어진 가지 부분을 잘라 내어만든 '떠돌아 움직이는 막대기(a wandering rod)'를 뜻한다. 선지자 호세아는 이스라엘 백성이 이 마법적 관행을 하지 말도록 경고한다.

5년 전 나는 아내와 함께 성경읽기를 시작했다. 그 결과 나는 회심하였고, 그리스도를 발견하였다. 나는 온 몸을 물에 푹 잠긴 침례를 받았고, 그날 이후 나의 각종 수맥 탐지용 막대들은 침묵을 지키고 말았다. 그 점막대들은 이젠 더 이상 작동하지 않았다.

나는 이 보도기사에 심심한 사의를 표한다. 왜냐하면 이 기사는 나의 관찰사항을 확인시켜 준 것이기 때문이다. 점막대에 대한 민감성이 유전과 전이에 의한다는 사실, 예수님께 향함으로써 해방을 맞는다는 사실이 그것이다. 케이시의 조부가 마법사였다는 언급도 또한 케이시를 더 잘 비추어 보는 조명구실을 한다.

영웅반
OUIJA BOARD

영웅반은 영접 현상을 이용한 점괘놀이판이다. 영어 사용권에서는 영웅반 사용이 계속 증가하여 이제는 유행이라고 할 만한 수준으로, 1967년 북아메리카에서만 400만 개의 이러한 악마적 점괘판이 생산되어 팔려 나갔다. 이러한 유형의 점술이 심지어 기독교인의 가정에까지 파고 든 것은 속임수를 구사하는 사탄의 전략이 올린 일대 개가이다.

나는 영웅반을 상술하는 것을 가급적 삼간다. 그것은 호기심 많은 사람들이 이 책을 보고 도움을 받아 시험해 보는 것을 원치 않기 때문이다.

미국의 심리학자들은 영웅반 놀이가 무해하다는 것을 사람들로 하여금 믿게 하려고 한다. 그들은 그것이 다만 우리의 잠재의식 속에 감추어져 있는 것들을 드러내는 일에 불과하다고 생각한다.

그러나 이런 견해는 즉각 논박될 수 있다. 영웅반으로써 숨겨진 과거가 드러나고, 미래에 대한 예언이 나오지만, 이러한 것들이 우리의 잠재의식에 저장될 수는 없다.

영웅반 1

인디아나 주 나파니(Nappanee)에 내 친구 중 한 사람인 에렛(Ehret)씨가 살고 있다. 어느 날 그는 한 공공건물에 갔다가 여러 명의 학생들이 영웅반 놀이를 하는 것을 보았다. 호기심이 생긴 그가 놀이의 내용을 묻자, 학생들은 그것이 감춰진 일들을 밝혀내는 도구라고 대답을 했다.

"거 참 신기하군. 그럼 나도 한 번 시험해 보아야지. 우리가 지금 와 있는 이 건물은 언제 지은 것이지?"

영웅반은 1894년이라고 답했다. 애렛씨는 관리인을 찾아가 그 햇수를 확인해 보았다.

영웅반 2

북아메리카와 유럽에서는 많은 치료술사들이 영웅반을 이용하여 진찰을 한다. 방법은 각양각색으로, 어떤 사람들은 환자의 팔에 왼손을 얹고 오른손으로 문자판 위에 접추나 유리잔이 작동하도록 하는데, 그러면 병명의 철자를 짚어낸다. 만일 치료사가 강력한 심령력을 지닌 사람이라면 환자가 그 자리에 없어도 환자에게 정신집중을 해보는 것으로써 족하다.

영웅반의 배후에 악령력이 작용하고 있다는 사실은 영적인 차원에 대한 몇 가지 사례로도 쉽사리 판명된다.

영웅반 3

나는 컬로우나(Kelowna) 주변을 여러 차례 방문했으며, 그곳의 네 교회에서 강연을 했었다. 내 친구 중 한 사람이 다음 사건을 나에게 말해 주었다. 오카나가 계곡(the Okanagan Valley)에서 약 70여 명의 목사들이 사스카투운(Saskatoon) 부흥에 감명을 받았는데 그 부흥의 축복 중 하나는 펜디콘(Pendikton)에서 버논(Vernon)에 이르기까지 제단에서 마법죄에 대한 경고가 외쳐진 것이다.

메논(Mennon) 교파의 한 목사도 역시 그의 자녀들에게 경각심을 주었다. 그 목사의 열한 살 난 아들이 어느 날 교실에 들어갔는데 그곳에서는 여러 명이 옹기종기 모여 영웅반으로 허튼 장난을 하고 있었다. 목사의 아들이 들은 대화의 내용은 다음과 같았다.

"네 능력의 배후에는 누가 있니?"

"히틀러"

영웅반이 대답했다.

어린이들은 깔깔대며 말했다.

"그렇게 눈 가리고 아웅 하는 식으로 놀리지 말고 사실대로 말해봐"

그러자 영웅반은 철자를 짚어냈다.

"루시퍼"

그 어린이들은 종교 교육을 제대로 받지 못했는지 그 이름의 뜻을 몰라서 재차 물었다.

"루시퍼가 누구니?"

그제야 명백한 대답이 나왔다.

"사탄"

바로 이때 메논교파 목사의 열한 살 난 아들이 다가가서 외쳤다.

"너의 능력이 마귀에게서 나오는 것이라면 예수 그리스도의 이름으로 멈출 것을 명령한다."

그러자 바로 영웅반은 아무런 대답을 안 하는 먹통이 되고 말았다.

영웅반 4

조그만 교회의 목사를 겸직하고 있는 한 교사가 학교 복도를 걸어가고 있었다. 몇몇 어린이들이 소리치며 교실에서 뛰어 나왔다.

"우린 악마의 얼굴을 보았다!"

목사가 물었다.

"너희들 무얼 했었니?"

"영웅반 놀이를 했어요."

"어디 보자꾸나"

그는 교실로 들어가 그곳에 놓여 있는 그 판을 보고서는 '너 따위는 간단히 해치워 주지' 하는 생각을 슬그머니 했는데, 아마 너무 자신만만했던 것 같았다. 그는 여러 어린이들이 지켜서서 보고 있는 가운데 무릎을 꿇고 기도를 드렸다. 그 즉시 그는 눈에 보이지 않는 손이 자신의 목을 감싸 쥐고 조르는 것을 느꼈다. 그때야 비로소 그는 자신이 위험에 처해 있음을 깨달았다.

그는 자신을 예수 그리스도의 보호하심에 내맡기고, 주님의 이름으로 이 세력들에게 명령했다. 그러자 그 두 손은 그의 목을 풀어 놓았다.

이 사례들은 영웅반 배후에 악령력이 도사리고 있음을 충분히 보여준다. 나는 뉴욕에 있는 한 기독교인 정신과의사의 말을 빌려 결말을 짓고자 한다.

"영웅반은 뉴욕에 있는 정신과 병원을 꽉꽉 메워주고 있습니다." 악령은 해를 주지 않는 척 끊임없이 위장하여, 스스로 현명하다고 생각하는 사람들에게 그 모든 것이 허튼 짓거리에 불과하다는 확신을 주려고 애쓴다. 이처럼 하여 악령은 거듭 승승장구 하며 희생제물을 속속 사로잡아 나간다.

내가 이 장을 쓰고 있을 때 영웅반에 관한 또 다른 보고가 내게 보내져 왔다. 이러한 영접 현상 놀이판을 생산하는 메사추세츠에 있는 제조회사의 영업 이사는 말한다.

"'엑소시스트(The Exorcist)'란 영화 상영 이후 영웅반의 판매 실적이 다시금 촉진되고 있습니다. 호기심을 충족시켜보려는 11세부터 18세까지의 소녀들이 주된 구매계층입니다."

문제의 영업담당이사 클레이 아트킨슨(Clay Atkinson)은 그 회사가 받은 많은 감사의 편지를 자랑스레 떠들어 댄다. 하기야 이 악마의 공장이 1974년까지 600만 개 이상의 판매 실적을 올렸으므로 그다지 새삼스러울 것은 없다. 사람들이 영웅반을 이용하여 죽은자의 혼령들과 접촉을 갖게 되었다는 사실을 편지로 많이 알려 오는데, 그런 접촉을 함으로써 그들은 사악한 대속임수에 걸려든 희생자로 전락한다. 그들에게 응답해 준 것을 악령들로서, 진짜라는 인상을 주려고 죽은 사람에 대하여 아는 바를 십분 이용했던 것이다.

감독목사 파이크(Pike)가 세상을 떠난 자들과 접촉한다는 이 허무맹랑한 놀이에 참석하여 받은 응답도 역시 자살한 아들에게서 받은 응답이 아니라 그 아들을 따라 붙어 다니던 악령으로부터 온 것이었다.

만일 미국 정부가 매사추세츠에 있는 그 제조회사 하나만으로도 미국 국민에게 얼마나 많은 해악을 끼치고 있는지를 안다면, 정부 당국자들은 이 악마의 놀이판 생산을 즉시 금지시킬 터이지만 현재로선 안타깝기 그지없다.

최면술
HYPNOTISM

최면(Hypnosis)이란 말은 헬라어 'hypnos'에서 유래한 것으로써 잠을 뜻한다. 일반적으로 최면술이란 인위적 수면 상태를 유발시키는 기법인데, 더 적절히 표현하면 몽롱해진 의식상태를 일컫는다.

최면에 대한 견해는 전문가들 사이에서 조차도 크게 다르다. 제네바의 저명한 전문의 폴 투르니에(Paul Tournier) 박사는 최면술을 인간 영혼에 대한 침해 행위라고 하며 반대한다. 레힐러 박사(Dr. Lechler)를 비롯한 다른 전문가들은 진찰을 위한 목적이라면 최면술을 기꺼이 사용하지만 치료를 위한 목적으로는 사용하지 않는다고 한다. 나는 또한 진찰과 치료 양면에 최면을 이용하는 전문의들도 상당수 만나본 적이 있다. 캐나다 위니펙(Winnipeg)에서 나는 한 침례교 의료 선교사와 논쟁을 벌였는데, 그는 각종 유형의 최면술을 서슴없이 사용한다고 말했다. 열띤 토론을 하던 중 나는 이 선교사가 속박장애 상태에 놓여 있음을 알아냈다.

내가 최면술을 경험해 본 주요 지역은 동아시아였다. 서방세계에서는 최면술이 안톤 메스머(Anton Mesmer, 1778) 시대에야 비로소 메스머리즘(Mesmerism) 및 동물 자성술(Animal Magnetism)과 아울러 개발되었다. 동아시아 지역에선 최면술이 수천 년 간 행해져 내려왔다. 동아시아에 살고 있는 나의 친지들은 여러 가지의 최면 및 최면술의 실례들을 나에게 들려주었는데 서방 세계의 사람들은 도저히 믿기 어려우며, 사실이 아니라고 여길 그런 것들이었다. 나는 자기 최면(Self-hypnosis)의 사례들도 보았다. 그들은 종교의식 행렬 속에 참여한 순례자들로서 자기 최면으로 영접경과도 흡사한 상태가 되어 스스로를 통증에 부디게 만들었다. 그들은 전혀 통증을 느끼지 않고 팔과 얼굴 부위에 뾰족한 칼이나 대나무 꼬챙이를 꽂고 다닌다.

자기 최면의 가장 강력한 유형은 요가 수도자들과 수도승들이 하는 것으로써 '심장의 박동 활동을 감소시키는 유형'이다. 그들은 스스로 관 속에 들어가 3주 내지 10주 동안 석실(石室)에 유폐된 채 지낸다. 그들은 자신들을 다시 꺼내주어야 할 시기를 정확히 동료들에게 일러둔다. 석실에서 꺼내놓고 나면 심장은 다시금 정상적인 활동을 재개한다. 사실상 자연계에도 이와 유사한 본보기들이 있다. 스위스에서 나는 마못(Marmot, 다람쥐과의 작은 동물)의 동면에 관한 기사를 읽은 적이 있다. 그 기사에 의하면 마못은 맥박 속도를 분당 1회로 줄일 수 있다고 했다. 이것은 극동의 요가 수도자들과 수도승들이 하는 자기 최면과 흡사하다.

동양에서는 최면술이 항상 마법술, 영접술, 그리고 여러 가지 몽롱한 의식에 빠져드는 유사 활동과 관련되어 있다. 이러한 사실은 최면술을 반대하는 나의 입장을 일층 고무해 준다.

나는 최면의 가치성에 대하여 주로 서방세계에 있는 기독교계의 의사들과 토론을 해왔다.

최면술 1

예컨대 독일의 어느 의사는 최면 치료법으로 단 하루 만에 편두통을 치료해 본 적이 가끔 있었다고 주장한다. 나는 아르헨티나 남부 지방의 에

스겔(Esquel)에 있는 사나트리오 크루즈 블랑카(Sanatorio Cruz Blanca) 병원의 진료 부장과 최면에 관한 매우 유익한 대화를 나누었다.

최면술 2

그러면 진료부장인 그 의사가 겪었던 체험담 하나를 자세히 이야기 해보기로 했다. 거미 콤플렉스 (Spider Complex)로 인하여 시달리고 있었던 한 부인이 치료를 받으러 왔다. 부인은 밤낮을 가리지 않고 마루나 벽, 천장 등 집안 도처에 거미들이 우글거리는 것이 보인다 했다. 부인의 고통은 매우 심했던 탓으로 위로의 말을 아무리 많이 해주어도 별 소용이 없었다. 의사는 부인에게 최면을 걸며 말했다.

"당신이 깨어나고 나면 이젠 거미들이 안보일 겁니다."

그 치료는 성공을 거두었다. 부인은 깨어난 후 거미들이 모두 사라져 버리고 보이지 않았으므로 안도의 숨을 내쉬었다.

여기까지는 그런대로 좋았다. 그러나 이 이야기에는 또 다른 측면이 있었다. 그날 이후로 부인은 심한 알코올 중독자가 되고 말았다고 의사는 나에게 말해 주었다. 부인은 거미들로부터는 풀려났지만 불행히도 한시도 술을 먹지 않고는 못 견딜 정도로 알코올의 노예가 되었다. 이 일 말고도 비슷한 경우를 한 번 더 겪고 난 후 이 의사는 다시는 최면을 사용하지 않겠다는 결심을 굳히게 되었다. 그는 두 경우가 모두 징후의 전환일 뿐 결코 구원이 아니었다고 말했다.

최면술에서 하는 여러 시도와 결부되면서, 동시에 마법적 술수의 특징을 띠는 일체의 오락공연 행위는 단호히 배격되어야 마땅하다. 최면술 분야의 전문가들조차도 그런 공연을 유해행위라고 규정하며, 당연히 금해야 타당하다고 한다. 그럼에도 불구하고 상당수의 교장이나 학장들은 그런 공연을 학교 내에서 오락삼아 버젓이 하도록 허용해 주며, 따라서 학생들에게 엄청난 해악을 유발시킨다.

최면술 3

도쿄에 사는 한 소녀는 학교 축제 때 돌팔이가 하는 최면에 걸렸는데 그 자는 소녀를 최면상태에서 깨어나게 하지는 못했다. 소녀는 동물 소리를 내며 신열이 몹시 났으므로 하는 수 없이 병원에 입원시켰다. 여러 날에 걸친 전문의의 진료를 받고서야 소녀는 겨우 제 정신을 차렸다.

최면술 4

카운슬링 받으러 나를 찾아온 한 부인이 다음과 같은 이야기를 했다. 아들이 다니는 학교에서 어느 날 야간 레크레이션을 개최하였는데 여러 가지 묘기를 선보였으며, 또한 강사는 최면을 걸어 몇 가지 실험을 보여주었다. 이 부인의 열세 살 난 아들의 경우에도 최면술은 성공적이었다. 그러나 그날 이후부터 소년은 심한 악몽을 꾸게 되었고, 잠자면서 가끔 소스라치게 소리를 지르곤 했다.

"시커먼 사람이 다가오고 있어요. 시커먼 사람이 와요. 시커먼 사람을 쫓아 주세요. 내 목을 눌러요." 소년의 악몽은 여러 불행스런 사태에 대하여 학교장의 책임추궁을 받아야 마땅하다. 최면술 놀이를 하는 강사를 레크레이션에 결코 초청해서는 안 된다.

최면술 5

다음 사례는 최면술과 신비력 간의 관련성을 한층 더 명백히 나타내 준다. 나는 메인(Maine) 주에 있는 한 침례교회에서 개최하는 여러 집회에 강연 초청을 받았다. 내가 그곳에 머물고 있을 때 그 교회 목사는 자기

아들에 관한 이야기를 들려주었다. 그의 아들은 열여섯 살 때 회심하여 그리스도께로 돌아왔으며, 세례를 받고 난 후 아버지가 맡고 있는 교회의 일원이 되어 출석했다.

그는 살고 있는 집에서 60Km 떨어진 대학에 다녔다. 대학 졸업이 가까울 무렵 학생과 교수를 위한 친목회가 개최되었다. 학장은 어떤 레크레이션 강사를 초청하였는데 그는 각종 묘기와 요술을 보여 주었다. 그는 스물다섯 명의 학생들을 지목하여 무대 위로 불러 올려 최면을 걸었다.

한 사람에게는 큼직한 자줏빛 감자를 주면서 맛좋은 사과니까 먹어보라고 암시해 주었다. 그 학생은 맛있다는 듯이 싱글벙글 하며 자줏빛 감자를 먹었다. 또 한 사람에게 레크레이션 강사는 암시했다.

"자, 이젠 당신은 아기입니다. 여기 우유병이 있으니 쥐고 빨아 먹어요."
그랬더니 그 학생은 우유를 한 방울도 남김없이 빨아 먹었다. 세 번째 사람에게는 날씨가 몹시 더운데 지금 호숫가에 와 있으니 목욕을 할 수 있다고 말해주었다. 그러자 그 학생은 옷을 벗고 수영복으로 갈아입었다. 이러한 모든 것들을 구경하던 관객들은 배를 움켜쥐고 웃어대며 박수갈채를 보냈다. 목사의 아들에게는 다음과 같은 암시를 했다. "자, 당신은 경마를 하고 있습니다. 당신의 말이 우승의 기회를 맞고 있습니다." 이 청년은 의자를 돌려놓고 앉아 마치 말을 탄 듯이 구르기 시작하는 것이었다.

그 오락 순서가 끝나자 오락사는 차례차례 최면을 풀었다. 그러나 뜻밖에도 단 한 사람, 목사의 아들을 제정신으로 복귀시킬 수가 없었다. 학장은 화를 버럭 내었다. 오락사는 땀을 뻘뻘 흘리면서 갖은 애를 다 써보았지만, 그를 최면상태에서 깨어나게 하지 못했고, 결국 병원에 연락하는 수밖에 달리 어쩔 도리가 없었다.

앰불런스를 불러 청년을 병원으로 실어갔고, 다섯 명의 전문의가 동원되어 최면 걸린 청년을 다루어 보았으나 끝내 헛수고였다. 엿새가 지났는데도 성과가 없자 하는 수 없이 청년의 아버지에게 알렸다. 아버지는 차를 몰고 급히 병원으로 달려가 아들을 집으로 데려왔다.

집에 도착하는 즉시 주치의에게 전화 연락을 하였고, 주치의는 즉시 달려왔다. 주치의는 화를 내며 "내 아들이 이 지경이 되었다면 앞뒤 가릴 것도 없이 학장과 오락사를 법정에 고발하고 말겁니다"고 말했다. 목사부부는 아들을 위해 기도했지만 아들은 여전히 최면 상태 그대로였고, 여러 날 동안 기도했으나 별다른 기미가 보이지 않았다.

문득 예수 그리스도의 이름으로 명령해보자는 생각이 목사의 머릿속을 스쳤다. 그는 갈보리산 그리스도의 십자가를 마음속으로 그리며 외쳤다. "하나님의 아들 예수 그리스도의 이름으로 명하노니 너 어둠의 권세는 물러갈지어다." 그러자, 즉시 최면의 주문은 부수어져 버렸다. 아들은 의식을 되찾았으며 드디어 경마가 끝났다.

이 사건에서 그 레크레이션 강사는 취미삼아 신비술을 하던 사람이란 사실이 드러난다. 그 강사의 최면술은 마법에 기초를 둔 것이었다. 마법적 최면놀이 활동은 분명히 법에 저촉되는 범죄행위이다.

물론 전문가들도 이런 종류의 최면술을 전적으로 거부한다는 사실을 알고 있으며, 이미 누차 말한 바도 있다. 따라서 의사들이 진료나 치료의 목적으로 사용하는 최면술과 명백히 신비술 성격을 띠고 있는 유형, 즉 마법술에 근거한 최면술을 구별 지어야 한다. 그러나 내가 강조하고 싶은 것은 나는 의사가 사용하는 최면술의 유형까지도 거부한다는 점이다.

최면술 6

다음 사건은 수 년 전 스위스 동부지방에서 일어났던 일로 한 기독교인

의사에게서 이 이야기를 들었다. 아펜젤(Appenzell)에서 한 치료사가 최면술 시술을 일반에게 공개적으로 보여 주었는데, 그는 모종의 사람들, 특히 심령작용이 강하게 일기 쉬운 사람들에게 최면을 걸어 그들을 널빤지처럼 빳빳하게 만들 수가 있었다. 내게 이 이야기를 들려준 의사는 이 소문을 듣고 신앙인 세 사람과 함께 그 집회에 갔다. 그들은 시술하는 동안 합심기도를 하여 이 최면술의 특성을 알아보기로 합의했다.

이 최면술사는 평소대로 관중 중에서 적절한 몇 사람을 뽑아내어 실험을 시작했다. 그날 밤 그는 제대로 되지 않아 애를 쓰다가 드디어 실패를 시인하고 말았다.

"지금 여기 어떤 저항세력이 있습니다. 오늘은 이만 끝내겠습니다. 출입구에 가서 요금을 환불해 가시기 바랍니다."

바로 그때 의사와 동료 신앙인들은 이 악명 높은 치료사가 어떤 종류의 최면술을 사용해 왔는가를 분별할 수 있었다.

최면술 7

내가 알고 있는, 가장 물의를 빚은 최면술 사례는 취리히에서 발생한 사건이다. 15년 전 내가 취리히에서 여러 주일 동안 복음전도 강연을 하고 있었을 당시 일어났던 일이었는데 어느 한 네덜란드 최면술사가 하인을 데리고 이 도시에 도착하였다. 그 하인의 이름을 미린 다죠(Mirin Dajo)라고 불렀는데 '미린 다죠'란 에스페란토어(Esperanto)로 '신동'이란 뜻이다. 이 두 사람은 네덜란드에 있는 영접자 모임에 가입했다.

취리히에서의 공연은 구경꾼들이 구름떼처럼 몰려들어 성황을 이루었다. 스위스에서는 난생 처음 보는 특이한 흥행인 까닭이었다. 그 최면술사는 무대 위에서 하인의 가슴에 날카롭고 긴 칼을 그대로 푹 찔러 넣었는데, 처음엔 누구나 다 속임수라고 여겼다. 서커스 구경을 가면 때때로 사람을 톱으로 자르거나, 혹은 사람을 상자 속에 넣고 틈새로 사방에서 칼을 찔러 꽂는 묘기를 보게 된다. 이때엔 칼이 접히게 되므로 상자 안에 들어간 사람은 다치지 않는다.

그러나 미린 다죠의 경우는 속임수가 아니었다. 당시 츄리히 대학교에 재직 중인 브루너(Brunner) 교수가 이것을 입증했는데 교수는 그 두 사람에게 X-레이 사진을 찍어 볼 수 있도록 그 묘기를 재연해 달라고 요청하자 두 사람은 서슴지 않고 응했다. X-레이 사진에는 그 칼이 심장이나 폐 같은 치명적 기관을 비켜 나가면서 하인의 가슴을 실제로 꿰뚫고 있는 것으로 나타났다. 좌우간 칼끝이 꿰뚫고 나온 것이 확연히 보였다. 이 두 네덜란드인은 각국을 돌아다니며 이 묘기를 약 500여 회나 연출했다.

그들이 취리히에서 연일 밤마다 이런 실험을 거듭하자 취리히의 신앙인들은 몹시 못마땅하고 언짢은 기분을 느끼기 시작했다. 그들은 기도모임을 열어 하나님께 이런 끔찍스런 공연이 끝장나게 해달라고 기도하였다. 신앙인들은 그 묘기의 배후에는 악령력이 작용하고 있다는 의심을 품었다. 그 결과는 어떻게 나타났을까?

501 번째 시도에서 미린 다죠는 죽었다. 그리하여 그 섬뜩한 공연은 막을 내리고 말았다. 물론 그의 죽음을 취리히에서 사는 신앙인들 탓으로 돌릴 수도 있을 것이다. 그러나 나는 이 견해에 동의하지 않는다. 신앙인들은 그들이 옳다고 믿는 바를 행했을 뿐이며 그들은 그처럼 신비적이며, 심지어 악령적인 실험이 자신들이 사는 도시에서 공개공연 되는 것에 항거했을 따름이었다.

간단한 보충설명을 하면 미린 다죠는 칼이 자신의 몸을 찔러 꿰뚫었을 때 전혀 통증을 느끼지 않았으며, 칼을 빼고 나면 앞뒤 두 군데 상처에서도 피가 나지 않았을 뿐만 아니라 두 시간이 채 못 되어 말끔히 나았는데, 이것은 내가 동아시아에서 목격했던 현상과 조금도 다를 바가 없다. 동아시아의 순례자들도 역시 스스로에게 입힌 상처에서 피가 흘러나오지 않으며, 상처도 신속히 낫는다. 물론 그들은 통증을 느끼지 않는다.

이 점으로 미루어 보아 미린 다죠의 실험은 동아시아에서 하는 것과 조금도 다를 바 없다. 이것이 기만이나 속임수로 하는 경우가 아닌 것은 X-레이 사진촬영으로써 진짜임이 입증되었기 때문이다.

카운슬링 경험을 바탕으로 간략히 결론을 내려 본다. 사람이 의지적 반항을 하는데도 최면에 걸릴 수 있는지 여부에 관하여 나는 누차 질문을 받았다. 경험에 비추어 의지력이 강한 사람은 스스로 동의하지 않는 이상 최면에 걸리지 않는다. 특히 기도로 무장을 갖추고 최면에 대항하는 신앙심 깊은 그리스도인들에게는 더욱 그러하다. 이때 최면술사는 이들에게 어찌 해 볼 재간이 없다. 그러나 이미 최면에 걸려본 적이 있는 사람일 경우, 다시 최면에 걸리기가 쉽다. 이 분야의 전문가인 브렌만(Brennmann)은 다음과 같은 말로 표현한다.

"마지못해 억지로 최면상태에 빠지는 사람은 결코 없다. 물론 본인 스스로가 자신의 의향을 전혀 깨닫지 못하는 경우는 있을 수가 있다."

그리스도인이라면 미심쩍은 형태의 도움을 아예 받지 않는 것이 바람직하다. 우리는 시편 기자가 쓴 말씀을 상기해 보아야 할 것이다.

"우리의 도움은 주 여호와의 이름에 있도다"(시 124:8).

마법술
MAGIC

　마력에 대한 사람들의 견해는 지적 및 영적 수준에 따라 각양각색의 차이를 보인다. 신비술 탐닉자의 생각은 오만스런 합리론자와는 판이하게 다르다. 그러므로 몇 가지 선결 문제점들을 짚고 넘어가기로 한다.

　마력이란 용어는 광범위하게 사용된다. 몇 가지 용례를 검토해 보기로 한다.

　첫번째, 광의로서의 마력술이 있다. 사람들을 매혹시켜 사로잡는 모든 것, 그리고 설명이 불가능한 온갖 것 예컨대 경외심을 불러일으키는 장엄함이라든가 모종의 분위기 따위가 마력으로 묘사될 수 있을 것이다. 마력을 지닌 가죽공에 이끌려 수백만 명이 축구 경기장으로 빨려든다. 혹자는 스포츠의 마력을 논할 수도 있을 것이다.

　그리스 예술 감정가가 다음과 같은 말을 한 적이 있다. "피디아스(Phidias)의 조각품 하나만으로도 수천만 명의 가난을 능히 필적한다."

　우리는 여기서 사람을 사로잡아 사족을 못 쓰게 하는 예술의 마력을 목도한다.

　한 실용주의 철학자가 한 말이다. "지상에서의 최고의 행복은 남녀의 결합이다. 그를 위하여 나는 기꺼이 천국을 저버리겠다" 이것은 성애(性

愛)를 우상화시킨 것이다.

일종의 종교적 마력도 역시 존재한다. 교회의 종교의식, 제단의 촛대, 향내, 성인들의 우아한 자태, 성스런 예술품 등을 하나님과의 직접적인 관계 보다 더 중요하게 여길 때 종교적 마력이 존속한다. 감동적인 예배가 진짜 중요한 일로부터 우리를 유리시킬 수도 있다.

두번째, 단순한 오락적 유형에 속하는 마력술도 있다. 세계 각국에는 심지어 여흥을 즐기기 위한 마술 써클, 협회, 모임들이 존재하고 있다. 속임수 마술은 마법술이 아니다. 그러나 나는 속임수 마술사들도 역시 경우에 따라 진짜 마법술을 사용하는 것을 목격한 적이 종종 있었다. 이 책에는 이러한 사례 몇 가지가 내포되어 있다.

세 번째, 엉터리 치료이다. 이것 또한 진짜 마법술이 아니라 단순한 속임수이다. 기만을 당한 피해자가 이런 돌팔이 치료사들을 법정 고소하는 일이 가끔씩 일어난다.

예컨대 수년 전 독일에서는 '만병통치 금속선'이 판매금지가 되었는데 그 판결 이유는 사람들이 농락당하고 있다는 것이었다. 불과 300원 어치 밖에 안 되는 동선이 환자들에게 비싼 값으로 판매되었다. 이 책이 집필되고 있는 중에도 모 치료사가 피소되어 법정시비를 벌이고 있다. 교활한 치료사는 유리구슬과 소금으로 만든 소형 캡슐제를 이용하여 환자 치료를 시도해 왔다. 하여간 쉽사리 속아 넘어가는 사람은 언제나 있기 마련이다. 때때로 환자의 상태가 치유되거나 호전되는 일은 암시 또는 자기 암시 효과로도 일어나는 수가 있다.

미국에는 엉터리 치료가 널리 퍼져 있다. 따라서 그곳에서 나는 많은 사례를 수집했다. 시카고에 있는 한 화학회사는 1,600여 가지나 되는 마력 해독제를 생산한다.

캔자스 신문은 어떤 여자 시술사가 매 시술 과정 당 100달러 내지 800

달러가량의 치료비를 받았다는 보도를 하고 있다. 워싱턴 D. C에 있는 또 다른 시술사는 고객들로부터 하루 500달러씩을 벌어 들였다. 고위직에 있는 부유한 사람들도, 지성과 교육조차도, 이들 덫몰이꾼들의 선전 속임수를 간파해 내는 방어기능을 발휘하지 못한다. 이런 종류의 엉터리 마력술은 현대인의 미신과 어리석음을 이용하는 유형이다. 그러나 필히 부연해 두고자 하는 사항은 비록 소수이기는 해도 돌팔이들도 역시 신비력 수술을 한다는 점이다.

또 한 가지 중요한 사실이 있다. 돌팔이도 아니고 신비술사도 아닌 진짜 병 치료 시술자들을 가끔 접하게 된다는 점이다. 나는 신앙심 깊은 그리스도인인 치료사들을 몇 사람 알고 있다. 나와 개인적 친분이 두터운 친구 가운데에도 그런 사람이 있다.

또 다른 마력술의 한 가지 유형이 있다. 민속학자들은 민속과 미개종족들의 마술적 풍습, 인종적 특성 및 그 외에 여러 가지 사항을 연구하는데, 그들은 마술적 풍습, 인종적 특성 및 그 외에 여러 가지 사항을 연구하는데, 그들은 마술적 인생관을 가진 미개종족들과 합리적이고 과학적인 견해를 갖고 있는 문명인을 대조시킨다.

이와 같은 마력술의 모든 갈래와 유사형과는 뚜렷이 구별되는 진성(眞性) 마법술이라고 부를 수 있는 것이 있다. 이것이 성경에서 질책당하고 있는 유형으로써 주술법, 무당술인데 다시 말해서 악령술이다. 우선 성경에 나오는 경고들을 유의해 보기로 한다.

"너는 무당을 살려두지 말지니라" (출 22:18).

"너희는 너희… 복술자나… 술사나 … 요술객에게… 귀 기울여 듣지 말라" (렘 27:9).

"내가 또 복술을 너의 손에서 끊으리니 네게 다니는 점쟁이가 없게 될 것이라" (미 5:12).

"내가 심판하러 너희에게 임할 것이라. 술수 하는 자에게 속히 증거하리라"(말 3:5).

나는 목회 상담과 400여 곳 이상의 선교지역 방문을 통해 진성 마법술의 사악한 관행들을 접하게 되었다.

나는 전 세계 모든 사람들을 카운슬링해 준 경험에서 다음과 같은 마법술의 주요 유형을 접해 보았다.

- 치료마법과 질병마법
- 마법결박술과 결박해제술
- 마법저주술과 마법박해술
- 사랑의 마법과 증오의 마법
- 보호마법과 살생마법

내가 선교여행에서 얻은 다음 몇 가지 사례들을 주목해 보기로 한다.

마법술 1

어떤 마법사가 사위와 사이가 틀어져 불화가 생겼다. 그 싸움은 재산 상속 문제로 시작되었다. 그 마법사의 딸과 사위는 장인 소유의 농장을 자기들이 상속받은 걸로 알고 있었다.

어느 날, 그 늙은 마법사 농부가 예배드리러 교회에 가고 있었다. 때마침 사위도 마차를 타고 같은 길을 가고 있었다. 그는 사위더러 마차에 태워 달라고 부탁했다. 그런데 사위는 한마디 대꾸도 없이 채찍을 들어 장인을 후려 갈겼다. 그러자 그는 노발대발하며 사위의 등 뒤에 대고 욕설을 퍼부었다.

"야, 이놈아, 벼락 맞아 뒈져라!"

그 농부가 교회에 당도하여 설교를 듣고 있을 때 갑자기 일진광풍이 일어 폭풍이 몰려왔고, 천둥번개가 번쩍거렸다. 그 후 곧 화재경보소리가 요란스레 울려왔다. 예배는 중단되었고, 사람들은 서둘러 집으로 돌아갔다. 한 농가가 벼락 맞아 불이 붙어 활활 타오르고 있었다. 그 농가는 늙은 농부가 저주를 퍼부었던 사위의 집이었으며, 전소되어 재만 남고 말았다.

이 같은 이야기는 많은 문제를 제기한다. 그 사건은 우연의 일치에 불과한 것일까? 아니면 저주가 실제로 작용한 것이었을까? 경험으로 보아, 저주를 퍼붓는 사람이 심령성일 경우에 한하여 그 저주가 대개 작동한다.

두 번째 관찰 사실은 다음과 같다. 참되고 거듭난 그리스도인이 예수님의 보호하심 아래 자신을 온전히 내맡겨 두는 경우 그 그리스도인은 이런 종류의 저주로 인하여 해악을 입지 않는다.

마법술 2

나는 멕시코를 세 차례 방문했으며, 멕시코시티에 있는 독일계 교회에서 수차례 강연을 했다. 그 방문 기간 중에 나는 마법박해술에 관한 이상스런 이야기를 들었다. 흑색마법을 하는 어떤 자가 누군가를 해코지하고 싶거나 병들게 하고 싶으면 해코지 대상자의 집 문 앞에 피 묻은 인형을 갖다 놓아둔다. 그 인형에는 가시나 바늘이 꽂혀있다.

이와 같은 상징적 마법술, 즉 유추적인 마법술에 첨가하여 마법주문을 외운다. 이상스런 일은 피해자가 인형의 찔린 데와 똑같은 신체 부위에 병이 발생한다는 점이다. 이런 마법행위는 부두교(Voodoo) 마법사, 머큠바 사교(Macumba Cult)에 의해서도 행해지고 있다.

마법술 3

인도에서 강연여행을 하면서 나는 힌두마법사들의 마법시술을 들었다. 그들은 누군가를 박해하고 싶으면 그 사람의 머리카락을 모아다가 마법 주문을 외우면서 나무에 못 박아둔다. 그러면 그 피해자는 병들거나 재난을 당한다.

마법술 4

스위스의 쉬타트(Staad)와 자넨(Saanen)지방 부근에서도 나는 비슷한 이야기를 들었다. 그때 나는 참으로 괴이한 느낌을 받았다. 내가 그 지역에서 전도를 하고 있을 당시 어떤 전도자가 나에게 그 지방 농부들 사이에서 행해지는 이상야릇한 풍습을 들려주었다. 그 지방 사람들은 누군가에게 해를 입히고 싶을 경우 상대 적수의 머리카락을 구하려고 애쓴다.

예컨대 돈을 몇 푼 주고 입 다물게 하고서 이발사를 통해 어렵지 않게 구할 수도 있을 것이다. 그들은 자신들 집의 대들보에 구멍을 뚫고 상대 적수의 머리카락을 그 구멍 속에 쑤셔 넣는 다음 쐐기를 두들겨 박고서 모세 6·7경에 있는 주문을 외우면서 상대 적수에게 질병이 내리기를 기원한다. 놀랍게도 이 같은 저주들은 그대로 이루어진다.

마법박해술은 인도와 멕시코에서 뿐만 아니라 스위스에서도 알려져 있다.

마법술 5

나는 아르헨티나에서 그곳 원주민 목사에게서 뿐만 아니라 츄브츠 주의 에스켈(Esquel)에 있는 '크루즈블랑카 요양원'의 원장인 윈터(Winter) 박사로부터 머리카락 마법술에 관한 사례 몇 가지를 더 들었다. 만일 어느 살생마법사가 상대 적수를 죽이고 싶을 경우, 우선 희생 제물로 삼고 싶은 자의 머리카락을 어느 정도 구한 다음, 달이 이지러질 때를 택하여 그 희생 제물에 정신을 집중시킨 후 그 마법사는 마법주문과 자신의 심령력을 이용하여 상대 적수를 죽인다.

마법술 6

원터 박사는 자신의 친교모임에서 얻은 사례 하나를 내게 말해주었다. 어떤 젊은이가 한 처녀와 결혼을 원하여 그 두 사람은 약혼을 했다. 남자의 누이는 오빠의 약혼녀를 좋아하지 않았으며 그 젊은 한 쌍을 기어이 갈라놓고 말았다.

그런데 수 년 전, 그 젊은이는 자신의 머리카락을 잘라 그 한 타래를 약혼녀에게 보냈었다. 약혼이 깨지고 난 후 그 젊은이는 다른 처녀와 결혼을 했다. 그 후 젊은이는 1년 만에 죽고 말았다. 전 약혼녀가 강력한 마법사를 찾아가서 살생마법주문을 부탁했던 탓이었다. 장례식이 끝난 후 실연당한 그 처녀는 머리카락 타래를 들고 원망스럽기 짝이 없는 남자의 누이를 찾아가 말했다.

"이걸 돌려 드릴게요. 이 머리카락 타래는 당신의 죽은 오빠 것이에요."

슬픔에 젖은 누이는 오빠의 머리카락 타래를 돌려받았다. 얼마 후 그 누이는 중병에 걸렸다. 그녀는 의사들을 수도 없이 찾아 다녔으나 별 도움을 받지 못했다. 그 후 낯모르는 집시가 그녀에게 살생마법주문에 걸려들었다는 사실을 귀띔해 주었다. 그 집시는 고통 중에 있는 그녀에게 넌지시 도와주겠다는 제의를 한 후 보호마법주문을 시술해 주었다. 그 결과 그녀는 병에서 회복되었다.

그러나 더욱더 심각한 신경질환증세를 나타내기 시작했고 잇달아 각종 병치레를 했다. 그녀가 결혼하여 어린애들을 낳자 그 어린애들도 역시 정신 및 신경계통에 악영향을 입었다.

그러면 이제 마법결박술에 관련된 사례 몇 가지를 훑어보기로 한다.

마법술 7

한 여인이 가정 내력을 내게 말했다. 여인의 어머니가 일곱 살 적에 거위 떼를 지키고 있었다. 그때 흑색마법을 하는 한 사나이가 가까이 다가와 어린 소녀에게 넌지시 물었다.

"귀엽기도 하지! 애야, 거위가 몇 마리나 되니?"

철부지 어린 소녀는 무심코 거위 수효를 알려 주었고, 그 사나이는 뭐라고 계속 중얼거렸다. 그러자 갑자기 거위들이 차례로 쓰러져 죽어가는 것이었다. 어린 소녀는 허겁지겁 집으로 달려가 자초지종을 알렸다. 소녀의 아버지가 황급히 물가로 달려 나와 모세 6·7경에서 배워둔 주문을 중얼중얼 외웠다. 그러자 즉시 거위가 죽어 넘어지는 일이 멎었다.

그러면 이 집안의 내력은 어떠한가?

거위 떼를 돌보았던 어린 소녀는 일평생 우울증에 시달렸다. 이 이야기를 내게 들려준 여인, 즉 마법주문자의 외손녀딸이 되는 셈인데, 이 여인은 환상이 보이고 영적 생활에 심각한 압박장애증을 겪으며 마법주문자의 외증손자가 되는 이 영인의 아들은 정신질환 및 착란증세로 고통 받고 있으며, 현재 정신요양원에 세 번째 입원 중이다. 마법술은 항상 그 대가를 요구한다.

더불어 일본에서 일어났던 일을 제시하겠다. 이 제보의 출처는 선교사 조 캐럴(Joe Carrol)씨인데, 동경에 갔을 때 그의 집에서 묵었던 적이 있었다.

마법술 9

한 젊은 미국인 선교사가 일본에서 단기간 일했다. 그 선교사는 다음과 같은 일이 자신의 소명이라고 생각했는데, 그것은 절에 들어가 기도하여 예수님의 이름으로 어둠의 권세를 물리치는 일이었다. 다시 말해서 그 선교사는 불교의 사원에 대한 영적 공격을 감행하고 싶었던 것이다. 엉뚱하게도 그는 그런 일이 선교사로서 자신이 수행할 임무라고 생각했다.

그러나 결과는 엄청나게 달랐으니 절에서 기도를 마친 그 선교사는 미쳐버렸으며, 움직일 수 없는 환자복을 입은 채 미국으로 송환되었다. "우리 안에 거하시는 분이 세상에 있는 자보다 강하시도다"라는 성경말씀이 무색할 지경이었다. 나는 성경의 이 말씀을 추호도 의심 없이 확신하지만 결코 무모한 자가 되고 싶지는 않다.

불필요한 위험에 겁없이 스스로를 노출시키는 사람들은 파멸 당한다. 나는 선교지에서 훌륭한 선교사들이 마법사들의 공격을 받아 피해 입은 여러 경우에 대한 소식을 들어오던 터이다.

그러나 사탄의 공격은 우리에게 기도할 것을 알려준다. 우리가 스가랴 2:5절에서 말하는 불성곽으로 우리 주변을 둘러쳐 놓을 때 신비술사나 무당 혹은 악령이 제아무리 용트림을 해본들 결단코 우리를 해할 수가 없을 것이다.

마법술 10

한 영국인 처녀가 남아연방에 가서 1년간 근무를 했다. 그 처녀는 반투족의 한 흑인과 사랑에 빠졌고 급기야 그 둘은 약혼을 하기에 이르렀다. 일년이 다 차자 영국인 처녀는 귀국하였고 그 한 쌍은 결혼 계획을 세웠다. 그 영국인 처녀는 기독교인이 아니었다. 그러나 처녀의 어머니는 열심히 기도를 했다.

이렇게 되자 이 가정에는 영적인 힘 사이에 마찰이 일어났다. 처녀의 어머니는 딸의 구원을 위해 기도했다. 그러나 딸은 그 반투족 흑인 탓으로 마법적 속박 아래 놓이게 되었다. 그 반투족 흑인은 마법사였다.

곧이어 그 집안에는 시끄러운 소음이 들리며 도깨비들이 출현하는 것이었다. 방마다 시체가 썩는 듯 한 불쾌한 악취가 났는데 특히 처녀의 방이 더 심했다. 그 냄새는 흡사 유황냄새와 같았다.

처녀는 도저히 이해할 수가 없어서 성공회 사제 한 분을 찾아가 조언을 간청했다. 처녀가 자초지종을 모두 털어놓았더니 그 성공회 사제는 남아연방의 약혼자에게서 받은 물건들을 전부 없애라고 충고해 주었다. 이것은 그 아프리카인이 마법을 거는데 사용할 수 있는 접촉수단과 영향수단을 모조리 없애버리려는 조치였다.

처녀는 이 조언대로 따랐다. 뿐만 아니라 그 어머니가 딸을 위해 성실히 기도하고 또 다른 그리스도인들에게도 기도를 부탁한 것이 결정적으로 주효하였다. 따라서 그 집에서 출몰하던 유령출현현상이 말끔히 사라져버렸다.

이러한 마법적 흑암의 기법이 우리를 놀라게 하는 일은 있을 수 있다. 그렇지만 우리가 예수 그리스도께 속하여 충실히 그리스도를 따른다면 겁먹고 두려워 할 하등의 이유가 없다.

나는 몇 가지 사례를 제시하여 주님께서 신앙심 깊은 그리스도인들을 어떻게 보호하고 계신지를 보여 주고자 한다.

마법술 11

성 갈렌(St. Gallen)의 베르너 암불(Werner Ambuhl)은 나의 친구이다. 암불은 그곳에서 전화상담 목회를 운영하고 있다. 어느 날 한 치과의사가 전화를 걸어 말했다.

"당신은 나보다 더 강합니다. 나는 그 논리적 설명을 털어놓고 말하겠습니다"

암불은 그에게 되물었다.

"무슨 뜻이지요?"

"나는 당신과 당신네 기독교의 허튼 소리가 못마땅하여 괴로움을 겪어 왔습니다. 그래서 나는 마법을 써서 당신을 공격하여 죽이려고 시도해 보았습니다. 그러나 나는 끝내 성공을 거두지 못했습니다. 당신은 나보다 훨씬 강합니다. 그래서 이제 나는 승복하고 그 귀결을 받아들입니다."

치과 의사의 장황한 대답이었다.

암불은 그 치과 의사를 그리스도께로 인도하려고 애썼다. 그러나 허사였다. 며칠 후 암불은 신문에서 이 치과 의사가 스스로 목숨을 끊었다는 기사를 읽었다. 이러한 일들은 선교 현지에도 흔히 있는 일이다.

마법술 12

수년 전 나는 중국 국경지대에 위치한 '청조신학교'에서 강연을 몇 차례 했었다. 그곳에서 나는 그리베노우(Griebenow)라는 선교사를 만났다. 그리베노우씨는 젊었을 때 티베트에서 선교사로 일했고 그때 라마교 승려에게 티베트어를 배웠다. 어느 날 그 티베트인 라마승이 말했다.

"그리베노우씨, 이제 나는 그리스도교 신앙의 정체를 압니다. 당신의 하나님은 나의 신보다 훨씬 강합니다."

그리베노우가 답변했다.

"당신의 신은 악마입니다. 당신은 그 사실을 아십니까?"

"나도 알고 있습니다."

라마승의 대답이었다. 그리베노우는 말을 계속했다.

"그런데 나의 하나님이 더욱 강하시다는 것을 당신은 어떻게 아셨습니까?"

라마승은 답변을 했다.

"당신이 선교사라는 사실을 눈치 채고서 마법으로 당신을 병들게 하려고 해보았습니다. 그러나 나는 무력했습니다. 그 후 불마귀를 보내 당신 집을 불태워 버리려고도 해보았지만 불마귀는 도대체 응하려 들지를 않았습니다. 그래서 최후로 티베트 전래의 가장 강력한 살생마법을 써서 죽이려고 시도했습니다. 이것마저도 실패로 끝나고 말았습니다. 당신 둘레에는 성곽이 둘러쳐져 있어서 내가 도저히 뚫고 들어갈 수가 없었습니다."

그리베노우는 또 되물었다.

"나의 하나님이 당신의 악귀보다 훨씬 강하시다는 걸 벌써부터 알아차렸다면 당신은 어째서 나의 하나님을 맞아들이지 않습니까?"

라마승은 말했다.

"그러는 날엔 악귀들이 당장 나를 죽일 겁니다. 악귀에게 자신을 바치기로 서약을 한 자가 그 후 변심하여 악귀를 떨쳐 버리고 달아나려고 하면 그 자는 악귀에 의해 죽임을 당하고 맙니다."

선교사 그리베노우는 그 라마승을 그리스도께로 건져내 보려고 애썼으나 끝내 성공을 거두지 못했다. 후일 그리베노우는 그 라마승이 절망 속에서 숨졌다는 소식을 들었다.

경이로운 언약의 말씀이야말로 우리 그리스도인들이 지닌 값진 보배이다. 구약성경에서도 예수님께서 말씀하신다. "저희를 내 손에서 빼앗을 자가 없느니라"(요 10:28). 그리스도께 우리 자신을 온전히 내맡겼는지가 가장 중요하다.

부신술
LEVITATION

부신술은 영접한 영매자들이 행하는 능력 중의 하나로서 몸이 허공 중에 자유로이 떠오르는 현상이다. 이 술법은 성경에 기록되어 있는 일을 아마도 악령이 흉내 낸 모방형일 것이다. 예컨대 사도행전 8:39절에 다음과 같은 구절이 나온다. "주의 영이 빌립을 이끌어 간지라."

부신술은 문명국에서는 보기 드문 일이나 이방교도의 나라와 영접술이 널리 행해지고 있는 곳에서는 예사로운 일이다.

부신술 1

루터교 선교사 두 사람이 오스트리아의 웰즈(Wels)에서 열린 부신술 집회에 참석했다. 그들은 호기심을 느낀 나머지 부신술을 연구해 보고 싶었다. 그 두 사람은 영접한 영매자가 부신술을 성공적으로 성취하여 몸이 수평으로 떠올라 방 천장까지 닿는 것을 보았다.

나는 이런 종류의 실험에는 참석하지 말라고 엄중한 경고를 해두는 바이다. 악령은 호기심에 이끌린 자를 공격할 뿐만 아니라 영접지 실험에 참석하여 별 탈 없이 영접현상들을 연구해 볼 수 있다고 생각하는 사람들도 역시 공격한다.

부신술에 관한 이 장을 쓸 무렵, 나는 서른세 번째로 미국과 캐나다 강연

여행을 하던 중이었다. 이 여행 중 나는 사람들을 카운슬링 하면서 부신술 사례 두 가지를 더 들었다.

부신술 2

확고부동한 그리스도인인 17세의 한 소녀가 학교에서 무심코 어떤 교실에 문을 열고 들어갔다. 소녀는 부지불식중에 한참 진행 중인 영접자 초혼집회에 끼어들게 된 것이다.

이 소녀가 교실에 막 들어서자, 한 영매가 천장으로 두둥실 떠오르고 있었다. 소녀는 숨 가쁜 기도 한 마디를 간신히 했다. 그러자 그 영매는 바닥에 털썩 떨어져 나뒹굴어지며 부상을 입었다. 믿음을 가진 소녀가 나타나자 악령들의 사악한 일이 뒤흔들려졌던 것이다.

부신술 3

수단 내륙 선교회와 손잡고 아프리카에서 일하던 어느 선교사가 야외에서 부신술을 처음 경험했다. 그 선교사는 이런 영접술적 현상을 하지 못하도록 막는 것이 자신의 의무라고 생각했다. 선교사는 공중에 떠다니고 있던 사람에게 손을 얹고 안수기도를 하려고 했다.

바로 그 순간 선교사는 감전 충격과도 같은 힘을 받아 땅바닥에 나동그라졌다. 그 일로 말미암아 그 선교사는 시술중인 영매자에게 손을 얹고 안수해서는 안 된다는 교훈을 배웠다. 예수님께서는 반드시 병든 자에게만 안수하셨다. 악령 들린 경우에 예수님께서는 그저 명령만 했을 뿐이다.

야외에서 이 사건을 구경하고 있던 아프리카인들은 그 선교사를 비웃었다. 신비술과 관련된 분야에서는 이교도들이 일반적으로 선교사들보다도 아는 바가 훨씬 많다.

부신술 4

브라질 바히아(Bahia)에서 열리는 종교적 영접술인 움반다(Umbanda) 연례 축제행사 때에는 빼놓지 않고 거의 매번 부신술이 선을 보인다.

여기서도 역시 한 선교사가 아프리카의 선교사와 똑같은 경험을 했다. 이 선교사는 공중에 떠다니고 있는 소녀의 머리에 손을 얹어 안수기도를 하여 그 소녀를 사로잡고 있는 악령력으로부터 소녀를 풀어 주려고 시도해 보았다. 그러나 이 선교사도 역시 일종의 감전 충격을 받아 땅바닥에 나동그라지고 말았다.

자신들이 이해 못하는 것을 비웃어 넘기는 일은 머리가 텅 빈 채 우쭐거리는 합리론자들이 상투적으로 일삼는 특권이다. 우리는 사탄을 신중히 다루어야만 한다. '유일한 분'을 한층 더 극진히 섬겨야 한다.

부신술과 관련하여 변위술(變位術)을 병행하여 참조하기 바란다.

변위술
TRANSLOCATION

변위술은 부신술 보다 한층 더 주목해볼 만한 현상이다. 변위술은 악령력을 이용하는 장소의 변전(變轉)으로 흔히 전설이나 민속설화에서 발견된다. 회교도들 사이에는 날아다니는 양탄자 이야기가 있으며, 독일에는 빗자루를 타고 다니는 마녀 이야기와 긴 장화 이야기가 있다.

그러나 선교현지에서 나는 선교사들로부터 직접 이런 환상과는 무관한 실제 이야기를 들었다.

변위술 1

일본에서 나는 악령력을 소유한 승려들이 다소 있다는 말을 들었다. 그들은 사탄에게서 받은 능력으로 이쪽 산꼭대기에서 훌쩍 사라지고 난 잠시 후 저쪽 산꼭대기에 홀연히 다시 나타난다. 즉 동에 번쩍 서에 번쩍 한다. 생전 처음 이런 이야기를 듣는 사람은 순전히 공상에 지나지 않는 이야기라고 여지없이 일축해 버린다. 그러나 나는 유럽과 북미지역을 제외한 세계 각처에서 이런 이야기를 들어왔다. 사실 문명은 이런 류의 것들을 몰아낸다. 사탄의 음모는 복음이 전파됨으로써 더 한층 산산조각으로 격파되고 있다.

변위술 2

인도에서 나는 믿음직스럽고 충실한 증인들에게서 변위술에 관한 이야기를 들었다. 인도의 마법사들은 영접자 변위술로서 강을 건널 수 있다.

이것은 예수께서 갈릴리 바다 위를 걸었을 때 일어난 기적을 흉내 낸 악령의 모조품이다. 성경에 나오는 기적을 악마는 놓치지 않고 모조리 모방하려고 날뛴다.

변위술 3

에콰도르에 있는 한 선교사는 자신의 요리사가 변위술 능력을 가졌다는 말을 나에게 했다. 어느 날 선교사는 점심식사를 준비하는 데 필요한 밀가루가 떨어진 것을 보았다. 그때 요리사가 말했다.

"염려 마십시오. 제가 속히 밀가루를 좀 구해 오겠습니다."

놀란 선교사가 물었다.

"어떻게 구해오겠나? 시내까지 10마일이나 되는 먼 거리인데."

"제게 맡겨 두십시오. 좋은 수를 알고 있죠."

몇 분 후에 그 요리사는 필요한 양만큼의 밀가루를 가지고 돌아왔다. 한참을 캐묻자 그제야 그는 선교사에게 '바람타기' 현상을 설명해 주었는데, 그것은 변위술의 다른 이름이었다.

변위술 4

내가 아는 것 중 가장 인상적이며 충분한 입증이 뒷받침되는 사례는 아이티에서 들은 것이다. 이 섬은 사탄의 본거지로 잘 알려진 곳으로서 부두(Voodoo)교로 유명하다. 이곳에서 14년간 일해오고 있는 한 선교사가 자신이 겪은 체험을 몇 가지 나에게 들려주었는데, 그중 바람타기에 관한 한 가지 사례를 여기에 옮겨 본다.

어떤 부두교 마법사가 약 150마일 가량 떨어진 곳에 사는 동료에게 하인을 통해 편지를 보냈다. 하인은 집에서 100야드쯤 걸어가더니 눈 깜짝할 사이에 사라져 버렸다. 약 2시간쯤 후에 하인이 동료 마법사의 답장을 가지고 돌아왔다.

그 하인은 아무런 교통수단도 이용하지 않고 300마일이나 되는 거리를 주파했던 것이다. 답장의 편지는 하인이 그곳에 다녀왔다는 의심할 수 없는 증거였다.

마법사들과 연관이 닿는 선교사들은 그런 일이 실제로 일어난다는 사실을 안다. 그러나 함부로 속단하는 일은 잘못이다. 이같은 능력을 가진 마법사들은 이교지역에서도 극히 드물다.

부신술의 경우로는 빌립이 주님의 성령에 이끌려간 사도행전 8장의 이야기를 떠오르게 한다.

변신술
METAMORPHOSIS

변신술(Metamorphosis)이란 용어는 '형태를 바꾼다'는 뜻의 헬라어 동사 'metamorphoomai'에 근원을 둔 말이다. 이 장에서 논의할 문제는 다음과 같다. 과연 사람이 동물로 변신한다는 것이 가능한 일일까?

이런 일은 동화 속에서는 분명히 가능한 일이다. 왕자가 개구리로 변하며, 아름다운 공주가 고약한 마녀에 의하여 사슴으로 된다. 그러나 우리가 여기서 관심 두는 바는 동화나 신화가 아니다. 사실적인 변신술의 사례가 많은 나라를 두루 다니는 가운데 나에게 들려오고 있다. 공교롭게도 내가 카운슬링을 해오는 가운데 간혹 이 문제가 대두되었다.

나는 세 가지 유형의 동물둔갑을 마주쳐 보았다.

첫째 유형은 유행성 들림증(Epidemic Possession)에 쉽사리 감염되어 자신들이 동물이라고 생각하는 흥분발작형의 사람들이다. 이런 일은 지난 세기에 남부 프랑스에 있는 모 수녀원에서 일어났다. 수녀들은 자신들이 고양이라고 생각하여 고양이 울음소리를 내며 사방으로 마구 뛰어 다녔다.

나는 또 다른 예를 미국에서 들었다. 그곳에서도 역시 마찬가지로 한 무리의 히피족들이 네 발로 다니는 동물 시늉을 하며, 개처럼 짖어댔다.

따라서 그들은 이피(yippies)로 알려지게 되었다.

물론 이것은 일종의 동물둔갑이 아니다. 이것은 망상증(Delusion)에 불과하다.

두 번째 유형은 자신들의 에너지 일부를 따로 떼어 내어 분출시킬 수 있는 강력한 영접자인 소수 무당들의 능력과 관련을 맺고 있다. 이 분리 분출된 에너지는 물질화 되어 동물의 형체로 변할 수 있다. 이런 사례는 문헌에도 나오며, 선교 역사와 카운슬링 분야에서도 나오고 있다.

예컨대 늑대 이야기(Werewolf)와 스위스의 고양이에 관한 30야화가 이 범주에 해당되는 것이다. 과연 이것은 무엇을 뜻하는 걸까? 형체구현(Materialization)을 할 수 있는 강력한 무당들이 다소 있는데, 그들은 영접경 상태가 되면 에너지를 분리 분출할 수 있으며, 이 에너지를 다시 고양이로 만든 다음 이웃집 사람들을 괴롭히는 데 보낸다.

그리하여 우유와 버터가 감쪽같이 없어지는가 하면 갖가지 진기한 일들이 벌어진다. 혹 이 고양이를 잡아 때리게 되면 그 타격은 무당에게 영향이 간다.

이 두 번째 유형의 변신술에 관련된 것으로 나는 변신 능력을 가진 무당들로부터 세 번의 고백을 들었다는 점을 말해 두는 바이다. 이 세 고백은 관련 무당들이 해방되어 풀려나려고 도움을 요청한 점으로 보아 정직한 것으로 믿어도 좋을 것이다. 그 한 경우는 남자 무당으로서 풀려나 자유로워졌는데, 그의 부인이 교우들과 더불어 기도모임을 조직하여, 예수 그리스도께서 남편을 힘겨운 속박 장애에서 풀어주실 때까지 여러 해 동안 계속 남편을 위한 기도를 해주었다.

세 번째 유형은 무당의 전신이 동물로 둔갑하는 것으로 변신술의 가장 불길한 유형이다. 나는 티베트와 아프리카에서 이 소문을 들었다.

변신술 1

하이에나 사나이에 관한 사례의 소개를 필두로 하여 시작해 보기로 한다. 선교 기지 근방에 한 이교도가 살았는데, 그는 밤이면 하이에나로 둔갑하여 동물을 날로 잡아먹는다고 그 이웃들이 말했다. 그는 낮에는 사람이 먹는 일상 음식을 입에도 대지 않았다.

나는 리베리아에서 한층 더 이상한 이야기를 들었는데 이번에는 뒷받침할 만한 다소의 증거가 있다. 나는 유럽에서 교육을 받은 그곳 지방 행정관 집에 머물렀다. 그는 신실한 기독교인이었다. 저녁식사 후 그는 관할 구역에 대한 이모저모를 들려주었다. 한 사냥꾼에 관한 이야기가 나에게는 특별한 흥미를 돋워 주었는데 나는 아프리카의 다른 몇 나라에서도 비슷한 이야기를 들은 적이 있었기 때문이었다.

변신술 2

한 사냥꾼이 사냥하러 나갔다. 원주민 소년이 그의 총을 들고 다니며 안내했다. 밀림 속에서 그 두 사람은 표범 한 마리를 발견했다. 소년은 조용히 사냥꾼에게 총을 건네주었고, 사냥꾼은 총을 겨냥하여 쏘았다. 그러자 곧바로 여자의 비명소리가 들렸다.

"아악, 당신은 살인자야, 나에게 총질을 했어."

두 사람은 급히 총상을 입은 여인에게로 달려갔다. 사냥꾼은 소년에게 물었다.

"너도 분명히 표범을 보았지?"

"예, 맞아요. 틀림없어요."

"나도 틀림없이 그렇게 보았는데… 이게 대체 어떻게 된 거지?"

그들은 비명을 지르고 있는 여인을 응급조치 하여 마을로 데리고 돌아왔다. 부상당한 여인의 친척들이 사냥꾼을 재판정으로 끌고 갔는데 재판관은 자초지종을 경청하고 난 후, 사냥꾼을 무죄 방면하여 모두를 놀라게 했다. 재판관은 무죄 판결 이유를 말했다.

"나는 저 사냥꾼이 사실대로 말하고 있다는 걸압니다. 이 여인은 나의 첫 번째 부인이었습니다. 나는 이 여인이 표범으로 둔갑할 수 있다는 것을 알고 나서 이 여인과 이혼했습니다."

이것이 아프리카식 정의이다. 그 행정관은 다음과 같은 말을 덧붙이며 이야기를 마쳤다.

"우리 정부 당국은 표범으로 둔갑하는 사람들이 있다는 것을 알고 있습니다. 그래서 법을 제정하여 이런 범법행위를 사형으로 다스리고 있습니다."

서구 교육을 받은 사람에게는 사람이 동물로 변신할 수 있다는 생각은 이치에 어긋나서 납득이 안 갈 것이다. 그러나 선교 현장을 여러 해 동안 이곳저곳 두루 여행해 본 사람이라면 누구나 많은 일에 대하여 자신의 사고방식을 바꾸어야 한다는 사실을 깨닫는다. 사탄이 날뛰는 힘이 선교 현장에서는 특별히 현저하다. 따라서 암흑의 권세를 누르고 이기신 예수님의 승리가 한층 더 값지고 높이 보이게 된다.

집단암시술
GROUP SUGGESTION

　동아시아 지역을 여행하면서 나는 집단암시란 문제에 종종 직면하게 되었다. 몇 가지 사례를 들어 설명해 보기로 한다.

집단암시술 1

　이 이야기는 나와 친분이 두터운 독일인 의사 한 분이 내게 들려준 내용이다. 수 년 전 그는 배의 전속 의사로 일했다. 어느 날 그 배는 홍콩에 입항했는데, 이 의사는 변호사와 해군 장교와 함께 동행 하여 잠시 시내 구경을 나갔다. 이곳저곳을 다니다가 그들은 많은 사람이 뺑 둘러 서 있는 곳에서 한 탁발승이 보여주는 요술을 구경했다.

　여러 가지 재주를 보여주는 가운데 탁발승은 늘 하는 망고나무 요술을 부렸다. 탁발승은 망고씨를 바구니에 담았고, 몇 분 후에 그곳에서 작은 망고나무가 자라났다. 그 나무는 꽃이 피고 열매를 맺었는데 그리자 탁발승은 그 나무에서 망고열매 하나를 따서 외국 관광객인 이들 세 사람에게 먹으라고 주었다. 의사와 두 동행인은 이 열매를 먹었지만 뭐가 어찌 된 건지 도무지 말로 형언할 수가 없었다.

　구경거리가 끝나고 난 후 그들은 이 기적 같은 일에 대해 서로 물어보았다. "우리가 정말 망고를 먹은 걸까?" "손이 뽀송뽀송 하잖아, 망고는 즙이 많고 끈적거리니까 분명히 손에 망고 즙이 끈끈하게 묻어 있을 텐데, 하여간에 망고는 칼 없이는 먹을 수가 없잖아. 우리 중에 누가 칼을 가지고 있지?"

해군 장교가 주머니칼을 가지고 있어서 그들은 칼날을 끄집어 펴내어 살펴보았다. 칼도 역시 말짱했다. 배로 되돌아 온 후 그들은 심지어 시약검사를 하여 칼이나 손에 망고즙 흔적을 알아보려고 했지만 검사를 해보아도 반응은 나타나지 않았다. 그제야 세 사람은 자신들이 집단 암시에 걸려들었다는 결론을 내렸다. 불과 25분 동안에 망고씨에서 나무가 자라 꽃이 피고 열매를 맺는다는 것은 도무지 있을 수가 없는 이 일이었다. 나는 동아시아에서 비슷한 이야기들을 누차 들어 보았으며, 탁발승들이 집단암시를 거는 능력을 지녔다는 사실도 경험으로 알고 있다. 서구 세계에서 나는 그런 능력을 접해 본 적이 없다.

그러나 다음 사례에서는 문제가 훨씬 더 복잡 미묘하다.

집단암시술 2

한 스위스인 목사가 동아시아를 방문하여 때마침 어떤 탁발승이 이 망고나무 기적을 연출하고 있는 광경을 구경하게 되었다. 목사는 각 장면들을 사진 찍었다. 그는 찍어온 사진을 내게 보여 주었다. 첫 번째 사진은 탁발승이 바구니에 망고씨를 넣는 장면이었고, 두 번째 사진은 몇 분 후에 바구니에 작은 나무가 돋아난 모양이었다. 그리고 다시 몇 분지난 뒤 찍은 사진에는 망고나무가 완연했으며, 그 다음번엔 나무에 꽃이 핀 모양과 열매가 맺힌 사진이었다. 처음엔 이 목사도 이것이 암시술에 지나지 않는 것이란 의견이었으나 사진에 대한 설명을 해 볼 재간이 없었다. 카메라까지 암시에 걸리기는 만무하기 때문이다.

이 두 번째 사례를 보고나면 탁발승이 실제로 씨앗에서 나무가 자라나게 하는데 성공을 거두었다는 결론을 내리기에 안성맞춤이다. 그러나 이 경우 역시 모종의 미해결 문제점들이 남아 있다. 따라서 좀 더 세부적인 사항으로 파고 들어가 보아야 한다.

집단암시술 3

거의 모든 대륙에서 나는 식물에 영향을 주어 성장을 촉진시킬 수 있는 일종의 자성력(Magnetic Power)을 지닌 마법사를 만나 보았다. 심지어 중국인 기독교계 지도자이자 작가인 월치만 니(Watchman Nee)도 '혼의 잠재력(The Latent Power of the Soul)'이란 그의 저서에서 이것을 논한다. 나는 또한 심령과학을 다룬 독일어 서적에서 식물에 자성력을 미쳐 성장 촉진을 기할 수 있는 사람들이 있다는 것도 읽은 적이 있다. 그러나 이러한 자성력을 발휘하여 불과 수 분 동안에 씨앗을 싹틔워 자라게 하여 나무가 되게 한다는 것은 들어본 적이 없다.

집단암시술 4

나는 동아시아와 아이티 두 곳에서 비슷한 현상을 들은 적이 있다. 정신력을 발휘하여 사진 감광판이나 X-레이 자막에 영상을 생성시킬 수 있는 종교적 영접자들이 있다는 말을 들었다. 아이티에서 개최된 강연여행을 내게 주선해 준 사람이 나를 안내하여 마법사의 집을 보여주었다. 그 마법사는 카메라 속에 든 필름에 영상을 생성시킬 수 있다고 하는데 심지어는 카메라를 전혀 사용조차 안하더라도 그렇게 할 수 있다고 한다.

이 문제는 영접술에 관한 서적에서 간혹 논의되고 있다. 이와 관련 있는 서적은 1967년에 미국에서 출판된 '테드 시리오스의 세계(the World of Ted Serios)'란 책이다. 시카고 출신인 테드 시리오스는 사진 감광지에 자신의 상념과 생각을 분사시켜 형상화 시킬 수가 있었다. 이런 과정을 염력사진술(Psychokinetic Photography)이라고 한다.

마지막 사례를 보면 우리가 여기서 다룬 것이 신비력, 즉 악령력이란 것이 밝혀진다. 다음 이야기는 동아시아에서 일하고 있는 스위스인 선교사가 겪었던 일이다.

집단암시술 5

선교사는 탁발승이 유명한 '밧줄 묘기'를 보이고 있는 것을 구경하였다. 탁발승이 공중으로 밧줄을 집어 던지자 그 밧줄은 허공 중에 덩그러니 수직으로 뻗치고 섰으며 동자(童子)가 그 밧줄을 타고 올라갔다. 다른 여러 묘기도 아울러 연출되었다. 선교사는 카메라를 꺼내 그 장면을 찍었다. 이 경우 앞서 본 사례와는 판이한 결과가 나왔다. 필름을 현상하여 보았더니 사진에는 탁발승만 혼자 땅바닥에 앉아있을 뿐 밧줄과 동자는 온데간데없고 흔적조차 보이지 않았다. 선교사는 악령력이 관련되었다는 직감을 느꼈다.

그런 후 또다시 탁발승을 보게 되었는데, 그는 예수 그리스도의 이름으로 이 환자술(幻姿術)을 물리쳤다. 그는 기도의 응답을 받아 이젠 탁발승이 부리고 있는 마법 묘기가 눈에 보이지 않았지만 다른 관객들은 여전히 놀라움과 궁금증을 느끼며 그 묘기를 구경하고 있었다.

이 몇 가지 사례는 문제의 복잡성을 잘 나타내 준다. 어떤 경우를 막론하고 자연적 정상능력으로는 그러한 묘술을 설명해 볼 재간이 없다. 여기서 우리는 음부의 세력을 직면한다. 기독교인들은 탁발승들이 보여주는 묘기 구경을 삼가라고 충고하고 싶다. 어쩌다 이런 사람들 틈에 끼어들게 되는 경우, 반드시 하나님의 보호하심 아래 자신을 두어야 한다.

살생마법술
DEATH MAGIC

　마법술의 각종 유형이 신비술을 논한 내 저서에 기술되어 왔다. 일반적으로 말해서 살생마법술은 문명국에서의 경우 가끔 시행되기는 해도 좀처럼 발견되지 않는다. 한편 이방 미개지역에서는 이러한 사악하고 잔혹한 해악이 예사롭게 성행하고 있다.
　살생마법술은 여러 유형의 마법술 중에서 가장 잔혹한 유형으로서 동물과 사람을 대상으로 삼아 행해진다. 쟈바(Java)에 있는 '바투 신학교'(Batu Bible School)에 브라운이라는 사내가 운전수로 고용되어 삼 개월 동안 일한 적이 있다. 그 사내는 마법술로 작은 동물을 죽일 수 있는 능력을 지녔다. 그 사내는 메카에서 그 흉악한 기법을 배웠다고 하였는데 마땅히 신학교 운전기사직에서 해고당해야 할 사유였다.
　인명을 대상으로 삼는 살생마법술은 더 사악하다. 나는 알래스카와 세인트 로렌스 섬(St. Lawrence Island)의 샤먼들에게서, 아이티(Haiti)의 부두교도(Voodooists)와 브라질의 머쿰바 영접자들(Macumba Spiritists)에게서 살생마법 활동을 보았다. 또한 살생마법술은 아프리카의 좀비이즘(Zombiism), 동아시아를 뒤덮고 있는 마호멧 교도들의 흑색마법술(Black magic), 뉴기니의 사우구마교도(Saugumma), 필리핀의 힐롯(Hilot), 하와이의 카후나(Kahuna)와도 관련을 맺고 있음을 발견한다.

미개한 이방나라치고 이처럼 흉악스런 관행이 없는 곳이란 눈을 씻고 보아도 찾을 수가 없다. 여태껏 내 여러 저서에서 한 번도 언급된 적이 없는 또 한 가지 예가 있는데, 티모르 군도에 있는 알라우·트(Alaut)의 범죄적 마법활동이 그것이다. 1965년 이래 하나님께서는 티모르 군도에서 놀라운 부흥을 일으키시고 계신다. 이 부흥을 계기로 수백 명에 달하는 살생마법사들이 그리스도를 믿게 되었고, 따라서 자신들이 저질렀던 죄악을 고백했다.

살생마법 1

알라우트들은 영접자가 하는 영혼부유술(靈魂浮遊術)과 물체구현술을 살생마법술과 결합시켜 구사한다. 알라우트들은 각종 제례를 올리면서 악마에게 피를 바쳐 서약함으로써 강력한 마법능력을 얻게 된다. 밤이 되면 알라우트들은 영접경에 몰입하여 자신들의 에너지 일부를 분리시켜 내보낸다. 그들은 두 가지 방법을 사용하여 해치거나 죽이고자 하는 대상물을 물색한다.

그 하나는 분출된 에너지가 작은 영의 형태를 취하여 올빼미를 올라타고 희생 제물로 삼으려는 사람의 집으로 날아가는 것이며, 또 다른 방법은 분출 에너지가 실제로 올빼미로 변모하는 것이다. 그리고서 이 신비의 새는 희생 제물로 삼고자 하는 집으로 날아가 내습하고자 하는 사람에게 마법주문을 건다. 그러면 일종의 영접자 수술(Spiritist operation: 심령수술)과 같은 현상이 발생하게 된다. 작은 칼로 희생제물의 배에 상처를 내고 간을 한 조각 베어낸다. 그 상처구멍은 때때로 나뭇잎으로 채워지기도 한다. 알라우트는 이 간을 다음날 아침 식사로 먹는다.

신앙부흥이 일기 전 이 알라우트들은 티모르 주민들에게는 무서운 공포의 대상이었다. 주민들은 알라우트에 대항하여 신변보호를 도모할 방도가 전혀 없었다. 경찰당국 조차도 희생제물이 될까봐 속수무책인 채 두려워하고만 있을 뿐이었다. 심지어 가족들과 자신의 신변안전을 위하여 알라우트가 된 목사들까지도 생겨났다고 알려져 있는 실정이었다.

이런 마법술의 보고를 이성주의자들은 받아들이려 하지 않을 것이다. 아울러 꽤나 아는 체하는 이들은 심지어 성경에 있는 기록까지도 거부한다.

출애굽기 6장과 7장을 보면 모세는 하나님의 명령을 받았고, 아울러 하나님의 능력을 힘입어 지팡이를 뱀으로 변화시켰다. 애굽의 술객들도 사탄의 힘을 빌려 그대로 흉내 냈다. 죄악을 고백하러 온 마법사들이 비통에 젖어 회개하며 쏟아 붓듯 흘리는 진실된 눈물을 목격해 본 사람이라면-나는 본 적이 있다- 그 마법사들이 하나님 앞에서 고백하고 있는 내용이 진실이란 것을 너무나도 피부로 절실히 느낀다.

거듭난 그리스도인의 경우 알라우트에 의해 상해를 입거나 살상 당하는 일이 결코 발생할 리가 없다. 나는 이 사실을 확고히 해두는 법이다. 나는 이 같은 실제 경험사실을 아이티의 부두교도 및 브라질의 머큠바 교도와 관련된 경우에서도 역시 목격했으며, 그러므로 이 같은 사실에 나는 커다란 의미를 부여한다. 사탄이 쥐고 있는 어둠의 권세는 예수 그리스도의 놀라운 권능 앞에서는 무력하기 짝이 없다.

혹자는 반론을 제기할 것이다. 그러면 어째서 티모르의 목자들이 알라우트로 변신해 버리고 말았던가? 그 대답은 매우 간단하다. 그들은 예수 그리스도의 보호 아래 자신들을 내맡기지 않은 자들이며 허울뿐인 명목상의 그리스도인이었기 때문이었다.

이 장과 연관 지어 변신술과 영접자 수술에 관한 장을 참조해 보기 바란다.

모세 6 · 7경
SIXTH AND SEVENTH BOOK OF MOSES

　모세 6 · 7경은 성경에 나오는 하나님의 종 모세와는 아무런 관련이 없다. 모세가 하나님의 권능으로 고대 이집트 술객들을 물리쳐 이겼기 때문에 중세의 마법사들이 모세를 그들의 수호성인으로 삼은 것에 불과하다.

　나는 사람들을 카운슬링 하는 가운데 모세 6 · 7경의 복사본을 여러 번 넘겨받았다. 나는 항상 받는 즉시로 그 책을 불살라 버렸다. 가장 오래된 복사본은 1503년에 만들어졌다. 그 책 서문에는 원본이 로마 교정청에 있으며 교화의 보호 아래 사본이 인쇄되었다고 말하고 있다. 이 의혹스런 주장은 우선 사실 여부를 가리기 위하여 조사해 볼 필요가 있다. 또 다른 사본에는 에어푸르트(Erfurt) 출신의 한 수도승이 이 마법주문들을 수집했다는 내용의 기록이 서문에 들어 있었다. 지난 400여 년에 걸쳐 쏟아져 나온 각종 사본들은 그 내용이 천차만별이다.

　19세기에 들어와서 모세 6 · 7경은 '불 뿜는 용(The Fiery Dragon)'이라고 불리는 한 프랑스 마법서의 일부와도 결합되었다. 나는 독일에서도 이 가공된 책을 재편해 낸 발행업자 셋을 발견했다. 독일의 한 도시에서는 지방검사장이 이 책을 발행한 출판사를 기소하였다. 나는 내 서류철 가운데 이 마법서가 끼친 끔찍스런 영향을 기록한 수백 건에 달하는 사례를 가지고 있기 때문에 이 기소에 필요한 보고서를 써서 제출하였다.

모세 6·7경의 연원지는 독일로 생각한다. 그러나 이 책은 다른 나라에서도 각종 번역본으로 발견되고 있다. 그 제목 또한 다양하다. 독일에서는 모세 6·7경이라고 부르는데 다른 나라에서는 간단히 '악마의 경전(The Devil's Bible)이라고 한다. 현재 15종에 달하는 모세경이 있지만 그 어느 것도 성경에 나오는 모세와는 아무런 관련도 없다.

그 비슷한 책을 소지하고 있는 사람은 누구를 막론하고 그 책을 불태워 버려야 할 것이다. 나는 비록 그 책의 소지(所持), 그 자체 때문에 사람이 악마의 세력 하에 놓인다고는 믿지 않지만, 그러나 나는 이 책이 소장되어 있는 집에서 사고나 재난이 빈발하고 있는 경향성을 보여주는 증거 자료를 가지고 있다.

모세 6·7경 1

모 고등학교에서 종교교육 담당을 하고 있는 어떤 목사의 부인이 내게 말해준 내용이다. 학생들이 그 목사에게 신비술과 모세 6·7경에 대한 강의를 요청했다. 그 목사는 거기에 대하여 전혀 아는 바가 없어 모 출판사에 사본 한 권을 주문하였다. 그는 지식을 습득하려고 그 책을 공부하였다. 그의 부인이 내게 말했다. "그 책을 집안에 들여온 후로는 말썽거리가 연달아 줄을 이었어요. 병과 사고가 쉴 새 없었으며 끊일 새 없이 다투고 싸웠지요."

모세 6·7경 2

나는 세 아들을 둔 기독교인 부부를 잘 안다.

셋 중 두 아들은 기독교계에 투신하였는데 그들이 하는 일은 하나님의 축복을 받고 있다. 셋째 아들도 역시 하나님의 말씀을 알고자 하는 왕성

한 의욕을 가졌고 기독교인 친교에도 열의를 보였다. 그러나 그는 교회에 출석을 해도 평화를 찾을 수가 없었다. 그는 수년 전 모세 6·7경을 정독해 보았다고 나에게 말했다. 이런 말을 하면 우스꽝스러운 미신에 불과하다고 배척받겠지만 내가 오랜 경험에서 안 사실은 이런 책을 읽고 나면 그 독자가 속박장애 아래 매인다는 점이다.

기독교 가정 출신인 이 젊은이가 바로 그러했다. 비록 하나님과 바른 관계를 갖고 싶은 것이 그의 갈망이었지만 그는 간단히 믿음을 가지고 나아갈 수가 없었다. 모세 6·7경은 그 소지자, 가정, 그리고 가족들에게 속박 장애를 가져다준다.

모세 6·7경 3

모세 6경·7경을 소지한 어떤 사람이 그 책에서 흑색마법(black magic)을 배웠다. 그는 적을 해치우는 주문을 외워 실제로 해보았는데 효력이 나타나는 것을 알고서 적이 놀랐다. 그는 한밤중에 적수에게 정신을 집중하고 나서 헝겊 인형을 쥐고 그 인형에 여러 개의 바늘을 꽂으며 적수의 이름을 불렀다. 그러면서 모세 6경·7경에 나오는 마법 공식을 곁들였다.

그는 그의 적수가 실제로 몹시 병들게 되었을 때 놀라움을 금치 못했다. 햇수가 거듭되면서 점차 그는 강력한 마법능력을 갖게 되었다. 그 사람을 아는 주위 사람들은 그를 두려워하였다.

모세 6·7경 4

모 교회를 맡고 있는 목사는 매우 열심히 일하는 일꾼이었다. 보잘것없고 영적으로 죽어있는 그 교회에서 하고 있는 그 나름의 별난 목회 방법으로 잘 알려져 있는 인물이었다.

이 복음 전도자는 신비술에 초점을 맞춘 한 강연을 듣고 난 후 수년 동안 신비문헌에 흥미를 쏟아왔던 연고로 모세 6·7경을 포함하여 갖가지 마법서적들을 모조리 모아 두었다고 고백하였다.

모세 6·7경 5

나는 모세 6·7경과 관련하여 또한 그 책을 읽어 본 사람들이 마법력으로 작은 동물들을 죽일 수 있는 법을 익혔다는 경우들도 알고 있다. 혹자들은 심지어 돼지, 염소, 암소, 그리고 말처럼 커다란 가축을 전문으로 삼고 있는데, 그들은 이런 가축을 초자연적인 수단으로 죽일 수가 있다. 나는 여기에 그 사례를 제시하지는 않겠다. 그런 사례를 말하는 경우 거의 대부분이 비웃음거리가 되고 말기 때문이다.

만일 악마가 단지 우스꽝스럽고 무력하며, 해악이 없는 존재에 불과한 정도라면 그리스도께서 그 권세로부터 우리를 풀어주기 위하여 죽기까지 할 필요는 없었을 것이다.

여기서 그 뜻을 다시 한 번 새겨볼 때 요한1서 3:8절은 예수께 자신을 내맡긴 자들에게 걸맞은 말씀이다.

"하나님의 아들이 나타나신 이유는 마귀의 일을 멸하려 하심이니라."

속임수 요술
CONJURING TRICKS

    속임수 요술은 진짜 마법술과는 무관하다. 속임수 요술은 날랜 손재주로서 오랫동안 행해져 내려 왔다. 그렇지만 여흥 삼아 속임수 요술을 하는 사람들이 가끔 진짜 마법술과 관련을 맺는 경우도 있다.

    여기에 관한 이 짤막한 장을 쓴 연유는 미국을 비롯한 기타 영어권 국가에서 유명해진 한 인물 때문이다. 그는 미국에서 최고의 요술 대가로 너무나도 잘 알려져 있는 앙드레 콜(Andre Kole)이다.

    나는 미국에서 전도여행을 다닐 적마다 앙드레 콜에 대한 질문을 수차 받아오고 있다. 내 자신이 직접 콜의 말을 들어보았던 적은 없다. 나는 콜이 썼거나 또는 콜에 관하여 쓴 여러 기사와 논문을 보았을 뿐이다. 가장 좋은 논문은 콜의 저서 "마법술과 성경"이란 제목의 글이다.

    이 논문에 수록되어 있는 내용에 나도 동감한다. 앙드레 콜은 성경이 정죄한 마법술과 자신이 하고 있는 속임수 요술을 명확히 구별 지으려는 시도를 했다. 내가 읽어보고 연구한 논문은 '마법사'인데 그 부제는 '앙드레 콜은 이십 년 동안이나 아내를 톱으로 썰어 두 동강 내는 일을 해왔다'이다. 제목이 있는 페이지에는 사진까지도 실려 있었다.

    1973년 9월 세 번째로 발간된 논문은 '상담자'이다. 이 글속에서는 앙드레 콜이 '세상에서 가장 위대한 마법술사'로 지정되고 있다. 나는 이 세 논문 외에도 수년 동안에 걸쳐 미국인 친구들이 보내온 많은 편지들을 가지고 있다. 그 편지들은 앙드레 콜을 내가 어떻게 생각하고 있는지 그 의견을 피력해 달라고 재촉하는 내용이었다.

다른 기독교 봉사자들을 비판하는 일이 내 임무는 아니다. 오히려 우리는 성경으로부터 모든 것을 가늠해 볼 수 있는 보편적인 계율을 얻는다. 나는 지금껏 앙드레 콜이 하는 진기하고 주목할 만한 증언에 대하여 이런 자세를 견지해 왔다.

내가 취하는 기본입장은, 만약 하나님께서 특별한 재능을 지닌 앙드레 콜을 들어 복음 선교에 사용하신다면 굳이 반대를 할 필요가 없다는 것이다. 하나님께서는 기이하고 별난 종들을 많이 거느리고 계신다. 아무튼 앞서 언급한 논문에 쓰여 있는 내용을 살펴보도록 하자.

'세상에서 가장 위대한 마술사' 란 보고서를 보면, 앙드레 콜은 일찍이 초등학생 시절에 잠긴 자물쇠를 열 수가 있었고 새, 뱀, 사람들에게 최면을 걸 수가 있었다고 한다. 나의 오랜 경험에 따르면, 어릴 적에 아마추어 최면술 경험을 가져본 사람들은 신비력 영향을 받게 마련이다. 그들은 그리스도를 믿어 신비력 속박장애중에서 완전히 풀려난 후라야 비로소 아무런 장애 없이 하나님 나라를 위하여 일할 수 있게 된다. 그러나 비록 개종은 하였을지라도 신비력 영향이 말끔히 가셔지지 않는 경우도 더러 있다.

신비력 속박장애중은 그 징후를 뚜렷하게 드러낸다고는 하지만, 무의식 속에서 진행되면 흔히 위와 같은 경우가 발생한다. 따라서 앙드레 콜은 어렸을 때 사용했던 최면력에서 완전히 풀려났는지를 스스로 자문해 보아야 할 것이다.

나로 하여금 많은 생각을 하게 만드는 두 번째 요인은 앙드레 콜의 다음과 같은 진술이다.

"대부분의 속임수 요술과 환각의 생성은 자연적 수단의 활용이다."

나는 의아심을 품지 않을 수가 없다. 만약 콜의 속임수 요술 대부분이 자연적 수단에 기초를 둔 것이라면, 빠른 손놀림의 범주에 속하지 않는 요술도 역시 섞여 있단 말인가? 더구나 앙드레 콜은 복음선교사업에 속임수 요술을 사용하기 시작한 후에 이 같은 진술을 했다.

나를 좀 당혹스럽게 만든 세 번째 일은 '마법술과 성경'에 나오는 한 논술이다. 수 년 동안에 걸쳐 계속 개최해 온 선교 집회를 통하여 매주 약 천여 명 씩의 학생들이 그리스도를 발견했다고 앙드레 콜은 기술하고 있다. 나는 미국에서 대중 집회에도 참석해 보았다. 그런 대중 집회에서 열변을 토하며 감정적 호소를 하면 그 영향을 받아 사람들이 어떻게 반응하는지도 보았다. '결심하라'고 외치면 자리에서 벌떡 일어나거나 손을 들면서 법석을 떤다. 나중에 그런 사람들을 재방문하여 그리스도에 대한 태도를 점검해보면 그들은 횡성수설 한다. 결심을 한 후 몇 주일이나 몇 달이 지나고 나면 그들은 예수 그리스도의 성도가 아닌 모습을 보인다. 젊은 이들은 쉽사리 감정에 동화된다. 집단적 결심도 전염성을 띠기 때문이다. 따라서 매주 천여 명씩이나 얻어진 이들 젊은이들이 과연 성령을 통해 거듭나는 중생을 체험했는지에 대하여 나는 의문을 품지 않을 수가 없다.

네 번째로 짚고 넘어가야 할 문제는 '마법적 요술(magic tricks)'이란 방법을 활용하여 전도하는 복음전파가 과연 가능한가? 이다. 오늘날 마법술의 영역은 매우 악명이 높아서 심지어 해악이 없는 속임수 요술조차도 미심쩍은 눈으로 살피게 될 지경이다. 앙드레 콜 자신도 이 사실을 잘 알고 있는 것 같다. 그래서 때때로 앙드레 콜은 설교 끝 무렵에 이렇게 말한다. "물론 그리스도를 향한 결심은 속임수가 아니고 생생한 사실입니다."

여기서 나는 마음속에 품어왔던 미심쩍은 사항들을 언급해 보았을 뿐이다. 만약 하나님께서 앙드레 콜을 사용하시고 계신다면, 우리들 온전한 믿음의 사람들은 입 다물고 잠자코 있어야 하며 기도로써 앙드레 콜을 성원해 주어야 마땅할 것이다.

미신
                                                         SUPERSTITION

　루터는 그리스도께 중심을 두지 않은 것을 미신이라고 말했다. 빽빽이 우거진 밀림과도 같은 미신의 분야에는 무수히 많은 다양성이 있다. 이 책은 실제 경험에 바탕을 두고 쓴 것이므로 우리는 몇 가지 사례를 통해서 그 미로를 잘 소개받을 것이다.

미신 1

　다음 이야기는 함부르크의 어느 지방신문에 실렸던 기사이다. 북부 독일의 홀스타인 주에서 한 농부 집에 기르던 소떼가 병들었다. 농부는 이웃 마을에서 만신(Spellbinder)을 불러 가축우리에 악마의 똥(Devil's dung)을 태우는 액땜을 했다.

　만신은 말했다. "내일 이 농장에 맨 처음 들어오는 사람이나 혹은 앞으로 사흘 안에 무언가 빌리러 오는 사람이 바로 소떼에게 주문을 건 사람입니다." 다음날 아침 농장에 첫발을 들여놓은 사람은 70세 난 농장품팔이 노파였는데, 농부는 그 노파가 마법을 건 장본인이라고 우겨대면서 마구 때렸다.

　마법술에 대한 두려움 탓으로 많은 무구한 사람들이 고초를 겪어왔다. 이 사례에서도 역시 우리는 별난 종류의 미신을 본다. 홀스타인 주에 있는 많은 약방에서 아직도 악마의 똥을 팔고 있다는 사실을 믿기 어려운 일이지만 사실이다. 혹 그런 일은 독일에 국한된 것이라고 대수롭지 않게 여긴다면 그건 잘못된 생각이다. 한 미국신문에서 내가 읽어본 보도기사에 따르면 시카고에도 여러 잡화점에서 약 1,600여 가지에 달하는 마법 재료와 대응마법 재료를 판매하고 있다고 한다.

또 다른 종류의 미신은 숫자에 대한 두려움과 맹신이다. 물론 성경에도 어떤 의미를 지닌 숫자들이 있다. 예컨대 요한계시록에는 7이란 숫자가 자주 나오며 적그리스도는 666이란 숫자를 가질 것이라고 한다. 그러나 성경에 있는 것들은 물론 잘못 전달되어 한낱 미신으로 전락할 수도 있다.

미신 2

아일랜드에서는 일곱 번째 태어난 자녀는 특별한 재능을 갖는다고 믿는 풍습이 있다. 만일 아버지에 이어 아들도 거듭 일곱 번째로 태어나는 경우 엄청난 능력을 가진 아이가 나온다는 귀결이 된다.

10대 소년에 불과한 핀바 놀란(Finbarr Nolan)이 바로 이런 경우인데, 그가 태어난 지 불과 3개월 밖에 되지 않았을 적에 첫 환자가 찾아들었다. 7이 두 번씩이나 겹친다는 소문이 퍼져 나가자 그의 어머니는 두 살이 되어 겨우 십자가 성호를 그을 수 있을 무렵부터 병 고치는 데로 어린애를 내돌렸다. 그런데 그 가정은 모두 천주교인이었다.

아이가 성장해 감에 따라 병 고치는 능력은 점점 더 배가되었고 기적이 일어났다는 이야기들이 꼬리에 꼬리를 물었다. 관절염, 부스럼병, 피부병, 중풍병, 그리고 소경이 모두 병 고침을 받았다.

수백 명의 환자들이 매일 그 집 문전으로 쇄도했다. 핀바의 하루일과는 이러하다. 한낮이 되어서야 그는 잠자리에서 일어난다. 그의 어머니의 설명에 의하면 그는 매일 밤 나이트클럽에 가서 새벽 4시가 되어야 집에 돌아온다는 것이다. 오후가 되면 우선 부인들과 여자들부터 받아들여 한 꺼번에 모아놓고 시술회를 끝난다. 핀바는 그의 앞에 준비되어 있는 성수 그릇에 손가락을 적셨다가 아픈 부위를 가볍게 만지는 것으로 그만이다. 그는 환자에게 일체 말을 안 한다. 환자의 사전 정리는 그의 형이 맡아서 한다.

남자들을 대상으로 한 집단 시술회도 역시 마찬가지로써 약 4시간 안에 200내지 300명의 환자가 치료를 받는다. 끝날 무렵이면 핀바는 한 가운데로 가서 우뚝 서서 고개를 숙인다. 그러면 모든 사람들이 일어서서 다 같이 기도하고, 핀바가 십자가 성호를 그으면 그들 모두는 시술회가 끝난 줄 안다.

성수를 사용하는데 어떤 의미가 담겨져 있는지 질문을 받으면 그는 아무런 의미가 없다고 말한다. 단지 다른 치료사가 그렇게 해보라고 했기에 하는 것이라고 한다. 치료를 할 때 그의 느낌은 힘이 자신의 몸에서 빠져나가 환자의 몸속으로 빨려 들어간다고 한다. 성수라든가 십자가 성호는 시술과는 아무런 관련이 없다. 병 고침을 받은 사람들은 때론 화끈한 기부금을 바친다. 따라서 세무당국의 소득세 담당자는 끊임없이 세무 추적을 한다. 천주교회와의 관련을 본다면 처음엔 관계가 좋았다. 그러나 천주교회가 요구한 소득의 해당 몫을 핀바가 거절하자 그 천주교회는 경고를 하기 시작하면서 다음과 같이 말했다. "성모 마리아를 믿으시오. 핀바를 믿지 마시오!"

성경 어디에 동정녀 마리아를 믿으라고 쓰여 있단 말인가? 어째서 예수에게서 그 어머니 마리아에게로 이처럼 기괴스러운 중점 이동을 시킨단 말인가? 바울은 기록한다. "하나님은 한 분이시요. 또 하나님과 사람 사이에 중보도 한 분이시니 곧 사람이신 그리스도 예수라"(딤전 2:5).

판바의 치료능력이 어떻게 설명될 수 있는가 하는 문제는 마법술을 다룬 장에서 취급하므로 여기서는 다만 숫자에 대한 미신에만 관심을 기울이는 바이다.

고질병처럼 뿌리 깊은 미신 중 하나는 13일의 금요일을 두려워하는 것이다. 심리학자들은 이것을 "13공포증(triskedecaphobia)" 이라고 부르는데 이는 13을 뜻하는 triskaideka와 두려움을 뜻하는 phobos의 두 헬라어에서 유래된 말이다. 사례를 들어본다.

미신 3

죠이스 랫클리프(Joyce Ratcliffe)라고 하는 런던의 한 가정주부는 매년 며칠은 막무가내로 밖으로 나가려 하지 않는다. 그때가 바로 그 달의 13일이 금요일과 겹치는 날이다. 이런 날엔 그녀 남편이 직장일을 마치고 시간을 내어 장을 보러 다녀야 한다.

미신 4

심리학적 연구조사로 미국에는 최소한 100만 명 이상의 주부들이 13일의 금요일이 지나고 나면 괜스레 기뻐한다고 밝혀냈다.

미신 5

영국의 몇몇 지방행정당국은 집의 번지수를 정할 때 13이란 숫자는 아예 빼버린다. 13호실이 없는 호텔이 수두룩하다. 때론 배의 선장들도 13일의 금요일엔 출항을 거부한다.

13일의 금요일에 대한 이러한 공포증은 어디서 비롯된 것일까?

한 기발한 설명은 이브가 금요일에 아담을 타락하게 했다는 것이다. 그러나 실제로 그걸 누가 안단 말인가?

또 다른 사람들은 스칸디나비아의 전설을 들먹거린다. 북유럽의 신들이 12명을 연회에 초대했는데 로키(Loki)는 말썽꾼이어서 초대되지 않았다. 그런데 초대받지도 않은 로키가 열세 번째로 불쑥 나타나 불운을 일으키는 바람에 신들의 총애를 받던 발더(Baldur)가 죽어야만 했다.

그런데 이교를 믿던 우리 조상들까지도 13이란 수를 불운스런 숫자로 여겼다.

기독교 전통에서는 이 불운의 숫자가 유다와 관련을 맺고 있는데 유다가 최후의 만찬에 13번째로 참석한 자였기 때문이다.

이교적 연관이든 혹은 기독교적 연관이든 간에 이러한 설명은 미신에 불과할 뿐이다. 모든 유형의 미신은 피조물이 창조주와 맺어진 끈을 상실해 버렸다는 사실을 드러낸다. 그의 삶이 하나님의 수중에 있음을 아는 자는 13일의 금요일이라든가 혹은 그 어떤 '불운의 숫자'도 두려워하지 않는다.

마태복음 10:30절에 예수께서 말씀하신다. "너희 머리의 머리털까지 다 세신 바 되었도다." 하늘과 땅에 있는 모든 권능과 권세를 부여받으신 분께 우리 자신을 기꺼이 맡겨야 하지 않을까?

찬송가 한 구절을 옮겨 적는다.

나를 지극히 사랑하시는 그리스도에게서
그 어떤 권세가 내 영혼을 떨쳐내랴
삶일까, 죽음일쏘냐, 세상이나 지옥일까 보냐
아니라 나 영원토록 그리스도께 속했네.

유령
GHOSTS

유령이라고 하면 죽은 자가 과거에 살던 곳에 그림자처럼 출현하는 것을 뜻한다. 성경에서는 마태복음 17장에서 이런 경험을 갖게 되는 바, 모세와 엘리야가 하나님의 아들에게 나타나 독생자의 수난의 길을 예비케 해준다. 당연히 나는 성경에 기록된 모든 기술이 사실이라고 믿는다.

유령 경험 중에는 인간의 잠재의식이 사출되어 나타난 것으로 돌릴 수 있는 것들도 더러 있다. 예컨대 어떤 젊은 부인이 교통사고로 남편을 잃었다고 한다면, 어느 날 그 부인은 비몽사몽 중에 죽은 남편을 만나볼 수도 있을 것이다. 이 경우는 부인의 소원이 분사되어진 것에 불과하다. 그러나 흔히 잘 나타나는 이런 유령 말고 진짜 유령도 있다. 고대에도 유령에 대한 기록이 있기는 하지만 여기서는 구태여 되풀이 하는 것을 피하고 현대에 일어난 사례에 국한시켜 보고자 한다.

유령 1

한 프랑스인 목사의 부인이 자기네 조부모가 살던 집에 출몰했던 유령 이야기를 했다. 이 집에서는 수십 년에 걸쳐 유령이 출몰했는데, 족보 기록을 보면 수세기 동안 있었던 일 같았다. 이 집은 13세기에 건축되었는데 한때 이 집은 '잣송이'라는 카페였던 적도 있다. 그런데 그 기초 바닥에서 유골이 발견되었다. 아마도 모종의 범죄 행위가 저질러졌던 모양이다. 과거에 범죄 행위가 저질러졌던 집에서는 종종 유령 출몰현상이 나타나 그 집에 사는 사람들을 당혹하게 만든다. 이런 사실을 시사해 주는 다른 사례를 하나 들어본다.

유령 2

스위스에 사는 빌트(Wirt) 목사가 내게 다음 이야기를 들려주었다. 그가 말을 타고 가까운 마을을 가던 중이었다. 어떤 지역을 지나노라니까 한 농부가 그에게 고함을 치며 경고를 하였다. "목사님, 말고삐를 잡으세요! 말이 곤두박질 할 겁니다." 목사는 놀라서 웬일이냐고 물어 보자 이 부근 마을에 있는 말들은 이 지점에 이르면 영락없이 앞발을 치켜들며 뒷걸음질 친다는 것이었다. 수년 전 이곳에서 끔찍한 사건이 일어났는데 범죄자의 원혼이 아직도 이곳에 출몰한다는 소문이 나돈다고 했다.

나는 유령에 관한 많은 이야기를 들었는데 이제 특별히 곤란스러운 사례를 하나 말해 보겠다.

유령 3

어느 토요일 밤 한 개신교 목사가 설교 준비를 하면서 특이한 경험을 했다. 갑자기 문이 열리면서 고인이 된 전임 목사가 서재로 들어온 것이었다. 목사는 그의 사진을 본 적이 있어서 알아볼 수 있었는데, 이처럼 뜻밖의 방문을 받게 되자 목사는 소스라치게 놀랐으며 꿈인지 생시인지 분간할 수 없었다. 죽은 전임 목사는 저 세상에서 편히 쉴 수가 없다고 한탄스런 말을 하였다. 그래서 목사가 도와줄 일이 무엇인지 물어보자 유령은 편히 쉴 수 없는 이유가 유증물(遺贈物) 처리를 비열하게 했기 때문이라고 대답하면서, 그는 잘못된 일을 바로 잡을 때까지 고통에서 헤어날 수가 없노라고 말했다. 겁에 질린 목사에게 유령은 유언장을 처리하면서 당회와 더불어 부당한 결정을 내렸는데, 그 결과로 예닐곱 교우들이 미국에서 받았어야 할 당연한 상속의 몫을 받지 못했다고 했다. 유령은 목사더러 서류함에서 관련 서류를 꺼내보러 같이 가자고 요청했다. 유령은 기록 보관실로 길을 안내해서 서류더미 속에서 관계 서류를 찾아내어 그 서류를 펼쳐 보이며 사정을 목사에게 설명해 주었다. 그리고 유령은 사라져 버렸다.

목사는 즉시 일을 바로 잡으려는 조치를 취했으며, 연로한 과거 당회 회원들을 찾아다녔다. 현직 위원들을 소집하여 당회를 열어 문제의 결정을 취소시켜 사태를 수습했다. 그 이후 유령은 그 목사의 집에 다시는 나타나지 않았다. 물론 이상스런 발자국 소리와 기타 현상이 여러 해 계속되기는 했었다.

나는 이 이야기가 곤란한 신학적 문제를 제기한다고 느낀다. 어떻게 죽은 사람이 이 세상에서 잘못 처리한 일을 바로 잡으려고 저 세상으로부터 되돌아온단 말인가?

성경의 가르침을 올바로 이해한다면 결코 그럴 수 없다. 반면에 이러한 별난 경험 덕분에 정당한 상속권을 되찾은 가정이 생겨났다. 심령과학자라면 목사가 무의식중에 서류철 속에 끼어 있던 미심쩍은 서류의 내용을 투시력으로 알게 되었다고 말할 것이다. 사진을 보고 전임자의 생김새를 알았다고 한 점으로 미루어보아 그는 자신이 체득한 지식을 잠재의식에서 분사한 전임 목사의 모습과 연결 지었을 것이다.

그러나 이와 같은 심령과학적 설명은 이 이야기 줄거리만큼이나 난해하고 모호하다. 나는 단지 내가 이야기한 그대로 이 목사가 실제 경험했다는 사실만을 증언하는 도리 밖에 없다.

다음 사례에서는 또 다른 문제가 제기된다.

유령 4

한 농부가 도움을 청하러 교구 목사를 찾아갔다. 농부의 가족들은 밤마다 유령에게 시달림을 받았다. 목사는 괴로움을 겪고 있는 농부 부부에게 하나님께서 유령의 죄를 사해 주도록 유령을 위한 기도를 하라고 조언해 주었다. 그렇게 하고 나면 유령이 더 이상 나타나지 않을 것이라고 했다.

나는 이 목사의 조언이 옳지 않다고 생각한다. 우리는 유령을 위한 기도를 할 수가 없으며, 하나님께서 우리를 보호해 주시도록 간구할 수 있을 뿐이다. 기껏해야 우리는 블룸하트 목사가 한 때 했던 것처럼 유령에게 다음과 같이 말할 수는 있을 것이다. "예수 그리스도께로 가라 혹 주님께서 그대를 허락하여 주님 계신 곳으로 맞아들일는지 모를 터이니 예수 그리스도께로 가보라" 나 같으면 차라리 예수 그리스도의 이름으로 유령에게 더 이상 나타나지 말라고 명령을 하겠다.

다음 경우에서는 상황이 사뭇 다르다.

유령 5

오랫동안 한 여 집사가 밤마다 무시무시하게 생긴 유령이 나타나므로 몹시 괴로움을 겪어왔다. 견디다 못해 여 집사는 목사를 찾아가 도움을 청했고 목사는 그녀를 위해 기도를 시작했다. 그런데 목사는 전에 겪어보지 못한 난관에 부딪혔으며, 어찌된 영문인지 이 자매에게 올바른 조언을 해 줄 수가 없었을 뿐만 아니라 그때 이후 목사는 이 자매를 위한 기도를 하려고 하면 목사는 영락없이 누군가 자신의 목을 조르는 것을 느꼈다. 사태가 이 지경에 이르자 내게로 이 자매를 도와달라는 전갈이 왔다.

이 사례로 보아 유령 체험은 또한 심령성 기질(Psychic Disposition)인 사람, 즉 마법의 죄를 지은 결과로 인하여 압박장애를 겪는 사람에게서 일어난다는 것이 드러난다. 이로써 목사가 그녀를 위해 기도하려고 할 때 목을 죄는 듯한 심한 공격을 느꼈다는 사실이 설명된다. 이 자매가 신비력 영향 아래 놓여있다는 것은 의심의 여지가 없다.

유령은 모종의 심령력을 지닌 사람에게 즐겨 모습을 나타낸다. 때로는 저 세상에서 오는 유령은 자신의 모습을 나타내 보이기 위하여 심령성 속박 장애자의 심령력을 이용하는 것 같다. 영접자 초혼집회에서도 그런 일이 일어난다고 알려져 있으며, 여기서 내가 이 말을 언급하는 이유는 바로 그 때문이다.

목회 조언을 한마디 첨언하겠다. 유령을 다룰 땐 조심을 요한다. 유령에게 질문하는 것은 금물이며, 당사자는 예수 그리스도의 이름으로 유령에게 다시는 나타나지 못하도록 명해야 한다. 우리는 살아계신 하나님의 보호를 받고 있으므로 이러한 암흑의 권세를 두려워할 필요가 없다. 우리가 누릴 영생의 운명은 이 세상에서 영위하는 삶 여하에 달려있다. 우리에게는 죽은 후에 세상의 일을 바로잡기 위해 재차 되돌아오는 것과 같은 제2의 기회란 결코 없다.

나는 잘 모르지만 혹 예외적인 경우가 있어서 죽은 사람이 생전에 잘못 처리한 일을 바로 잡기 위하여 되돌아오는 일이 허용된다 할지라도, 그것은 엄연히 하나님의 일인 것이다. 하나님은 피조물을 다스리시고 구원의 계획을 주관하시는 주님이시지 결코 노예가 아니다. 비록 예외가 존재한다 하더라도 우리는 그 예외에 의존해서는 안 된다. 우리는 이 세상에서 사는 동안 모든 기회를 놓치지 말고 십분 활용하여 인류의 대속자이신 예수 그리스도를 향한 결단을 내리고 우리의 삶을 정돈하여 그분의 뜻하시는 바대로 따라야 한다.

이 책이 탈고되어 발간을 서두르고 있을 때 책에 실을 만한 또 다른 유령 경험을 알게 되었다. 이름과 장소를 빼고 소개한다.

어떤 여인의 외아들이 죽었다. 장례를 치르고 난 후에도 여인은 자주 묘지를 찾아가 울었다. 어느 날 여인은 누군가 어깨를 만지는 것을 느꼈다. 죽은 아들의 목소리가 들렸다. "엄마, 울지 마세요. 나는 여전히 살아 있어요." 슬픔에 젖어 있던 그 어머니는 뛸 듯이 기뻤다. 그러나 아들의 모습은 보이지 않았고 다만 목소리만 들릴 뿐이었다.

이런 경험은 여러 번 되풀이 되었다. 몇 달 후 여인은 다른 도시로 이사를 했다. 이사하기 바로 직전에 묘지에 들렀더니 아들은 퉁명스레 쏘아붙이며 말했다. "그럼 나를 내버려 두고 간단 말이야?"

여인은 아들의 시체를 파내어 연관에 넣어 옮기기로 결심했다. 여인은 새 집에 당도하여 짐을 풀고 있었는데 그때 돌연 죽은 아들의 목소리가 들려왔다.

"엄마, 이제 다 왔지?"

여인은 창밖으로 고개를 돌려 연관이 실려 있는 용달차를 바라보았다. 새로 이사 온 집에는 죽은 아들 방이 따로 마련되어 꾸며졌고 아들 물건이 모두 그 방에 진열되었다. 여인은 쓰지도 않는데 매일 잠자리를 갈아주었다.

"얘야, 어디 있는지 알려 주렴."

"언덕 위를 쳐다보서요."

그 목소리가 대답했다. 여인이 쳐다보았더니 값진 보석으로 장식된 문이 보였다.

"잘 있니?" 여인이 물었다.

"예, 저는 잘 있어요. 엄마 그 문 저편은 참으로 멋진 곳이에요."

이쯤 되고 보면 죽은 아들이 정말로 어머니에게 나타나고 있는 것이라고 할 만한 것이다. 뒤에 일어난 사건을 보고서야 여인은 의문을 품기 시작했다.

소동피우는 요정들이 집안에 나타나 법석을 부리기 시작했다. 두들겨대는 시끄러운 소리, 벽을 박박 긁어대는 소리, 쿵쾅거리는 발소리, 그외에 별스런 난장판을 피우는 것이었다. 그때 또 목소리가 들리며 말하는 것이었다.

"자, 잘 보세요! 내가 서랍 속으로 들어갈 거예요."

눈이 휘둥그레진 여인은 곧 '우당탕 쿵쾅' 하는 소리를 들었다. 이렇게 되자 자기를 찾아왔던 것이 아들이었다고 철썩 같이 믿었던 여인의 믿음은 산산조각 나고 말았으며, 이때 비로소 여인은 목사의 도움을 청했다.

여기서 여인이 익살스런 도깨비의 희생물이 되고 말았다는 것은 명백하다. 또한 이 여인이 '심령성 현상'을 빚는다는 것을 알 수 있다. 유령 경험이 모두 일률적으로 취급될 수는 없다. 나는 몇 가지 유형으로 구별 지어 보겠다.

1. 믿음을 가진 기독교인들에게서 예컨대 자신들이 위기일발의 위험에 처했을 때 돌아가신 어머니가 홀연히 나타나 위험을 예고해 주어 모면케 했다는 말을 여러 차례 들었다.
2. 오래된 집에서 이전에 살았던 인물이 나타난다는 많은 사례들이 있다. 소위 함바하가이스트는 삼백 년 이상에 걸쳐 출현하였다. 드디어 그 집이 헐리게 되자 물탱크가 드러났으며, 그 물탱크 속에는 여자와 어린애의 유골이 여럿 있었다. 그 물탱크 자리는 수세기 전 수도원이 있었던 곳이라고 한다.

3. 또한 유령은 악령의 모습을 드러내는 형체구현현상(Materialization) 일 수도 있다. 루터는 마귀나 사악한 영들이 산 자들을 미혹하려고 죽은 사람들의 모습을 취하여 나타난다는 점을 지적한다.
4. 유령은 병적 상상물이거나 혹은 정신이상 증세가 빚어내는 산물일 수도 있다.
5. 유령은 비록 건강한 사람이라고 할지라도 '직관적 기질을 가진 사람'의 마음에서 비롯되어 나온 분출현상(projected images)일 가능성도 있다.

유령을 다루어 보려는 생각은 아예 안하는 게 상책이다. 단 하나 첫 번째 인용한 사례에서라면 나서서 얻었던 정보의 정확도를 점검해 보고 난 후 해달라는 지시대로 따르든지 거부하던지 해도 무방할는지는 모르겠다. 그러나 이와 같은 경우에 있어서도 악령은 때로 선한 행위를 위장하고서 행동한다.

도깨비 현상
POLTERGEISTS

　수천만 건에 달하는, 도깨비 현상에 관한 갖가지 이야기 가운데에서 더욱 흥미를 끄는 네 가지 특정 분야를 뽑아본다.

　첫째, 환각홀림증이 있다. 정신질환을 가진 사람들은 시각, 청각, 촉각, 미각, 후각을 망라한 오감의 환각을 경험할 수 있다. 이러한 감각적 환각은 특히 정신분열 상태와 관련되어서 보인다. 노쇠기를 맞이한 노인들도 환각중세에 시달리는 일이 잦은데 노인들에게는 그러한 환각이 매우 생생한 현실감을 주는 듯하다.

　환각중세로 시달리는 환자들은 그들이 겪은 경험이 실제가 아니라는 생각을 추호도 용납지 않으려고 한다. 정신분열 중세는 가끔 과대망상중과 겹친다. 이런 환자들은 그들의 환각이 실제가 아니라는 사실을 한사코 거부한다.

　둘째, 사람과 결부된 도깨비현상이 있다. 이와 관련하여, 나는 칼 구스타프 융의 서문이 첨부된 파니 모저(Fanni Moser)의 저서 '유령(Spuk)'이란 책을 독자에게 천거한다.

　자신의 부근에서 도깨비 현상이 끊임없이 발생되고 있는 종류의 사람들이 있는데, 나는 그런 사례의 많은 기록을 가지고 있다. 종종 청소년들이 사춘기 때 부지중에 도깨비현상을 일으키기도 한다. 몇 가지 사례를 들면 다음과 같다.

도깨비 1

어떤 목사의 아들이 나에게 카운슬링을 받으러 왔다. 그의 아버지는 모 고등학교에서 종교를 가르쳤는데, 모세 6·7경이란 책을 교재로 활용하였다. 그는 그 책을 책장 속에 조심스럽게 보관해 놓고 책장을 잠가 두었다. 열 두 살 난 아들은 아버지가 늘 조심스럽게 치우며 항상 잠가 두었으므로 호기심이 잔뜩 생겼다. 아버지가 없는 틈을 타서 아들은 열쇠를 가져다 그 책을 꺼내 읽고, 몇 가지 주문을 시험해 보았다.

그는 이 주문들이 실제로 작용하는 것을 보고 깜짝 놀랐다. 바로 그것이 이 소년의 생애에 큰 고통거리를 안겨준 시발점이었다. 때때로 그가 문을 닫고 방안에 앉아 있노라면 문고리가 저절로 풀려 활짝 열려졌다가 도로 닫히곤 했으며, 마치 눈에 안 보이는 손이 밀고 가는 듯 의자가 방바닥을 스르르 미끄러져 가는 것을 보았다. 그리하여 그의 정서적 생활은 극도로 혼미에 빠졌으며 강한 중독성 편향마저 생성되었다.

이 젊은이는 성장하여 결혼까지 했으나, 그에게 붙어 다니는 도깨비 현상은 여전했다. 그가 부인과 함께 휴가를 떠났을 때에도 집에서와 마찬가지로 똑같은 현상이 일어났다.

드디어 그는 "내가 미쳐가는 게 아닌가? 그래서 정신 요양소에 보내지는 게 아닌가?" 하는 두려움에 사로잡혀 나에게 도움을 청하러 찾아왔다. 나는 그가 겪는 고통의 원인을 가르쳐 주었고 아울러 그리스도를 통한 구원의 길을 알려 주려고 힘썼다.

그는 진지한 젊은이였다. 모든 죄를 회개했고, 마법의 세력과 단절했으며 그리스도께 삶을 맡겼다. 그 이후 도깨비현상이 더 이상 그를 괴롭히지 않았다.

이러한 도깨비는 특정한 사람에게 붙어 다닌다. 도깨비현상은 모세 6·7경을 읽음과 동시에 시작된 것으로써 더 정확히 말해서 그 책에 있는 마법 주문을 실제로 사용함과 더불어 시작되었던 것이다.

한스 벤더 교수는 도깨비 현상과 사춘기 연령의 젊은이와의 연계성을 종종 지적했다. 독자들은 19세의 여비서가 있는 곳에서만 도깨비 현상이 일어나는 로젠하임의 도깨비 현상을 상기해 보기 바란다. 나는 벤드 교수와 내가 직접 조사해 보았던 도깨비 현상에 관한 이야기를 하나 더 부연한다.

도깨비 2

독일의 모 시장 집에서 도깨비 현상이 나타났다. 이 기사를 본 벤더 교수가 그 도시로 달려가 시장에게 자세한 내용을 캐물었다. 그 시장은 집에서는 무엇보다도 문이 꼭 닫힌 방안에 물체가 홀연히 나타났다가는 사라지는 것이었다. 때론 문이 닫혀져 있는데, 부엌 안으로 유리 공기돌이 날아 들어와서 그것을 집어보니 뜨끈뜨끈 했다. 벤더 교수는 그 온도를 측정해서 부엌 온도가 떨어진 폭과 공기돌의 상승한 온도가 맞아 떨어진다는 사실을 입증해 냈다. 다시 말해서 열량차이는 예상했던 대로였다. 그러나 이것으로 도깨비 현상의 원인이 설명되는 것은 아니었다.

벤더 교수는 시장의 열 네 살 난 아들이 집안에 있거나 뜰에 있을 때에만 도깨비 현상이 일어난다는 것을 밝혀냈다. 속임수가 끼어 들 소지란 전혀 없었다. 6주 동안 시장은 물체가 떠다니는 것을 136회나 기록해 두었지만 벤더 교수는 끝내 그 신비를 풀지 못하고 말았다.

나는 시장에게 그의 부모나 조부모, 그밖에 가족 중 누가 영접술이나 마법술을 한 적이 있는지를 물어보았다. 시장은 오래 적부터 그의 농장에서 소와 말이 병들면 양밥마법을 해왔다고 시인했다. 시장 자신도 직접 이런 것을 해왔고, 동물에게 양밥을 할 때에 거의 언제나 시장의 아들이 그 자리에 끼어 있었다.

나는 이와 같은 경우를 수만 가지나 기록해 오는 중이다. 그 어떤 경우를 막론하고 모종의 신비적 관련이 드러나며, 따라서 도깨비현상은 조상 또는 그 집안사람 누군가가 마법술을 행한 것과 관련을 맺고 있다고 결론짓는 것이 합당성을 지닌다. 어떤 집을 구해낸다는 것은 이러한 도깨비 출현 현상의 원인이 되고 있는 사람이 신비력 압박장애로부터 벗어나기 위해 그리스도께로 나와야 한다는 것을 뜻한다.

문이 닫힌 방안에 물체가 떠돌아다니는 사례를 나는 많이 보았다.

도깨비 3

필리핀에서 어떤 복음 전도자가 카운슬링을 받으러 왔다. 그는 마닐라 대학교와 신학교에서 나의 강연을 들은 적이 있으므로 자기에게 내가 도움을 줄 수 있을 것이라는 생각을 했다. 그는 자기 누이동생이 집안에 있을 때는 언제나 뜨거운 돌들이 천정에서 쏟아져 내린다고 말했다. 가끔 그의 어린애들이 그 돌을 줍다가 손가락에 화상을 입기도 했다. 돌들은 방문과 창문이 모두 닫혀 있을 때에도 떨어져 내렸지만, 이상하게도 누이동생이 집안에 없을 때는 조용했다. 그는 그 일에 대해 어떻게 대처하여야 할지를 알고자 했다.

나는 그의 누이동생을 나에게 보내 카운슬링 받도록 요청하면서, 아울러 그에게 돌이 떨어져 내릴 때, 그 자신과 가족들을 예수 그리스도의 보호 아래 내맡기고, 예수 그리스도의 이름으로 돌이 떨어져 내리지 못하게 명령하라고 조언해 주었다.

그 복음 전도자는 내가 제시해준 대로 하였고, 오래지 않아 그는 돌이 떨어지는 것이 전처럼 그렇게 심하지는 않다고 나에게 전갈해 주었다. 그러나 그의 누이동생은 끝내 카운슬링을 받으러 오지 않았다.

이번엔 일간신문에서 발췌한 사례를 소개해 본다.

도깨비 4

심령과학적 현상인가 혹은 고약한 장난인가? 이것은 루바인(Louvain) 근처에 있는 벨기에의 자그만 촌락인 윌젤(Wilsele) 주민들이 당면하고 있는 문제이다. 그 마을에 있는 네 채의 가옥이 대낮에 때 아닌 돌 소나기 때문에 고통을 겪고 있는데, 대체 누구의 짓인지 알 길이 없었다.

"돌들이 어디서 날아오는지 종잡을 수가 없어요." 한 희생자는 이렇게 말했으며, 그도 역시 다른 집들처럼 유리창을 보호하기 위해 철사망을 씌우지 않을 수 없었다.

경찰은 우선 불량배들을 의심해 보았으나 그 수수께끼를 해결할 실마리조차 잡지 못했다. 순찰구역을 계속적으로 순시하며, 용의자 색출에 현상금을 걸어보았으나 해결되지 못하고 미궁에 빠지고 말았다. 여러 명의 심령과학자들이 현지에 와서 그 현상을 연구하였는데, 그들 중에는 유트레히트 대학교에서 온 심령과학자들도 있었다. 그 신비스러운 사건은 항상 콜다 집안(Corda family)의 14살 난 아들이 있는 곳에서 발생했다.

그 아버지인 알폰스 콜다씨가 모아둔 돌멩이는 벌써 여러 자루나 되었는데, 그 돌멩이 가운데는 직경이 8인치나 되는 것도 더러 있었으며, 그의 아들은 여러 차례 떨어지는 돌에 얼굴과 몸의 여러 군데를 맞았다. "여기서 산다는 게 몸서리쳐 집니다" 알폰스 콜다씨가 그 심정을 털어놓은 말이다. 콜다씨의 말에 의하면 대개 날씨가 쾌청한 날 오후에만 쭉 돌이 그의 집과 이웃집들에 떨어져 내린다는 것이다.

항상 매우 용의주도하고 회의적인 태도를 견지하는 심령과학자들은 그런 현상이 알려지지 않는 바는 아니라는 점을 지적했고, 또 사춘기에 접어든 어린이들이 비록 스스로 제어할 수는 없지만 지금껏 설명이 안 되는 원격력(Telekinesis)을 소유한다는 것은 지극히 예사롭다는 점을 지적했다.

프리조 멜저(Frieso Melser) 박사도 그의 저서 중에서 지신의 목회경험에서 얻은 이런 종류의 한 사건을 논한다. 나는 그러한 도깨비 출몰현상을 빚는 건물 소유주로부터 도움을 요청하는 전화를 계속 받아오고 있다. 그러나 도깨비 현상이 일어나는 독일에 있는 집을 일일이 다 가보고자 한다면 나는 매일 딴 집으로 쏘다녀야 할 판인데, 그러기엔 충분한 시간적 여유가 없다.

도깨비 5

어느 날 나는 피르마젠스(Pirmasens) 근교의 한 마을에서 걸려온 전화를 받았는데, 그들은 내가 즉시 와서 한 농장주를 도와줄 것을 원했다. 그곳에서는 뜨거운 돌이 집과 헛간에 떨어져 내린다고 했다. 그러나 나는 가볼 틈이 없음을 그들에게 말해 주었다. 며칠 후 이 농장에 뜨거운 돌로 인하여 화재가 일어났다는 기사가 신문에 보도되었다.

소위 영석(Spirit Stone)이라고 하는 것은 영매성 압박장애를 받는 사람과 관련하여 일어나는 일종의 도깨비 현상이다. 또한 강한 심령력을 가진 무당이 적에게 이와 같은 돌 소나기를 퍼부어댈 수 있는 일도 가능하다. 프리조 멜저 박사가 보도한 사건이 이 범주에 속한다.

　심령과학자와 기독교 카운슬러의 차이점은 심령과학자는 다만 현상을 연구할 뿐 도움을 줄 수 없다는 점이다. 반면에 카운슬러는 예수 그리스도의 사도로써 그리스도의 권능으로 무장했으므로 이러한 위험에 처한 사람에게 구원에 이르는 길을 제시해 줄 수 있다. 마법술, 압박장애 중세 그리고 도깨비 현상은 영적 권능에 의해 끝장내진다. 그러나 이러한 영적 권능을 카운슬러의 인격성에서 나오는 것이 아니라 오로지 예수 그리스도에게서 비롯되는 것이다.

　유럽에는 여러 세기에 걸쳐 도깨비가 출몰하는 오래된 성과 집들이 더러 있다. 때로는 그 출몰현상이 거주인에게 너무도 소름끼치는 일이어서 경찰이 그 집을 에워싸고 삼엄한 경계를 펴야만 할 지경이다. 이런 일이 베른의 융페른가세(Jungerngasse)에 있는 어떤 집에서 발생했다.

　나는 이와 똑같은 일이 바바리아 지방에 있는 어떤 집에서도 일어났다는 기사를 읽어보았다. 옛 성에서는 특히 노파 조상의 유령이 떠돌아다닌다고 한다. 간혹 이러한 도깨비나 유령들은 속설에 따르면 성이나 가옥에서 발생했던 범죄 행위와 관련이 있다고 한다. 다소의 심리학자들 특히 이성주의자 부류에 속하는 심리학자들은 이러한 출몰현상을 심리학적 근거에 바탕을 두고 설명해 보려고 애쓴다.

　그러나 거주자가 그에 대한 사전 정보를 전혀 알고 있지 못한 때에도 어김없이 출몰현상이 일어나는 특정 장소 관련 유령 출몰현상이 일어난 한 목사관을 알고 있다. 이 교구에 부임해 오는 목사는 오래 있지 못하여 전출을 요청한다. 떠나가는 가정은 후임자 가정을 안심시키려고 한 마디 귀띔도 없이 떠난다. 그럼에도 불구하고 새로운 목사 가정이 이사 오면 그 가정도 똑같은 경험을 하고, 역시 그 사실을 한 마디도 누설하지 않았다.

도깨비 6

나는 독일에서 널리 알려진 모 기독교 봉사자로부터 다음 사건에 대하여 이야기를 들었다. 수 년 전 그는 밤중이면 '쨍그랑, 쿵쾅' 하는 시끄러운 소리가 오싹할 정도로 들리는 집에서 살았다. 마치 접시와 유리잔들이 한 곳에 부딪혀 깨지는 소리가 들렸고, 쿵쾅거리는 둔탁한 발자국 소리와 벽을 긁어대는 소리가 들렸으며, 바깥은 평온하기 그지없는데도 마치 폭풍이 몰아치는 듯 한 바람소리가 윙윙거렸다. 그 집에 사는 가족이 모두 그 요란스런 소리를 들을 수 있었다. 바로 옆집에서도 똑같은 현상이 벌어졌는데, 그곳에 사는 사람들도 역시 한밤중에 이 소름끼치는 요란한 소리를 들었다. 이 사건을 나에게 들려준 사람은 기독교인이었으므로 그와 그의 전 가족은 기도를 했다. 그들은 믿음으로 예수 그리스도의 보혈의 보호하심 아래 자신들이 놓이도록 기도했다. 그날 이후부터 양쪽 집엔 완전한 평화가 깃들었다.

이 경우, 도깨비 출몰의 원인은 밝혀지지 않았지만 그 기독교 봉사자는 올바른 일을 했다. 그는 이러한 암흑의 권세를 누르고 이기신 그리스도의 승리를 선언하고 나섰다. 이런 행위는 심령과학자에게는 생소하며, 사실 받아들일 수 조차 없을 것이다. 나의 아버님의 친구분으로서 수 년 전 작고하신 알프레드 레힐러(Alfred Lechler) 박사는 일찍이 말씀하셨다.

"사람의 악령들림증과 같은 것만 있을 것이 아니고 가옥의 악령들림증도 역시 존재한다. 악령 들린 사람을 자유로이 풀려나게 하는 것보다 신비력 속박장애 아래 놓인 가옥의 숙정은 한결 수월하다."

레힐러 박사는 정신의학자이자 뚜렷한 확신을 가진 기독교인으로서 독일에 널리 알려져 있는 저명인사였음을 지적하고자 하는 바이다.

도깨비 7

영국에서 강연여행을 하고 있었을 때 젊은 부부 한 쌍이 나에게 카운슬링을 받으러 왔다. 그들은 집을 한 채 샀는데, 그 집은 전에 유명한 영국인 영접자 해리 에드워즈가 살았던 집이었다. 그 부부는 이사를 간 즉시, 집에서 으스스한 감이 도는 것을 느꼈다. 밤이면 그들은 우당탕 쿵쾅하는 소리, 쇠사슬이 끌리며 쨍그랑대는 소리, 저벅저벅하는 발자국 소리 등 갖가지 소리를 들었다.

결국 집을 팔기로 결심하고 광고를 내자 한 남아프리카 사람이 집을 보러 왔다. 그는 집을 둘러보고 나서 신바람난 듯 외쳤다.

"좋습니다. 내가 이 집을 사겠습니다. 하늘 천사들이, 저편 세계에서 온 자들이 여기 사는군요!"

그 부부는 이 남아프리카 사람이 영접자라는 걸 알고는 그에게는 집을 안 판다고 거절하였다.

해리 에드워즈는 이 집에서 수년 동안 영접술을 했으며, 도깨비현상이 일어나는 이유는 바로 그 때문이었다. 해결점은 전혀 다른 방법으로 풀릴 수 있었다. 만일 이 젊은 부부가 그 집에서 기도모임을 열어 가능하다면 매일 저녁 30분씩이라도 기도회를 가졌더라면 그들은 악령을 쫓아냈을 것이다.

불행스럽게도 기독교인들 가운데 기도의 능력을 굳게 믿고 있는 신자들이 극소수인 것은 사실이다. 참다운 기도모임을 전혀 열지 않는 교회조차도 비일비재하다. 물론 목사는 한 주일에 한 번이나 혹은 한 달에 한 번씩은 기도 모임을 갖는다고 말할 것이다.

나는 가끔 그러한 기도모임에 참석해 보았는데, 소위 이러한 기도 모임들의 지루함과 미지근함에 적잖은 충격을 받았다.

기도란 항상 평온한 일은 아니다. 기도는 또한 싸움을 뜻할 수도 있다. 기도가 싸움이라고 해서 극단주의 집단에서 하고 있듯이 소리치고, 미쳐 날뛰며, 비명을 지르고, 손뼉을 요란스레 쳐야 한다는 뜻은 결코 아니다. 엄정한 가운데 성령의 다스림을 받으면서 우리는 성경에서 우리가 받은 그 언약들을 올바로 당당히 주장하고 나섬으로써 이러한 암흑의 권세를 몰아내야 한다는 뜻이다.

이제 우리는 도깨비 출현현상 중 가장 논란이 심한 분야에 접어들었다. 우선 철저한 자료 뒷받침이 있는 사례로부터 시작하도록 한다.

도깨비 8

나는 어느 북부 독일 지방도시에 있는 어느 목사에게서 편지 한 통을 받았다. 그 목사는 자신이 맡고 있는 교구의 어떤 집이 갑작스레 도깨비 홀린 집이 되었으므로 나에게 와달라는 부탁을 했다.

그 집은 멋진 정원이 있는 근사한 집이었다. 그 집주인은 어느 날 이웃집에서 보낸 편지 한 통을 받았는데 그 집을 매물로 내놓으라는 요구가 담겨 있었다. 이것을 여주인은 거절하였다. 그러자 그 이웃사람은 자기 뜻을 끝까지 관철시키고야 말겠다고 으름장을 놓았고, 그 이후 줄곧 도깨비 현상이 이 여주인의 아름다운 집에 나타났으며, 우레와도 같은 굉음이 네 차례나 그 집안에서 들렸다. 여주인은 무엇이 그런 소리를 내는지 알 수 없었으며, 어느 방향에서 들려오는지조차 종잡을 수 없었다.

여주인은 담임목사를 찾아갔다. 목사는 부목사를 대동하고 그 집을 방문했다. 그들이 와있을 동안에도 그 요란스레 벼락 치는 소리가 어김없이 들렸는데, 아무리 둘러보아도 그 집안에는 그런 소리를 낼만한 게 도무지 없었다. 그것은 난방기구의 수증기가 일으키는 소리도 아니었고, 수도관에서 나는 공기 기포 소리도 아니었다. 왜냐하면 그 소리는 문 있는 쪽에서 들려왔기 때문이다.

그 목사는 도무지 도와줄 방법을 알 수 없어 그 일을 경찰에 신고하였다. 한 경찰관 간부가 와서 둘러보았지만 그도 역시 그 요란한 소리를 들었다. 그 일은 경찰관에게도 신비스런 일이었으므로 경찰서장에게 보고를 올렸고, 서장은 전 기동순찰대를 파송하여 조사시켰다. 10여 명이 밖에서 지키고 있었다. 그 무시무시한 소리가 또다시 들렸을 때 그들은 문을 활짝 열어 젖혔다. 문에 서있던 경찰관은 서로 그 소리가 상대편 쪽에서 들렸다고 말했다. 이들 경찰관들까지도 그 소리의 원인을 도저히 알아낼 재간이 없었다.

그러자 그 집 주인은 지방법원에 이웃집 사람을 고발하는 법률소송을 제소하였다. 그 사건은 재판에 회부되었지만 판사는 소장(訴狀)을 검토해 보고 판결을 내렸다. "우리는 중세에 살고 있는 것이 아닙니다. 나는 이 같은 재판을 심리하지 않겠습니다." 판사는 사실 청문조차 거절했다.

그 후 그 집 주인은 이러한 도깨비 출몰 때문에 밤낮으로 시달린 나머지 결국 최고 가격을 부르는 사람에게 팔아버리는 방법 이외에 다른 도리가 없었다. 경락자는 전에 여주인을 협박하며, 종국에는 그 집을 손에 넣겠다고 했던 바로 이웃집 사람이었다. 대단히 강력한 심령력을 가진 이 이웃집 사람이 그 집으로 이사해 들어오고 난 즉시 시끄런 소리는 멈추고 말았다.

현대 심령과학자들은 이 이야기가 너무 부자연스러우며, 따라서 심각하게 받아들여서는 안 된다고 말할 것이 뻔하다. 그러나 이 경우에 있어서는 두 명의 목사와 10여명 이상의 경찰관이 이 사건을 실제로 목격한 증인이었다는 사실을 나는 지적하고자 한다. 혹 심령 과학자가 이 이야기를 진짜라고 인정한다 하더라도 심령의 능력인 염력(psychokinesis)으로 돌리고 말 것이다.

심령과학자들 편에서 일삼는 바, 사춘기의 젊은이와 염력에서 실마리를 구하려는 이 끈질긴 애원을 나는 귀가 따가울 정도로 들어 명명할 지경이다. 이것은 심령과학자들의 모든 보고서에 나타난다. 그들 중 누구도 이면에 깔린 원인을 규명해 보려고 애쓰는 사람이 없다.

이 경우처럼 다른 사람으로부터 비롯된 심령적 영향력에 의하여 생기는 도깨비 현상에서는 영적인 해결책이 강구될 수 있었을 것이다. 그러나 이 사건이 일어난 그 도시는 교회도 나약하고, 믿음을 가진 기독교인 수도 형편없는 점으로 잘 알려져 있다.

만일 기도모임이 이 집에서 개최되어 명목상이거나 전통을 좇는 기독교인이 아니라 믿음이 강한 신실한 기도의 남여 역군들이 참석했더라면 그들은 능히 예수 그리스도의 이름으로 이 마법사의 핍박을 제압할 수 있었을 것이다.

여기서 설명의 실마리가 풀리지 않는 사례를 하나 더 제시한다.

도깨비 9

다음 일화는 초자연적인 그 어떤 것의 실존도 전혀 안 믿는 이성주의자라고 자처하는 한 변호사가 나에게 들려준 이야기이다. 이 변호사는 풍치지구에 방갈로 한 채를 지었다. 그가 가족을 데리고 새로 지은 집에서 지낸 첫날, 이상스런 경험을 했다.

현관 마룻바닥에 관 하나가 불쑥 나타나 놓여 있었는데, 그들은 2-3분 동안이나 그것을 볼 수 있었다. 곧 관은 홀연히 사라져버렸으나 마룻바닥에는 그 관 크기만 한 물자국이 남아 있었다. 그 변호사는 당황했다. 그는 손으로 머리를 감싸 쥐고, 혹 지난 며칠간의 피로 때문에 헛것을 본 것은 아닌지 의아하게 여겼다. 하지만 마룻바닥에는 직사각형의 자국이 있었으며, 만져 보았더니 축축한 감촉이 느껴졌다.

따라서 그것은 허깨비가 아니었다. 그다음 며칠 동안 변호사는 넋 나간 사람이 되고 말았다. 그의 생애 중 이런 경험은 난생 처음이었는데, 그것은 그가 여태껏 견지해 온 이성주의자적 견해를 철회할 만큼 일대 타격을 입혔다.

그 후, 그는 조언을 구하러 찾아나섰지만 이 도깨비현상의 근원을 알아내지 못했다.

간혹 이런 종류의 사건은 다음과 같이 설명될 수도 있을 것이다. 혹 이웃에 강력한 심령적 기질을 가진 사람이 살고 있어서 그 자가 변호사의 멋진 집을 부러워한 나머지 못살게 굴어 떠나보내려고 기도하는 경우이던가 그렇지 않으면 아마 그 방갈로가 어느 이웃집의 전망을 가로막아 방해하므로 이웃사람이 보복코자 하는 것일 수도 있다.

배후 조종 도깨비현상에 관하여 기술한 이 절이 혹자에게 박해피해망상증(Persecution Complex)을 생성시키려는 의도에서 이것을 쓰는 것은 아니다. 나는 그런 일에 뜻하지 않게 관련된 사람이라면 누구이든 간에 자신의 전 생애를 재조명 해보고, 그리스도께 자신을 내맡기며, 그리스도의 보호하심 아래로 피신할 것을 조언하는 바이다. 나는 이런 유의 책을 저술할 때는 언제나 이처럼 한다.

나는 매일 주님의 보호를 간구하는 기도를 드리며, 천사들에 대하여 말하는 히브리서 1:14절과 같은 구절들을 기억에 되살린다.

"모든 천사들은 부리는 영으로서 구원 얻을 후사들을 위하여 섬기라고 보내심이 아니뇨."

나는 매일 내 가족과 나 자신을 위하여 기도하면서 우리가 모든 암흑의 권세를 물리쳐 이기고, 그리스도의 보호를 받을 수 있기를 간구한다.

예수 그리스도의 보호 아래 서있는 자는 이런 것들을 하나도 두려워 할 필요가 없다. 영적인 자세를 견지하며, 아울러 다른 신앙인들의 지원을 받아 그런 것들에 대처해 나가는 자는 쉽사리 암흑의 권세에서 벗어나 자유를 누릴 것이다. 시편 91편을 자주 읽어보도록 권한다. 나는 종종 이 시편의 말씀을 읽으며, 놀랍게 새 힘을 공급 받았다.

"지존자의 은밀한 곳에 거하는 자는 전능하신 자의 그늘 아래 거하리로다 내가 여호와를 가리켜 말하기를 저는 나의 피난처요 나의 요새요 나의 의뢰하는 하나님이라 하리니 이는 저가 너를 새 사냥꾼의 올무에서와 극한 염병에서 건지실 것임이로다 저가 너를 그 깃으로 덮으시리니 네가 그 날개 아래 피하리로다 그의 진실함은 방패와 손 방패가 되나니 너는 밤에 놀람과 낮에 흐르는 살과 흑암 중에 행하는 염병과 백주에 황폐케 하는 파멸을 두려워 아니하리로다 천인이 네 곁에서 만인이 네 우편에서 엎드러지나 이 재앙이 네게 가까이 못하리로다"(시 91:1-7).

자연영물
GOBLINS AND ELVES

선교여행 중 나는 미개종족들의 삶과 문화를 파헤쳐 볼 수 있는 값진 안목을 종종 얻었다. 수 년 전 나는 페루 푸칼파(Pucallpa)에 있는, 스위스에서 파견된 원주민 선교단(the Swiss Indian Mission)이 운영하는 신학교에서 강연을 스물아홉 번이나 했다. 그때 나는 선교사들의 안내로 여러 종족을 방문했는데, 그곳에서 재미있는 일들을 많이 알게 되었다.

자연영물 1

피로 원주민(Piro Indians) 가운데 기독교 신앙인 한 사람이 키가 2자 정도밖에 안 되는 조그만 난쟁이를 만났던 이야기를 통역을 통하여 내게 들려주었다. 이 믿음의 형제가 사냥 중에 멧돼지를 겨냥하여 쏘려는 순간 작달막한 난쟁이가 불쑥 나타났다.

처음엔 남아프리카에 있는 피그미족과 흡사한 왜소족이러니 생각했다. 아마존강 일대에도 그러한 난쟁이족이 많이 있었기 때문이다. 그런데 이 난쟁이 친구가 가로막아 멧돼지를 쏘지 못하도록 방해하므로 사냥꾼은 분통이 터져서 이 난쟁이를 밀쳐 내려고 했다. 그러자 이 왜소한 난쟁이는 믿기 어려울 만치 엄청난 힘으로 사냥꾼을 번쩍 들어 땅바닥에 내동댕이쳐버렸고, 사냥꾼은 그만 정신을 잃고 그곳에 사흘간이나 쓰러져 누워 있었다. 결국, 그는 사흘만에야 찾아 나선 마을 주민들에게 발견되었다. 이 같은 경험을 겪고 난 후, 피로족들은 이 작은 존재가 도깨비의 일종이라고 믿게 되었다.

선교사들은 이런 믿음을 이방족의 미신에 지나지 않는다고 여긴다. 그러나 이 경우에서는 실제 경험한 사람이 기독교 신앙인이었다. 물론 이방 종족 사회 속에 묻혀 살다보면 비록 기독교인이라고 하더라도 그들의 옛 이교사상에 영향을 받아 물들 수 있다는 것은 사실이다. 그러나 이 같은 경험을 한낱 동화 속 이야기거리로 일축해 버려서는 안 된다.

자연영물 2

아프리카에서 한 선교사의 안내를 받아 크호사(Xhosa) 종족을 방문했다. 이 아프리카 종족은 도깨비와 꼬마 요정이 실재하고 있다고 믿는다. 이 꼬마요정들은 어린이들에게 나타나 함께 놀다가 어른이 얼씬거리면 곧바로 사라져 버린다고 한다. 물론 이들 어린이들의 경험은 직관적 기질이 빚어낸 산물이라고 여겨질 수도 있다. 직관력(eidetic)이란 '생각이나 상상 속에 떠오른 형상을 외부로 분출해 낼 수 있는 능력'을 일컫는다. 이러한 직관적 성향은 14세 이하의 어린이 특히 미개 종족의 어린이들에게서 흔히 발견된다.

나는 선교사들로부터 이 같은 경험담을 종종 들어 보았다. 그러나 고도의 문명국에서조차 이런 이야기를 들을 때 정황은 사뭇 다르다. 나는 스칸디나비아 반도를 여러 차례 여행하면서 안 가본 곳이 없을 정도로 샅샅이 발을 디뎌 보았고, 물론 북극지방에도 가보았다. 특히 스웨덴 북극지방에 가보면 마치 동화를 영상케 하는 숱한 종류의 도깨비, 요정 및 별난 존재들의 이야기가 나돈다.

북부 스웨덴에서 내가 알게 된 도깨비들의 이름도 꽤 여럿이다. 두 자(尺) 키 밖에 안 되는 고블린(goblin)이 있는가 하면, 땅속에서 보물을 지킨다는 노움(gnome), 그리고 오엑(oeck)이 있고 특히 스웨덴 사람이 일반적으로 널리 믿고 있는 톰터(tomter)가 있다. 많은 수의 요정들은 꽤나 못된 장난을 일삼는다. 도깨비는 유익한 영물로 여겨지고 있다. 사람이 도깨비의 도움을 받고 싶으면 추장인 마왕에게 청원을 해야 한다. 그러나 이러고 나면 그 사람은 자신의 구원을 그 대가로 치러야 한다.

이러한 영물들이란 그 기원이 악령에게서 비롯된다는 생각은 성경과 일치하고 있다. 더욱이 나는 요정, 및 별난 난쟁이들이 특히 심령성 사람에게 잘 나타난다는 사실을 관찰해 왔다. 이로 미루어, 이들 자그만 동화 속 존재들이 결코 윤리적으로 무해한 중립성이 아니라는 또 다른 간접적 확증이 나온다. 도리어 그 피조물들은 공중에 떠도는 영 및 마귀들과 마찬가지다. 성경도 역시 이에 대해 확실히 말하고 있다. 다음의 예는 두 가지 문제점을 여실히 비추어 보일 것이다.

 자연영물 3

여류 작가인 헬가 브라코니어(Helga Braconnier)는 가끔 앞으로 닥칠 재난을 예언했다. 그녀는 심령성 사람인데 어느 날 발틱(the Baltic) 해안 북부에 있는 수로 안내기지에서 조난당하는 환상을 보았다. 그녀가 도선사(導線士)에게 경고를 해 주니 도선사는 쓸데없는 소리라고 웃어넘기고 말았다. 그 다음날 한 스웨덴 노인이 이 여류 작가에게 찾아와 벼랑에 살고 있는 도깨비들이 내륙으로 달아나고 있는 징조가 있고 나면 언제나 홍수가 밀어닥치는 것이 상례였다.

그날 저녁 폭풍우가 몰아 닥쳤으며, 배 한 척이 긴급구조 신호를 보내왔다. 여자가 별소릴 다 한다고 코웃음 쳤던 그 도선사는 도리 없이 안내선을 몰고 나가야 했는데 이미 그 배는 절벽에 부딪혀 파선되었고 여러 명이 익사했다. 그 작가의 경고는 적중되어 사실화 되었던 것이다.

스위스인들도 자연영물에 관한 문제를 탐구하는 일에 몰두해 왔다. 예컨대 취리히에 있는 소청법원장인 조지 슐쩌(George Sulzer)씨는 자연영물에 관한 저서 한 권을 펴냈다. 그는 자연영물을 네 유형으로 분류한다. 땅속 도깨비(gnome), 숲속 요정(nymphs), 공기 요정(sylphs or elves), 바다 요정(water sprites), 이러한 난쟁이들은 도움을 주면 감사를 느끼며, 모욕을 받으면 심술궂은 장난이나 앙심을 품고 앙갚음을 한다고 한다.

추리탐정소설 '셜록 홈즈'의 저자인 코난 도일(Arther Conan Doyle)은 악령주의자로서 자연 영물과 그 목격자들에 관한 기사를 책으로 펴냈고, 또한 자연 동물을 찍은 사진 원판을 가지고 있다. 그러한 영, 즉 공중에 떠도는 마귀에 관한 기술은 꽤 유익하다.

"우리들 마귀는 하나님께 반기를 들었던 먼저 번 창조(a former creation)의 남은 무리들이다. 우리는 아무런 희망이 없다. 인간에 관계된 일이라면 우리는 기를 쓰고 속이며 잘못된 길로 유인하려는 활동을 서슴지 않는다. 원래 우리는 대단히 지혜로웠으나 죄악과 타락으로 말미암아 상당히 멍청이가 되고 말았다."

성경은 도깨비, 꼬마요정, 자연 영물, 공중에 떠도는 마귀란 문제에 대해 어떻게 말해주고 있는가? 이사야서 13:21절에는 들양(satyr: 로마신화에 나오는 반수반인의 신)이 들짐승과 관련되어 나온다. 들양이 하는 역할은 땅을 멸하여 황폐케 하는 것이다. 이사야서 34:14절은 한결 더 분명한 말을 하고 있다. "사막 들짐승이 섬의 들짐승과 만나며 숫염소(satyr)가 그 동류(同類)를 부르며 올빼미가 거기 거하여 쉬는 처소를 삼으리라." 여기서 우리는 들짐승, 들양(숫염소), 올빼미 및 공중에 떠도는 마귀가 한데 어우러져 있는 것을 본다. 역대하 11:15절에는 다시금 숫염소가 언급되는데 여로보암이 스스로 제사장을 세워 이들 악마에게 제물을 바치게 했다.

성경의 언급을 보았으므로 이제 교회사를 훑어보도록 한다. 독일의 종교개혁가인 마틴 루터(Martin Luther)가 도깨비를 어떻게 생각했는지 참조해 보기로 하자.

루터는 탁상담화에서 그 한 경우를 말한다.

"도깨비가 침대에 누워 있는 나를 흔들어 댔으나 나는 조금도 개의치 않았다. 잠이 살포시 들려고 할 즈음 이 놈은 층계에서 퉁탕거리기 시작했다. 마치 점수내기 술병던지기를 하는 것처럼이나 요란스러웠다. 나는 일어나 층계로 가 고함을 쳤다. '또 네 놈 짓이로구나, 게 가만히 있어라, 보자!' 그 다음에 나는 주님께 나 자신을 맡기며 '주님께서는 모든 만물을 그 발아래 두셨나이다.' 라고 기도하고는 다시 잠자리로 되돌아갔다. 도깨비란 놈을 물리치는 가장 좋은 방법은 비웃어 주고 그리스도께 간청 드리는 길이다. 그러면 그놈은 별수 없이 못 견디고 만다."

루터는 또 언젠가 악마에게 잉크병을 던졌다고도 한다.

이러한 모든 암흑의 세력들이 마주 대하여 우리는 사도 바울에 메시지를 가슴 깊이 새겨봄직하다.

"그리스도께서는 암흑의 세력들이 쓴 가면을 벗기셨다. 주님께서는 악령들의 힘을 벗겨 버리시고 사로잡아 뒤에 줄줄이 매달아 끌고 다니시며 승리의 행진을 하시는도다" (골 2:15 참조).

혈맹
BLOOD PACTS

혈맹한 자를 카운슬링 할 때면 몇 가지 어려운 문제가 제기된다. 혈맹이란 대체 무엇인가? 누군가가 종이를 한 장 가져다 놓고 손가락에 상처를 낸 다음 그 피로 서명을 하여 악마에게 자신을 넘겨준다. 그날 이후부터 그 사람은 영적인 문제에는 접근조차도 할 수가 없다. 이런 사람들은 교회, 성경, 기도 그리고 모든 종류의 영적인 감화를 전적으로 반대하게 된다.

따라서 이런 사람들이 카운슬링을 받으려고 찾아오는 것을 보면 놀라움을 금치 못한다. 이 사람들은 자신들의 지배자와 더불어 평온을 누리지 못하는 까닭에 자신들에게 만족감을 안겨 줄 수 있는 다른 어떤 대상을 갈망하게 된다는 사실을 알게 된다.

혈맹 1

나는 캐나다의 어떤 청년 모임에서 강연을 했다. 그중에는 주간 성경공부와 기도모임에 참석했던 열일곱 살 난 처녀가 있었다. 그런데 밤중에 한 방에 같이 자던 동료들은 처녀의 잠꼬대에서 저주의 외침소리를 들었다. "나는 예수를 미워한다. 나는 악마를 사랑해. 악마가 나의 주님이야." 그런데 자신을 저주하며 자신을 악마에게 팔아 넘겼던 그 처녀는 나를 찾아와 도움을 요청하였다.

혈맹 2

한 젊은 교사가 카운슬링을 받으려 나를 찾아왔다. 그 교사는 우울증과 자살 충동으로 시달림을 받고 있었으며 나에게 조언과 도움을 청했다. 서로 대화를 주고받는 중에 다음과 같은 사실이 밝혀졌다. 순간적인 절망감에 사로잡힌 나머지 교사는 자기 피로 서명하여 자신을 악마에게 넘겨주었다. 교사는 그 서약서를 들고 한 동굴로 찾아가 바위 위에 올려놓고 돌로 눌러놓은 다음 동굴을 떠났다. 잠시 후 교사는 절망감에 사로잡혀 있던 자신의 행동을 후회하기 시작했다. 교사는 서약서를 찢어 없애려고 다시 동굴로 서둘러 돌아갔으나 서약서는 온데간데없이 사라져 버렸다. 그 동굴 속엔 아무도 없었고 회오리바람이 불었다 해도 그 종이쪽지를 날려버릴 수는 없었을 것이었다. 이제 교사는 근심에 휩싸이게 되었으며, 걱정 끝에 카운슬링을 받으려고 나를 찾아왔던 것이다.

정신과 의사는 그 사람이 불안정한 성격의 소유자라고 말할 것이다. 그러나 우울증과 불안정에도 불구하고 그는 진실을 말하고 있었다. 예수께로 나오는 길을 찾으려는 것이 그의 진지한 갈망이었다. 이 교사가 내적 평화를 찾으려고 그리스도의 용서하심을 간구하므로 곧 응답됐다.

그 후 이 교사는 내가 혈맹을 했던 그 어떤 사람에게도 조언해 준 적이 결코 없었던 행동을 했다. 그 교사는 재차 손가락에 상처를 내어 자신의 피로써 악마로부터의 해방을 선언하는 성명서를 썼다. 사람들에게 이렇게 하라고 조언하는 상담자가 더러 있다는 사실을 알고 있지만 거듭 밝히건대 나는 그 누구에게도 이런 성명서를 쓰라고 조언해 주지는 않는다.

혈맹은 무시무시한 장애를 일으킨다. 이 약정서에 서명을 한 사람들은 구원의 길을 찾기가 지극히 어렵다는 사실을 발견한다. 다음의 사례는 이 사실을 놀랍게도 명백하게 해준다.

혈맹 3

한 여인이 영접자모임에 가담하여 자신의 피로써 서명하여 스스로를 악마에게 넘겨주었다. 우연한 기회에 이 여인은 전도 집회에 참석하게 되었다. 여인은 성령의 감화를 받아 확신을 가졌으며, 그 후 상담을 받으면서 죄를 모두 회개했다. 여인은 어떠한 일이 닥쳐온다 해도 예수 그리스도를 따르기로 다짐했다. 바로 그 순간부터 무시무시한 투쟁이 시작되었다. 사탄의 공격이 절정에 이르렀던 어느 날 밤, 여인의 가슴 위에는 붉은 문신이 나타났다. 여인은 이 문신을 여동생에게 보여주었다. 그 문신은 중앙에 S자가 새겨진 U자형 말편자 모양을 하고 있었다. 기도모임을 열어 이 고통 받는 여인을 위해 합심하여 중보기도를 했다. 그리하여 여인은 드디어 구원을 받았다.

혈맹 4

사탄의 힘보다 더 한층 우리의 관심을 불러일으키는 것은 예수 그리스도의 승리의 권능이다. 혈맹을 했던 한 사내가 내 친구를 만나러 왔다. 충분한 자격을 갖춘 목사인 이 카운슬러는 그 사내의 고백을 듣고서 사내에게 다시금 피로써 악마로부터의 해방을 선언하는 성명서를 또 한 번 쓰라고 조언해 주었다. 이 대담한 충고에는 주님의 축복이 뒤따라 주었다. 그러자 이 사내는 자유롭게 풀려났다.

흡혈한
VAMPIRES

체험담을 소개함으로써 흡혈한이 무엇인지 알아보기로 하자.

흡혈한 1

남아메리카에서 선교 여행 중 나는 페루에서 원주민 여섯 종족을 만나 보았다. 나는 스위스 원주민 선교단(the Swiss Indian Mission) 소속의 원주민 신학교에서 스물아홉 번의 강연을 하였다. 그곳 선교사들은 소풍삼아 나를 여러 전도구역으로 데리고 다녔다.

하룻밤을 지새운 한 곳의 추억은 눈감는 그날까지 뇌리에 남아 있을 것이다. 우리는 하룻밤을 묵고 갈 오두막에 안내를 받았는데 그 오두막은 여덟 개의 기둥이 야자수 잎 지붕을 떠받친 채로 사방 옆면은 트여졌고 바닥은 진흙으로 다져진 것이었다.

천정의 서까래를 쳐다보았더니 많은 동물들이 머리를 아래로 늘어뜨리고 나란히 매달려 있었다. "저것들이 박쥐인가요?" 나는 선교사에게 물어보았다. "그놈들은 종류가 좀 다른 박쥐예요. 흡혈박쥐란 놈인데 밤에 동물과 사람의 피를 빨아 먹지요. 암탉이나 어린애들은 저놈에게 물리면 죽습니다. 큰 가축들과 어른들만 견뎌내지요." 선교사는 나에게 천천히 일러 주었다. "그런 말을 듣고 보니 으스스 하군요. 꽤나 운치 있는 하룻

밤이 되겠는걸요. 저놈들을 막아낼 방법이 뭐 없을까요?" "예, 있습니다. 편한 잠을 잘만한 딴 곳을 찾아볼 수도 있지요. 흡혈박쥐가 없는 곳 말입니다." 선교사는 시원스레 대답하였다. "그래봤자 별 소용이 있을까요? 밀림에 사는 동물들은 냄새를 썩 잘 맡으니까 우리를 찾아내고야 말것입니다."

그 사이에 나는 어린 시절에 배웠던 해결책을 하나 생각해냈다. 나는 그 오두막 흙바닥 위에 불을 피워놓고 그 위에 바나나 나무에서 따낸 큼지막한 잎사귀 몇 장을 얹어 놓았다. 잠시 후 짙은 노란 연기가 천정으로 자욱이 피어올랐다. 그러자 흡혈박쥐들은 재빨리 달아나 다른 횃대를 찾아갔다. 이때 나는 이 동물이 얼마나 큰지를 생전 처음 보았는데 한 쪽 날개폭이 50cm 이상이나 되었다. 선교사는 계속해서 많은 이야기를 나에게 들려주었다. "저놈들의 이빨은 칼날처럼 날카롭습니다. 저놈들이 물어뜯는 것은 보지 못하셨지요?"

나는 흡혈박쥐를 쫓아냈다. 그리고 그들이 다시 되돌아오지 못하게 하려고 밤새도록 불을 지피기에 충분하도록 푸른 잎을 준비해두었다.

또 다른 흡혈 유형도 있다. 이 말은 속설과 관련되어 쓰이기도 하는데 죽은 사람이 밤에 무덤에서 나와 산 사람의 피를 빨아먹는다는 것이다.

흡혈관행은 사탄주의자들과 악마에게 자신들을 피로써 팔아넘긴 자들, 머큠바 교도들과 부두교 신봉자들에게서 흔히 행해지고 있다. 이 사람들은 악마의 미사를 거행할 때 제의의 한 순서로 동족, 특히 어린애들을 괴롭혀 피를 빨아먹거나 마신다. 나는 내 자료철 속에 이런 종류의 무시무시한 사건에 대한 기록을 가지고 있다. 여기에 두 사례를 제시해 보고자 하는데 이것들은 내가 보유한 자료 중에서도 최악의 것들이 아님을 밝혀둔다.

흡혈한 2

선교현지에서 들은 한 사례가 있다. 수마트라(Sumatra)에 살고 있는 매력적인 25세의 한 여인은 다섯 번이나 결혼을 했는데, 그 남편은 모두가 한결같이 차례차례 죽었다. 그 여인은 매번 먼저 남편이 죽는 즉시 재혼하였다. 다섯 명의 남편은 모두 혈액부족이라는 똑같은 병으로 죽었다.

이러한 비극이 잇달아 겹치므로 그 젊은 여인의 부모들이 무당을 찾아가 물었더니 다음과 같은 설명을 해주었다. "이 젊은 여인은 흡혈귀가 들렸는데 그 흡혈귀는 이 여인을 혼자 독점하고 싶어 하기 때문에 이 아름다운 여인이 남편을 얻는 족족 모조리 그 피를 빨아 먹습니다."

이 마법사의 말에 따른다면 이 다섯 명의 사나이들은 저편 세계에서 온 경쟁자를 가졌던 셈이다. 다시 말해서 이것은 영접주의, 악령 숭배, 몽마(Incubus: 자는 사람을 악마가 덮치는 경우), 악령결혼(Succuba)의 경우였다.

대적의 교활한 속임수에는 한도 끝도 없다. 따라서 우리는 시편 118:15-16절에 나오는 승리의 노래를 더욱 더 가슴깊이 명심해야 한다.

"의인의 장막에 기쁜 소리 구원의 소리가 있음이며, 여호와의 오른손이 권능을 베푸시는도다."

우리가 이러한 확고한 신념을 갖지 않는다면 어둠의 권세는 우리를 짓누를 것이다.

평화의 상징
SYMBOLS OF PEACE

소위 평화운동은 죽음을 뜻하는 고대 게르만족의 루운(rune) 문자를 상징으로 사용한다. 전 세계에 걸쳐 평화의 상징을 달고 다니거나 기독교 집회장에 버젓이 내거는 자매들이나 목사들이 존재하고 있는 것은 가톨릭교나 개신교 양쪽 다 마찬가지다. 이런 끔찍스런 행태는 조속히 종지부를 찍어야 마땅하다. 평화의 상징에 얽힌 역사를 잠시 훑어보기로 한다.

1. 기독교인들을 박해하던 1세기 때, 지금 평화의 상징으로 사용되고 있는 이 상징은 네로(Nero)의 십자가로 불렸다. 전설에 의하면 기독교인들을 박해했던 네로는 베드로를 십자가에 거꾸로 매달아 못박았다고 한다. 평화의 상징은 이처럼 거꾸로 된 십자가를 뜻하며, 기독교인을 미워하는 증오의 한 징표이다.
2. 8세기에는 사라센인들이 스페인에서 가톨릭교회와 싸움을 했다. 711년에 그들은 이베리아 반도 정벌에 나서면서 방패에 네로의 십자가를 그려 넣었다. 기독교인들에 대한 증오를 나타내는 그 상징은 1099년에 그들이 십자군과 싸울 때에도 또다시 사용되었다.
3. 중세 전반에 걸쳐서 네로의 십자가는 많은 곳에서 마법의 상징물(pentagram)로 알려져 흑색미사, 사탄적인 사교, 그리고 신성 모독

을 나타내는 상징으로 이용되었다. 각종 밀교의 소름끼치는 제의에서는 나무로 깎아 만든 악마의 목상도 사용되었는데, 그 목상의 양 눈은 네로의 십자가 모양과 똑같았다. 프랑스 비용(Bayonne)에 있는 마법술과 사탄숭배 사교물을 전시해 놓은 박물관에 가보면 지금도 이런 목상을 구경할 수 있다.

4. 20세기에 들어오면서 평화의 상징은 가장 다채로운 역사를 가졌다. 공산주의자 버트란드 러셀(Bertrand Russell)은 1958년에 좌익 집단의 평화행진을 위하여 한 상징을 고안해냈다. 그때 그는 이 유서 깊은 네로의 십자가를 사용했는데 이유인즉 그 자신이 기독교의 단호한 반대자이기 때문이었다. 그의 수필 '의혹을 파고드는 의지(The will to Doubt)'에서 그의 입장을 명확하게 했다. "나는 모든 유형의 종교적 신앙이 종식되기를 희망한다." 공산주의 신문 데일리 워커(the Daily Worker)지에서 그는 자신의 정치적 신조를 다음과 같이 천명했다. "소비에트 방식을 떠나서는 어떤 희망도 존재하지 않는다." 이 '평화의 사도'가 취한 태도를 보고 맹목적으로 평화의 상징을 달고 다니는 사람들은 모두 눈을 바로 떠야 한다.

5. 이 상징을 달고 다니는 사람들의 계층을 살펴보면 상황은 한층 더 뚜렷해진다. 미국에서는 공산주의 학생운동의 지도자들이 이 상징을 달고 있다. 붉은 급진주의자들은 자신들의 깃발에 평화의 상징을 그려 넣는다. 소련제 무기를 가지고 이스라엘과 맞서 싸우는 아랍 게릴라들도 무기에다가 이 상징을 부착한다. 샌프란시스코에 본거지를 둔 악마의 교황 안톤 라 비(Anton La Vey)는 악마의 미사를 시작하기에 앞서 대형 영사막에 평화의 상징을 비추어 보인다.

수천만 명에 달하는 기독교인들을 무참히 죽여 버린 살인자를 표상하고 있는 이 상징을 태연스레 달고 다닐 정도로 기독교인들의 눈이 멀어 있다니…. 참으로 끔찍한 일이다.

　공산주의자들은 '평화'의 확립을 원한다고 말한다. 그러나 다른 정치적 종교적 견해를 가진 사람들을 가차 없이 정신병동에 가두고 식물인간이 될 때까지 주사를 놓아대고 있다면 과연 그것이 어떤 종류의 평화란 말인가?

　참된 평화는 오직 한 곳에서만 발견된다. 바로 갈보리산상 십자가 아래에서이다. 세상에 평화를 가져오기 위해 다른 자들을 살해하지 않고 오히려 폭력과 살인의 악순환 원리를 깨부수려고 아무런 저항도 하지 않고 자신을 죽음에 내맡겼던 분이 바로 그 갈보리산상에서 죽으셨다. 한 분이 우리의 죄를 대신하여 죽으셨으니 그분을 통하여 우리의 영혼이 평화를 얻을 수 있다. 그분은 참으로 우리의 화평이시다(엡 2:14).

영접술
SPIRITISM

영접주의(Spiritism)는 라틴어 'Spiritus'에서 유래된 말이다. 우리나라에서는 흔히 '신령주의'라고도 번역되어 통용되고 있는데, '신령 또는 혼령을 믿고 섬기는 신조'라고 정의내릴 수 있다. 여기서는 특히 영접자의 갖가지 신비술 기법에 주목해보자.

신령숭배의 와중을 파헤쳐 들어가기에 앞서 나는 두 가지 사전준칙을 밝혀두는 바이다.

1. 나는 영접자 초혼집회에 참석한 적이 단 한 번도 없으며, 앞으로도 참석해 볼 의향이 추호도 없다. 이 점을 명백히 선언하는 이유는 어떤 비방자들이, 내가 영접자 모임에 가담했다는 헛소문을 퍼뜨리고 있기 때문이다.
2. 영접술에 관한 장을 읽기 전에 정신을 바짝 차리고 믿음으로 예수 그리스도의 보호하심 아래 자신을 맡기기 바란다. 예수께서 십자가상에서 거둔 승리로 말미암아 이러한 악령력을 두려워 할 필요가 없다고 하더라도, 이러한 자료의 연구를 가볍게 보아 넘겨서는 안 될 것이다.

영접주의는 세계적 규모의 운동이 되었으며, 지금도 세계 각국에서 상승일로를 치닫고 있다. 내가 브라질에 여덟 번째 방문을 했을 때 브라질에서는 영접주의가 급속하게 번져 들어가고 있다는 사실을 선교사들이 알려 주었다. 20년 전에 영접자가 약 1천만 명으로 추정되었으나, 오늘날에 와서는 거의 다섯 배로 증가했다.

브라질에서는 범죄적 영접단체인 머큠바(Macumba), 다소 종교적 형식을 갖춘 영접주의인 움반다(Umbanda)와 사회적 양상을 띤 소위 칼덱 영접주의(Kardec Spiritism)가 눈에 띈다. 특히 여러 대도시에 각종 영접자 사교 본부가 들어서 있다. 예컨대 레오시에는 영접자 모임이 7,000여 개가 있다고 한다.

영접주의 브라질뿐만 아니라 세계 도처에서 눈에 띈다. 아이티(Haiti)는 영접주의의 또 다른 중심권으로 이곳의 부두교는 마법과 영접술의 결합체이다. 미국의 캘리포니아는 영접자 활동의 본거지로서 마녀의 가마솥이다. 로스앤젤레스에는 6,000여 개의 영접자 모임이 있으며, 40여 개의 영접자 교회가 들어서 있다고 한다. 유럽에서는 영국이 영접자 운동에 앞장서고 있는데, 약 102개의 영접자 교회가 있다. 또한 해리 에드워즈(Hary Edwards)의 영접자 치료술 조직이 있는데 약 2,000여 명의 영접자 치료술사가 소속되어 있다.

유럽에 위치한 또 다른 악령의 활동 본거지는 파리와 리옹인데, 그곳에선 영접주의가 번성할 뿐만 아니라 악마를 예배하는 흑색미사(black mass)도 종종 거행된다. 독일에는 함부르크에 약 200여 개 모임이 있고, 프랑크푸르트에도 비슷한 숫자가 있다. 또한 블랑케(Blanke) 교수에 따르면 바젤에 약 400여 개의 모임이 있으며, 취리히에는 약 600여 개의 모임이 존재한다고 한다.

아프리카의 이교도도 역시 영접자이다.

끝으로 동아시아에서의 영접주의는 거대한 세력이다. 이곳에는 10억 이상의 인구가 직간접적으로 조상숭배의 영향을 받고 있다. 조상숭배는 작고한 친족을 경배하고자 하는 경건의 한 형태일 뿐만 아니라 악령숭배의 한 유형인 것이다.

조상숭배자들은 조상에게 기원한다. 즉 죽은 조상에게 굽어 살핌을 요청하여 제물을 바친다. 중공에서 모택동은 기독교뿐만 아니라 조상숭배도 역시 몰아내려고 시도해 보았으나 성공을 거두지 못했다. 만일 조상숭배가 영접주의 운동에 포함된다면 오늘날 인류의 3분의 1이 영접주의에 관련된 것이다.

영접주의에 관한 나의 지식은 학술적으로 책에서 얻어진 것이 아니라 카운슬링이 실제 경험의 유일한 출발점을 이루고 있다. 이 책을 쓸 당시, 나는 45년간이나 카운슬링을 해오면서 이러한 문제들을 다루어 왔다. 영접자인 무당이 가짜 현시(fake manifestation)를 하는 경우도 있다. 어떤 무당들은 자신들의 심령력이 실험을 해 보여줄 정도로 충분히 강력하지 못할 때 속임수 조작술을 이용한다. 나는 가짜 영접술엔 관심이 없다. 나는 오로지 진짜 현상을 기술하는데 흥미를 느낀다.

관련 자료가 큰 책 한 권을 엮고도 남을 정도로 너무 방대하므로 그 내용을 철저히 분석하여, 모든 영접자 현상을 크게 네 가지 유형, 즉 초감각적 감지력, 초감각적 영향력, 초감각적 환영술, 그리고 영접자 사교로 나누고자 한다.

첫째, 초감각적 감지력(Extrasensory Perception)이 있다. 초감각적 감지력에는 영접자 환상(Spiritist Visions), 영접자 예언, 탁자초혼술(Table Lifting), 영웅반(Ouija Board), 영접경에서의 언어구사, 자동필기술(Automatic Writing), 영접자 점술(Spiritist Soothsaying), 영들과의 대화

(Conversation with Spirits), 영혼의 유람(Excursion of the Soul), 외계여행(Astral Traveling)이 있다.

1. 영접자 환상

영접자 환상은 때때로 성경적 환상과 유사성을 보이나 그 연원이 전적으로 다르다. 성경적 환상은 하나님의 영역, 즉 성령의 장에서 비롯되지만, 영접자 환상은 그 영감의 진원지가 사탄인 것이다.

영접술 1

브라질의 뽀르토 알레그레(Porto Alegre)에서 17세 소녀가 카운슬링을 받으러 나를 찾아왔다. 그녀는 꿈속에서 한 대규모 무기생산 군수공장이 화재로 잿더미가 되는 것을 보았다. 바로 그날 신문에 그녀가 꿈꾸었던 광경과 똑같은 화재 사진들이 실렸다.

심령과학자들은 그 화재 사건을 텔레파시로 교시 받은 것이라고 말한다. 그러나 이것으로는 그녀가 이런 재능을 갖게 된 연유가 설명되지 않는다. 그런데 그 소녀의 양쪽 조부모는 브라질에서 눈부신 활약을 하던 영접자들이었다. 조상이 영접술을 행한 가계에서는 3대와 4대에 이르기까지 그 자손들이 심령력을 물려받는다. 이런 사람은 예수 그리스도께 삶을 내맡기고, 이러한 세력들 및 조상들의 죄악과의 단절을 결연히 선언할 때 비로소 심령력에서 풀려난다.

2. 영접자 예언

로스앤젤레스 복음선교여행 중 나는 거의 100여 개에 가까운 사례를 수집하여 서류철에 보존해 두었다. 영접자 예언에 대해 말하기 전에 과거 영접자였던 자가 나에게 들려준 다음의 경험담을 그대로 옮겨 적는다.

영접술 2

한 극단적인 성령 강림 집단에 속해 있던 사나이가 그 집단과 결별하고 독자적인 모임을 조직했다. 그들은 모임에서 영들로 하여금 자신들이 해야 할 바를 지령해 주도록 내맡겼다. 이리하여 한 안내자가 더 많은 영들이 태어나도록 하기 위해 남녀가 서로 긴밀한 관계를 맺으라고 지시를 했다. 아홉 달 후 모임에서 여인들이 눈에 안 보이는 세력으로부터 머리에 심한 타격을 받고 난 후 새로운 영들이 태어났는데, 그 신생 영들은 눈에 보이지 않았다.

여기서 우리는 인간 사고의 과정과 지력이 완전히 멎는 감을 느낀다. 정신의학자는 그러한 영접자 모임의 전 회원을 정신 질환자로 간주할 것이다. 사실, 그 회원들 중 다수가 정신 이상 질환 혹은 그와 유사한 종류의 이상질환인 영매성 정신병(Mediumistic Psychosis)으로 끝장나고 말았다.

3. 탁자초혼술(Table Lifting)

영접술 3

런던에 소재한 어떤 공과대학에서 탁자 초혼술이 일부 교수들과 학생들에 의해 행해지고 있었다. 참석자들은 원탁을 가운데 두고 빙 둘러 앉아 손을 맞잡았다. 영매가 죽은 자의 혼령들과 교신을 시도하면 학생들과 교수들은 질문을 던졌고, 탁자를 두들기는 신호음으로 그 대답이 나왔다. 한 번은 다음 시간 중에 그 도시에 사는 한 젊은이가 교통사고를 당할 것이라는 정보가 원탁에서 나왔다. 그 젊은이의 이름, 연령 및 신상명세도 아울러 주어졌다. 그러나 학생들은 그것을 믿지 않았다.

그런데 다음날 그들은 신문에서 동일인물의 사고 기사를 읽었고, 이 사건은 자연히 대학 내에서 영접술을 확산시키는 커다란 기폭제 구실을 하였다. 미국, 캐나다, 영국에 있는 많은 대학 내에서 학생들과 교수들이 한데 어울려 수업시간 또는 휴식시간에 탁자 초혼술을 행하도록 방치해 두는 것은 실로 범죄행위라 하여도 과언이 아닙니다.

이와 비슷한 것으로 술잔이동 초혼술이 있다. 그 예는 다음과 같다.

영접술 4

루터교 목사 한 분이 의사인 친구 집에 초대를 받았다. 식사를 마친 후 그 의사는 손님들을 불러 모아 모종의 파티놀이를 해 보자고 제안했다. 그들은 테이블 주변에 둘러앉았다. 그 테이블 위에는 알파벳이 원을 그리며 배열되어 있었고, 한 가운데엔 유리접시와 술잔 하나가 놓여 있었다. 의사는 좌중을 둘러보며 말했다. "자, 여러분! 이제 내가 작고한 모인의 혼령을 불러내 보겠습니다. 그 혼령은 우리들의 질문에 대답해 줄 것입니다."

술잔이 알파벳 주위를 이동해 다니면서 그 답변이 만들어져 나왔다. 목사는 이것을 기묘한 속임수라고 여긴 나머지, 그 에너지의 근원을 알아보려고 갖은 수단을 다 동원해 보았으나 끝내 손을 들고 말았다. 목사는 몇 차례 더 의사의 집에 초대되었다. 그 이후 목사의 영적 태도는 변화하기 시작했다.

그는 더 이상 기도를 하거나 성경을 읽을 수가 없었다. 제단에 올라설 때면 참기 어려운 고통이 엄습했다. 이러한 통증의 발작 중세는 목사로서 사역하거나 개인적으로 성경을 읽으려고 할 때 발생했다. 드디어 그는 교회 당회에 사퇴서를 제출하지 않을 수 없는 지경에 이르고 말았다. 나는 목사와 의사, 두 사람 다 카운슬링을 했다. 그런데 의사는 전부 회개하고 영접술과 단절한 후 신앙인이 되었으나 목사는 영접술로 인해 완전히 파멸되었다.

4. 영웅반(Ouija Board)

영웅반 사용은 북미와 영국에 널리 퍼져 있다. 영웅반은 바깥쪽 원둘레에 알파벳이 배열되어 있고, 안쪽 동심원 둘레에 숫자가 쓰여 있는 나무로 만든 놀이기구이다. 이것은 작동하는 방법이 술잔 이동 초혼술과 비슷한데, 술잔 혹은 진동자가 사용된다. 순진한 사람들은 이것을 파티놀이의 일종으로 여긴다.

미국 심리학자들은 영웅반이 잠재의식 속에 감추어져 있는 일들을 캐내는데 사용될 수 있다고 믿는다. 그것은 어느 한계점까지는 사실이지만 영웅반을 사용해서 미래에 일어날 사건도 역시 알려질 수 있으므로 적절한 설명은 못된다.

영접술 5

싱가포르에서 나는 영웅반의 배후를 보여주는 이야기를 들었다. 나는 싱가포르에 있는 신학교에서 강연 중이었는데, 토론회 시간에 한 여학생이 다음과 같은 이야기를 했다.

"나는 불과 몇 달 전에 기독교인이 되었습니다. 나는 그리스도께로 나아온 직후 세 여자 친구로부터 함께 놀이에 참석하자는 초대를 받았어요. 나는 그 초대를 수락했고, 내 앞에 문자와 숫자가 배열되어 있는 둥근 판이 놓여있는 것을 보았지요. 한 친구가 죽은 자의 혼령을 불러내어 질문에 답하도록 하겠다고 말했어요. 나는 불안감을 느낀 나머지 마음속으로 기도했습니다. 놀이를 주도하는 친구는 판 중앙에 놓여 있는 작은 유리잔에 두 손가락을 갖다 대었지요. 그러나 아무리 물어봐도 반응을 하지 않고 묵묵부답이었어요.

그러자 그녀는 질문을 했습니다.

'누군가 너를 방해하니?'

'그렇다.'

신속한 대답이 나왔어요. 그때 나는 더 이상 불안감을 견딜 수 없어서 그 방을 나왔습니다. 나중에 나는 친구들로부터 그 뒷이야기를 들었지요. 내가 나가고 나자 놀이 주도자가 물어 보았다고 해요.

'너를 방해하고 있던 사람이 누구냐?'

대답이 한 자 한 자 짚어졌다고 합니다.

'방금 이 방을 나간 여자애.'

'왜 그 애가 너를 방해했니?'

다른 소녀가 또 질문을 해보았답니다.

'하나님께서 그 애와 함께 하고 있기 때문이야.'

바로 이것이 그 놀이판에서 나온 대답이었다고 합니다."

이 체험담에서 우리는 예수 그리스도를 믿는 신앙과 영웅반놀이는 서로 전적인 상극관계임을 본다. 여기서도 하나님의 권능이 사탄의 세력을 여지없이 깨부순다.

5. 영접경에서의 언어구사

영접경 상태에서의 언어구사는 무당들의 관례이다. 이런 유형의 영접술을 통달한 무당이 그 자리에 있을 때, 비로소 이런 일이 일어난다. 무당이 일종의 깊은 수면상태와 같은 영접경에 빠져 들어가면 그때 영들은 그 무당을 통하여 참석자에게 말을 할 수 있다고 한다.

영접술 6

나는 남아프리카에 있는 한 루터교 교회에서 설교를 요청 받았다. 그 교회의 담임목사는 영접자들에게 홀려 그만 길을 잘못 들고 말았는데, 목사가 주춤거리며 망설이자 영접자들은 목사에게 마틴 루터(Martin Luther)가 자기들의 집회에서 설교한다고 말했다. 과연 루터교 목사치고 그 누가 마틴 루터의 설교 듣는 것을 마다 할 것인가? 그래서 루터교 목사는 부인과 딸을 데리고 초혼집회에 참석했다.

그러나 목사는 진행되어 가는 꼴이 악령들 쪽에서 부리는 파렴치한 속임수라는 것을 재빨리 알아차렸다. 다시 말해서, 마틴 루터가 이따위 영접자 무당을 통하여 그처럼 유치하고 비영적인 태도로 설교할 리가 만무한 것이다.

무시무시한 투쟁을 한 끝에 목사는 영접술과의 관계를 끊었다. 그러나 오래지 않아 세상을 떠났고, 그의 부인과 딸은 자유롭게 풀려나지 못하고 영접자들의 문어발에 붙잡힌 채 주저앉아 버렸다.

6. 자동필기술(Automatic Writing)

영접자 자동필기술에서 무당은 완전한 내적 고요를 이루어야 하며, 그 어떤 것에도 집착해서는 안 된다. 그러면 돌연 쓰고픈 충동이 영접자를 휩싼다. 현대의 가장 다재다능하고 강력한 영접자들 중에 한 사람이 매튜 매닝(Mathew Manning)이다. 그와 관련해서 자동필기술을 잘 설명해 주는 사례를 여기에 제시한다.

영접술 7

한 심령 과학자가 매닝을 방문하여 그의 실험 몇 가지를 점검하였다. 매닝은 그 심령 과학자에게 건강상태를 진단해 주겠다고 제안했다. 매닝은 백지 한 장을 꺼내 맨 윗부분에 그 심령과학자의 생년월일을 적고 나서 잠시 기다리고 있었다. 조금 후, 그의 손은 전혀 엉뚱한 필체로 쓰기 시작했는데, 끝머리에 '토마스 펜'이란 서명을 했다. 저편 세계에서 온 이 토마스 펜이란 자가 내린 진단도 역시 흥미로운 것으로서 어려운 전문용어인 '후위 부위에 기능 장애'이었다.

그 심령 과학자는 매닝에게 질문했다.

"당신은 후위부위라는 것이 대체 무슨 뜻인지 아십니까?"

"모릅니다."

매닝이 대답했다.

"그게 무엇을 뜻하는지 나도 역시 아리송합니다."

그 심령 과학자의 말이었다. 따라서 이 지식이 매닝의 잠재의식에서 나왔을 턱이 없다. 이것은 초인적 세력이 작용한 것이다.

자동 그림술(Automatic Drawing)도 똑같은 차원에 놓인다. 매닝은 크레용을 손에 쥐고 잠시 기다렸다가 돌연 재빠르게 그림을 그리기 시작한다. 몇 분이 지나면 그의 그림 스타일은 변하여 유명한 예술가들의 그림 스타일로 그린다.

앞서 그 심령 과학자가 그곳에 있었을 때 매닝은 1515년에 알브레히트 뒤러(Albrecht Durer)가 그렸던 코뿔소를 그대로 그려냈다. 잠시 후 매닝은 세례 요한의 머리가 소반에 얹혀 살로메 앞에 놓인 광경을 그렸는데, 그것은 오브리 비어들리(Aubrey Beardley)의 그림이다. 나는 두 그림을 모두 보았으며, 또 매닝이 눈여겨 본 적이 있다고 해도 알브레히트 뒤러나 비어들리의 그림을 기억을 더듬어 복사해 낼 정도로 예술가적 재능을 지니지는 못한 것을 확실히 안다.

매닝은 처음엔 이러한 모든 능력이 자신이 자신의 잠재의식에 기인한다고 믿었다. 그러나 이미 오래전에 그런 견해를 포기했다. 이제 그는 보이지 않는 세계로부터 충동과 능력을 받는다고 믿는다.

7. 영접자 점술(Spiritist Soothsaying)

1962년과 1964년에 나는 오스트레일리아에서 장기간 강연 여행을 하며 브리즈베인, 시드니, 울롱강, 뉴캐슬, 멜버른 및 기타 여러 도시에서 많은 사례를 수집했다. 시드니에서 수집한 사례는 다음과 같다.

영접술 8

어떤 여성친교단체에서 한 여인이 영접자 초혼집회에 참가했던 사실을 공개적으로 나에게 말했다. 초혼집회 중에 그 부인은 수년 동안 행방불명 된 자신의 남편이 아직도 살아 있는지를 물었다. 무당은 그녀에게 남편의 옷을 하나 가져와 보라고 청했다. 그다음 무당은 눈을 잠시 감고 있다가 말했다. "당신의 남편은 이탈리아에 살아 있습니다." 이 점괘는 나중에 사실임이 판명되었다. 우리가 여기서 목격한 바는 정신측정술과 영접자 점술이 결합된 형태이다. 이런 도움을 이용하는 사람은 속박장애를 겪는다.

8. 영들과의 대화(Conversation with Spirits)

잘 다듬어진 능력을 가진 강력한 무당들은 별다른 접촉수단을 필요로 하지 않고도 영들과 말을 주고받는다. 그들은 눈으로 영들을 볼 수 있으며, 말을 건네고 답변을 받는다. 오스트레일리아 리즈모어에서 수집한 이러한 사례 하나를 제시한다.

영접술 9

한 여인이 카운슬링을 받으려고 나를 찾아와서 자신이 겪고 있는 심한 발병증세에 대하여 하소연하였다. 여인의 삼촌은 영접자였는데 죽기 전에 자신의 심령력을 조카딸에게 전이시켜 주었다. 이런 일은 종종 있는 일로써 주술자들은 자신들의 마법적 능력을 다른 사람에게 옮겨주고 나서야 비로소 눈을 감고 숨을 거둔다. 이 젊은 여인은 죽은 삼촌의 심령력을 물려받은 후 줄곧 무서운 불안증세를 겪어왔다.

여인은 악마를 보았고, 두들겨 대는 소리를 들었으며, 도깨비를 경험했고, 다른 여러 가지 소동을 겪었다. 어찌할 바를 몰라서 여인은 의사를 찾아갔다. 의사는 여인을 일종의 정신분열증으로 생각하여 정신병원으로 보냈다. 그곳에서 여인은 충분한 정신요법을 받았으나 별 효과가 없었다.

여인은 퇴원하여 집으로 돌아오자 전과 같은 경험을 했는데, 영들을 눈으로 볼 수 있을 뿐만 아니라 말을 걸고 질문을 하여 대답을 받는 일도 할 수 있었다. 그 결과 여인의 신경은 점점 더 쇠약해져 갔다.

영접술 10

프랑크푸르트에서 강연을 마치고 난 후 한 영접자 처녀가 나에게 찾아와 자신은 여러 해 동안 영들과 대화를 나누어 오고 있다고 털어 놓았다. 그 처녀는 탁자 초혼술과 술잔 이동 초혼술로 시작했는데 그 후 더 이상 그러한 보조수단이 필요 없이도 곧바로 영들에게 질문을 하여 대답을 얻어냈다. 내가 그 처녀에게 이러한 영들이 그녀의 삶을 무너뜨리고 말 것이라고 지적해주었더니 그 처녀는 솔직하게 그 사실을 인정했다.

9. 영혼의 유람(Excursion of the Soul)

영혼을 육체에서 따로 분리시켜 감춰진 일들을 알아내는 능력을 소유한 영접자 무당들도 더러 있다. 이것이 바로 투시력이라고 하는 영접자 유형의 일종이다. 한 사례를 제시한다.

영접술 11

나는 런던에 있는 올세인트 홀에서 강연을 했는데, 많은 성공회 소속 성직자들이 참석했다. 강연 후에 이어진 토론회에서 한 성공회 사제는 자신의 육체에서 영혼을 분리하여 체외로 내보내 숨겨진 일들을 알아낼 수 있다고 호언장담 하였다. 이처럼 분리되는 상태는 그의 의향과는 별개로 벌어지는 일이었다.

그는 이것을 고린도후서 12:3절에서 사도 바울이 말하는 것과 흡사한 체험이라고 말했다. "몸 안에 있었는지 몸 밖에 있었는지 나는 모르노라." 그 사제는 예수 그리스도의 십자가를 머리에 떠올리게 되면 그때서야 비로소 이러한 진행과정을 멈추게 할 수 있었다고 첨언하였다. 그는 자신의 재능을 하나님의 은사라고 여겼으며, 또한 투시력의 재능도 지녔다고 말했다.

나는 이 사제에게 영혼의 유람이란 영접자의 가계에서 나타나는 현상이라는 관찰 사실을 지적해 주었다. 대개 부모나 조부모가 영접자였다면 이러한 능력이 후손에게서 나타난다. 사제가 이 사실을 의문시 하므로 바로 그때 의외로 나를 지지하는 한 사람이 나타났다. 그는 맨 뒤에서 벌떡 일어서서 말했다. "나도 과거 그와 동일한 능력을 지녔었습니다만 그리스도의 은혜로 그로부터 헤어 나와 구원을 받았지요. 좌우간 예수 그리스도께 간구해 보십시오. 주님 예수의 이름을 의지하는 사람은 구원을 받을 것입니다."

이틀 후 나는 이 성공회 사제께서 기회를 내어 만나달라고 요청하는 전화연락을 받았다. 그는 영접자들과 내통해 왔다고 고백했고, 영접술을 끊어버리고 예수 그리스도를 맞아 들였으며, 자신이 맡고 있는 교회에서 설교해 달라고 나를 초청했다. 그 후 그 교회는 잘 성장했다.

10. 외계여행(Astral Traveling)

영혼의 유람을 하는 영접자들은 자신들의 영혼을 단지 이 세상에 국한한다. 그러나 외계여행을 통달한 강력한 영접자들은 자신들의 영혼을 달이나 혹성에까지 보내어 그 곳에 있는 것들을 알아낼 수 있다고 주장을 한다.

어떤 이들은 심지어 하나님께서 계신 곳까지도 가보았다고 주장할 정도로 대담무쌍하다. 이것은 얼토당토않은 헛소리로써, 하나님께서는 그 하시는 일에 영접자들이 끼어들도록 허용하시지 않는다. 한 사례를 들어 예증해 보기로 한다.

영접술 12

핀란드 강연 여행 중, 나는 자칭, 대모 디비(Deebe)라 하는 영접자 여인의 추종자 몇 사람과 접촉하게 되었다. 이 여인은 유럽의 절반가량을 여행한다. 그녀는 매주 다섯 시간을 예수와 함께 보내는데, 그때 자신의 추종자들을 위하여 개별적인 중보를 한다고 주장한다. 추종자들은 말할 필요도 없이 여인에게 많은 돈을 바친다. 대모 디비는 또한 남자들과 나체로 한데 어울려 기도한다. 이 이야기는 그녀의 추종자들로부터 내가 직접 들었던 것이다. 이 여인은 거짓 악령의 추종을 받는 것이지 결코 성령의 이끌림을 받는 것이 아니다.

둘째, 초감각적 영향력이 있다. 초감각적 영향력에는 형체구현술(Materialization), 변신술(Transfiguration), 변위술(Translocation), 물체신출술(Apports), 물체귀몰술(Depports), 부신술(Levitation), 원격력(Telekinesis), 영접자의 공격마법(Spiritistic Aggressive Magic), 영접자의 방어방법(Spiristic Defensive Magic), 영접자 수술(Spiritist Operation), 영

접자 기적(Spiritist Miracle), 형체소멸술(Dematerialization), 모조물 원격출현술(Teleplasm)이 있다.

이는 영접에서 비롯된 지식 또는 감지력에 관한 것이다. 여기서는 영접으로 인한 힘의 출현을 다룬다.

1. 형체구현술(Materialization)

형체구현술이란 용어는 무당이 허깨비의 형체를 생성해 내는 것을 일컬어 사용된다. 죽은 자들이 눈에 보이게 된다고 말한다. 한 사례를 보자.

영접술 13

내 친구 중 한 사람은 루터교 목사이다. 어느 날 그는 베를린에 있는 젊은 신학교수와 함께 '형체구현술 모임'에 가보았다. 그 모임의 주관자는 죽은 사람을 누구든지 불러낼 수 있다고 호언하였다. 그래서 젊은 신학교수는 마틴 루터의 친구인 필립 멜란히톤(Philipp Melanchthon)을 만나볼 수 있는지 요청해 보았다. 즉시 하얀 유령이 나타났는데, 그 모습이 실제로 필립 멜란히톤과 흡사하였다.

그 신학 교수는 가져간 카메라로 스냅사진을 찍었는데, 필립 멜란히톤의 흐릿한 사진이 실제로 필름에 찍혀 나온 것을 보고 깜짝 놀랐다.

이것은 이러한 종류의 유령은 사진에 찍힐 수 있다는 사실을 보여준다. 쉬렝크 노찡(Shrenk-Notzing)도 역시 이런 종류의 실험 몇 가지를 성공했다. 오해를 막기 위해 나는 베를린에서 개최된 그 초혼 집회에서 나타난 유령은 진짜 필립 멜란히톤이 아니었음을 여기서 분명히 천명해둔다. 일개 무당이 하나님의 사람을 불러낸다는 것은 당치도 않은 일이다.

사무엘상 28장에는 엔돌에 있는 여자 영접자가 죽은 자들의 처소에서 예언자 사무엘을 불러냈다고 기록되어 있으므로 반론이 제기될 것이다. 그러나 이 난해한 장에 관하여 엔돌의 영접자가 사무엘을 불러낼 능력이 전혀 없었음을 다시 한 번 강조한다.

이 성경 줄거리를 읽어보면 예기치 못했던 극적인 돌발 사태가 나타남을 볼 수 있다. 그 영접자는 여러 해 동안 다른 많은 사람들을 속여 왔듯이, 가장하고 찾아온 사울왕을 아마 멋들어지게 속여 넘길 수 있었을 것이다.

그러나 의외로 그 여자 영접자는 경악하고 말았다. 하나님께서 임재하셔서 사태를 뒤집어 놓으셨으니 진짜 사무엘이 하나님의 보내심을 받아 사울 왕에게 사형선고를 언도하려고 나타난 것이다.

형체구현을 해낼 수 있는 무당들은 바로 강력한 속박장애를 받고 있는 사람들이다. 스위스의 아름다운 수도 베른에서 형체구현술을 하는 무당이 카운슬링 받으러 나를 찾아왔다.

그 여인은 울부짖었다. "코흐 박사님! 저는 악마의 발톱 부리에 붙잡혀 찢기고 있어요. 제발 좀 도와주세요." 나는 그 여인에게 예수께로 나오는 길을 알려 주었고 여인은 나와 함께 절교의 기도를 했다. 그러나 그 후 여인이 어떻게 되었는지 나는 모른다.

2. 변신술(Transfiguration)

영접자 영매가 얼굴 생김새를 다른 사람의 용모로 변화시키면 바로 그때 변신술이 대두된다. 사례를 들어본다.

영접술 14

런던에서 나는 밀렌(Millen) 씨를 만났다. 여러 해 동안 그는 꽤 용한 영매였다. 그의 부인과 더불어 기도모임에서 그를 위해 중보기도를 시작했다. 처절한 싸움 끝에 그는 드디어 그리스도를 통하여 자유롭게 되었다. 이 옛 영접자는 자신이 지녔던 영매성 능력에 대한 이모저모를 나에게 이야기해 주었다.

예를 들면, 그는 변신술에 통달했다. 그가 좌정하고 영접경에 몰입하면 마치 보이지 않는 물질이 그를 덧씌우는 것 같았다. 이것이 아마 영접자들이 일컫는 영질(Ectoplasm, Teleplasm) 이었던 것 같다. 그때 그의 얼굴은 청원자가 보고 싶어 하는 죽은 사람의 모습으로 덧입게 된다. 예컨대, 한 여인이 할머니가 보고 싶다고 청하고 나서, 잠시 후 둔갑하여 나타난 할머니를 진짜로 알고 얼싸안고서 울음을 터뜨렸다.

3. 변위술(Translocation)

홀연히 자취를 감추고 사라져 버리는 영접자 영매들도 더러 있다. 다시 말해서, 그들은 갑자기 눈앞에서 사라져 다른 곳에 홀연히 다시 나타난다. 즉, 그들은 변위한다. 이러한 현상은 독특하게 여러 가지 명칭으로 불리는데, 일본이나 남아메리카에서는 '바람타기' 라고 한다.

4. 물체신출술(Apports)

이 말은 '가까이 가져오다' 는 뜻을 지닌 라틴어 apportare에서 유래된 것으로서 밀폐된 방안에 물체가 홀연히 나타나는 현상을 지칭한다. 두 종류가 있는데 그 물체가 사라져 버리는 경우와 그대로 남아있는 경우이다.

영접술 15

어떤 목사에게 세 사람의 영접자들이 불시에 방문했던 일을 나에게 말했다. 한 영접자가 그 목사에게 손바닥을 펼쳐 내보이며 "자, 자세히 들여

다보세요."하고 말했다. 그러자 그 순간 여러 가지 붉은 색의 귀금속이 그 영접자의 펼친 손바닥에 나타났다. 그것은 속임수가 아니었다. 그 귀금속은 그의 소매에서 흘러나온 것도 아니었다. 그 영접자는 말했다. "이것들은 저편 세계에 있는 우리 동료가 보낸 선물이지요. 잠시 후 다시 사라질 것입니다." 목사는 주의 깊게 지켜보았는데 몇 분 후 그 귀금속은 사라져 버렸다.

영접술 16

이번엔 출현물이 계속 남아있는 사례이다. 내가 알고 있는 어떤 농부의 집이 홀랑 다 불탔다. 그 농부는 하는 수 없이 이웃집 헛간에 트랙터를 들여다 놓았다. 그 후 그가 트랙터를 가져오려고 갔을 때 엔진 시동이 걸리지가 않았다. 그 트랙터는 예인되어 수리소로 보내졌다. 엔진의 실린더 블록이 분해되어 열어젖혀졌는데 실린더 안쪽에 쇳덩이가 끼어 있었다. 기계 수리공은 트랙터 제조회사에 편지를 띄워 새 트랙터의 블록은 분해된 적이 없어야 마땅하다는 이유를 들어 제작상의 결함이 틀림없다는 지적을 했다. 공장에서 조립기사가 달려 왔으며, 공장 측에 잘못이 있을 까닭이 만무하다고 결론 내렸다. 블록 안에 들어있는 것과 같은 생김새의 물체는 그 제조공장에는 전혀 없었던 것이다.

그 물체에 대하여 논쟁이 한바탕 일었다. 소유주나 그 이웃은 실린더 블록을 열어본 적이 전혀 없었다. 농부들로서는 도저히 열어볼 만한 기능을 보유하고 있을 수가 없었다. 수리소에서도 아무도 그것을 열어보지 않았다. 왜냐하면 그 트랙터는 산 지 불과 얼마 안 되있기 때문이다.

그렇다면 이 물체는 대체 어디서 온 것일까? 그 소유자는 나에게 연락하여 조언을 구했다. 이 특기할 만한 물체출현이 일어난 집에서는 여러 세대를 거쳐 내려오면서 영접술이 행해져 왔다는 사실이 드러났다.

5. 물체귀몰술(Depports)
영접술 17

한 프랑스인이 수년간 계속 나에게 카운슬링 받으러 왔다. 그는 원래 영접적 마법사였고, 강력한 심령력을 소유했다. 차츰차츰 그는 영접술에서 풀려나서 그는 모든 죄를 회개하고 삶을 예수 그리스도께 바쳤으며, 내 앞에서 어둠의 권세와 절교를 했다. 그러나 그는 회심을 했는데도 불구하고 완전히 자유롭게 풀려나지는 못했다. 주목할 만한 물체귀몰술이 저절로 나타난다. 보조 열쇠를 가진 사람이라곤 아무도 없는 데도 잠가 놓은 돈 통에서 돈이 감쪽같이 없어진다. 또 한편, 강력한 영접자들은 돈을 감쪽같이 훔쳐낼 수 있다고 시인해오고 있다.

6. 부신술(Levitation)

부신술은 세계 도처에서 영접자들이 행하는 바이다. 이 말은 라틴어 levitas(가벼움, 이동 용이성)와 그 동사 Levare(가벼워지다, 떠오르다)에서 유래된 것이다.

영접자 부신술에서는 지구의 인력이 작용을 멈춘 것처럼 보이는 것으로 사람이 천장으로 두둥실 떠오른다. 이 악마적인 관례는 또한 '미끄럼(Sliding)' 현상을 포함한다.

알프스 산맥에 위치한 한 농가에서 도깨비들이 출몰했는데, 그것도 꼭 그 집의 열네 살 난 아들이 있을 때였다. 소년이 잠자리에 드러누우면 보이지 않는 힘에 의하여 마치 썰매가 미끄러지듯 사뿐히 몸이 떠올랐다. 이 현상은 여러 차례 교수, 전자 기술자, 심령과학자에 의해 탐색을 받아 보았지만, 그들은 그 원인을 캐내지 못하고 말았다. 그 후 알게 된 확실한 한 가지는 그 집에서 수십 년간 영접술이 행해져 내려왔다는 사실이었다.

7. 원격력(Telekinesis)

원격력이란 용어의 어원은 두 헬라어 단어이다. 그 첫 어원은 '끝닿는 데까지 가져간다' 뜻의 teleo 또는 '끝, 먼거리, 경계'를 나타내는 telos이다. 두 번째 말은 '움직여 나간다'는 뜻을 가진 동사 kineo이다. 따라서 두 말의 합성어인 이 용어는 '먼거리에서 움직이는 힘'으로 풀이될 수 있을 것이다. 벤더 교수는 이것을 염력이라고 부르는데, 이러한 명명은 먼 곳에 있는 물체를 움직이는 능력에 대한 설명을 심령이 지닌 힘 속에서 찾을 수 있다는 뜻이다. 3.5톤 무게의 참나무 옷장이 심령력으로 움직여지려면 10,000명 혹은 100,000명에 해당하는 심령력 에너지가 소요된다.

이 점에 대하여 물리학자가 우리에게 일러주는 바를 경청해 보는 것은 참으로 유익한 일이다. 우리 몸이 물리적 노력으로 감당해낼 수 없는 일을 정신이 떠맡아 할 수는 없는 노릇이다. 매닝에 관한 또 다른 사례 하나를 제시해 본다.

영접술 18

매튜 매닝에게 강철제 수갑이 채워졌다. 그리고 매닝은 손을 옴짝달싹도 하지 않고 가만히 둔 채, 실험을 관측해 보려고 그 곳에 와있는 심령과학자들과 조용히 대화를 나누었다. 돌연 강철제 수갑이 완전히 망가져 버렸다. 전문가들은 수갑을 면밀히 조사해 보았으나 그 사건을 설명할 수가 없었다. 이것으로 보건대 매튜 매닝이 유리겔러보다 훨씬 더 강력한 영매이다.

8. 영접자의 공격마법(Spiritistic Aggressive Magic)

영접술 19

어느 날 어떤 목사 부부가 나를 찾아왔다. 20세의 처녀 영접자가 마법력으로 어떤 처녀에게 공격을 퍼붓고 있었다. 영접자가 '모세 6·7경'을 그 처녀에게 준 적이 벌써 두 번씩이나 있는데 그 처녀는 받는 즉시 라인강에 집어 던져버렸다. 그래서 영접자 처녀는 으름장을 놓았다. "너도 역시 라인강에 처박아 넣고 말테다." 그 영접자의 이름은 아이리스(Iris)였는데, 지금 마약중독으로 인하여 공립 요양소에 수용 중이었다.

피해를 입고 있던 처녀는 목사에게 찾아가 피할 길을 구했다. 목사는 즉시 그 영접자를 담당하고 있는 여의사에게 연락을 한 후 나를 찾아왔다. 담당 여의사는 모세 6·7경으로 다른 사람에게 곤란을 겪게 할 수 있다는 말은 미신에 불과하다고 무시해 버리려 했다. 그런데, 실제 벌어진 일이 그들 모두에게 그 실제성을 입증해 주었다.

그 여의사는 요양소에 설치된 도청장치를 이용하여 그 영접자가 대상 처녀를 파멸시켜 죽이려고 계획하고 있음을 알았다. 월요일 저녁 8시에 공격 계획을 세워놓고 있다고 여의사는 목사에게 연락해 주었다. 월요일 저녁에 목사 부부는 공격 받게 될 처녀를 만나보러 갔으며, 그 마법공격 사실을 처녀에게는 단 한마디도 귀띔해주지 않았다. 그들은 과연 그 공격이 객관적 효력을 나타나게 될지 알아보고 싶었다.

8시가 되자 처녀는 얼굴이 창백해지며 부들부들 떨기 시작했다. 목사는 그 처녀와 함께 기도하려고 애썼으나 그 처녀는 두 손을 한데 모을 수조차 없었고, 무릎도 꿇을 수가 없었다. 죽음의 공포가 처녀를 덮쳤다. 목사는 그 처녀가 전혀 공격 사실을 모르고 있는 데도 불구하고 마법공격의 효력이 분명히 나타난다는 사실을 여의사에게 알려 주었다. 다시 말해서 이것은 암시효과에 해당되는 경우가 아니었다.

한편, 여의사는 마법공격을 하고 있는 동안 그 영접자를 예의주시하여 관찰하고 있었다. 그 영접자는 영접경에 몰입하여 있었으며, 여의사가 말을 걸어도 단 한마디 대꾸도 없었다. 심지어 꼬집거나 바늘로 찔러도 아무런 반응이 없었다.

그 영접자는 영접경에서 깨어나자, 몹시 화를 냈다. 자신의 공격이 되 튕겨 돌아왔기 때문에 분을 이기지 못했다. 그래서 그녀는 일주일 후 재차 공격을 물리칠 수 있는 묘방에 대하여 나의 조언을 구했다.

나는 그 목사에게 우선 그 무엇보다도 피해 처녀와 대화를 나누어 예수 그리스도께 삶을 완전히 내맡기도록 일러주라고 조언해 주었다. 그 처녀는 또한 예수 그리스도의 보호하심 아래 믿음으로 굳게 서는 것을 배워야만 한다.

아울러 나는 목사에게 기도모임을 조직하여 공격시에 피해자가 흑암의 공격으로부터 보호받을 수 있도록 기도해 주라고 조언해주었다. 그 후 만사가 그대로 착착 진행되어 성과를 거두었다.

9. 영접자의 방어방법(Spiristic Defensive Magic)

예수 그리스도의 권능에 힘입어 마법공격으로부터 보호 받을 수가 있다. 이것은 성경적인 길이다. 그러나 사탄적 방법의 방어도 또한 존재한다. 나는 가위를 벌려 놓거나 칼을 사용하는 따위의 사탄적 유형의 방어를 말하고 싶지가 않다. 혹시라도 독자가 '한 번 해볼까' 하는 생각이라도 할까봐 염려가 앞서기 때문이다.

10. 영접자 수술(Spiritist Operation)

이 주제에 관하여는 따로 상술한 장이 이 책에 있으므로 여기서는 흥미로운 사례 하나만 제시하고 넘어가고자 한다.

영접술 20

나는 아프리카 강연여행을 하던 중에 한 선교사에게서 이 이야기를 들었다. 한 사나이가 병이 들었을 때 영접치료사를 찾아갔는데, 이러한 치료

능력의 본질을 잘 몰랐기 때문이었다. 이 영접자는 소위 성기체(astral body) 수술을 단행했는데, 이것은 환자의 신체에 효력을 나타낸다고 추정되었다.

예컨대 그는 환자의 배꼽 위에 유리잔을 거꾸로 엎어 놓고서 담석증을 치료했다. 그 유리잔 속에 조그만 촛불이 들어 있는데 그 촛불은 산소의 소모와 더불어 꺼져간다. 이러한 일이 진행되어 가고 있을 때 영접 치료사는 영접경에 몰입해 있다. 그 촛불이 완전히 꺼지고 나면 담석도 또한 자취를 감추고 사라진다. X-레이 촬영 검사를 해보아도 담석은 흔적조차 없었다.

11. 영접자 기적(Spiritist Miracle)

악마는 항상 성경에 나오는 기적을 모방하려고 애쓴다. 여행을 하면서 나는 마법능력으로 죽은 사람을 살려냈다는 이야기를 두 번이나 들었다. 나는 이 두 사례를 증명해 볼 입장은 못 된다. 왜냐하면 관련 당사자가 실제로 죽었던 것인지 혹은 다만 사지가 뻣뻣하고 굳은 상태에 불과했는지를 알 도리가 없기 때문이다.

영접술 21

나는 중동에서 죽은 지 며칠 지난 사람을 다시 살려냈다는 한 회교 마법사에 관한 이야기를 들었다. 되살아난 그 사람은 그 마법사의 발아래 엎드려 머리를 조아리며 방금 가보았던 그 곳으로 되돌려 보내지 말아달라고 통사정을 했다고 한다.

영접술 22

두 번째 사례는 아메리카 대륙의 최북단에 위치한 베로우에서 들었다.

베로우에서 열린 한 예배모임에서 나는 1,900여 명의 에스키모인 회중에게 설교했는데, 그것은 참으로 훌륭한 영적 경험이었다. 아울러 나는 에스키모인들로부터 샤먼의 실체에 관하여 들었으며, 활발한 기독교 선교사업 전개에도 불구하고 샤먼들은 여전히 버티고 남아 악마적인 관행을 포기하려고 들지 않았다.

샤먼 알루아루크는 강력한 영접자였으며, 영들과 대화를 예사로이 주고받았다. 어느 날 한 에스키모 이교도가 죽었는데, 그 이름은 타야크파마였다. 그 친족들은 알루아루크를 찾아가 죽은 사람을 살려달라고 애걸하였다. 그 샤먼은 죽은 사람을 되살려내는 데 성공했다. 타야크파마는 그 후 10년을 더 살았다. 그런데 알루야루크가 자신의 마법이 지닌 악마적인 본질을 깨닫게 되는 때가 찾아들었다. 그는 선교사의 메시지를 받아들여 자신의 삶을 그리스도께 내맡겼다. 그 이후 그는 샤먼으로서의 능력을 상실해 버렸다.

때때로 선교 현지로부터 죽은 사람이 되살아났다는 보고가 들어오는데, 그것은 오로지 그리스도에 대한 믿음의 힘에 의한 것이다.

그런데 이러한 경우에 있어서도 죽은 사람이 과연 정말 육체적으로 죽었던 것인지 혹은 사지가 빳빳하게 굳은 상태에 불과했던 것인지를 알 길이 없다. 나는 이러한 것들이 뚜렷이 드러났던 몇 가지 사례를 가지고 있다.

그런 일들을 보고할 때엔 신앙을 가진 기독교인들로부터 맹공을 받을 각오를 해야 한다. 성경에 나오는 각종 기적들을 단지 이론적으로만 인정하는 신학자들과 신학대학 교수들이 비일비재 하다. 오늘날 하나님께서 그러한 종류의 기적적인 일을 하시면 그때엔 의심과 비판을 일삼아 일축해 버리고 만다.

12. 형체소멸술(Dematerialization)

형체소멸술이란 몸이 보이지 않게 사라져 버리게 하는 능력이다. 우리는 바람타기와 관련이 있는 변위술에서 재차 이것을 음미해 볼 것이다. 형체소멸술은 동화에서 흔히 나오는 낯익은 주제이기도 하다. 예컨대 니벨룽엔가의 무용담에 나오는 지그프리드의 눈에 안 보이는 망토가 바로 그런 것이다.

영접술 23

흑색 마법과 영접술로 이름난 어떤 섬에서 나는 매우 강력한 심령력을 지닌 한 젊은이를 만났다. 모 전도 집회에서 그 젊은이는 그리스도를 믿게 되었다. 그는 세 번 살인했다고 솔직히 고백했다. 경찰은 여러 해 동안 그 젊은이를 뒤쫓아 다녔으나, 찾아낼 수 없었는데 그 이유인즉 추적 당하면 그는 눈에 보이지 않게 할 수 있는 능력을 가졌기 때문이었다.

물론 사람들이 이런 이야기에 대해 많은 의문점을 가질 것은 뻔하다. 그러나 그 진술이 사실이었음을 나타내주는 것으로 두 가지 점이 거론될 수 있다. 사람들이 성령에 의하여 죄를 깨달아 알고, 예수 그리스도를 주님으로 영접하였을 때엔 대개 진실을 말한다. 두 번째 징표는 전 대륙에 퍼져 있는 여러 선교현장에서 나타나는 사례들이 유사성을 보인다는 점이다.

13. 모조물 원격출현술(Teleplasm)

이 용어는 두 헬라어 어원에서 유래된 말로 첫째는 '끝닿는 거리' 란 뜻의 telos이고 그 둘째는 '모조물'을 뜻하는 plasma이다.

따라서 문자 뜻대로 풀이하면 '원거리에 출현한 모조물' 이라는 뜻이다. 이것은 내가 카운슬링 중에 가끔 들어온 색다른 활동이다.

영접술 24

원격 모조물, 즉 영질의 첫 번째 산물은 프랑스에서 선교사 마그리트 호이즈너가 나에게 보여준 것이었다. 그것은 베개에서 뽑아낸 깃털로 만들어진 '깃털 먼지털이개'였다. 깃털 먼지털이개는 프랑스에서는 영접자 박해의 표시물로 여겨진다.

영접술 25

나는 아아보리 코스트에 있는 만섬(the Island of Man)에서 또 다른 사례를 들었는데, 한 여선교사가 나에게 이 이야기를 들려주었다. 그녀가 어렸을 적에 어떤 영접자가 그녀를 데려가서 마법을 걸었다. 그 이후 그녀는 밤에 칭얼거리며 보채서 살펴보니 무릎에서 다섯 개의 뼈가 튀어 나왔다. 그런데 후에 병원에서 검사를 해보니 무릎뼈 구조에 아무런 이상이 없었다. 그 어머니는 영접자에게 이런 일을 한 이유를 다그쳐 물었다.

"나는 숫자를 채울 때까지 그런 일을 사람들에게 해야만 됩니다. 그래야 나 자신이 자유롭게 되어요." 영접자가 한 대답이었다. 아무튼 이것은 물체출현술과도 유사성을 띤 방법이다.

영접술 26

파리에서 나는 각종 세미나에서 수차례 강연을 했다. 복스(Vaux)에서 했고, 그 다음엔 노젠 서마네 신학교(the Bible School of Nogent Sur marne)에서 이었고, 블로셔(Blocher) 목사의 담임교회인 터버너클(Tabernacle)에서 했다. 이 기간 중에 한 유태인이 카운슬링을 받으러 나에게 찾아왔다. 그는 직업이 도장공으로서 이탈리아에서 여러 해 동안 일했고, 그곳에서의 삶에 만족을 느끼지 못한 나머지 진리를 추구하기 시작했는데 처음에는 몇몇 잘못된 운동에도 가담해 보았다. 그는 유태인

밀교에서 출발하여 요가, 영접술, 그리고 갖가지 신비운동으로 발을 내딛었다. 그러나 그는 그곳에서 진리를 찾아내지 못했다. 대신 각양각색의 심한 압박장애의 구렁으로 차츰 빠져들었다.

한편 진리를 찾고자 하는 그의 열망은 더욱 강렬해져서 기독교인과 접촉을 갖기 시작했다. 맨 처음이 가톨릭 교인이었는데, 그에게는 진리를 지적해 준 첫 번째 사람들이었다. 그러나 그들은 예수 그리스도께로 그를 이끌어 주지 못하고 고작 예수의 어머니인 마리아에 그치고 말았다.

최후로 그는 복음적인 그리스도인 몇 사람을 알게 되었는데, 그들은 예수 그리스도의 사도였다. 그들이 그에게 구원의 길을 제시해 줄 수가 있었다.

그런 후 그 유태인은 파리에 있는 신학교에 재학중이며, 선교사가 되려고 한다. 그러나 압박장애증이 완전히 극복된 것은 아니었다. 그는 영접술에 그 연원이 있는 발작 증세를 겪고 있었다. 밤에는 마치 영질과 같은 베일이 그의 머리에 드리워지고 있는 것을 느낀다. 그런 때면 그는 기도를 할 수가 없었고, 의심이 마음속에 파고 들어왔다. 어떤 음성이 그에게 말하는 것이었다.

"너는 결단코 자유롭지 못해. 너는 여전히 처참한 결말로 치닫고 있는 거야!"

그는 자신의 모든 죄를 회개했고, 나는 그에게 새삼 예수 그리스도께로 나오는 길을 제시해주었다. 우리는 함께 절연의 기도를 했다. 그는 기꺼이 예수 그리스도께 삶을 바치고자 했으며, 복음 전도자가 되고자 했다.

세번째, 초감각적 환영술(Extrasensory Apparitions)이 있다. 초감각적 환영술에는 영접자 유령출현술(Spiritist Apparitions)가 있다.

1. 영접자 유령출현술(Spiritist Apparitions)

도깨비 현상으로 알려져 있는 영접자 유령출현술의 폭 넓은 범위는 두툼한 책 한 권을 족히 쓸 정도로 뒷받침해 줄 만한 자료가 충분히 있다.

영접술 27

캐나다의 에드먼턴에서 설교를 하고 있을 때, 21살 난 처녀가 나에게 카운슬링을 받으러 왔다. 그녀는 밤이면 살고 있는 집의 방문이 갑자기 열리고, 라디오가 저절로 켜질 뿐만 아니라 번쩍번쩍 하는 빛줄기와 사람 얼굴들이 나타나고, 문이란 문은 모두 꼭꼭 잠겨있는데도 두런두런 하는 말소리와 박박 긁어대고 두들기는 소리, 투명인간이 이리저리 걸어 다니는 발자국 소리를 들었다. 그렇다고 해서 처녀가 정신이상 질환자는 아니었다. 내가 그 집 거주자나 처녀의 조상들 중에 영접자가 있었는지 물어보자, 처녀는 이 사실을 시인했다. 그녀의 할머니는 주술사였고, 영접자였으며 끔찍스런 일을 당하여 죽었다.

영접술 28

나에게 몹시 충격을 준 한 사례는 바로 옆집에서 일어났다. 기독교인 친교운동에 소속되어 있는 한 사나이가 임종을 맞이하였는데, 나도 여러해 전부터 이 사람을 잘 알고 있었다. 그가 죽어가고 있는 동안 집안 도처에서 도깨비들이 나타났다. 창문은 바람 한 점 없는데도 덜컹거렸고, 벽을 북북 긁어대는 소리, 쇠사슬 끄는 소리, 그리고 뚜벅뚜벅 걷는 발자국 소리가 들렸다.

죽어가는 사람 옆에 앉아있던 부인은 더 이상 버틸 수가 없어서 한 기독교 병원에 전화를 걸어 간호사를 보내달라고 부탁했다. 병원 측은 일반 규칙을 깨고 예외조치를 하여 야간대기 간호사를 보내주는 특별 우대를 했는데, 이 사나이가 친교단체에 잘 알려져 있는 회원이기 때문이었다. 간호사는 그 방안에 있은 지 불과 몇 시간 안 되어 똑같은 소리를 듣기 시작했다. 간호사도 역시 그 죽어가는 사람과 함께 기도할 수 없음을 알아차렸다. 그 무언가가 그녀의 목을 꽉 조이며 말을 못하게 하는 것이었다. 간호사는 부랴부랴 병원으로 되돌아가 간호부장에게 말했다.

"그 집에는 악마가 풀려나 날 뛰고 있어요, 나는 그 집에서 밤을 지새울 수가 없어요. 어림도 없고 말구요. 숨 막힐 듯 한 분위기에요!"

결국 교구목사가 달려왔는데 그는 믿음을 가진 사람이었으며, 나의 친구였다. 목사는 죽어가는 사람에게 성채 성사를 해주고 싶었지만 그도 역시 부인 및 야간대기 간호사와 마찬가지로 똑같은 도깨비 현상을 경험했다. 그 목사도 역시 이러한 악령적 공기가 감도는 가운데 도저히 버티고 있을 수가 없음을 느꼈다. 그는 기도문 한 구절도 가까스로 말했다.

그 남자는 지독히도 버둥대고 난 후, 드디어 숨을 거두었다. 장례식이 끝난 후 목사는 나에게 말했다.

"여기서 볼 수 있듯이 죽음을 맞이한 최후의 싸움에서는 악마가 심지어 하나님의 사람을 공격하는 일까지도 허락받는 모양입니다."

나는 답변을 해 주었다.

"솔직히 말해서 이 사람이 여러 해 동안 영접자 모임에 참석했을 뿐만 아니라, 그 모임을 주관했다는 사실을 나는 알고 있습니다."

토요일 저녁이면 그는 자기 집에 많은 교사들과 여러 직종의 사람들을 불러들여 탁자초혼술을 했으며, 일요일엔 성경연구 모임을 개최했다. 그는 영적으론 싸늘하게 죽어 있었다. 그는 한꺼번에 두 갈래를 좇고 있었다. 바로 이것이 그가 죽어갈 때 악마가 날뛰며 다음 사실을 명백히 가려내고자 했던 이유였다.

"나는 이 자에 대한 권리가 있으며, 이 집에 있을 권리가 있다."

네번째, 영접자 사교(Spiritist Cult)가 있다. 영접자 사교에는 영접자 결사지부(Spiritist Lodges), 영접자의 교회(Spiritist Church), 기독교 신앙인들 사이에 파고든 영접술이 있다.

1. 영접자 사교

영접자 사교는 세계도처에서 모습을 드러내고 있다. 거의 모든 이방종교의 배경을 이루는 터전이 영접주의의 영향을 입고 있다. 동아시아의 조상숭배를 그 첫 번째로 꼽을 수 있는데, 약 10억의 인구가 추종하고 있기 때문이다. 이에 대한 언급은 이미 다른 장에서 한 바 있다.

나는 뉴기니를 두 번 방문하여 특성화된 영접자 사교들을 발견하였다. 그곳에는 주류를 이룬 네 가지 사교가 있는데 사우구마 사교, 탐바람 사교, 카고 사교, 뱀베 사교가 그것들이다. 이 네 가지는 모두 죽은 혼령 및 신령물과 연관을 맺고 있다. 특별히 몸서리나게 끔찍한 것은 터모르 섬에 있는 알라우트 사교이다.

2. 영접자 결사지부(Spiritist Lodges)

영접자의 결사지부는 서구세계에서 두드러지게 목격되고 있다.

영접자 결사지부는 미개인들의 수준 낮은 사교와 맞먹는 개화인들의 밀교이다. 몇몇 프리메이슨단의 지부에서는 18번째 등급이 영접성을 띠고 있다는 사실을 짚고 넘어갈 만한 일이다.

종교적 성격을 띤 영접자 지부 단체는 최근 우후죽순처럼 모습을 드러낸다. 브라질, 캘리포니아와 영국에는 대단히 많은 수효의 종교적 밀교 단체가 있다. 런던만 하더라도 30여개의 종교적 밀교 단체가 있다고 한다. 누군가가 그 회원들에게 벌이고 있는 악마적인 활동을 지적할라치면, 그들은 마치 사람의 능력으로 그런 것을 움직일 수 있거나 한 것처럼 대답한다.

"우리는 반드시 선한 영들만을 부리고 있습니다. 우리는 악한 영들을 멀리 하지요."

3. 영접자의 교회(Spiritist Church)

영접자의 교회는 영어권 세계에서 주로 발견될 수 있다. 영국은 백 여 개가 넘는 이러한 교회들을 가지고 있으며, 캘리포니아주의 로스엔젤레스는 약 40여 개가 있다. 수년 전 나는 글라스고우에서 성경훈련원 바로 옆에 모 영접자 교회가 버티고 들어서 있는 것을 발견하고서 경악을 금치 못 했다.

영접술 29

나는 캐나다 키치너에서 흐뭇한 이야기를 하나 들었다. 여러 해 전에 나는 키치너에서 복음 전도대회를 여러 차례 열었다. 그곳에서 나는 얀젠(Jantzen) 박사를 만났는데, 나는 그분을 대단히 존경한다.

키치너에서 얀젠 박사는 교회 건물이 없었다. 그래서 그는 날로 성장해 가는 교회 집회를 위하여 회당을 임대하였다. 그 회관은 한 가운데 접었다 폈다 하는 가리개로 나뉘어져 있었다.

어느 주일날 예배를 마치고 난 후 장로들이 낙심천만하여 얀젠 박사에게 가까이 다가와 말했다.

"얀젠 형제, 하필이면 영접자들이 이 회관의 저쪽 반을 세들었다고 합니다. 우리는 이곳에서 이사하여 다른 집회장소를 찾아보아야겠습니다."

얀젠 박사는 웃으면서 힘주어 말했다.

"우리가 이사해야 한다고 하셨습니까? 아니지요. 저들이 나가야지요! 우리는 저들이 이곳에서 이사해 나가도록 기도해야 합니다."

그런데 그대로 일이 이루어졌다. 영접자들이 처음에는 회관의 저쪽 편에서 매주 주일 집회를 가졌으나, 몇 주일 후 부터는 2주일에 한 번씩으로 바뀌었다.

얀젠 박사와 장로들은 더 기도를 열심히 하였다. 서너 달이 지나자 영접자들은 한 달에 한 번씩 모였고, 결국 그들은 모임을 중단해버렸다. 기독교인들이 기도를 계속하여 그들을 회관에서 나가도록 하였다.

영접술은 악령을 섬기는 일인 바 참가자 누구를 막론하고 끔찍한 속박장애의 멍에에 사로잡히게 된다. 기독교 교회들이 미지근하고 흐리멍덩해진 나머지, 이 운동의 악마성을 파헤치는 올바른 가르침은 눈을 씻고 살펴보아도 찾아볼 수 없는 지경이 되었다.

영접술 30

그리스 정교회의 영역을 들여다보게 해주는 또 다른 사례 하나를 제시한다. 20년 전 나는 살로니키, 아테네, 그리고 고린도에서 국제청년야영대회를 개최했다. 살로니카에서 구원을 추구하는 한 청년이 어떤 성직자에게 물었다.

"어떡하면 하나님께 더 가까이 갈 수 있을까요? 정교회의 교회문답으로는 영적으로 굶주린 나의 마음이 도통 채워지지가 않습니다."

그 성직자는 대답해 주었다.

"내가 한 밀교모임에 자네를 소개시켜주지. 거기 가면 우리 교회가 제공해 줄 수 있는 것보다 더 많은 것을 보게 될 걸세."

그 후 몇 주일 동안 그리스인 청년은 이 성직자와 함께 혼령들과 접촉을 갖는 조그만 모임에 참석하였다. 그것은 일종의 영접자 집회로서 청년은 영접술의 악영향을 모면할 길이 없었다. 영적 허기에 덧붙여 그는 압박장애 증세와 악몽에 시달리기 시작하였다.

그래서 그는 영접자 집회에 참석하던 것을 그만두고 자신의 추구 사항을 계속하였다. 청년은 복음 전도 대회와 관련하여 나를 만났다.

우리는 함께 대화를 나누었다. 다른 형제 한 사람이 그를 위하여 장시간 진지하게 기도해 준 후, 그 청년이 결단을 내리도록 인도하였다.

그것은 간단하게 몇 마디 주고받는 대화에 그치는 일이 아니었다. 그리스인 청년은 그리스 정교회에 너무도 강하게 집착하고 있었으며 영접술에 감히 상상하기 어려울 정도로 결박당해 있었다. 이 청년이 그리스도를 통하여 모든 속박장애 중세에서 풀려나 자유로와진 것은 실로 여러 달이 흘러간 후였다.

4. 기독교 신앙인들 사이에 파고든 영접술

기독교 신앙인들 사이를 비집고 들어온 영접술은 영 숭배의 가장 소름끼치는 유형이다. 우선 취리히에서 나온 한 사례를 예시한다.

영접술 31

모 기독교인 가정은 외부에 나타난 바로는 영접자들과 무관하고 신앙인들 축에 끼는 것처럼 보였으나 실상 매일 별난 형식의 가정기도회를 열었다. 매일 아주머니 한 사람이 그들에게 보내는 전갈을 가져온다는 것이었다. 그것은 기독교를 가장한 영접술이라고 내가 지적해주자, 그 가정은 화를 냈다.

극단주의 집단에서의 경우 성령보다는 오히려 저 아래에서 올라온 악령들의 날뜀이 한층 더 분명히 두드러지는 바 그 사실을 보노라면 가슴이 미어질 듯 한 아픔을 가눌 길이 없다. 너무도 엄청난 수의 사람들이 경건한 척 꾸민 위장술에 속아 길을 잃고 헤맨다.

예레미야 선지자가 오늘날 다시 온다고 해도 그 옛적 말을 되뇌며 다시금 울 것이다. "어찌하면 내 머리는 물이 되고 내 눈은 샘의 근원이 될꼬. 그렇게 되면 살육당한 딸 내 백성을 위하여 주야로 곡하리로다"(렘 9:1). 주님께서 살육한 자들 - 성령은사주의자들은 이렇게 일컬음 - 은 진짜 죽임을 당한 것이나, 성령에 의하여 죽임을 당한 것은 아니다. 그들은 바로 지옥에서 올라온 영들에 의하여 살해당했던 것이다.

이제 우리는 영접술이라는 사탄의 미로를 쭉 둘러보는 여행길의 종착역에 다다랐다. 구약 성경에서는 하나님께서 영접자들을 땅에서 멸절시키라고 명령했다. 오늘날 우리는 더 이상 마녀를 불태워 죽이지는 않는다. 그러나 우리는 이 세상 방방곡곡에서 들을 수 있도록 우렁찬 목소리로 마땅히 경고를 해야 한다. 기도할 수 있는 자는 기도에 힘쓰라.

이 책은 독일어, 영어, 그리고 불어로 동시에 발행되고 있다. 이 경고가 전 세계 구석구석까지 닿기를 바라는 마음이 간절하다.

1부
사탄의 전술전략

2장 악령의 현대적 침투전술

U.F.O
텔레비전
심령과학
유인원 진화설
동성연애
록뮤직
마약남용
외설문헌
시대사조
할로윈

U.F.O
(미확인비행물체)

　　나는 U.F.O를 목격해 본 적도 없으며, 그렇다고 해서 한 번쯤 목격해 보고 싶다는 마음도 그다지 없다. U.F.O에 대하여 내가 지식을 습득한 출처는 친지들로부터 들은 이야기, 독서, 그리고 무엇보다도 목회 카운슬링이다.

　　몇 가지 사례를 제시해 본다.

　　나는 남아메리카의 여러 나라를 아홉 차례 여행하면서, 그곳에서 U.F.O이야기를 들었다. 어느 무더운 날, 내 친지 중 한 사람은 해변에 있었다. 그 해변에는 더위를 식히려고 많은 사람들이 몰려와 있었다. 오후 세 시경 하늘에 아홉 대의 괴비행체가 화살 모양의 편대를 지어 날고 있었으며, 해수욕객들은 그 비행체들을 주시해 보느라고 모두 목을 쑥 뽑은 채 하늘을 쳐다보고 있었다. 그 비행체들은 아무런 소리도 없이 날았으며, 보통의 항공기와는 모양이 아주 딴 판이었다. 그곳에서 일어났던 일을 증언할 수 있는 목격자들의 수효는 천여 명에 이른다. 그 사건은 신문에도 보도되었다.

　　또 다른 경우이다. 프랑스에 있는 한 믿음의 형제도 비슷한 현상을 목격했다. 그 형제는 보스게 산맥에 나있는 도로 위로 자동차를 몰고서 산허리를 올라가던 중이었다. 그때 접시 모양의 비행체가 소리 없이 자동차로 접근해왔다. 그러자 갑작스레 자동차의 시동이 꺼지며 멈추는 것이었다. 그리고는 엔진 시동이 도무지 걸리지가 않았다. 그 비행체가 지평선 너머로 사라지고 나서야 자동차 시동이 걸리는 것이었다.

미국 콜로라도에 갔을 적에 나는 손더(Saunder)라는 교수 한 사람이 5만 건 이상의 이런 사례를 자료철에 기록 보관하고 있음을 알게 되었다.

내 지식의 두 번째 근원은 믿음을 가진 어느 기독교인이 발행한 자료집이다. 나는 웰던 레빗의 여러 저서들이 추천할 만한 가치를 지녔다고 본다. 그 저서의 제목은 "U.F.O와의 근접 조우자" 이다. 웰던 레빗이 그의 저서들에서 맺고 있는 결론은 대체로 내 견해와 일치한다.

내가 내린 판단을 뒷받침해줌과 아울러 명료성을 더해 준 가장 중요한 자료는 카운슬러로서 일하는 가운데 입수된 것이다. 그 한 실례로 남아프리카에서의 경험 하나를 들어본다.

어떤 백인 여인이 선교기지 콰 시자반투(Kwa Sizabantu)를 방문하였다. 에르로(Erlo)와 다른 여러 형제들이 외치는 복음강연을 듣고 이 여인은 가슴이 뭉클해짐을 느꼈다. 그래서 이 여인은 회개하러 가리라는 결심을 했다. 여인은 회개하는 가운데 이름은 밝히지 않았으나 여인의 양친이 영접주의자였다는 것과 젊었을 적에 자신도 영접주의자 초혼집회에 참석했던 적이 있음을 말했다. 1972년에는 유난히도 많은 U.F.O가 남아연방과 남서아프리카에서 연달아 목격되었다. U.F.O가 자주 출몰했던 바로 그 지역에서 백인 여인이 다음과 같은 흥미진진한 경험을 보고했던 것이다.

여인은 U.F.O 비행사들과 대화를 나누어 볼 수 있는 기회를 여러 해 동안 학수고대 해 왔다. 이 소원이 예기치 못한 의외의 방법으로 실현되었다. 어느 날 밤중에 여인은 회오리바람이 한바탕 일고 있는 광경을 보았는데, 마치 헬리콥터가 착륙하려고 맴돌 때의 양상과 흡사했다.

여인은 빨려 나가듯 집 밖으로 나갔다. 어찌된 영문으로 이런 일이 벌어지고 있는지 여인은 알 길이 없었다. 여인에게는 수수께끼 같은 일이라 영혼이 빠져나가 유람하고 있는 것이 아닐까 하는 의아심을 느꼈다. 여인은 그 같은 종교적 영접기법에 정통할 뿐만 아니라 실제로 전에 그런 영혼 유람을 해본 적도 있었다.

U.F.O 기체 안에서 마치 로봇처럼 생긴 인물들을 보았다. 그들은 여러 가지 기구로 여인의 몸을 검사하였고, 그 모든 검사 과정은 아무런 고통이 없었다. 한 로봇이 말했다. "당신네 인간은 아직도 통증을 느끼고 있는 걸 보니 충분한 성숙을 못 이루었군. 우리는 당신네 인간들보다 훨씬 더 진화되었지."

그 대화는 텔레파시 대화였다. 여인은 말을 한마디도 사용하지 않았다. 여인이 집으로 되돌려 보내지기 전에 그 로봇들은 여인에게 선언했다.

"소원이 있으면 말해보라. 원하는 게 무엇이든지 간에 요구대로 다 들어주겠다. 그대 기도에 하나님은 응답을 하지 않을 테지만, 우리는 그대 소원을 성취시켜 줄 수가 있다."

여인이 이에 대답했다.

"제가 간절히 바라는 건 결혼이에요!"

U.F.O의 로봇이 대답했다.

"시시하구만, 좀 더 큼직한 것 없나? 더 많은 것을 요구해도 무방해."

여인의 몸을 검사하던 여러 기구들이 차례로 제거되고 나자 한 로봇이 여인을 집으로 데려다 주었다. 여인은 그때까지도 여전히 통증을 못 느꼈다. 잠시 후 데려다 준 그 로봇이 다시 여인에게 찾아와 말했다.

"기구 하나를 잊고 갔어."

그 로봇은 기구를 챙겨 가지고 사라졌다. 그런 후 여인의 몸에 통증이 생기며 가라앉지 않았다. 여인은 대체 어째서 다리가 쑤시고 아픈지 그 까닭을 알아보려고 애썼다. 그랬더니 기구가 부착되었던 부위에 시퍼런 멍이 큼지막하게 들어있는 것이었다. 그 언저리의 시퍼런 멍은 여러 날 동안 풀리지 않고 남아 있었다.

후에 U.F.O 승무원은 약속을 지켰다. 그 여인은 결혼하게 되었다. 그러나 그 결혼 생활이 행복스럽지 못했다.

이 경험이 보여주는 특성은 다음과 같이 명확히 드러난다.

1. U.F.O 승무원은 여인이 굳게 믿고 싶어 했던 하나님을 부인하는 단적인 말을 했다.
2. U.F.O를 만나기 전에는 여인은 기도할 수가 있었고 성경을 읽을 수도 있었는데, U.F.O를 만난 후에는 여인의 생활에서 기도와 성경읽기가 쏙 빠져버렸다.
3. 종교적 영접주의와 U.F.O의 만남 사이에 맺어진 연계접속은 부(負)가치성을 띤다.
4. 결혼하고픈 여인의 소원은 성취 되었으나, 그 결혼이 행복을 가져다주지 못했다.

이 카운슬링 결과가 보고되지 않았다면 가장 중요한 부분이 누락되고 말았을 것이다. 그 여인은 마음속에 떠오르는 모든 죄를 회개했다. 여인은 또한 종교적 영접주의와 U.F.O 따위와도 더 이상 관계를 갖지 않겠다고 맹세했으며 예수 그리스도께 삶을 맡겼다.

U.F.O에 대한 설명에는 주로 세 가지 이론이 대두된다. 그 첫째는 엉터리라고 하는 이론, 둘째는 외계인이 존재한다는 가설, 셋째는 악령 이론이 그것이다.

엉터리란 주장을 펴는 사람들은 U.F.O현상이 감각의 속임수라고 설명한다. U.F.O 출현으로 보도된 것은 실제로는 구름의 조화 혹은 인간의 환상이 외부로 분사된 것과 유사한 대기(大氣)의 환영이라고 그들은 주장한다. 이들 합리주의적 부정론자들은 수십 만 건의 신빙성 있는 광경을 직접 두 눈으로 목격해 본들 불만스럽기는 한가지이다. 엉터리라고 이론을 펴는 이 사람들은 우선 먼저 그들 자신의 논리 능력의 가능성부터 의심해 보아야 마땅하다는 조언을 받아들여야 할 것이다.

외계인 주장론자들은 U.F.O가 외계인들이 탑승하고 있는 행성간 비행체라고 상정한다. 부분적으로 그들은 창세기 6:4절에 입각하여 견해를 피력하는데, 그 구절은 외계인이 지구의 여인들과 결혼했다는 추정을 낳게 한다.

히브리서에서는 이 구절에 대해 "엘로힘"이란 명칭이 사용되고 있다. 문맥으로 보아 타락한 천사(악령)가 지상의 여인들과 관계를 맺었던 것으로 보인다. 그리하여 거인족의 발생 연원이 이 결합에서 비롯되었다. 만일 정말로 우리가 다른 세계에서 온 존재들을 상정하고 있는 것이라면, 그 경우 그리스도께서는 인간 생명체가 살고 있는 각개 천체를 빼놓지 않고 그 모두의 거주자들을 구원하기 위하여 대속의 죽음을 당했어야 함이 확실할 것이다.

분명히 U.F.O 승무원들은 죄가 없지 않다. U.F.O 승무원들이 저지르는 살인, 습격, 탈취, 납치 등의 범죄 행위로 보아 그 죄성은 분명히 드러난다. 예수님께서 하시는 희생 속죄의 계속적 반복에 관한 사항은 히브리서 9:25절에 분명히 나타나 있다. 더 많은 논점이 제시되어 여기서 우리가 다루고 있는 대상이 외계인이 아님을 입증할 수도 있겠으나 그 상술을 삼간다.

이들 U.F.O 존재들은 물질계에 형체화되어 나타난 악령으로 파악될 수 있다는 설명이 가장 합당하다. 이러한 악령의 형체화 현상에 대한 증거는 너무 많아 차고 넘칠 정도다. 존 웰던(John Weldon)처럼 나도 악령의 형체화에 대하여 별도 저서를 한 권 저술해야 할 판이다. 그러나 독일과 스위스에서는 U.F.O를 목격하는 일이 그리 잦지 않고, 실제로 대단히 희소하며, 따라서 U.F.O에 대한 관심도도 대수롭지 않다. U.F.O가 현저히 빈번하게 출현하는 곳은 사탄숭배 사교가 번창하고 있는 국가들이다.

바로 이 점이 논점의 핵을 제공해 준다. U.F.O와 신비술 관행은 평행을 그으며 서로 비례한다. 따라서 양자가 동일한 연원을 갖고 있음이 분명하다.

사탄숭배 사교와의 대응사실에 관하여 다음 사항이 지적될 것이다. 브라질에는 5,000만 명의 영접주의자들이 존재해 있으며 사탄숭배 사교가 수없이 많다. 미국 샌프란시스코에는 사탄의 교황 안톤 라 비(Anton Szandon la Vey)가 있는데 이 자는 신도 20만 명의 대형 사탄교회를 자랑한다. 그러나 샌프란시스코 이외의 지역에도 로스엔젤레스를 비롯하여 캘리포니아 주 전역에 걸쳐 헤아리기 조차 힘들 정도로 사탄숭배 사교가 많이 있다.

1572년에 위그노 기독교도 3만 명을 살해함으로써 프랑스는 그 나라의 영적 및 지성적 지주를 뿌리째 뽑아내버렸으며, 그 후 1789년 무신혁명 때에 그 사실을 확인했다. 남아연방과 남서 나미비아에 있는 사탄주의자들의 수효는 4만 명에 달한다고 한 때 사탄주의자들의 고위직 승려였던 사람의 보고가 전한다. 그런데 브라질, 아이티, 미국, 프랑스는 모두 하나같이 U.F.O목격이 잦은 나라들이다.

사탄주의와 U.F.O를 동일 선상에 놓고 본 것은 양자가 똑같은 기원을 갖는다는 단 한 가지 징표에 불과하다. 여타의 그런 징표들도 다수 있다.

U.F.O와 그 접선자 간에 교신하는 방법 일체는 신비술 원리에 따라

진행되는 경우가 수만 건에 달한다. 텔레파시가 의사 전달 및 교환의 수단이 되는 일은 빈번하다. U.F.O 존재자들은 또한 자동 필기술로 교신하기도 하고, 영접경 상태에 있을 때 영웅반을 이용하여 교신하기도 한다. 또 영접주의적 계교의 원리가 모조리 행해진다. 예컨대 부신술, 원격수송술, 물체신출술, 원격력, 심령감응술, 형체구현술, 외계여행술 등 그밖에도 많다. U.F.O가 출현하는 곳은 모두가 동일성을 띤 악령의 늪지이다.

마찬가지로 U.F.O의 존재자들의 종교와 철학은 반 성경적입장과 활동을 드러낸다. U.F.O의 존재자들이 그 접선자들에게 말하는 내용은 다음과 같다.

"성경은 오류 투성이다. 그리스도는 하나님의 아들이 아니고 금성인이다. 현대의 금성인 세 사람이 인류의 진정한 구원자들이다. 유리겔러와 같은 영매자들은 이들 세 금성인의 제휴자이다. 똑같은 말이 다른 영매자들인 아담스키나 푸하리치에게도 적용될 수 있다. 이 자들은 U.F.O 존재자들의 이상을 실현시키기 위한 지상 임무를 부여받은 자들이다.

이들 U.F.O 존재자들의 분명한 목적은 그리스도 신앙과 성경을 파괴해버리려는 것이며, 그 대신 뜬 구름 같은 일시적 기분으로 휘몰아가려는 것이다.

지금까지 여기서 논한 모든 것들은 흡사 마녀의 요술 거울 같은 U.F.O 존재자들에게서 가려 뽑은 극소량의 본보기에 지나지 않는다. 이 모든 것을 평가하기 위해 성경으로 돌아가 본다.

사도 바울이 에베소서 6:12절에서 한 증언이 오늘날 큰 사실성을 띤다. "우리의 싸움은 혈과 육에 대한 것이 아니요, 정사와 권세와 이 어두움의 세상 주관자들과 하늘에 있는 악의 영들에게 대함이라". 이 사악한 영들은 자신들이 누릴 시간이 다 끝나감을 알고 있기 때문에 가능한대로 최대의 혼란을 야기시켜 보려고 종종 형체구현술을 이용하여 불가시성인 자신들의 모습을 물질계에 드러낸다.

U.F.O는 또한 임박하고 있는 적그리스도의 개념이다. 1956년에 에테리우스 협회가 캘리포니아 주에서 설립되었다. 이 사교는 미국, 오스트레일리아, 그리고 유럽에서 그 뿌리를 내렸다. U.F.O로부터 얻은 정보를 토대로 작성된 그 협회의 문서를 보면, 세계를 다스릴 지구 지배자가 올 것이라고 하는데, 그 미지의 지구 지배자는 지상에 있는 전 군대 병력보다도 더 강력할 것이라고 한다. 또 그 지배자는 그의 말을 존경하지 않는 자들을 지구상에서 모조리 제거시킬 것이다.

우리는 이미 성경에 그런 언급이 있음을 알고 있다. 예상했던 것 보다는 U.F.O 존재자들이 적그리스도를 공지하러 오는 시기가 상당히 늦다. 위대한 환상가 사도 요한은 계시록 13:15-17절에서 다음과 같이 말했다.

"저기 권세를 받아 그 짐승의 우상에게 생기를 주어 그 짐승의 우상으로 말하게 하고, 또 짐승의 우상에게 경배하지 아니하는 자는 몇이든지 다 죽이게 하더라… 누구든지 짐승의 표를 가진 자 외에는 매매를 못하게 하니…"

의심할 나위 없이 U.F.O는 이미 전에도 몇 차례 목격되긴 했으나 말세 현상임에 틀림없다. 오늘날 예수님의 재림 시기가 도래해옴에 따라, U.F.O는 한층 더 집중적으로 그 모습을 나타낸다. 루시퍼는 그의 정예부대를 앞세워 보낸다. 루시퍼는 최후 전투를 대비하여 무장중이다. 우리 그리스도인들은 성경으로 무장을 갖추고 있으므로 이들 모든 세력싸움을 이해하고 뜻 새김을 할 수 있는 위치에 있다.

세상의 최종 지배자는 적그리스도가 아니다. 적그리스도는 최후 지배자보다 한 발 앞서오는 자 일뿐이다. 궁극적인 지배자는 예수 그리스도이며, 하늘에 계신 아버지께서는 하늘과 땅의 모든 권세를 예수 그리스도에게 넘겨주셨다.

텔레비전
TELEVISION

대서양의 양쪽 연안에는 가정에 TV수상기를 설치하지 않으려고 하는 기독교인들이 많이 있다는 사실은 이미 잘 알려져 있으며 그들은 TV수상기를 가지고 있는 동료 기독교인들을 탐탁지 않게 여기고 있다.

문화적, 기술적 진보는 어느 시대를 막론하고 보수적인 기독교인들에 의하여 악마의 짓거리라는 여김을 받아왔는데 여기 몇 가지 사례를 제시해 본다.

TV 1

19세기, 자전거가 첫 선을 보였을 때 유명한 투루덜(Trudel)양은 기독교인 형제들이 그런 것을 타리라고는 상상조차도 할 수 없는 일이라고 선언하였다. 오늘날 기독교인들은 자전거 사용을 넘어서서 자동차를 몰고 다닌다.

TV 2

미국과 캐나다에는 옛 전통을 존중하여 지키기로 유명한 메노파교도(Mennonites)들이 많이 있다. 자동차가 처음 왔을 때 그들은 자동차를 악마의 발명품이라고 하며, 마차를 고집스럽게 타고 다녔다. 또한 그들은 전기시설을 거부하고 계속해서 기름등잔으로 집안을 밝혔다. 그 중에서도 가장 보수적인 메노파교도로서 에미쉬 사람들(Amish People)이 있는데 자동차 운전을 반대하는 사람들이 그들 가운데 무수히 있었다. 그러나 한 차례의 진통을 겪고서야 그들은 드디어 자동차를 구입하게 되었다. 그러나 너무 죄스럽게 보이는 것을 피하려고 그들은 크롬 입힌 부분을 모두 검은색으로 칠했다.

모든 기술적 진보는 최초의 증기 기관차부터 비롯하여 라디오에 이르기까지 한결같이 이런 운명을 겪어왔다. 함부르크행 특급열차를 타고 아들을 만나러 가는 연로한 기독교인들 중에 과연 몇 사람이나 기차가 처음 나타났을 당시 기독교인들이 '악마의 마차'로 여겼다는 사실을 알고 있을까?

모든 기술적 발명품을 악마의 탓으로 돌리는 것은 깊은 영성의 표시가 아니다. 하나님께서는 창조의 율례에서 말씀하셨다. "땅에 충만하고 땅을 정복하라"(창 1:28).

나는 TV가 유용하게 쓰일 수 있음을 잘 알고 있지만, 그렇다고 해서 그것이 치우침 없는 중립적인 것이라고는 생각지 않는다. 몇 년 전 빌리 그래함 목사가 영국에 왔을 때 TV 방영을 통하여 그 메시지를 영국 방방곡곡에 전파할 수 있었다. 그리하여 많은 자들을 그리스도께로 이끌어 하나님을 기쁘시게 하였다. 비슷하게 유로비젼 70(Eurovision 70)기간 중에도 빌리 그래함 목사의 음성과 모습을 독일의 70여 개 도시에서 동시에 시청하였다.

이와 마찬가지로 내가 남부 브라질에 있는 펠로타스에서 복음전도대회를 전개했을 때 나의 강연은 영상과 음성이 함께한 다중으로 중계되었다. 오스트레일리아에서는 내 강연이 그 곳 국영TV 전파를 타고 그 대륙 전 지역에서 방영된 적도 한 번 있었다. 미국과 캐나다에서도 역시 나는 여러 지방 프로그램에 출연하였다.

그런데 어째서 그러한 과학적 이기의 사용이 악마의 수중에 넘어가고 말았단 말인가? 사탄은 최신 최적의 장비를 이용한다. 우리는 석기시대의 원시인들처럼 돌도끼와 나무방패 따위로 무장한 사탄과 대결하라는 부름을 받은 것이 아니다.

수많은 사람들에게 복음을 전파할 수 있는 가능성을 떠나서도 TV는 다른 여러 가지 이점을 지니고 있고, 수많은 시청자들이 문화프로그램, 기록영화, 고전음악을 널리 감상하고 있다.

그러나 그것은 한 측면에 불과할 뿐이며, 기독교인의 관점에서 볼 때 좋은 프로그램이 다섯이나 열 개 정도라면 그에 비례하여 TV를 악용하는 프로그램은 백여 개에 달한다는 사실을 감안해야 한다.

TV로 말미암아 야기된 끔찍스런 일들을 열거한다면 그 목록은 한도 끝도 없다.

TV 3

1975년 9월에 라인 넥카신문(the Rhein-Neckar Zeitung)은 여덟 살짜리 남자 어린애를 살해한 13세와 14세의 두 소녀에 관한 보도기사를 실었다. 어린애를 살해한 이유를 질문받자 그들은 답변했다. "우리는 TV에서 많은 살해 장면을 보았어요. 그래서 우리도 남을 죽이는 게 어떤 건지 직접 알아보고 싶었어요."

TV 4

또 다른 신문은 아메리카 인디언에 관한 영화를 보고 있던 몇몇 어린이들에 대한 기사를 실었다. 그 영화를 보고난 소년들은 한 친구를 인디안 식으로 기둥에 매달아 둔 채 내팽겨 치고 달아나 버렸다. 그 부모들이 어린 아들을 찾았을 때에는 이미 싸늘하게 죽어 있었다. 그 피해 소년은 목 매달려 질식사했다.

TV는 위험천만한 암시력을 가지고 있다. 한 장면이 잠재의식에 깊이 파고들어 사람을 지배하여 움직인다. 심리학자들은 이것을 심상(Image)이라고 부른다.

TV의 두 번째 부정적 영향은 시간도둑이란 점이다. 탐정 영화는 신앙인들에게서 성경 읽고 기도하는 시간을 빼앗아간다. 복음 전도자라면 누구나 흥미거리 오락물의 방영이 있는 날엔 집회에 모이는 신도의 수가 급격히 줄어든다는 사실을 안다. 머지않아 우리는 주어진 시간을 어떻게 사용해왔는지 하나님께 부름 받아 회계해야 할 날을 맞게 될 것이다.

세 번째로서 가장 심각한 영향은 모종의 몇몇 프로그램이 지닌 본질적 특성에서 비롯되는 악영향이다.

TV 5

미국의 우주인들이 최초로 달 착륙을 시도할 때 나는 미국에서 몇 분 먼저 TV를 켰는데, 영접자 초혼 집회를 다룬 프로그램이 방영되고 있음을 보고 마음이 몹시 편치 않았다. 그래서 나는 실제 달 착륙이 시작될 때까지 TV에서 눈을 돌리고 있었다. 지금껏 수년간 TV프로그램 편성자들은 신비술 활동을 방영 프로그램에 포함시켜 왔다. 나는 체험을 통하여 그런 행위는 대중에게 해악을 끼치는 범죄 행위란 단정을 내리게 되었다.

TV 6

신비술 프로그램은 독일에서도 역시 방영되어 왔다. 유리겔러를 기억하시는지? 유리겔러는 고집불통의 이성주의자들이 주장하는 바처럼 거짓

말쟁이도 아니요 사기꾼도 아니다. 유리겔러는 심령력을 가지고 있다. 그가 TV방영으로 실험을 할 때 심령력을 가진 다수의 시청자들에게 내재되어 있던 동질의 힘이 풀려났다. 따라서 손가락과 다른 물체들이 굽고 휘어졌다. 멋모르는 무지한 자만이 이런 것들을 즐긴다. 이런 문제를 익히 알고 있는 사람이라면 누구나 사탄의 힘이 이러한 활동의 기저에 숨어 들었음을 안다.

TV 7

독일의 제 1 TV 방송국은 '최면의 세계'라는 한 프로그램을 방영하였는데, 그 부제는 '최면세계로의 여행'이었다. 나는 그 프로그램을 시청하지 않았다. 나는 그 쇼가 발휘한 효과에 대하여 후문을 들었을 뿐인데 그 쇼에는 호주인 최면술사 마틴 세인트 제임스(Martin St.James)가 출연하였다. 많은 시청자들이 방영하는 동안 최면 상태에 빠졌다가 그 방영이 다 끝난 후에야 비로소 제 정신을 차렸다. 어떤 사람들은 여러 날 혹은 수 주 동안 의식 혼란으로 시달렸다.

칼스루헤(Karlsruhe)에서 열린 치료요법 주간(the Therapy week)에 마인쯔 대학교에 재직하고 있는 전문가인 디어터 랑엔(Dieter Langen)교수가 이런 종류의 쇼에 대한 논평을 했다. 랑엔 교수는 그 쇼가 그 해 최대의 허풍이었다는 평론에 대해 한 마디로 일축해 버렸다. 그는 최면이 심지어 해설자에게까지 영향을 미칠 수 있음을 긍정하였다. 랑엔 교수는 이러한 방송을 금지시키기 위하여 관련 법률 제정에 발 벗고 나서겠다고 말했다. 스웨덴에서는 그런 방송이 이미 오래전부터 금지되어 오고 있다. 한편, 일각에서는 TV가 불러일으키는 해악에 대한 각성이 일고 있다.

예컨대 플렌스부르크(Flensburg)에는 TV로 인해 상처받은 어린이들을 치료해 주는 전문진료소가 문을 열었다. 수많은 사람들이 TV로 인해 정신과 신경이 파멸로 치닫고 있는 데에도 우리의 입법자들은 태연하게 잠자코 있을 작정이란 말인가?

이와 관련하여 나는 고트프리트 아이젠후트(Gottfried Eisenhut)씨가 그의 전도지 '센트럴'에 쓴 논설을 언급해 볼까한다. 여기에는 많은 과학적 세부사항들을 포함하고 있는 것으로 "TV를 통한 마법"이란 제목이 붙어있다. 그 글 속에 언급된 한 사례를 여기에 제시한다.

TV 8

여섯 살짜리 한 어린아이가 아버지 무릎에 앉아 TV를 보고 있었다. 그때 오락물 프로그램이 방영되고 있었는데 한 어린 소녀가 칼에 깔리는 장면이 나왔다. 그와 동시에 이 어린 아이는 소스라치게 놀라며 "내 배에 칼이 찔렸어!"라고 하면서 와락 울음을 터뜨렸다. 이 아이는 병원에 가서 의사의 치료를 받았으나 매 30초 마다 계속 울음을 터뜨리며 보냈다. 그리하여 플로렌스부르크에 있는 TV환자 전문 진료소에 이 아이를 입원시켰다. 벌써 여러 달이 지났는데도 그 정신 착란증세는 낫지 않고 있다.

TV가 얼마나 해악을 끼쳤는가, 특히 신경계통의 안정성이 확고하지 못한 어린이와 젊은이들에게 입힌 해악의 정도는 시간이 흐르면 판명이 될 것이다. 대부분의 사람들이 느끼지 못하는 사이에 TV는 인간의 의지를 약화시키고 정신적 저항력을 붕괴시키며 사고의 획일화를 초래하며, 또한 인간의 결단력을 지배하고 판단력을 흐리게 하는 경향이 있다.

괴테가 한 말을 기억에 떠올려 보도록 하자. "사람들은 심지어 악마가 목을 조이며 짓누르고 있을 때에도 전혀 그 악마의 존재를 알아채지 못한다." 그런데 이제는 그 악마가 대중의 목을 움켜쥐고 있다.

심령과학
PARAPSYCHOLOGY

　심령과학은 신비현상을 다루는 과학의 한 분야이다. 이것은 라이프찌히의 철학자인 한스 드리쒸(Hans Driesch)가 1932년에 발행한 그의 저서 '방법론 강의(Methodenlehre)'에서 내린 정의이다.

　세계적 권위를 가진 심령과학자로 인정받고 있는 프라이부르크대학교의 한스 벤더(Hans Bender) 교수는 다음과 같이 말한다.

　"심령과학은 신비력 신봉자와 그 반대자들이 팽팽히 맞서 대치하고 있는 해묵은 논쟁 분야에 파고들어 사실적이며 편견을 배제한 탐구를 수행해 나가려고 시도한다."

　그가 말하는 신비력 신봉자라 함은 영접자, 마녀 및 신비적 활동에 관여하는 모든 자를 지칭하며, 그 반대자라 함은 이성주의자들을 가리키는데, 이성주의자들은 자신들이 경계를 그어놓은 좁다란 범위에 들어맞지 않는 것이라면 모조리 위장술과 사술(詐術)이라고 일축해 버린다.

　나는 그 어느 쪽에도 속하지 않는다. 나는 폭넓은 카운슬링 경험을 토대로 삼아 문제를 파헤쳐 들어간다. 나는 사람들이 신비술 활동의 결과로 말미암아 해를 입어 어떻게 고통을 받는지를 오랜 동안 관찰해 왔다. 나의 임무는 가능한대로 널리 이런 사실들을 알리고, 경고하며, 조언을 해주려는 것이다.

신비술 활동은 4,000여 년간 흘러 내려오고 있지만 과학으로서의 심령과학은 약 100년의 역사를 가지고 있다. 1850년 경 미국에는 영접자들이 우글거렸다. 영접자의 초혼집회 운동이 전 세계로 퍼져 나갔고, 이런 현상을 철저히 규명해 보려는 의욕에서 1882년에 영국 심령연구협회(The English Society for Psychical Research)가 결성되었다. 출범 초기부터 심령과학자들은 자신들의 주제가 대학의 인정을 받기 위해 노력을 기울였으나 거의 50여 년의 세월이 흐르도록 성공을 거두지 못했다.

그 후 1934년, 미국 듀크 대학교에 라인(J. B. Rhine) 교수의 지도 하에 초심리학적 탐구를 위한 실험 연구소가 문을 열었으며, 같은 해에 유트레히트대학교에서는 네덜란드인 텐휘프(W. H. C. Tenhaeff)에게 심령과학 강사직이 주어졌다.

1954년에는 한스 벤더 교수 영향 아래 프라이부르크 대학교에서 심리학의 부야별 교수직이 설정되었다. 그 뒤를 좇아 1960년에 레닌그라드 대학교는 초월적 원격 영향력 탐구를 위한 연구소를 설립하여 바실리예프(L. L. Vassiliev) 교수에게 맡겼다. 1964년 산티에고 대학교에서는 오네토(Onetto) 교수에게 심령과학 강좌가 부여되었다. 1975년 존슨(M. Johnson) 박사가 유트레히트대학교 심령과학 교수가 되었다.

전문가들은 정상적인 지각 밖의 현상을 꾸준히 연구해 왔다. 이에 대한 각자의 견해는 천차만별이지만 세 가지 기본적 견해로 크게 나눌 수 있다.

첫째, 정령주의자(Animist)들은 인간의 내면에 있는 힘이 초심리학적 효과를 유발할 정도로 충분히 강력하다고 설파한다. 대학교에서 강의를 하는 거의 모든 대학교수들이 이런 견해를 고수한다. 만약 견해를 달리한다면 그들은 대학교에서 자신들의 교수직을 유지하지 못할 것이다.

스위스에서 열렸던 대집회의 끝 무렵에 있었던 대화를 재차 거론한다. 그 집회의 연사들 중에는 유명한 심층심리학자 칼 구스타프 융 교수도 포함되어 있었는데, 강연이 끝난 후 몇 사람이 모여 이야기를 했다.

융 교수는 소위 영접 현상의 가설에 대하여 대단히 긍정적으로 말했다. 그 때 참석자 중 한 사람이 융 교수에게 질문을 했다.

"교수님, 어째서 당신은 강의나 저서에서 공적으로 그것을 천명하지 않습니까?"

융 교수는 답변했다.

"나의 동료들은 나를 얼빠진 사람이라고 여길 겁니다."

대학교에서 교수직을 맡고 있는 사람들은 과학자로서의 자신들의 권위에 비난을 모면하려면 초인간적인 힘에서 비롯되는 영향력에 관한 상정을 아예 거부하는 도리 밖에 없다.

나의 저서와 강연에서 나는 정령주의자적 이론 지지자들에게 신비술 관여자의 배경을 면밀히 살펴보라고 종종 지적해 주었다. 만일 연구를 해 볼 경우 신비술사, 마녀, 영접자 및 무당들이 대개 마법이 행해져 내려온 가계(家系)에서 나온다는 점을 그들도 발견할 것이다.

조상 대(代)에 행한 마법활동은 유전성 심령력(psychic power)을 생성시킨다. 이러한 사실을 인정했던 사람은 하이델베르크 대학교 부속병원의 병원장이었던 지이벡(Siebeck) 교수인데, 그는 내가 그런 사례의 일람표를 제시해 주자 그 사실을 인정했다.

벤더 교수가 이처럼 충분한 근거자료가 첨부된 관찰 사실을 거들떠보지도 않는데 대하여 나는 종종 놀라움을 감출 수가 없었다.

둘째, 영접자들은 초정상적 현출이 저편 세계에 있는 동료, 즉 소위 작동자(Operator)의 도움으로 발생된다고 주장한다. 다시 말해서 권세자, 즉 저편 세계에서 찾아온 영들이 우리의 생활 영역에 간여하여 이러한 신비현상을 일으키는 것이라고 영접자들은 말한다. 모든 영접자들이 견지하는 견해가 바로 이것이다.

셋째, 이 견해는 기독교 신앙에서 비롯된 것이므로 심령과학 문헌에서는 그 그림자조차 안 비친다. 이 견해와 관련된 것으로 나는 제시 펜 루이스(Jessie Penn Lewis)의 저서 '혼과 영(Soul and Spirit)'과 왓치만 니(Watchman Nee)의 저서 '혼의 잠재력(The Latent Power of the Soul)'을 언급하는 바이다.

양 저자는, 아담이 낙원에서 지녔던 능력은 타락 후와는 비할 수도 없을 정도로 어마어마했다고 주장한다. 아담이 타락하자 그 원초적 능력이 마음의 심층부 속에 갇혀져 버리고 만 것이다. 신비력 현출의 경우 타락된 인간 내부에 갇혀 숨겨져 있던 이러한 능력이 사탄에 의해서 풀려져 나와 사탄의 목적달성에 이용당한다. 종교적 시각을 빼버리고 나면 이 이론은 정령주의자 이론과 비슷해 보인다.

그러나 두 견해는 사뭇 다르다. 정령주의자 이론에 따르면 초정상적 힘을 발휘시키는 요인은 무의식(the conscious)이다. 드리쉬 교수와 벤더 교수는 무의식의 수직관을 자주 거론한다. 반면에 루이스와 왓치만 니는 원인자(原因子)가 비인간적 매체인 사탄과 악령이라고 말한다. 루이스와 왓치만 니는, 물론 중요한 차이점이 있기는 하지만, 여기서 영접자 이론에 바싹 다가서고 있다. 그 차이점을 들자면 영접자들은 이들 악령들을 우호적 조력자라고 하는 반면에 루이스와 왓치만 니는 이러한 제활동을 악령적인 것으로 기술한다.

정령주의자의 견해에 관하여 나는 많은 유보사항을 가지고 있다.

첫째, 벤더 교수는 로젠하임의 도깨비(the Poltergeist of Rosenheim)를 기술했다. 19세의 처녀가 있는 자리에서는 많은 도깨비 출현 현상이 나타났다. 무엇보다도 3.5톤이나 나가는 서류 캐비닛이 두 번이나 들썩거렸다. 물리학자인 뷰켈 교수와 기타 여러 관찰자들도 현장에서 이것을 지켜보았다.

이미 말했듯이 벤더 교수는 정령주의자적 이론을 고수한다. 그는 도깨비 현상을 염력(Psycokinesis)이라고 일컫는다. 즉 인간심령에서 그 원인력(Causative Powers)이 비롯되어 나온다는 뜻이다. 무거운 서류 캐비닛이 들린 경우에 있어서는 처녀가 지닌 심령력(Psychic Power)이 본래의 육체적 힘보다도 강력하다는 뜻을 나타내는 셈이다.

나는 이런 종류의 사례들을 마인츠 대학교의 어떤 이론 물리학자와 토론해 보았다. 그 물리학자는 말했다.

"장정 수만 명의 심령력을 합친다 해도 그런 현상을 일으키기에는 충분치 못할 것입니다."

그렇다면 장정 수십만 명의 심령력과 맞먹는 이 19세 처녀의 이 어마어마한 심령력은 대체 어디서 끌어 오는 것인가?

벤더 교수는 아울러 그의 저서에서 이러한 영매성 능력을 가진 사람들은 다른 사람들의 에너지를 뭉칠 수 있는 능력도 지닌다고 시사한다.

이 사항은 공교롭게도 나의 여러 저서에서 계속 내가 제시했던 바로 그것이다. 영접자 무당은 그 자신의 영매성 능력을 이용할 뿐만 아니라, 참석자들의 영매성 능력도 역시 풀려나게 한다.

이것은 또한 유리 겔러(Uri Geller) 효과의 비법인 바, 유리 겔러는 심지어 텔레비전을 통하여서도 그의 시청자들의 영매성 능력을 동원한다. 영매성 능력을 지닌 시청자들의 가정에서는 유리 겔러가 텔레비전 쇼에서 하는 것과 똑같이 칼과 숟가락이 휘어져 굽는다.

그러나 로젠하임 도깨비 현상의 경우에 있어서는 처녀가 그 심령력을 조직화하여 쓸 수 있을 만큼의 수만 명의 참석자가 전혀 없었다. 정령주의자적 설명은 로젠하임 도깨비 현상의 경우뿐만 아니라 거의 모든 도깨비 출몰 현상의 경우에도 마찬가지로 별 도움이 못된다.

그러나 융 교수도 피력했듯이 벤더 교수는 대학 동료들 사이에서 조소거리가 되는 것을 피하려고 굳이 정령주의자적 견해를 고수 하고 있다.

둘째, 영접주의자들에겐 문제가 수월하게 풀린다. 영접주의자들은 염력을 저편 세계에 있는 작동자, 즉 그들의 조력자를 들추어내어 설명하는 데, 그 조력자가 저편 세계에서 우리가 사는 물질세계에 영향을 미친다고 한다. 영접주의자들이 말하는 우호적인 저편 세계의 동료들이라는 게 바로 악령이다.

수십 년 동안 나는 영접술이 초래한 무서운 결과에 관한 사례를 수만 건이나 수집해 오고 있는 중이다. 이 같은 결과는 영접술의 그물에서 벗어나 자유로워지길 원하는 영접자가 그리스도를 닮으려고 발걸음을 내디딜 때에 비로소 뚜렷이 돌출한다. 영접자가 악령을 섬기고 있을 동안엔 아무렇지도 않은 듯 평화롭게 지낸다.

이러한 종교적 논평은 현대 과학자들의 눈에는 우스꽝스럽게 비친다. 나는 이런 실정을 잘 알고 있다. 그러나 나는 그런 것을 두렵게 여기지 않는다. 우리는 창세기 19장에서 소돔성의 주민들이 그 당시 롯의 경고를 얼마나 우스꽝스럽게 여겼는지를 본다. 그러나 그들의 최후 운명은 창세기 19장에 기록된 대로이다.

이제 뛰어난 영매 두 사람이 영접주의자 이론을 지지하여 말한 사실을 살펴보기로 한다. 그 첫째는 유리 겔러인데 그가 실험 중일 때에는 외부로부터 여러 세력이 밀려 들어와 작용한다고 말한다.

매튜 매닝(Matthew Manning)은 아마 한층 더 강력한 영매일 것이다. 1967년 영국에 있는 매닝의 집에서 도깨비가 출현했는데, 물건들이 불가사의하게 제멋대로 움직였다.

오웬이란 교수가 도깨비 출현을 조사해 보고 나서 속임수가 아니라고 선언했다. 초기엔 매튜 매닝도 이러한 현상들이 자신의 심령에 그 근원을 둔 것이라고 믿었으나, 후에 이 견해를 정정했다.

그 이유는 다음과 같다. 매튜는 부모가 살던 집을 건축했던 18세기의 한 건축가에 대하여 글을 쓰고 있었는데, 돌연 그 방 벽에 몇 가지 고풍의 날짜가 나타났다. 그것들은 모두가 그 건축가와 모종의 관련이 있는 것으로써, 교회의 기록부를 점검해 본 결과 이 날짜와 성명은 정확한 것으로 밝혀졌다. 심령과학 전문가들이 초빙되어 왔다. 아무도 숫자가 쓰이고 있는 것을 실지로 보지는 못했으나 글 쓰는 소리는 들렸다. 그 후 사용되었던 연필이 그 방에서 발견되었다. 18세기의 물건들이 홀연히 나타나기도 했다. 벽에 글을 써서 젊은 매튜에게 전달해 준 지식과 정보는 매튜 자신의 심령에 기원을 둔 것일 수가 없었다. 그것들은 그에게 전혀 생소한 것이었다.

그 이후, 매튜는 정령주의적 이론을 포기해 버렸으며, 이제 사자의 영들로부터 받는 외부적 영향력을 신봉한다. 매닝은 그 외에 다른 많은 현출현상을 경험하였으나, 그 모두를 여기에 자세히 기록할 수는 없다.

벤더교수도 그의 연구소에서 잘 알려진 매튜 매닝을 정밀히 조사 하느라고 꼬박 3일을 보냈었으나 여전히 정령주의자적 가설을 신봉한다.

셋째, 나는 루이스와 왓치만 니의 명제를 더 이상 논의할 필요를 느끼지 않는다. 카운슬링과 관련시켜 본다면 악령이 인간의 영혼 깊숙이 감춰진 능력을 풀어 이용하는 것이든 혹은 사람들이 그 자신의 개인적 보유

능력을 전환시키는 것이든 간에 여하튼 다를 바가 전혀 없다. 목회적 견해에서 볼 때 그 결과는 매한가지이다.

카운슬링은 정령주의자 혹은 영접주의자의 이론에 관심을 기울이지 않는다. 목회자가 관여하는 문제는 보다 높은 차원에 놓여 있다. 수만 가지에 이르는 사례가 드러내주는 바로는 신비술은 그 어떤 형태이든 간에, 비록 과학적 형태를 취했다고 할지라도 사람에게 해악을 끼친다. 이것은 무당의 활동을 연구해 보려고 영접자 초혼집회에 과학적 태도로 참석하는 심령과학자에게도 예외 없이 적용된다. 영접자와 관련이 전무한 성경적 계율은 일반인 뿐만 아니라 과학적 방법으로 연구를 하는 심령과학자에게도 역시 적용된다.

사실 우리는 믿음에 확신을 가진 심령과학자라곤 단 한 사람도 아는 바 없다. 예컨대, 라인 교수가 교회 출석자였다 해서 그 반론이 제기될 것이다. 그러나 그리스도인이 되는 것과 교회출석자가 된다는 것은 전혀 다른 별개의 사항일 따름이다. 그 둘이 양립하는 것은 가능한 일이기는 하나 항상 양립하는 것은 아니다.

하나님의 말씀은 전한다.

"사람이 거듭나지 아니하면 하나님 나라를 볼 수 없느니라" (요 3:3).

"누구든지 그리스도의 영이 없으면 그리스도의 사람이 아니라" (롬 8:9).

"또 성령으로 아니하고는 예수를 주님이라 할 수 없느니라" (고전 12:3).

전통을 따르는 기독교인이 된다는 것은 그리스도를 향한 개인적 결단이 수반되지 않는 한 명목상의 기독교인이 되는 데 불과하다. 진실로 그리스도께 전 생애를 내맡긴 그리스도인이 영매를 이용하는 심령과학적 실험에 참석할 수 있으리라고 상상할 수 없다.

유인원 진화설
DESCENT FROM THE APE

어느 날 딸아이가 학교에서 돌아와 배운 학습내용을 신바람 나게 지껄여댔다. 인류의 유래가 원숭이로부터 비롯되었다는 것이었다. 이런 일은 대수롭지 않은 일상사에 불과하지만 유인원 진화 이론은 각급 학교, 대학 교단, 각종 서적 및 논문을 통하여 날마다 다반사로 유포되고 있다.

유인원진화설에 관한 전반적인 문제를 해결 짓는 일은 비록 강연 여행 중에 가끔씩 마주쳤던 문제이기는 하지만, 내가 마무리 지어야 할 과제는 아니다.

진화설 1

르 콕(M. Le Coc)이란 한 스위스인이 단발엔진 비행기인 쎄스나(Cessna)에 나를 태우고 파타고니아(Patagonia) 주변을 비행하면서 다윈에 관한 이야기를 들려주었다. 사람들의 입에 자주 오르내리는 과학자인 다윈은 파타고니아 지역에서 2년을 지내면서 원숭이와 인간과의 밀실된 연관성을 규명해 보려고 애썼으나 끝내 성공을 거두지 못하고 말았다. 파타고니아 지역에 있는 높은 사줄기는 그를 기념하여 '다윈산맥'으로 명명되었다고 한다.

북극권 내에 있는 최북단에서도 나는 이와 비슷한 일들을 발견했다.

몇몇 고고학자들은 옛 에스키모 주거지를 발굴하여 자신들이 찾아낸 벼가 2만 년 전 것이라고 주장했다. 나는 이러한 주장에 대하여 다소 회의를 품고 있다.

나는 멕시코에 갔을 적에 여러 피라미드를 방문해 보았다. 그 피라미드들 중 하나는 수명이 15,000년이나 된다고 했다. 나는 그 말을 믿지 않았다. 얼마쯤 지난 후, 나의 견해가 옳았다는 것을 입증할 수 있었다. 모 신문을 보았더니, 15,000년 되었다는 그 피라미드에서 연소 가능한 몇 가지 조각이 발견되어서 탄소 14(C14) 실험을 해본 결과 피라미드를 15,000년 된 것이 아니라 불과 3,000년 정도밖에 안됐다는 기사가 실려 있었다.

나는 고고학을 상당히 존중한다. 그러나 수치산출의 정확도에 관하여는 가끔 의문을 품지 않을 수가 없다. 피테칸트로푸스인(The Pithekanthropus)은 60만 년 전으로 추정되며, 내가 살고 있는 곳에서 불과 14마일 반쯤 떨어져 있는 마우어(Mauer) 근처에서 발견된 하이델베르크인(The Homo Heidelbergiensis)은 10만 년 전에 살았던 사람이라고 일컬어지고 있다. 어째서 표본의 일부를 떼어내어 연소시켜 보는 탄소 14 실험법으로 그 연대를 확정짓지 않는 것일까? 탄소 14 시험법이라고 할지라도 일정 범위의 실험오차가 있게 마련이다. 그밖에 내가 품고 있는 의문은 '이 두개골들이 짐승의 뼈가 아니고 과연 사람의 유골일까?' 하는 점이다.

대부분의 경우 고고학은 성경을 확인해 주고 밝혀준다. 과학자가 천명하는 바와 성경이 불일치하는 미심쩍은 경우일 때 나는 성경이 취하는 바를 따른다. 성경은 하나님의 감동으로 기록되었기 때문이다(딤후 3:16, 벧후 1:21). 이런 태도로 말미암아 비과학적이란 말을 들을 수도 있겠으나, 어쨌든 10년이 멀다하고 그 이론이 바뀌는 과학보다는 성경이 훨씬 확실하고 믿음직스럽다. 성경은 지금껏 일점일획이라도 고쳐 본 일이 단

한 번도 없다.
　과학전문가들조차도 그 얼마나 서로 상충된 견해를 가지고 있는지를 보여주는 전형적인 본보기 하나를 검토해 보기로 한다. 다음은 '성경과 교구민'에서 가려 뽑은 것이다.
　개별 인간 두뇌에서 인출해낸 결론이 그 얼마나 무가치한 것인지 한 두 가지 사실로도 잘 드러나 보일 것이다. 1831년에 발견된 엔기스(Engis) 두개골을 포크트(C. Vogt) 교수는 원숭이와 뚜렷이 흡사하다고 추정하며, 리엘(Lyell)은 코카시스인 (Caucasian)이라고 생각한다. 반면에 진화론자인 헉슬리(Huxley) 교수는 너무도 멋들어진 두개골인고로 철학자의 두개골이었을 가능성이 짙다고 했고, 피터스베르크(Petersburg) 출신의 해부학자인 테오돌란트쩨르트(Theodor landzert)는 그 두개골을 고대 그리스인의 전형적인 두상과 견주어 본다.
　그 못지않게 유명한 네안델탈인(Neanderthal)의 두개골로 한 때 원숭이와 유사한 고대인의 전형적 모본이라고 일컬어졌으나, 빌초우(Virchow)는 다음과 같이 논평한다.
　"비록 이 두개골이 한 인종의 전형으로 간주되고 있기는 하지만 나는 이런 주장을 추호도 믿을 수가 없으며, 따라서 이 두개골에서 그 어떤 류의 원숭이든 간에, 원숭이와의 유사점을 유도해보려는 것은 도무지 격에 맞지 않으며 부적절하다."
　프루너 베이(Pruner-Bey) 박사는 그 두개골의 용적을 측정해본 결과, 현대의 평균인보다 용량이 크다는 것을 발견해 냈다. 프루너 베이는 이 두개골이 역사시대 이후의 켈트족(Celt)일 것이라고 추정한다(Figuiter, L' homme primitif, p.101).
　한편 데이비스(Davis) 교수는 이 두개골이 갈라진 틈바구니에서 추락사한 어느 백치의 두개골일 것이라고 간주하는데 그것도 현대에 속한다고 한다. 역시 전문가인 프라스(Fraas) 교수는 이러한 조사 판정들에 대하여 조소하면서 첨언한다.

"이처럼 학자마다 제각기 다른 견해를 보이는 점으로 미루어 볼 때, 우리는 지구상의 태고인에 관하여 아는 바가 거의 없는 것과 마찬가지라는 것이 자명해진다"(Vor der Sintflut, p.478).

"두개골이라고 해서 다른 뼈와는 별달리 그 생성일자를 뾰족하게 반영시켜 주지는 않는다. 또한 어느 시대를 막론하고 둥근형의 두개골과 길쭉한 형의 두개골이 있었으며, 재능 있는 머리와 멍청한 머리가 있었고, 아울러 기형과 백치도 있었다."

이것은 전문가인 베텍스(Bettex) 교수의 판정이다. 베텍스 교수는 선구적 과학자들의 갖가지 논술들을 한데 모아 정리해 보려는 대단히 중요한 작업을 완성하기 위해 다양한 연구 결론들을 총동원 한다.

성경을 멸시하고 있는 사람들이 존재하고 있는 한 유인원 진화론의 전설은 사라져 버리지 않을 것이다. 많은 수의 현대 및 정통주의적 신학자들이 이런 학설을 신봉한다는 사실은 그들과 그들의 이론이 비신화화(非神話化)를 필요로 하고 있는 처지임을 여실히 입증하는 것이다. 믿음을 가진 부모들 대다수가 자녀들을 이러한 선생들과 신학자들이 가르치고 있는 학교에 어쩔 도리 없이 진학시켜야 한다는 일이 비극일 뿐이다.

예수 그리스도의 사도들은 자신들의 계보를 안다.

"하나님께서 자기 형상 곧 하나님의 형상대로 사람을 창조하되 남자와 여자를 창조하셨더라"(창 1:27).

동성연애
HOMOSEXUALITY

　1960년대에 유럽 기독교계에서는 테오돌 보페트(Theodol Bovet) 박사가 한 발언이 말썽이 되어 상당히 거센 분노의 돌풍이 일어났다. 이 유명한 스위스인 의사는 어느 교회의 회의석상에서 동성연애주의를 찬성하는 발언을 한 것이다.

　게다가 네덜란드에서 있었던 한 보도기사에 자극을 받아 더 한층 큰 회오리바람이 몰아쳤다. 어떤 동성연애주의자 목사가 자신의 교회에서 동성 연애하는 두 사내의 결혼식을 주례했다. 내가 의문시 여기는 바는 그 결혼의 법률상 지위 문제였다. 등기 사무소는 동성(同性) 부부를 인정치 않기 때문이었다.

　미국에서 나는 한층 더 극단적인 경우들을 경험을 했다. 나 자신이 겪었던 경험 대신에 유명한 침례교 목사의 말을 인용하기로 한다. 그 침례교 목사는 뉴욕에 있는 갈보리 침례교회(the Calvary Baptist Church)에서 여러 해 동안 재직했던 윌리엄 아이어(William W. Ayer) 목사이다. 우리 두 사람은 플로리다 주, 세인트 피터즈버그에 있는 케니스 문(Kenneth Moon) 박사의 담임 교회에서 만났다. 아이어 목사의 논제는 다음과 같았다. '미국 내에서의 동성연애주의자들은 하나님의 심판을 불러일으킬까? 여기에 그 원문을 줄여서 간략히 옮겨 적어본다.

동성연애 1

어느 대학교에서 강연회가 연속 개최되었는데 그 첫날 주제는 동성연애 주의였다. 그 연사는 동성연애주의 교회의 목사라고 소개되었다. 그 연사는 공개적으로 선언하였다. "나는 게이 입니다만, 이처럼 사는 게 기쁩니다." 그 목사의 강연 내용을 요약하면 다음과 같다.

"우리는 소수 집단입니다. 따라서 다른 사람들이 우리를 괴롭힙니다. 45개 주가 동성연애라는 사적 행위를 법의 보호 대상 밖으로 밀어냈으며, 경찰은 그것을 최대한 이용합니다. 사회는 우리를 범죄시 하는데, 그 뚜렷한 이유로는 우리가 가증스런 족속이라고 레위기에서 말하고 있기 때문입니다. 경찰은 우리가 즐겨 찾는 동성연애자 술집들을 추적해서 우리를 체포합니다. 그 술집들이야말로 우리가 다른 게이를 만날 수 있는 유일한 장소인 것입니다. 경찰은 유치장에 끌고 가는 도중에 우리를 구타하는 예가 비일비재합니다. 대부분의 교회에서는 우리의 행실을 '죄악'으로 단정하고 있습니다. 우리가 동성의 연인과 결합할 경우 교회의 축복을 받지 못합니다. 이런 일에 대해 우리는 어떻게 해야 할까요? 우리는 조직체를 결성해야 합니다. 우리는 반격의 싸움을 벌일 것입니다. 뉴욕에서 경찰이 어느 게이 술집을 정탐하러 왔을 때, 우리는 뒷문으로 살그머니 빠져나와 문을 잠그고 그곳에 불을 질렀습니다. 그랬더니 경찰이 허겁지겁 물러가 버렸습니다."

이상은 동성연애주의 교회의 목사가 한 말의 일부이다. 그 목사 뒤를 이어 한 여성 동성연애자가 강연했다.

동성연애 2

그 여성 동성연애자의 발표 내용은 다음과 같다. "나는 레즈비언입니다.

나에게는 동성연애가 제격입니다. 나는 동성연애를 즐기며 행복을 느낍니다. 작년 여름, 나는 내 연인과 함께 멋들어진 경험을 했습니다. 우리는 동성연애자 유원지에 놀러 갔었는데, 그곳에서 우리는 남의 눈을 의식하지 않고 서로 팔짱을 낀 채 공개적으로 산책을 즐겼습니다. 그날 저녁 우리는 여러 사람이 있는 곳에서 공개적으로 포옹하였습니다. 나는 내 연인과 7년간 함께 살아왔으나, 과거엔 다른 사람이 있는 곳에서 공개적으로 서로의 애정을 나타내 보이려는 엄두를 도저히 못 냈습니다. 좌우간 그 유원지에서 지내고 난 후로 나는 더 이상 사회 통념적 규칙에 얽매이지 않기로 결심했습니다. 이제부터는 나는 내 자신의 규칙을 스스로 만들 것입니다. 나는 당신들 규칙을 좇아가지 않으렵니다. 동성연애는 범죄가 아닙니다."

이상과 같은 말들은 대충 돌아가고 있는 사태의 극히 일부를 반영해 주는 정도이다. 몇 가지 짤막한 사실을 부연해 본다.

동성연애 3

미국의 모 기독교 교회 연합체는 각 교파의 인사심의회에 띄운 권유문에서 다음과 같이 썼다. "동성연애와 같은 것이 성직자 서임 자격 요건으로 고려되어야 할 중요문제가 되어서는 안 될 것입니다"(New York - RNS).

동성연애 4

미국 감리교 청년목회 심의회는 1974년 성명 발표에서 1976년에 개최되는 감리교 총회에서 감리교 규율서(Book of Discipline)의 개정을 요구했다. 그 개정요구 항목은 다음과 같다. "성, 인종, 결혼 상황 및 성적 성향이 미국 감리교회의 목사 서임에 차단봉으로 작용되어서는 안 된다."

여기서 아이어 목사의 보고 내용을 끝내고 이제 마지막 사례로 내가 직접 경험했던 일을 소개한다.

동성연애 5

나는 독일에 있는 개신교 청년 모임체 두 단체가 주최하는 합동 모임에 강연 초청을 받았다. 그 모임에는 신학생도 몇 명 끼어 있었다. 내 강연이 끝난 후 토론회 순서가 있었다. 반론자 편의 대표자는 신학을 전공하는 여학생이었는데, 그 여학생은 전공 첫 시험을 무난히 통과한 학생이었다. 우리는 예수의 하나님 아들 신분에 관하여 토론했다. 이 문제는 현대 신학자들의 논쟁거리이다. 문제의 여학생은 제 나름의 이론을 주장하고 나섰다.

"예수는 우리와 똑같은 인간입니다. 예수는 동성연애자입니다." 나는 자리에서 벌떡 일어서면서 응수하였다. "그런 말은 불경스런 망발입니다. 나는 이 자리에 도저히 더 이상 눌러앉아 있을 수가 없습니다." 나는 문 쪽으로 걸어 나갔다. 그때 또 다른 젊은이가 내 등 뒤에 대고 소리쳤다. "예수의 어머니 마리아는 창녀였다."

동성연애를 평가함에 있어서 중요사항은 심리학자, 현대 신학자, 의사, 혹은 선의의 자선사업가들의 주장이 아니라, 성경이 말하고 있는 내용이다.

남색자란 표현은 창세기 19:5절에서 유래한다. 성경을 읽는 일반 독자들 중 다수는 '상관'의 표현을 이해하지 못한다. 이 표현에 해당되는 히브리어는 '야다(Yadah)'인데 성적 결합을 뜻한다.

하나님께서는 가나안 거민을 저주하여 멸망시키셨는데 그 이유는 그들이 동성연애자였기 때문이었다. 이스라엘의 여러 선왕들은 하나님의 축복을 받았다. 축복받은 이유는 매춘부들의 가옥을 허물어 없앴고, 남색자들을 그 땅에서 몰아냈기 때문이었다. 우리는 이러한 예를 열왕기상 14:24절, 15:12, 22:46절과 열왕기하 23:7절에서 읽을 수가 있다. 성경의 영역본은 남자 창부의 내포된 뜻을 명확히 나타내준다.

무엇보다도 신약성경의 말이 가장 명쾌하다. 바울이 로마서 1:27에 기술한 표현을 소개한다. "남자들도 순리대로 여인쓰기를 버리고 서로 향하여 음욕이 불 일 듯하매 남자가 남자로 더불어 부끄러운 일을 행하였도다." 따라서 하나님께서 그들을 내버려 두셨다고 바울은 말한다.

여기서 논의되지 않았던 동성연애 관련문제들이 남아 있다. 지면 관계상 간단히 다루어 보는 정도로 마치고자 한다.

태어날 때부터 본시 동성연애자인 사람들과 성도착증세의 동성연애자들 사이에는 구별이 지어진다. 의학적 관점에서 보면, 유전적 유형은 불치이다. 반면에 성도착증은 극복될 수가 있다. 많은 신앙인들은 "하나님께서 기적을 베푸실 수 있다."고 말한다. 나도 역시 하나님의 기적을 믿는다. 그러나 여태껏 나는 선천적동성연애중에서 구원받은 사람을 만나 본 적이 없다.

나는 동성연애 성향을 띤 믿음의 형제들을 알고 있지만 그러나 그들은 그릇된 짓을 한 적이 전혀 없다. 다시 말해서 그들은 하나님의 능력에 힘입어 그 불행스런 성향을 제어할 수가 있었다. 그들은 주님을 섬기고 있으며 주님의 축복을 안다.

젊은 시절에 다른 사람들의 꾐에 빠져 길을 잘못 든 결과 동성연애자가 된 사람들은 풀려남을 받을 수가 있다. 그들에게 생성된 성도착증은 그들이 진실로 회심하고 거듭날 때 사라져 없어진다. "영접하는 자 곧 그 이름을 믿는 자들에게는 하나님의의 자녀가 되는 권세를 주셨으니, 이는 혈통으로나 육정으로나 사람의 뜻으로 나지 아니하고 오직 하나님께로서 난 자들이니라"(요 1:12-13).

록뮤직
ROCK MUSIC

"록 뮤직에 대해 어떻게 생각하십니까?"

나는 이 질문을 종종 받아왔다. 그러한 질문을 받으면 항상 망연자실한다. 록뮤직을 조금도 이해하지 못하기 때문이다. 어쩌다 이런 음악을 듣게 되면 귀가 따갑고 어지럼증이 나기 때문에 나는 아예 듣지를 않는다.

나는 이런 종류의 음악이 사교의 제무에서 쓰이고 있음을 아프리카와 남아메리카를 다녀본 여행 경험으로 알고 있다. 미개인들은 그런 음악에 맞춰 신명나게 춤추며, 광란에 빠지고, 가끔은 성적인 난장판을 벌리는 일로 치닫는다.

음악에는 예컨대 요한 세바스챤 바하(Johann Sebastian Baha)의 음악처럼 순화력을 지닌 음악의 종류가 있는가 하면, 또한 선량한 미덕을 모두 파괴시키고, 사람들을 퇴락시키는 음악의 종류도 있다. 성스러운 하나님의 영감을 지닌 음악이 있으며, 또한 추잡한 악령적 영감을 주는 음악도 있다. 그러나 그것은 내가 이미 말한 바처럼 주관적인 판단이다. 각자는 나름대로의 의견을 가질 권리가 있다.

이 같은 논쟁 주제에 접하여 전문가가 피력하는 의견을 들어보도록 하자.

1971년 가을 몇 차례 회의가 매사추세츠, 메인, 그리고 뉴햄프셔 주에서 거행되었다. 이 모임에서 연설할 연사로 각처에서 인기 있는 쟁쟁한 사람들이 참석했다. 연사들 중 한 사람은 잭 윌젠(Jack Wyrtzen)인데 그 사람이 연설할 때면 회중이 무려 5,000여 명이나 모여든다. 23개 교회에서 있었던 나의 강연은 몇 주에 걸친 이 회의주간을 전후하여 치러졌다.

이 기간 중에 나는 바브 라슨(Bab Larsen)을 만났다. 그 사람도 연사들 중 한 사람이었는데 아마 최연소자인 동시에 또한 가장 인기를 끈 사람이었다. 그의 삶을 한번 훑어보자.

록뮤직 1

바브는 록 음악가였으나 후에 복음지도자가 되었다. 로큰롤 음악(Rock' en Roll)에 대해 말하려면 그가 전문가이다.

열세 살의 어린 나이에 바브는 벌써 전속 밴드를 가졌다. 그는 어린 록스타가 되었으며, 록음악 방송국들은 계속 그를 초청가수로 맞아들였다. 이 운 좋은 어린 가수에게 인기와 부가 넝쿨째로 굴러 들어왔다.

그런데 이 모든 형세가 갑작스레 돌변했다. 어느 날 저녁 이 젊은이는 모처럼의 여가 시간을 가졌으나 어찌할 바를 몰라 안절부절못하였다. 갑자기 서글퍼지면서 그의 양심은 갈등 속에 휩싸였다. 고독감과 공허감에 젖어 있던 그는 불현듯 한 조그만 교회에 가고 싶은 생각이 일었다. 심리학자들은 이 경우, 누구나 겪게 되는 전형적 사춘기 기분의 일종이라고 말해버릴 것이다. 그러나 이 상황은 그렇지가 않았다. 바브의 양부모는 기독교인이었으며, 이 탕자를 위하여 많은 기도를 했다.

예배 중에 성령께서 이 젊은이를 감동시키셨다. 그의 눈앞에 자신의 삶의 빈약함이 펼쳐지고 범죄, 죄악, 그리고 불안이 그를 짓눌렀다.

바로 그날 밤 그는 예수께 삶을 내맡기고 지난날과 결연히 단절을 하였다. 그는 전속 밴드를 해체해 버렸고, 성공을 안겨준 도구인 전자 기타를 집어치워버렸다. 그는 심지어 성가를 부르는데 쓰는 전자 기타를 사용하는 것조차도 좋아하지 않았다. 어찌 보면 지나친 것도 같았지만, 그는 전자 기타와의 영원한 결별을 원했다.

기도 중에 "이제 어찌하여야 하옵니까?"하고 바브는 주님께 여쭈었다. 길은 분명해졌다. 그 다음 단계는 성경을 공부하는 것이었는데, 성경을 공부하던 중 그는 그 다음 해야 할 일이 무엇인지를 분명히 알게 되었다. 그는 예수님을 위한 증거자, 즉 복음전도자가 되었다.

록 뮤직에 바쳤던 삶에서 뛰쳐나와 그리스도께로 오고난 후 그는 그리스도를 위하여 젊은 록 뮤직 팬들에게 접근하고 싶은 마음이 꿈틀거렸다. 라디오 방송국들은 예나 다름없이 그에게 문호를 개방해놓고 있었다. 그는 열려져 있는 문들을 활용하여 전국을 누비며, 록 음악에서 뛰쳐나와 예수 그리스도께로 회심한 사실에 대하여 강론하였다.

그는 참으로 흥미로운 사실을 발견을 했는데 그것은 바로 우리가 살고 있는 시대의 징조임에 분명하다.

바브 라슨이 교회에서 강론하면 으레 사람들에게 공박을 당했다. "당신은 지나친 과장을 하고 있어. 록 뮤직도 역시 복음성가에 쓰일 수 있고말고."

바브는 답변했다.

"아닙니다, 이 음악은 시커멓고 혼탁한 탁류에서 뿜어져 나오는 기운이 서려 있습니다. 이 음악은 순화를 시킨다고 하더라도 성령을 위한 용도로는 사용될 수가 없습니다."

바브 라슨이 록 뮤직 팬들에게 연설을 할 때면 그들은 동감하는 표정이 역력했다. 그들은 말했다.

"네가 바른 길을 걷고 있는 거야. 지금 하는 것처럼 계속 정진해. 우리 모두는 이 음악의 악령성 깃든 추잡스러움을 느끼고 있어."

이 발견은 간단히 말해서, 진리를 찾으리라 생각되는 곳에선 진리가 거절당하고, 기대조차 안하던 곳에서 오히려 진리가 받아들여진다는 사실인 것이다.

이것은 교회의 소수 장로들보다 록 음악 팬이 하나님 나라에 더 가깝다는 것과 다를 바가 없음을 뜻한다. 따라서 이것은 예수께서 하신 말씀의 현대판이다.

"세리들과 창기들이 외식하는 바리새인들보다 먼저 하나님 나라에 들어가리라"(마 21:31).

그리하여 과거 한 때 록 음악가였던 자가 탕자탕녀들을 위한 멋진 증언자로 모습을 일심했다. 예수께서는 그 누구도 너무 나쁘다고 해서 내팽개치시지는 않으신다. 그러므로 우리는 너무 때가 늦었다고 체념해버려서는 안 된다. 예수님의 자비는 구하는 모든 자에게 열려져 있다.

나는 책을 쓰기 위한 자료를 수집해 오면서 자주 그때에 꼭 알맞은 정보를 받는 체험을 했다. 이 글을 쓰고 있을 때에도 역시 또 이런 일이 일어났다. 캘리포니아에서 한 형제가 록 뮤직에 관한 매우 유익한 몇 가지 정보를 내게 보내면서 자신이 관찰한 바를 이 책에 사용해 달라는 부탁을 했다. 나는 그의 편지의 가장 중요한 부분을 제시해보고자 한다.

록뮤직 2

성경은 말세에 많은 사람들이 속이는 영들과 마귀의 가르침을 좇으리라고 우리에게 말해준다. 이러한 악령들은 자신들의 대변자로 이용할 수 있는 적임자를 찾아내는 재간이 있다. 많은 록 뮤지션들은 자신들을 악령들의 대변인으로 이용당하게끔 내맡겼다.

팝 뮤직 분야에서는 사탄의 영향력이 대단히 강하다. 성령 충만한 기독교인 학자들은 팝뮤직의 가사를 유심히 살펴보아야 한다. 이 가사들은 아무런 해악이 없는 사랑타령이 아니다. 그것들은 청중들을 뇌살(腦殺)시켜버리는 기묘한 뒤틀림과 어지러움을 담고 있다. 이 음악이 바로 10대 청소년 세대를 마약과 섹스로 휘감아 들였던 원흉인 것이다.

1. 제목 및 주제

전파를 타고 흘러나오는 대중가요의 노랫가락 가운데에서 조차도 우리는 다음과 같은 언어들을 볼 수 있다.

- "불타는 화염 굴렁쇠 속에 빠져들어"
- "악마와 계약을 맺고서"
- "속에 가득 찬 악을 감추고서 미소 짓는 얼굴을 쓴 사람들"
- "1968년에 내 영혼을 잃었노라"
- "내 이름을 부르세요. 그러면 나 그곳에 가서 그대 소원을 이루어 주리"
- 마법 능력을 계속 고무하는 내용, 영혼을 파는 내용, 때가 이르면 예수가 우리를 괴롭히리라는 내용, 마법주문이 효력을 발한다는 내용
- 비틀즈가 예수보다 더 인기 있다는 허풍과 아울러 기독교는 봄눈이 녹듯이 사라지게 된다는 허장성세
- "종교가 없는 세계를 향하여 힘써 나가며"
- 돈방석에 앉은 보컬그룹들이 검은 안식일(Black Sabbath) 또는 성서와 같은 이름을 붙여 부르는 행위
- "햇볕을 피하여 밤이 올 때까지 어두운 굴속에 살고 있는 검은 뱀"
- "우리가 우리 자신의 구원자이도다"

- "숲 속에 사는 마녀들"
- "아침이 되어서야 어슬렁대는 하나님"
- "우리는 저편 아래에서 솟아오르고 있다네"
- "자녀들은 손에 넣을 수 있는 것을 얻으려고 모두 외출했는데, 아뿔싸 부모님 집에서 쿨쿨 잠만 자며 자녀들이 집에 잘 있으려니 하는 생각에 젖어있다네"
- 천국이란 말은 언제나 아무도 가고 싶어 하지 않는 곳으로 빈정거리는데 사용된다.

2. 특별난 속뜻을 지닌 말들

앞서 쓰인 용어의 배후에서 풍겨 나오는 어감은 분명하지만, 일반적으로 인지되는 어감과는 전혀 별개의 뜻을 지닌 어귀들도 있다. 마치 이러한 말들은 문외한들이 그 속뜻을 모르도록 하려고 숨겨둔 암호 구실을 하는 것 같다.

- 비(rain)- 그들은 비고 오면 두려운 듯 누군가가 비를 멈추게 해주기를 바란다. 몇몇 노래 가사는 빗속에 젖는 것을 노래한다. 오로지 록 뮤지션들만이 비가 무엇을 뜻하는지 이해할 뿐이다.
- 무지개(rainbow)- 끝까지 버틴 자에게 약속된 것이 비 개인 후에 뜨는 무지개이다. 그들은 무지개에 대해 노래로만 부르는 게 아니다. 무지개는 이제 인기 있는 히피의 상징이며, 포스터에 자주 뜬다. 몇몇 거대한 집단을 이룬 마약복용 사이비신도들, 사탄주의자들에 의해 오용되고 있다.

· 태양(sun)- 그들은 태양을 피하여 숨으며, 태양이 눈을 불태워 재로 만든다고 말한다. 태양은 곧 다가올 그 무엇이다.

산, 캘리포니아, 자동차, 겨울, 어두움이나 그림자, 38구경 권총, 문, 그리고 시간도 그 쓰임새의 맥락을 자세히 살펴보면 본래의 뜻에 근접도 하지 않는다는 사실을 알 수 있다.

3. 성경에 있는 사실에 대한 인식

록 뮤직은 가끔 성경 가르침의 인정을 과시해 보이거나 그러한 것들은 전혀 상반된 것들로 왜곡시킨다.

그들은 천국과 지옥 상태에 끼어있는 건널 수 없는 큰 구렁이 바로 바다, 평원, 장벽, 폭이 1마일도 넘는 큰 강이라고 떠들어 대며(눅 16:26) 언젠가는 이 장애물의 횡단을 소원한다고 결론짓는다.

이들 노랫가락은 지옥이 고통스런 곳이어서 "비가 멎으면" 곧 "집으로 돌아가리라"고 추론한다(마 13:40).

거짓말 하는 아비를 좇아 그들은 그리스도의 신성을 터놓고 부인하는 말을 한다. "슈퍼스타 예수 그리스도여, 그대는 정말로 그대 입으로 말한 바의 인물이란 말인가?" 이것은 수천만의 속기 쉬운 사람들의 신앙을 뒤흔들어 놓는 결과를 낳았다.

손꼽는 수백만장자인 팝스타 밥 딜런(Bob Dylan)은 '독거미'라는 책을 썼는데, 이 책은 지옥의 파괴를 상징적으로 묘사한다(계 20:10). 그는 사탄의 역을 맡고 있는 자신을 1인칭으로 하여 그 책을 썼다. 그 책에 나오는 비, 태양, 자동차, 산 및 기타 나머지 모든 것과 같은 말들은 그의 노래가락에서 갖는 뜻과 똑같은 의미를 지닌다.

악령들은 부리는 소유주에게 대단한 유익을 안겨준다(행 16:19). 벌어들인 돈의 액수가 수십 억 달러에 이르며 그들에게 속아 넘어간 사람들도 수천만 명에 달한다.

이 편지 내용은 이쯤 해두도록 한다. 내가 다소 이것을 편집하긴 했으나 나도 자세히 모르는 것들을 말해주고 있는 까닭이다.

록 뮤직은 이미 절정기를 넘어섰다. 그러나 악마는 새로운 레코드를 생산해 내고 있다. 팝 페스티벌은 록 애호자들을 배후의 세력 속에 빠지도록 유도한다. 모 영국신문의 기사에 따르면 한 페스티벌은 270,000명의 젊은이들을 끌어 모았는데, 경찰이 혼잡과 발생한 범법행위를 미처 처리해 나갈 수 없을 지경이라고 했다.

조용히 진행되었다는 페스티벌의 결과들도 같은 신문에 실려 있었다. 174명이란 숫자가 지나친 음주와 마약복용 때문에 병원 신세를 져야 할 형편이었고, 13명의 젊은이가 병원에 입원했으며, 25명의 페스티벌 방문객은 마약법 위반으로 감옥행이었다.

이 정도가 조용한 편이라면 다른 페스티벌에서는 과연 어떠했을까?

마약남용
DRUG ABUSE

거의 매일 환각제에 관한 신문보도기사가 실리고 있다. 마약 문제는 전 세계적으로 번져 있다. 이 장을 쓰고 있는 바로 오늘도 신문은 마약 문제를 다룬 두 기사를 실었다.

마약 1

대홍수 재난 시 독일이 방글라데시로 보낸 의약 원조품 가운데 모르핀 정제가 있었는데 코펜하겐(Copenhagen)에 있는 암시장에서 한동안 이 약품이 거래되었다.

무게가 약 0.2g이며 84%의 모르핀 함유량을 가진 이 알약은 한 알에 10~12달러를 호가한다. 독일의 구호약품이 이 지역 암시장에 이처럼 유입된 사실을 코펜하겐 마약단속반 반장인 스벤트 토르스테드(Svend Thorsted)씨가 밝혀냈다. 22세의 미국인 청년과 18세의 덴마크인 여자 친구가 동거하던 집에서 경찰은 마약 밀매자들 간에 '파키스탄 알약(Pakistan pills)'으로 통하던 모르핀정제 330정을 적발하여 압수했다.

마약 2

일당 다섯 명의 청소년이 미조리주 세인트루이스(St. Louis)에서 체포되었는데 그 가운데 14세 된 소년과 18세의 처녀가 끼어 있었다. 이들은 마약 기운이 온 몸에 퍼지자 14세와 12세 된 두 소년을 성적으로 농락하고 끔찍스럽게 난자하여 살해하고선 내버린 시체가 하수도에서 발견되었다.

마약 중독은 복합성을 띤 문제이다. 그 몇 가지 양상을 검토해 보도록 하자.

첫째, 서구 세계 전역에 걸쳐 유행성 열병처럼 번지는 마약 중독의 수적 증가가 우선 우리의 관심을 사로잡는다. 1970년 공산국가들은 상대국의 방어력을 약화시키려고 마약중독을 이용했다. 당시 뉴욕에 20만 명의 마약중독자가 있었던데 비하여 독일에는 불과 1만 명 정도에 불과했다. 그러나 상황이 심각해졌다. 환각제 복용을 시작하던 나이가 과거엔 18세였으나 이제는 10세이다. 마약을 상용하는 여학생의 수효가 현재 급격히 증가해 가고 있다는 사실은 경악을 금치 못할 일이다.

어느 지방도시에는 한 학급의 학생 전원이 환각제를 피우는 고등학교조차 있다. 교사들에게 물어 보았자 그들은 이 문제에 관하여 아무 것도 모른다. 젊은 사람을 시켜 어린 학생에게 물어보도록 해야만 어디서 마약을 사며 값이 얼마인가를 알아낼 수 있을 정도이다. 더욱이 환각제 열광은 비단 도시에만 국한된 것이 아니라, 촌락 지역까지도 확산되고 있음을 볼 수 있다.

둘째, 마약 남용은 만성적 건강 악화를 유발시킨다. 헤로인, 모르핀, 코카인, 그리고 아편과 같은 강한 마약제에 빨려 들어간 환각제 상습자는 비록 젊다고 하더라도 건강을 망쳐 그 후유증을 겪는 기간이 8년 내지 12년이나 걸린다. 온 몸이 깡그리 망가진다. 이쯤 되면 폐인이 될 것은 뻔하며, 25세 내지 27세의 젊은이가 마약 때문에 이미 일을 할 수 없게 되고,

따라서 국가의 짐이 되어 납세자를 부담스럽게 한다.

최근 한 보고서를 보면, 1980년이 되면 독일의 근로자는 각자가 한 명씩의 병약자를 부양하게 될 것이라고 한다. 그러므로 우리 모두는 이 문제에 깊숙이 관여되어 가고 있고 영향을 받으며 부담을 지고 있다.

마약 중독은 사건과 범죄의 수적 증가를 유발시킨다.

마약 3

20살 된 젊은이가 복용하려고 마약을 준비해 놓았는데, 다섯 살 된 동생이 테이블 위에 놓인 이 마약을 보고 설탕인 줄 알고 얼른 입에 집어넣고 말았다. 어린애는 몇 시간 후 중독사 했다.

마약 4

우울증인가 부주의 탓일까? 모(某) 일간지는 독일의 한 도시에서 법의학 전문가가 내린 판정을 보도하였다. 두 젊은이의 사망 원인이 마약의 과다 복용이라는 기사였다.

마약 5

한 때 마약중독자였다가 그 후 그리스도께 구원을 받은 한 젊은이가 내게 털어놓은 이야기이다. 과거 그는 90여 회에 걸쳐 아편제를 훔치러 약종상에 침입했었다. 그러나 단 한 번도 발각된 적이 없었다. 그의 뛰어난 솜씨는 가히 짐작이 가고도 남는다.

이러한 절도보다 더욱 심각한 일이 있다. 마약을 구입할 돈을 손에 넣으려고 마약중독자들은 끔찍스런 강도짓을 저지르는 것이 다반사다. 그 사건발생 건수가 엄청나게 늘어가고 있다.

셋째, 마약복용은 종교적 문제와도 연관을 맺고 있음이 분명하다. 마약이 종교적 감정을 일으키는데 도움이 된다고 주장하는 마약중독자들도 적지 않다. 그들의 주장은 마약을 수단으로 하여 하나님께 한층 더 가까이 접근한다는 것이다. 바꾸어 말하면 그들은 '화학적 응답의 신(神)'을 발견한다. 악마는 가장술이 뛰어난 명수여서 심지어 환각제 남용조차도 종교적으로 이용하고 있다.

넷째, 마약 남용은 정치적 및 군사적 전략으로도 이용될 소지가 다분하다.

스위스는 중립국일 뿐만 아니라 평화애호국이다. 가령 어떤 나라가 스위스를 공격해오기 때문에 스위스는 자국방어에 나서지 않을 수가 없는 처지라고 설정해 보자. 이때 군인의 반수 가량이 마약중독자라고 할 것 같으면 방어 능력은 반 이하로 저하될 것이다.

이러한 시나리오는 그리 생소한 것이 아니다. 1969년 베트공이 감행한 첫 번째 대공세 때 나는 월남에 있었다. 그때 미군의 약 60% 가량이 마약에 중독되어 있었다고 한 미국인 선교사가 나에게 귀띔해 주었다. 미군들 중에는 인사불성 상태여서 적을 식별할 수조차 없는 자들이 있는가 하면, 적이 없는 데도 환각작용에 사로잡혀 허깨비를 보고 총질을 했던 자들도 있었다고 했다.

다섯째, 마약 중독은 서구세계의 타락을 나타내주는 한 징표이다. 그러나 상황은 여기서 그치는 게 아니다. 마약열병은 종말론적 문제를 함유하고 있다. 사탄은 최후의 일대 반격을 이미 시작했다. 사탄은 그의 병기고에 있는 각종 병기를 총동원하여 인간을 파멸시키고 공략하고 있다. 디모데전서 6:5절에서 바울이 말한 바처럼 마음이 부패해진 자들이 널려 있는 시대가 벌써 막을 올렸다.

가장 중요한 문제는 이러한 마약열병을 멈추게 하는 묘책이 있는가 여부이다. 의학은 이러한 중독증을 효과적으로 치유할 수 있는 갖가지 방법을 모색해 왔다. 예컨대 약제사들은 메타돈(Methadon)이란 약을 개발해냈다. 마약 중독자들이 이 약을 복용하면 다른 약물에 대한 욕구가 사라진다. 마약 중독자가 메타돈 중독자로 전환된다. 그러나 메타돈 중독자는 일은 지장 없이 한다. 하지만 이것은 치유가 아니며 중독증 치환 수단에 불과한 것이다.

중독증 치환의 종교적 방법도 역시 존재한다. 나는 오순절 교회의 목사가 쓴 어떤 책을 읽어보았다. 그 책에는 젊은이들이 방언은사를 통하여 자유롭게 되었다고 하는 간증이 있었다.

나는 카운슬링 경험 중 직접 이런 경우를 한 번 본 적이 있었다. 한 젊은이가 방언을 하기 위해서 마약에서 벗어났는데, 그 후 넉 달이 지나자 그 젊은이는 마약 중독증의 늪에 도로 빠지고 말았고, 상태가 더욱 심화되었다.

참된 해방은 방언이 아니라 오로지 그리스도를 통하여서만 도래한다. 독생자께서 자유롭게 해준 자라야 참 자유를 누린다(요 8:36).

마약 6

나는 그랜드래피즈(Grand Rapids)에 있는 존 화이트 목사(Rev. John White)가 담임을 맡고 있는 교회에서 강연할 기회가 여러 번 있었다. 존 목사는 하나님께서 축복해 주신 젊은 복음전도자이다. 그는 젊은이들을 자신이 목회하는 예배에 청해 들이는 것만으로 만족스럽게 여기지 않았다. 그는 말한다. "젊은이들은 제 발로 걸어서 우리에게로 오지는 않는다. 따라서 우리가 젊은이들을 찾아 나서야 한다." 그는 팀을 만들어 거리로 나섰으며 거리에서 만나는 젊은이들마다 말을 걸어 복음을 전파했다. 그는 누가복음 14:23절의 말씀을 실천에 옮겼다. "길과 산울가로 나가서…" 그는 사람을 낚는 이러한 여정 중에 풍부한 경험을 쌓았다.

어느 날 저녁 집회 때 한 젊은이가 앞자리에 나와 앉아 내 말을 경청하였다. 이 젊은이는 마약에 찌들었던 생활을 박차고 나온 자였다. 젊은이는 존 목사의 목회를 통하여 그리스도를 발견하였다. 또한 젊은이는 구원을 체험했으며 일생동안 기독교 봉사에 헌신하고자 하는 소명을 느꼈다. 젊은이는 침례교 신학교에 진학했으며 오늘날 침례교회의 목사가 되어 목회를 하고 있다.

참 구원은 주님께서 사람을 택하여 붙잡아서 새로운 삶을 시작하도록 허락하실 때 이루어진다. 세계적으로 많은 문제를 야기 시키고 있는 마약남용은 인간의 노력으로 어느 정도 극복되어 가는 듯 보인다. 그러나 마약이 사탄의 전술적 병기로 사용되기 때문에 하나님의 형상대로 지음 받은 인간은 궁극적으로는 예수 그리스도에 의한 거듭남 없이는 참된 해방을 맞을 수가 없다.

외설문헌
PORNOGRAPHY

영어의 포르노그래피(Pornography)란 말은 '부도덕성, 매음'을 뜻하는 porneia와 '쓴다'는 뜻의 graph 란 두 헬라어에서 만들어져 나온 말이다. 오늘날 일반적으로 통용되고 있는 이 용어의 의미는 부도덕한 문헌과 음란한 그림의 출판물을 뜻한다. 여기서는 이 끔찍스런 악덕의 세 가지 국면만 거론해 보고자 한다.

첫째, 이윤추구의 탐욕이다. 한 독일 신문은 일 년에 16억 마르크 상당의 외설문헌이 덴마크에서 독일로 흘러 들어온다고 보고했다. 이러한 인쇄물들이 얼마나 비싼 가격에 거래되고 있는가는 북부 독일지방에 있는 어떤 목사의 경험담으로 잘 드러난다. 이 목사는 음란한 책들을 팔고 있는 자들이 대체 어떤 자들인지를 적발해 보겠다는 사명의식을 느꼈다.

그는 함부르크에 있는 홍등가인 리퍼반(Reeperbahn)거리에 있는 허름한 책방에 들어가 '구미당기는 것'을 달라고 청했다. 서점 주인은 카운터 밑에서 각종 성희(性戱) 장면을 찍은 사진들이 잔뜩 들어있는 책 한 권을 꺼내 놓았다. 고객을 가장한 목사가 가격을 물었더니 600마르크라고 대답했다. 그 고객은 주인에게 고맙다는 인사를 하고 나갔다. 30분 후 그는 경찰관과 함께 돌아와서는 이 외설물 서점을 고발조치 하였다.

또 한 사례는 내가 미국에 갔을 때 들은 것이다. 좌경 노선의 한 출판 업자가 임종 시에 고백을 했다. 그는 미국에서 일평생 이 나라를 파멸로 몰아넣으려는 목적 하에 수십 억 달러 어치의 외설문헌을 발행했다고 하였다.

둘째, 젊은이의 부패이다. 지금껏 수 년 동안 기독교인 학부모들은 경악을 금치 못한 채 이른바 학교의 성교육 진전 상황을 지켜보고 있는 중이다. 교사들과 학교 당국에 온갖 항의를 다해 보았으나 소용없는 일이었다. 때론 고약스럽기 이를 데 없는 정도의 성교육이 심지어 저학년인 초등학교에서 조차도 의무화 되어 있다. 한 아버지가 나에게 말했다.
"여덟 살 난 아들애가 성문제에 관하여 내가 결혼할 당시 알았던 것 보다도 더 많은걸 알고 있습니다."
이러한 의무교육이 어떤 효과가 있는가 하는 문제는 다음 사례로 잘 설명된다. 이런 일은 계속 일어날 수 있을 것이다. 여덟 살 난 소년이 집에 돌아와 어린 여동생에게 말했다. "옷 좀 벗어봐. 한 번 해보게. 선생님이 오늘 재미난 것을 가르쳐 주었어." 이 소년의 부모들은 교사에게 강력한 항의를 했지만 물론 소 귀에 경 읽기였다.
과거 헤센(Hessesn) 주에 한 추문 사건이 있었는데, 어떤 재소자가 술집 후미진 곳에서 벌어지는 온갖 성적 추태에 대한 외설서적을 저술한 것이었다. 한때 그런 서적은 엄금되고, 저자가 처벌받기도 했었다.
그러나 오늘날엔 어떤가? 그 책은 헤센 주 교육청에 근무하는 전문직 공무원의 검열을 받았는데, 그 전문가는 교육감에게 고등학교용 성교육 실험적 입문서로 채택할 것을 추천하였다.
대부분의 학교는 그 책이 너무 너절한 내용을 담고 있기 때문에 채택을 거절하였다. 한 고등학교 교장이 고학년 일반 교양도서로 그 책을 소개하자 대뜸 거센 반발이 일었다. 한 여교사가 교장에게 강력한 항의를 하자, 교장은 다음과 같은 말로 공박에 응수하였다.

"성경도 역시 혐오스러운 이야기를 담고 있습니다. 당신이 실제로 원하는 게 대체 무엇입니까?"

여교사는 몹시 화가 치밀었다.

"성경은 그런 혐오스런 행위를 꾸짖고 있습니다. 그러나 그 추잡한 책은 그런 짓거리를 권장합니다. 성경은 온갖 종류의 타락된 변태 성욕을 금지하고 있으며, 오히려 그런 행위에 대한 하나님의 심판을 선언합니다."

학부형들도 이 기독교인 교사와 합세하여 이 책을 반대하였다. 그러나 학교당국의 반응은 어깨만 으쓱할 뿐 아랑곳없이 냉담했다.

종국에는 일부 학생들의 집단시위로 사태를 몰고 갔으며, 학생들은 그따위 음란물은 읽지 않겠다고 거부했다. 그들은 이 음란물이 자신들을 골빈 머리로 만들게 내버려 두는 것보다는 차라리 나쁜 점수를 감수하는 편이 낫다고 결의했다.

젊은이들을 독소로 망치고, 미풍양속이란 보루를 모조리 허물어 버리고 있는 이들 교육 행정가, 학교 당국 및 출판업자는 후일 언젠가는 엄청난 심판을 맞을 것이다!

셋째, 종말론적 사태 진전이다. 레닌이 한 말이 가끔 의미심장하게 들린다. "젊은이들을 성에 맛들이게 하라. 그러면 그대는 그 젊은이들을 장악하여 손아귀에 넣게 될 것이다." 과거 공산주의자들은 효과적으로 서구세계를 허물어뜨리려고 이 조언을 실행에 옮겼다. 그러나 사회를 잠식하여 무너뜨리는 일, 즉 성이 범람하는 사회는 배후에 사탄이 도사리고 있다. 도덕적, 물질적 및 지적 전반에 세계혁명을 유발시키려는 것이다.

그러나 사탄은 결코 최후에 말씀을 쥔 심판자가 아니다! 우리는 그 사실을 확신할 수 있다.

시대사조
SPIRIT OF THE AGE

우리는 혼란의 와중에 휩싸여 있다. 오늘날 대중적 인기를 끌고 있는 지적 운동은 그 수도 많을 뿐만 아니라 모양도 매우 다양하다. 우리가 다루고자 하는 시대사조(時代思潮)는 구세대가 늘어놓는 갖가지 불평이나 현시대를 탓하며 흘러간 옛 시절을 못내 아쉬워하고 있는 것이 아니다.

기독교계에서 눈에 띄게 두드러지는 사항은 서구세계의 탈기독교화와 과거 식민지역에서의 선교활동 격감이다. 수년 전만 하더라도 독일에서는 개신교 신학생 100명 중에 15명 정도만이 목사가 되었고 나머지는 전공을 변경하든가 다른 직업을 선택했다. 최근엔 이런 상황이 뒤바뀌어져서 독일에서는 철저한 정원제, 즉 각 학부에 일정수의 학생만이 입학 허용을 받기 때문에 많은 학생들이 다른 학과에 진학을 못하여 할 수 없이 신학을 택했다.

이런 경우 내적인 소명이나 확신을 가지고 예수 그리스도를 따르는 자가 된다는 문제는 밖으로 밀려나고, 그 대신 대학에서의 자리 부족이 학생들을 교회의 품 안으로 떠밀어 쑤셔 넣는 꼴이었다. 과연 그들이 후에 제단에 설 경우 성령 충만하고 능력 있는 그리스도의 증거자가 될까? 그러한 물음엔 구태여 대답할 필요조차도 없다.

선교 분야에도 역시 서글픈 일들이 일어나고 있다. 동아시아에서 오랫동안 일해오고 있는 한 선교사는 그가 소속해 있는 선교협회에서 젊은 선교사 한 사람을 보내주었으나 그 사람은 완전히 현대신학에 젖어진 자였다고 나에게 말했다. 이 젊은이의 할 일을 찾아보았으나 도저히 쓸 수가 없어서 본국으로 되돌려 보냈다고 하였다.

한편, 본국에 있는 협회는 파견할 젊은 선교사들을 구하지 못하기 때문에 선교기지를 폐쇄해야 할 처지라는 말도 나는 여러 선교지에서 들어왔다. 사태가 이렇게 된 것에 대한 책임은 기독교 교회의 세속화를 부채질 해 온 현대신학, 교회일치 운동 및 세속화주의에 그 화살이 돌려져야 할 것이다.

나태와 퇴락을 드러내는 이러한 징조들과 함께 우리는 우후죽순처럼 솟아나는 각종 신비술 단체들과, 그 운동들 가운데에서 일고 있는 새로운 활기가 평행선을 긋고 있음을 목격한다. 그 사례들을 주목해보기 바란다.

시대사조 1

내가 이미 말했듯이 1970년 10월에 캘리포니아 주 버클리 대학교(Berkeley University)의 미국인 학생 아이작 본윗츠(Isaac Bonewits)는 마법술학(Magic Arts) 박사학위를 획득했다. 본윗츠는 세계에서 그런 학위를 수여받은 최초의 사람이 되었고, 박사학위를 획득하자마자 여러 명의 아프리카인 무당으로부터 축전을 받았다.

시대사조 2

나는 이 책을 집필하고 있던 당시 남아연방에 있는 한 선교사 친구로부터 편지를 받았다. 이 선교사가 살고 있는 곳에는 대학이 하나 있는데, 그 대학에는 200~300여 명의 학생들이 사탄숭배 집단과 마법 집단을 이끌기 위한 교육을 받고 있다. 이 수치스런 공부를 하고 있는 것을 보고서 내 친구는 신비술을 경고하고 있는 내 저서들의 영역본을 학생들에게 주어야겠다는 결심을 했다.

남아연방만이 마법술 학과과정이 교수되고 있는 유일한 나라는 아니다. 영국, 캐나다, 브라질, 아이티, 그 외 다른 나라에도 비슷한 교습소들이 있다.

공개적으로 전개하는 신비술 운동보다도 마법술이 종교적 광신주의와 혼합된 유형의 운동이 훨씬 더 위험스럽다.

시대사조 3

미국에서 자칭 알케인 학파(the Arcane School)라고 부르는 한 운동이 시작되었다. 이 학파의 근거지는 뉴욕, 제네바, 도쿄, 그리고 다른 세계적 대도시였다. 창시자 겸 감독은 앨리스 베일리(Alice Baily)로서 이 여인은 30권의 책을 펴냈는데 영들이 불러준 것을 받아썼다고 주장한다. 이 비교는 그 추종자들에게 명상을 하며 매일 오후 5시에 평화를 기원하는 기도를 하라고 독려한다. 이 평화는 부처의 도움과 예수의 재림을 통하여 도래할 것이며, 예수는 1984년에 재림한다고 했었다.

여기서 우리는 영접술, 기독교, 불교의 혼합을 본다. 수천 수만 명이 이 종교적 신비술 사기수법에 걸려 속아 넘어가고 있다.

미국에는 이와 같은 운동이 비일비재한 데 대체로 영접술과 기독교를 결합시키려고 하는 것들이다. 내적 평화운동(the Inner Peace Movement), 영적전위친교회(the Spiritual Frontiers Fellowship), 심령연구교우회(the Church's Fellowship for Psychic Studies) 및 하나님의 과학교회(the Church of Divine Science)가 여기에 포함된다. 이러한 '교회들'의 특성은 내가 여태껏 해온 많은 세부 설명사항을 여실히 보여주는 한 사례를 검토함으로써 잘 알 수 있다.

시대사조 4

한 사나이가 어느 영접자 교회에서 거행된 예배에 참석한 후 착실한 기독교인이었던 그의 부인에게 집안에 있는 성경과 종교관계 서적을 모조리 없애버리라고 성화를 부렸다. 며칠 후 이 사나이는 영접자 교회에서 열린 집회에 나갔고, 집회가 끝난 후 집에 돌아와서 부인을 살해하고는 그 시체를 토막토막 내어서 감추었다.

일반인들은 이런 잔혹스런 행위를 듣는 사람들에게 그 사나이가 정신질환자였음을 믿도록 하려고 애써 노력을 기울일 것이다. 그러나 사실은 그렇지가 않다.

영접자집회에 참석하거나 영접자 교회의 신도가 되는 일이 무서운 결과를 몰고 온다는 사실을 확인해 볼 수 있는 많은 사례들을 나는 가지고 있다.

카리브 연안의 마법술은 오베아(Obeah)라고 불린다. 그것은 과거 서아프리카에서 카리브 도서지방으로 끌려온 노예들로부터 유래되었다. 제10그룹 대표위원들은 이 아프리카 마법술이 수치스런 인식을 받아온 것은 선교사들의 잘못된 생각 때문이라고 선언하고 나섰다. 그 대표위원들은 부두 사교와 현대 성령강령주의자들처럼 손뼉치고 노래하며 춤을 춘다. 그 메시지들의 특성 또한 온통 비지성적이다. 이 두 집단의 열성 신도들은 외국어 구사능력과 환상을 보는 능력을 지녔다. 신(新) 성령은사운동도 역시 이 두 집단과 같은 부류에 포함되어야 할 것이다.

이러한 여러 사항들은 신 성령은사운동과 방언운동을 반대하는 온건하고 성경적 믿음을 가진 기독교인들에게는 커다란 흥미거리였다. 말할 필요조차 없이 제 10그룹의 상정안은 다른 대표위원들의 반대에 부딪혀 채택되지 못했다. 많은 대표위원들이 그들을 반박하는 발언에 나섰다. 그러나 스스로 기독교인들이라고 자부하는 신앙인들의 교회협의회에서 조차 그런 제안이 거론되었다는 자체가 현대 기독교의 위기를 잘 보여주는 한 단면이다.

시대사조 5

자메이카에서의 강연여행 중 킹스턴(Kingston)에 있는 신학교에서 나는 자메이카에서 행해지고 있는 마법술의 주요 유형에 대하여 배웠다. 그 마법술은 포코메니아(Pocomania)라고 불린다. 포코메니아는 종교적 사상과 아프리카 마법술이 혼합을 이룬 것으로 포코메니아를 자세히 기술하려면 족히 책 한 권은 되겠지만 이 운동이 북아메리카와 유럽에는 거의 알려져 있지 않으므로 간략히 몇 마디 논평을 하는 정도로 그치고자 한다.

포코메니아 연구 전문가들은 이 유형의 마법술이 감리교 부흥 운동과 아프리카 마법술이 뒤섞여 어우러진 혼합형이라고 말한다. 성경이 백색 마법서로 이용되고 모세 6·7경도 성경과 맞먹는 위치에 놓인다. 나는 모세 6·7경의 원래 출처가 독일임에도 불구하고 자메이카에까지 있는 것을 보고서 놀랐다.

영접자 세계에서 시행되고 있는 모든 것들이 포코메니아에서도 행해진다. 망령 숭배, 탁자초혼술, 악령 숭배를 비롯하여 방언, 정신치료술, 축사의식 등 한마디로 말해서 모두가 기독교 내의 극단적 집단들과 연관된 것들이다. 심지어 살생을 일삼는 흑색마법도 행해진다. 동아시아 요가 수도자 가운데서 흔히 볼 수 있는 여러 주간 계속되는 영접경이 포코메니아에서도 역시 행해진다.

이 운동에 걸려든 사람은 누구를 막론하고 사탄의 손아귀에 굴러 떨어진 것이며, 따라서 그리스도를 통하여 완전한 건짐을 체험하지 못한다면 풀려나 자유를 누릴 기회란 마치 낙타가 바늘구멍을 통과하는 일과 다를 바 없다.

이러한 모든 혼합주의적 운동에서 현대의 추세가 뚜렷해진다. 그 배후에는 저 아래편에서 조종하고 있는 확정적인 전략이 도사리고 있다. 악령은 신비적 요소와 종교적 요소를 한데 뒤섞는다. 그리하여 수많은 사람들이 구별하기가 어려워진 악령의 덫에 걸려들어 희생자로 전락한다. 시대사조는 저 아래편 세계의 조종을 받고 있다.

지옥, 즉 악령의 세계에서 비롯된 이러한 조종은 다음 사례에서 뚜렷하다.

시대사조 6

탄자니아(Tanzania)에서는 주목할 만한 재판이 한 건 일어났다. 오말 무스탈라(Omar Mustalla)는 4년 동안 행복스런 결혼생활을 해왔다. 어느 날 밤 그는 집에 돌아오자 리볼비 권총을 꺼내 자기 부인을 쏘았다. 죽기 전에 그 부인이 말했다. "남편이 왜 이런 행동을 했는지 영문을 모르겠어요. 우리 두 사람은 함께 매우 행복했어요."

살인자는 정신의학적인 검사를 받았다. 검사를 맡은 의사들 중 한 사람은 샨드라 바바(Shandra Bhava)라는 원주민이었다. 그 원주민 의사는 주목할 만한 이론을 펼쳤다. 그 의사는 오말이 또 다른 세계로부터, 즉 불치병으로 죽은 그의 옛 약혼자로부터 부인을 죽이라는 명령을 받았다고 단언하였다. 오말은 옛 약혼자의 임종자리에서 절대로 다른 여자와 결혼을 하지 않겠다고 약속을 했다. 그가 약속을 깨뜨리자 옛 약혼자는 저 세상에서 현재의 부인을 죽이라는 재촉을 무수히 하였다. 법정은 그 원주민 의사의 진술이 옳다고 판시하고 오말 무스탈라를 석방하였다.

재판 장소가 독일이나 미국에서라면 그렇게 판결이 나지는 않았을 것이다. 그러나 이 원주민 의사는 사람들이 저세상에서 오는 영향을 입을 수 있다고 믿고 있음을 이 사례가 보여준다. 이것은 또한 거의 모든 영접자들이 취하는 견해이기도 하다.

우리는 그러한 믿음을 터무니없다고 웃어넘기며 거부할 것이다. 그러나 우리는 말세에 사탄이 사람의 판단력을 흐리게 하려고 애쓴다는 사실을 성경의 예언적 말씀으로부터 알고 있는 바이다. 사탄은 마음을 혼동케 하여 사람의 진리 감각을 손상시켜 걷잡을 수 없는 지적 혼란을 일으키려고 힘쓰고 있다. 이것이 바로 저 아래 세계의 대전략이며, 이 전략이 시대사조를 형성하며 조종해간다.

이 주제에 관하여는 종교적 및 신비술 측면에서 내린 이 몇 가지 논평만으로도 충분할 것이다. 정치, 철학, 법률 및 다른 여러 분야에서도 마찬가지로 비슷한 과정을 추적해 볼 수 있을 것이다.

할로윈
Halloween

다음 글의 내용은 틀림없이 종교인들을 약간 당혹스럽게 할 것이다. 유럽에 있는 가톨릭 교회는 매년 11월 1일 제성도기념축일을 가지고 옛 친척이나 친지들의 무덤을 찾아간다. 몇몇 지역에서는 11월 1일 전야에 '망령의 갈 길을 밝혀주고자' 창가에 초롱불을 걸어두기도 한다.

동일한 축제가 미국에서도 지켜지지만 전혀 딴판이다. 할로윈(Halloween)은 행사라기보다는 오히려 유럽의 사육제에 가깝다. 미국인들은 멋진 옷을 차려 입고 가면을 쓰며 술에 만취되는 할로윈 축제 파티를 연다.

제성도기념일(All Saint's Day)과 할로인 축제는 이방 축제에 그 연원을 두고 있다. 기독교가 전래되기 이전 영국 땅에 살고 있었던 켈트(Celt)족의 승려 드루이드(Druid)는 사람은 사후에 깨끗해짐을 받아야 한다는 사상을 가지고 있었다. 10월 31일 밤 동안 마법에 걸린 영혼들은 드루이드의 신 삼하인(Samhain)에 의해 놓임을 받아 함께 드루이드 천국으로 가게 된다는 것이다. 이 드루이드 축제는 언제나 동물을 희생 제물로 바치는데, 때로는 사람을 제물로 바치는 일도 뒤따랐으며 갖가지 마법과 관련을 맺고 있었던 것이다.

기독교가 전래된 이후에도 이 이방 축제는 6세기경까지 영국에서 계속되다가 후에 그레고리 대제(Gregory the Great, A. D. 540~604)때, 켄터베리 대주교에게 분부하여 여태껏 드루이드의 희생 제물로 바쳐진 자들을 기독교 성인들로 모셔 기념하도록 했다. 이것은 가톨릭교회의 융화정책의 한 실례에 지나지 않으며 이와 유사한 일들은 선교 분야에서 비일비재하다. 1975년 여름, 나는 콜롬비아 보고타(Bogota)에 있는 한 가톨릭교회를 방문했었는데, 그 교회 벽에는 원주민이 믿는 신들의 탈가면들이 걸려 있었다. 안내자의 설명에 따르면 스페인 사람들은 이들 제신을 이용하여 잉카(Incas)인들을 가톨릭교회로 끌어들였다고 했다. 성경의 가르침에 비추어 볼 때 살아계신 하나님께로 사람들을 인도하는데 악령의 도움을 받으려고 했다니 참으로 어처구니없는 일이다.

영국인 이주자들은 드루이드 축제의 풍속을 미국으로 옮겨왔다. 미국에선 축제가 폭넓은 인기를 끈다. 사람들에게 놀고 즐길 수 있는 기회를 제공해 주는 탓이다.

독일의 제성도축일에서는 이방적인 드루이드 축제와 관련된 일들이 오래전에 사라져 버렸다. 경건한 모습만 남아있으며 이런 풍습은 가톨릭 신도들 사이에서 널리 행해지고 있다. 묘지를 장식하는 풍습이 단지 고인을 추모하는 표현을 벗어나지 않는다면 계속 남아도 무방할 것이다.

망령에게 길을 밝혀주려고 초롱불을 내거는 여타 풍습은 미신에 지나지 않는다. 영원 속에서 중요한 것은 이 세상에서 그리스도를 위한 삶을 살았었는가 혹은 그렇지 않았는가 하는 문제인 것이다.

죽은 사람이 아무리 우리에게 가깝고 소중한 관계일지라도 그의 운명을 바꾸어 주기 위하여 이 세상에 있는 우리가 해줄 수 있는 일은 아무것도 없다. 죽은 자를 위하여 기도해 주라는 말씀은 신 구약을 통틀어 단 한 곳도 없다. 결론적으로 그레고리 대제에 의해 소개되었던 죽은 자를 위한 미사는 잘못된 교리이며, 미신이다.

1부
사탄의 전술전략

3장 악령의 전략도구로써의 종교형태

성령은사운동
방언
거짓 그리스도와 거짓 선지자
율법주의
크리스천 사이언스
여호와의 증인
프리메이슨
바하이교
장미십자단
흑색미사
마법의 여왕-마녀
사탄숭배

성령은사운동
CHARISMATIC MOVEMENTS

　방언을 출현시킨 현대 종교운동의 간략한 역사를 더듬어 보자.

　조지 폭스(George Fox, 1624-1691)는 19세 때 행동이 단정치 못한 탓으로 출교 당했기 때문에 교회에 발걸음을 끊었다. 그가 채택한 영적인 체계는 경험에 의존하고 있다.

　그는 자신에게 말하는 어떤 음성을 들었다. "외형적인 성경말씀이 그대를 인도할 수는 없으며, 교회의 가르침이나 외형적인 그리스도가 그대를 인도할 수도 없다. 오직 내적인 빛, 영적인 그리스도가 그대를 인도할 수 있을 것이다."

　폭스는 빛의 자녀(Children of Light), 즉 우정회(Society of Friends)의 창시자였다. 적대시하는 사람들은 그들을 퀘이커교도(Quakers)라고 불렀다. 이 별명은 오늘날까지도 여전히 남아 있다. 퀘이커교도의 초기 연원에서 위험스럽고 극단주의자적인 견해를 엿볼 수가 있다. 즉, 내적인 빛과 하늘로부터의 음성이 기록된 하나님의 말씀보다 더욱 중요하다는 것이 바로 이런 견해이다.

　온갖 종류의 그릇된 가르침이 파고 들 수 있도록 문이 활짝 열려진 상태에서 초기에는 일부 무리들이 역시 방언도 했다. 그 이후 퀘이커교도들은 몇 가지를 명확히 가름 했고 제반사항을 해결하여 정착시켰다.

나는 우정선교교회(Friends Mission Church) 내에 있는 코채부에(Kotzebue)와 같은 곳에서 퀘이커교도 회중에게 연설한 적이 있다.

방언과 그 외 다른 여러 황홀경 표현 유형을 가르치는 또 다른 집단은 어빙 교도(Irvingians)이다. 그들은 자칭하여 보편주의 사도 교회(Catholic Apostolic Church) 라고 부른다.

설립자는 에드워드 어빙(Edward Irving) 이었다. 그와 친분을 나누었던 교우 가운데 메리 캠벨(Mary Campbell)이란 사람이 있었는데 그는 1826년에 방언을 시작했다.

신앙요법치료, 환상, 그리고 예언과 같은 갖가지 성령은사의 현시는 전통주의적 교회에서 더 이상 의미를 찾지 못했던 사람들을 매료시켰다.

어빙교파는 영국, 홀란드, 미국, 그리고 특히 독일에서 급속히 퍼져나가고 있다. 독일에서는 그들의 본부가 아우구스부르크(Augusburg)에 있으나 스투트가르트(Stuttgart) 에 가장 신자가 많으며, 1900년경 그들은 5만여 명에 달하는 신도를 확보했다.

황홀경운동(ecstatic movement) 가운데 우리는 또한 말일성도 라고 불리는 몰몬(Mormon)교도를 꼽지 않을 수 없다. 몰몬교의 창시자는 조셉 스미스(Joseph Smith: 1805-1844)로서 그는 미국 버몬트(Vermont)주에서 출생했다.

이 운동은 환상, 계시, 방언, 그리고 병 고침 등의 특징을 띠고 있다. 1823년 스미스는 천사 모로니(Moroni)의 환상을 보았는데 그 천사는 구모라(Cumorah) 산정에서 그에게 금으로 만든 서판을 받았다고 주장했다. 몰몬교도에게는 이 서판에 기록되어 있는 내용이 성경과 동일한 권위를 지닌다.

스미스의 알쏭달쏭한 거짓 가르침은 자신이 세례 요한으로부터 아론과 같은 제사장 직분을 축성 받았다는 그의 주장에서 잘 나타난다. 그 후에 그는 베드로, 야고보와 요한의 옹립을 받아 멜기세덱(Melchizedek)과 같은 대제사장직에 올랐다고 했다. 스미스는 1844년에 살해되었다.

성경과 동등한 권위를 지녔다고 주장하는 것은 예외 없이 거짓된 가르침이다. 몰몬교도들은 성경과 몰몬경에서 권위를 찾는다. 몇몇 극단주의자 집단에서는 '성령의 은사자'의 계시와 예언을 성경과 동일시하기도 한다.

마틴 루터(Marin Luther)를 통하여 '오로지 성경만이'(Sola Scriptura) 유일한 권위를 지닌다는 사실을 상기케 해주신 데 대하여 하나님께 감사를 드린다.

심지어 동토의 땅 러시아에서도 방언운동은 일어났다. 아르메니아(Armenia)에 있는 카라 칼라(Kara Kala)란 경치 좋고 아름다운 마을에서는 성령은사운동이 러시아 정교회(Russian Orthodox Church) 내에서 꿈틀거리며 일어났다. 러시아 정교회에는 의견을 달리 하는 사람이라면 모조리 심하게 억누르는 관습이 전해 오고 있다. 그들은 스툰드교도(Stundists)와 복음주의 기독교도(Gospel Christians)를 핍박했다.

방언하는 사람들은 아르메니아를 떠나 1900년에 미국으로 이주하여 로스앤젤레스에 정착했다. 몇 년 후 방언하는 이 무리들은 로스앤젤레스의 아주사 가(Azusa street)에서 친교회를 조직하여 결속했다.

여러 성령은사집단들이 점차 자리를 잡게 되었는데 주로 미국 지역에서였다. 간략히 열거해 보면 다음과 같다.

· 1899년- 캔자스 주의 토페카에 위치한 한 작은 성경학교의 파알햄(Parham) 목사는 방언이 성령세례의 증거임을 확신했다.
· 1900년- 이 소규모 운동이 로스앤젤레스로 옮아갔는데, 이 도시는 영접술이 풍미하고 있는 분위기 탓으로 모든 황홀경 운동의 온상이 되었다.

- 1906년- 과거 파알햄의 제자였던 세이모어(W. J. Seymour) 는 로스앤젤레스의 아주사 가 312번지에서 강력한 방언운동을 진척시켰다.
- 1908년- 이 열렬한 운동은 바라트(Barrat)에 의하여 노르웨이로 번져갔고, 마이어(E. Meyer)에 의해 함부르크와 다른 도시들로 퍼져 나갔다.
- 1909년- 귀감이 되지 못하는 사태가 잇달아 나타나자 베를린 선언(Berlin Declaration) 이 공표되었다.
- 1959년- 새로운 성령은사운동이 로스앤젤레스에서 또다시 시작되었다. 이 운동은 오순절교회 뿐만 아니라 모든 교파에도 영향을 주었다. 1850년 이래 오늘날까지 로스앤젤레스는 모든 종류의 신비술 및 극단적 영적 운동의 시발점이 되었다.
- 1967년- '예수사람운동'(Jesus People movement)이 다시금 캘리포니아에서 시작되었다. 이 운동은 모두를 다 한 범주 속에 몰아넣고 볼 수만은 없다. 극단적인 집단들 가운데에도 역시 소규모로 무리지어 있는 참 그리스도인들이 있지만, 일반적인 대세에 항거하여 자신들의 것을 지탱시킬 능력이 결여되어 있을 뿐이다.

예수사람운동과 유사한 운동이 소위 성령은사운동인데 이것은 방언운동보다는 훨씬 광범위한 영역이다. 성령은사운동은 비단 방언 운동에 국한된 것이 아니라 신앙치료요법, 환상, 예언 등 성령의 모든 은사를 망라한다.

우리는 성령은사운동에 속하는 사람들이 취하는 출발점을 이해할 수도 있을 것이다. 전통적이며 차분한 예배형식을 따르는 냉철한 회중들은 많은 기독교인들이 느끼는 영적 갈증을 만족시켜 줄 수 없다.

이러한 갈증과 갈구가 성경적 테두리를 벗어나지 않았더라면 성령은사운동은 기독교계에 커다란 축복을 불러 일으켰을 것이다. 그러나 실제에 있어서는 소위 이러한 성령은사운동은 극심한 혼동을 유발시켰으며 종교적 암시, 히스테리 발작증, 최면술 및 신비적 영향력에서 빌려 온 힘에 의존하고 있다는 증거들이 뚜렷하다.

이러한 유사 성령운동이 고개를 쳐들고 확산됨으로써 많은 진실한 기독교인들은 세계적 규모의 위협과 혼란으로 말미암아 적지 않은 당혹감을 느끼고 있다. 유사 성령운동주의자들은 사탄의 엘리트 집단이자 전위부대이며, 사탄은 이들을 이용하여 그리스도의 몸된 교회에 속해 있는 진실된 양들을 공격하려고 한다. 그러나 나는 이같은 냉철하면서도 솔직한 말들을 슬쩍 이용하여 자신들의 비영적 태도를 변명해 보려는 무리들에게도 허튼 짓을 하지 말도록 경고해 두는 바이다.

성령은사운동에 가담한 사람들 중에는 후일 하나님의 나라를 상속 받게 될 수십만 명의 참 그리스도인들이 있다. 반면에 현대주의 신학자들은 회개하고, 그리스도가 하나님의 아들이며 자신의 구세주임을 받아들이며 훈터만 박사(Dr. Huntemann)처럼 자신의 신학을 내팽개쳐 버리지 않는다면, 단 한 명도 하늘나라에 발을 들여놓지 못할 것이다.

어째서 진실된 그리스도인들이 유사성령운동 대열에 흠뻑 빠져 있는 것일까? 그들은 영분별력이 결여되어 있음에 틀림없다. 그렇지 않다면 그들은 이 운동과 결별하고 떠났을 것이다.

미국 일리노이주 록아일랜드에 있는 어느 교회의 목사는 뉴욕에 있는 제수이트(Jeruits) 교인들로부터 성령의 은사에 관하여 나에게 말했다.

"그 제수이트 교인들은 거듭나지도 않은 채 곧바로 방언으로 들어가 버리는데 그건 성경을 벗어난 일이지요."

성령은사가 빈번하게 논의되고 있는 집단 속에서는 눈을 씻고 살펴봐도 참 그리스도인들을 찾기가 힘들다는 것은 이미 경험한 바이다.

성령은사 1

빔 말고(Vim Malgo)의 간행물 '한밤의 부름(Mitternachtsruf)'에 나오는 사례 하나를 기술한다. 성령은사운동에 관하여 나만 유별난 평가를 하는 것이 아니며 또 다른 사람도 있다는 사실을 유의하시기 바란다.

"천주교회 내의 성령은사운동에 가담한 한 부인이 성령의 세례를 받으려고 오랜 시간동안 기도를 드렸다. 그러나 별다른 일이 일어나지 않았으며 부인은 방언을 못했다. 끝내 부인은 실망을 감추지 못한 채 주님께 울부짖었다. '나는 이제까지 오랫동안 당신께 간구해 왔습니다. 그러나 당신은 나의 간구를 들어주시지 않았습니다. 당신이 내게 성령의 세례를 주시지 않으면 나는 이 사실을 당신의 어머니께 말씀드리겠습니다.' 바로 그 순간 부인은 성령의 세례라고 말할 수 없으며 오히려 악령의 세례라고 할 수 밖에 없다." 나는 빔 말고가 여기서 표명한 견해의 명료성에 탄복하며 감사를 드린다.

성령은사 2

'새 계약(New Covenant)'이란 잡지책에서 나는 "성령은 나의 소망"이란 제목을 보았다. 이 글은 수에넨즈(Suenens) 추기경이 쓴 것으로서 이 글의 내용은 불문에 부친다고 하더라도 제목부터가 성경에 어긋난다. 신약성경은 예수 그리스도야말로 영생을 위한 우리의 소망이라고 우리에게 말해주고 있다. 강조의 중심핵을 성령으로 옮겨놓은 점이 바로 성령은사운동의 특징을 이룬다. 사람이 성경말씀에 조금이라도 더하거나 빼게 되면 거짓 가르침이 되고 마는 결과가 나타난다.

성령은사 3

역시 새 계약이란 잡지에 실렸던 것이다. 피지섬(Fiji Islands)의 주교 조지 피어스(George Pearce)는 다음과 같은 말을 했다고 보도되어 있다.

"성령의 은혜, 오로지 성령만의 은혜를 입어 나는 새 생명을 받았던 것이다." 여기서도 초점이 정당한 제 위치에서 벗어나 다른 곳으로 옮겨져 있다. 예수님은 요한복음 10:28절에서 말씀하신다. "내가 저희에게 영생을 주노라." 그리고 로마서 6:23절에서 바울은 "하나님의 은사는 예수 그리스도 우리 주를 통하여 주시는 영생이라"고 증거 한다.

우리는 성령께서 하시는 일을 낮추어서도 안 되며, 성령은사운동이 저지르고 있듯이 성령을 구원 사역의 핵심부로 이동시켜 놓아서도 안 된다.

성령은사 4

내가 들었던 이야기 중 가장 나쁜 사례는 자바 섬 동부에 있는 바투(Batu)에서 발생했던 일로써 네덜란드 출신 복음전도자인 후겐뒤크(Hugenduyk) 장로가 바투 신학교(Batu Bible School)에서 몇 차례 강연을 했었다. 다른 여러 내용을 말하는 가운데 그는 다음과 같이 말했다. "우리는 더 이상 예수의 십자가, 예수의 피와 그의 대속을 논할 필요가 없으며, 오로지 성령의 사역에 관하여서만 말하면 된다." 바투에서 돌아온 여선교사가 이 내용을 나에게 전해 주었다.

성령은사 5

베이커(H. A. Baker)의 저서 '베일 너머의 전망(Visions Beyond the Veil)' 속에는 다음과 같은 구절이 나온다. "예수 그리스도의 미완성의 사역을 수행하기 위하여 오기로 예정된 성령은 어디에 있을까?"

예수 그리스도의 미완성의 사역? 사도 요한은 요한복음 19:30절에서 예수께서는 십자가상에서 "다 이루었도다."라고 외쳤다는 말을 한다. 성령은사운동의 가담자들은 자신들의 행위와 음모를 정당화시키기 위하여 거침없이 예수 그리스도의 사역이 미완성이라고 선언한다.

성령은사 6

마크는 기독교인으로서 자신이 다니고 있는 교회는 형식적이며 죽어 있다고 생각했다. 마크는 오순절 교회를 찾아갔으며 그곳에서 안수를 받았고 소위 영적 죽음을 당했다.

마크는 영접경에 빠져 마루 위에 쓰러져 누웠다. 얼마 후 정신을 차린 마크는 큰 목소리로 예수를 찬양했고, 그 이후로도 계속 예수를 찬양했다.

이 오순절 교회에 참석하면서 마크는 방언의 은사를 받았다. 방언의 영은 도메니가이오(Domenigaio)란 이름으로 불렸다. 주 예수 그리스도의 이름으로 이 악령이 쫓겨났을 때의 정황을 약간만 여기에 기록해 본다.

"도메니가이오, 얼마나 많은 동료를 데리고 마크 안에 들어와 있는가?"

"나 혼자뿐이다."

"너는 언제 마크 안으로 들어 왔는가?"

"그가 영적 죽음을 당했던 바로 그때였다."

"누가 너를 보냈는가?"

"악마가 보냈다. 무저갱에서."

"너는 우리가 주 예수 그리스도의 이름으로 너를 다스릴 수 있는 권능을 쥐고 있다는 사실을 인정하는가?"

"인정한다."

"네가 사탄으로부터 받은 사명이 무엇인가?"

"속이는 거다."

"어떻게 속일 셈인가?"

"주 예수를 향한 이 사람의 사랑을 미혹시키고, 믿음을 파괴시키며, 사탄을 따르도록 사로잡는 거다."

"너는 성령을 가장했다. 그렇지 않은가?"

"그렇다."

마크는 예수 그리스도의 이름으로 이 악령과 결별했으며 악령은 예수 그리스도의 이름으로 쫓겨나 무저갱 속으로 돌아갔는데, "예수"란 이름이 마크의 마음속으로 집요하게 파고드는 것이었다. 그래서 우리는 만일 예수란 이름의 악령이 마크 내부에 도사리고 있다면 이름을 밝히고 나오라고 예수 그리스도의 이름으로 명령했다. 그랬더니 대답이 튀어 나왔다.

"예수이다."

"무슨 예수냐?"

"악마 예수이다."

"네가 하는 일은 무엇이냐, 사탄이 어떤 일을 하라고 명했는가?"

"이 사람을 어리석게 만들어 골려주는 일이며, 뿐만 아니라 하나님의 영광을 가로채어 훔치는 일이다."

"언제 이 사람에게 들어 왔는가?"

"이 사람이 영적 죽음을 당했을 때였다."

이 악령은 예수 그리스도께서 십자가상에서 흘리신 보혈로 말미암아 패배 당했음을 인정하지 않을 수 없었으며 예수 그리스도의 이름으로 쫓겨나 무저갱 속으로 돌아갔다.

여기서 재차 보는 바와 같이 악령들은 때로 예수라고 주장한다는 사실을 기억해 두어야 한다. 더욱이 성령은사운동에서 소위 성령의 세례란 것이 대체로 악령이 틈타 숨어 들어오는 기회로 작용하고 있다.

소위 성령은사운동을 겪어 본 경험을 통하여 우리는 그 무엇보다도 영분별의 은사를 간구하여야 함을 배운다.

또한 이러한 경험들은 우리들에게 하나님의 말씀과 성령을 따르는 믿음과 순종을 굳게 지켜 참 진리 가운데로 인도되어야 함을 경고해 준다.

방언
SPEAKING IN TONGUES

이 책에서 나는 확실했던 경험은 제쳐 두고, 이 현상의 신비적이며 악령적인 타락에 관심을 기울여 보고자 한다.

나는 개인 기도를 할 때 가끔 방언으로 조용히 기도하는 기독교인들을 더러 만나보았다. 담임목사 이외에 아무도 그 사실에 대하여 모른다. 심지어 교회에도 그 사실이 알려져 있지 않다. 나는 눈에 띄지 않게 믿음생활과 봉사생활을 영위하는 이 충직한 기독교인들의 체험을 깎아내리고픈 생각이 추호도 없다.

그러나 그렇다고 해도 "다른 사람의 체험은 진짜가 아닐지라도 제 경우는 진짜입니다."라는 상투적인 태도로 자신을 변명하고 나서는 일은 그 누구에게도 용납이 될 수 없다. 나는 방언운동 그 자체에 대하여 단호한 부정을 하는 바이다. 매년 내가 듣는 부정적 사례의 수효는 늘어만 간다.

방언운동이 미국교회 내에서 매우 심각한 혼동과 분화를 초래한 나머지 미국의 루터교단은 그 현상의 연구를 전담할 분과위원회를 설립하지 않고는 못 견딜 만큼 중압감을 느꼈다. 그 위원회는 정신의학자 크발벤 박사, 신학자 새터 박사, 그리고 심리학자 킬달 박사로 구성되었다. 그들의 연구 보고서는 방언문제에 몇 가지 빼어난 논평을 하고 있지만, 나는 그것이 영적인 측면에 다소 부족함이 있음을 느낀다.

방언운동과 이른바 성령은사운동은 사탄이 기독교 진영에 대항하여 사용하는 가장 위험스런 무기인 것처럼 보일 지경이다. 그러나 영분별 은사가 결여된 탓으로 두 운동 내부에도 진실한 기독교인들이 상당수 몸담고 있다는 점은 분명히 강조되어야 한다.

이 책에서 나는 악령적 측면만을 다루겠다. 홈머가 한 말을 들어 보자. "요하네스 자이쯔(Johannes Seitz)와 같은 사람들이 성령 세례를 받았다고 주장하는 사람들과 한데 어울려 기도하는 경우에 일어나는 무시무시한 광경을 통하여, 이 세례가 악령적 연원을 가진 사실이 종종 분명해진다"(요일 4:1-7 참조).

방언 1

나는 플로리다 주 세인트 피츠버그에 있는 케네스 문(Kenneth Moon) 박사의 교회에서 여러 차례 강연을 하였는데, 한 선교사가 나를 찾아와 어려운 목회적 상황에 대해 이야기했다. 그는 플로리다 주 올란도에서 방언하는 여인의 이야기와 함께 방언은사의 배후에 악령이 숨어드는 경우가 종종 있다는 사실을 지적해 주었다.

그 여인이 방언기도를 시작했을 때, 선교사는 여인에게 물었다.

"방언하고 있는 영아, 그대는 그리스도께서 성육신으로 오신 것을 고백하는가?"

처음엔 아무런 대답이 없었다. 그래서 선교사는 예수 그리스도의 이름으로 그 영에게 정체를 밝히라고 명령했다. 드디어 그 영이 대답을 했는데 그 때 여인은 제정신이 채 들지 않은 상태였다.

"나는 교회에 속한다."

선교사는 그런 대답을 받았다고 해서 물러서지 않고 되물었다.

"어떤 교회인가?"

"사탄의 교회!"

놀라운 대답이 튀어 나왔다. 그러자 선교사는 예수 그리스도의 이름으로 그 세력들이 떠나갈 것을 명령했고 여인은 하나님의 권능에 의하여 자유의 몸으로 풀려났다. 하나님께 영광을 돌릴지어다.

방언 2

나는 캐나다의 부흥전도자 빌 맥레어드(Bill Mcleod)가 쓴 보고서에서 비슷한 사건을 읽었다. 조지아 주 토코아에는 기도모임에서 늘 방언을 하는 한 여인이 있었다. 그러나 그곳에는 통변하는 사람도 없어서 고린도전서 14:28절에 있는 가르침에 따라 믿음의 형제들이 여인에게 부탁했다.

"바라건대 영어로 기도하시지요."

"나는 영어로 기도할 수 없어요. 방언기도를 계속할 것입니다."

여인의 대답이었다. 그 형제들은 요한일서 4장에 나온 시험을 해보기로 결정하고 질문을 던졌다.

"그대는 그리스도께서 성육신으로 오신 것을 인정하는가?"

아무런 대답이 없었다. 그 형제들은 방언을 하고 있는 영에게 명령했다.

"예수 그리스도의 이름으로 명령하노니 대답하라. 그대는 그리스도를 인정하는가?"

그 때 놀라운 응답이 튀어 나왔다.

"안한다. 나는 그를 미워한다."

결국 그 여인이 하는 방언의 본질이 드러났다.

보르네오에서 10년 간 일했던 캐나다인 선교사도 비슷한 일들을 경험했다. 그는 조지 A. 버치(George A. Birch) 목사인데, 쟈바에서 열린 한 선교사 회의석상에서 우리는 처음 만났지만, 서로가 동일한 영적인 파장을 타고 있다는 사실을 알고 나서 급속히 친밀해졌다. 나는 버치 형제로부터 여러 통의 편지도 받았는데, 그 편지에서 버치 형제는 내가 하는 일을 계속 정진하라고 격려해 주었다.

신비술과 맞서 싸우며, 광신적이고 극단적인 행태를 공박하는 일에 부름 받은 자들은 사방에서 공격당한다는 사실을 발견한다. 특히, 버치 형제는 성령의 진짜 은사를 인정하면서도, 동시에 인간적, 혹은 악령적 모조품을 반대한다. 버치 형제가 캐나다에서 20건의 방언을 조사해보았는데, 19건이 악령적 본질이었으며, 한 건의 경우는 방언하는 사람이 스스로 말했다.

"제 방언은 영을 시험해 볼 필요가 없어요. 저는 제가 지어서 하는 방언입니다."

19건 가운데 한 사례를 자세히 말해보기로 한다.

방언 3

셜리는 기독교 가정 출신이었다. 한창 나이인 소녀 시절에 그녀는 그리스도 신앙을 갖게 되었으며, 몇 년 후 청소년 선교단이라는 단체에 가입하였다. 이 단체의 모든 회원들은 모 오순절교회에 속해 있었으므로 셜리를 빼놓고는 모두가 방언을 했다. 동료들이 셜리에게 말했다.

"성령의 세례를 받지 못하면 너는 증거능력을 갖지 못해."

그래서 셜리는 많은 기도로 방언의 은사를 간구하였다. 그러던 어느 날 그 오순절교회의 어느 집회 때 그녀는 손을 번쩍 든 채 강단 앞으로 나갔다. 그녀는 방언은사를 받았다.

"주님을 찬양할지어다! 셜리가 성령세례를 받았다." 모두가 기쁨에 넘쳐 소리쳤다.

얼마 후 그녀는 방언의 악령적 모조형에 대하여 들었다. 동시에 그녀는 청소년 선교단의 회원 대부분이 타락의 길로 빠져들고 있음을 알아차렸다. 일부는 마약중독자가 되었고, 한 회원은 감옥에 수감되었다. 예수님을 꾸준히 따르고 있는 회원이 아무도 없었다. 이리하여 그녀의 의혹은 점점 커졌다.

그녀는 버치 목사에게 요한일서 4:1에 따라 방언을 하고 있는 영에 대한 시험을 받아보기로 동의하였다. 셜리가 방언으로 기도하고 있을 때 버치 형제는 질문을 했다.

"그대 방언을 하고 있는 영에게 묻노니 그대는 예수 그리스도께서 성육신으로 오셨음을 인정하는가?"

되풀이해서 다그쳐 묻자 그제야 악령은 고함을 질렀다.

"아니야, 못해!"

그러자 버치 형제는 예수 그리스도의 이름으로 명령을 하여 이름을 대라고 종용하였다.

"동료 셋을 거느린 루시퍼이다."

대답이 튀어나왔다.

"사울, 데미트리우스, 유다."

그런 후 소녀에게서 목소리들이 소리치는 것이었다.

"나는 네 놈을 증오해, 증오한 단 말이야!"

그 소녀는 돌연 벌떡 일어나서 버치 형제의 목을 조르려고 덤벼들었다. 하나님의 일꾼인 이 사람은 예수 그리스도의 보호하심 아래 자신을 맡겨 두었던 터라, 누가복음 10:19절의 말씀으로 악령들을 제어한 후 그들에게 명령했다.

"예수 그리스도의 이름으로 묻노니 너희들은 언제 이 소녀에게 들어갔는지 말하라."

"오순절교회의 집회 때, 10월 17일."

그들은 대답했다.

"대체 이 소녀를 어떻게 할 작정이었는가?"

"우리는 그녀를 진리로부터 격리시켜 놓고 싶은 거야. 그게 바로 우리가 그녀의 혀를 장악한 이유다."

버치 형제는 셜리에게 예수 그리스도의 이름으로 이들 악령들에게서 자신이 풀려났음을 선언하라고 가르쳐 주었다. 소녀는 그렇게 했다. 그때 버치 형제는 소녀가 예수 그리스도께 속한 자이므로 악령들더러 소녀에게서 떠나가라고 명령하였다. 그 소녀는 풀려났으며, 하나님께 영적 구원과 해방에 대한 감사와 찬양을 드렸다.

이 이야기에서 몇 가지 사실이 확실해진다. 악령들은 일인칭으로 말한다. 악령들이 내주해 들어가 장악해버린 사람을 지칭하여 말할 때 그들은 제 삼자로 말한다.

방언의 은사와 같은 영적 은사를 억지로 받고자 애쓰는 자들은 다른 이질적인 영들의 수중에 떨어지고 만다. 고린도전서 12:11절은 성령께서는 그 뜻대로 택한 자들에게 은사를 베푸신다는 사실을 말해준다.

바울은 또한 고린도전서 12:29-30에서 모두가 다 각종 은사를 고루 갖추어 받는 것은 아니라는 사실을 알려준다. 은사는 각양각색이다.

버치 형제의 보고서에는 몇 가지 중요한 요점이 있다.

때때로 악령들이 성령 혹은 예수라고 주장하는 일이 발생한다. 그리하여 그들은 종종 예수의 이름을 들먹거린다. 그때 예수 그리스도의 이름으로 그들에게 정체를 밝히라고 명령하면 그들은 마지못해 실토를 한다. "나는 성스럽지 못한 예수다." 예수란 이름은 예수 그리스도에 국한 되어 쓰이는 이름이 아니다. 이 이름은 평범한 사람도 쓰고 있다. 예컨대 골로새서 4:11절에서 보듯이 말이다.

버치 형제와 나에게 깊은 관심을 불러일으키는 한 양상은 악령들이 요한일서 4:1절의 시험 질문에 가끔 긍정적 답변을 한다는 사실이다. 이처럼 하여 악령들은 때때로 기독교인 전체를 혼란에 빠뜨린다. 사탄이 남용하는 말씀 중 가장 소름끼치는 것이다.

나는 이 문제를 경험이 풍부한 여러 그리스도인들과 함께 논의해보았다. 우리는 해답을 얻지 못했지만 여러 결과를 살펴본 끝에 심지어 이런 형태를 취하는 사탄의 위조품도 존재한다는 사실을 알 수 있었다.

휘튼 대학의 전 학장 V. 레이먼드 애드먼 박사를 언급하고서 끝을 맺고자 한다. 애드먼 박사는 방언을 세 유형으로 구분한다. 하나님의 은사, 암시 혹은 자동암시에 의한 방언, 그리고 악령적 방언이 그것이다.

이 분류가 명백하게 해 준 것은 일부 극단적 신학자와는 달리 우리는 성령의 모든 은사들을 1세기에 국한시키지 않는다는 사실이다. 성령께서는 1세기에 역사를 모두 마치시고 훌쩍 떠나신 것이 아니다. 그러나 인간적 혹은 악령적 모조품이 더욱 판을 치고 있는 것은 사실이다. 그것이 바로 사탄의 사업이다.

성령을 억제하지 말라.
성령을 슬프게 말라.
성령을 흉내 내지 말라.
성령께 떼쓰지 말라.
그러나 성령으로 충만 하라(엡 5:18).

거짓 그리스도와 거짓 선지자
FALSE CHRISTS AND FALSE PROPHETS

마태복음 24:24절에서 예수님께서는 말세에 대하여 다음과 같은 예언을 하신다. "거짓 그리스도들과 거짓 선지자들이 일어나 큰 표적과 기사를 보이리라." 종말의 특징 중의 하나는 사탄의 사주를 받는 자들이 그리스도 혹은 그 예언자들이라고 주장할 것이란 사실이다.

미국에는 수 년 전까지만 하더라도 '성부(Father Divine)'라고 알려진 자가 생존해 있었다. 그 자는 자신이 하나님이며 그의 아들이 그리스도라고 주장했다.

또 다른 해괴스런 날파리가 미국 전역에 온갖 광풍을 떨며 다리고 있는데, 자칭 재림한 그리스도라고 떠벌린다. 그는 열일곱 살짜리 동부의 인디언인데, 기독교계 안에서도 술집과 의혹스런 나이트클럽에서 밤 생활을 꽤나 즐긴다는 평판이 있다. 심지어 그의 어머니조차도 아들이 난봉꾼이라고 말했다는 소문이다. 놀라운 점은 이 거짓 그리스도들이 추종자를 끌어 모았다는 사실이다.

프랑스에는 전직 우체국 직원인 조지 루(George Roux)란 자가 지상에 재림한 그리스도라고 유포했다고 한다.

스웨덴의 한 어부와 네덜란드의 한 선원도 그 비슷한 주장을 했다.

어떤 한국인도 잘 알려져 있다. 나는 루트비히 하이네마이어(Ludwig

Heinemeyer) 목사에게서 '세계 기독교계의 통일을 추진하는 조직체'의 지도자가 문선명이란 이름을 가진 한국인이란 말을 들었다. 그의 추종자들은 그가 재림한 메시아라고 주장한다. 그의 저서라고 일컬어지는 '원리강론'은 거짓 그리스도임을 명백히 보여준다.

현 시대에 가장 주목해 볼만한 '메시아'란 자는 남부 인도 사막지대에 진을 치고 있는 마누조티 야쉬람(Manujothi Ashram) 진영에서 발견하게 된다. 이 가짜 메시아가 출현한데 대하여 기독교인들이 치하해 줄 장본인은 미국의 극단적 복음 전도자 윌리엄 브랜함(William Branham)이다. 이 가짜 메시아의 이름은 팔루저 로리 마투크리쉬나(Paluser Lawrie Mathukrishna)이다. 브랜함이 인도여행 중일 때 로리란 자는 브랜함의 제자가 되었고 브랜함은 그를 하나님의 아들이요 재림한 그리스도라고 부추겨 세웠다.

로리는 추종자들을 끌어 모아 인도 남부에다가 일종의 공동 생활체를 세웠다. 가입자들을 사유재산을 모아 모두 그 집단에 헌납했다. 나는 아버지로부터 상속받은 재산을 모두 처분해서 6만 마르크를 가지고 인도로 간 한 독일여인을 안다. 그런데 그 여인은 몇 년 후 무일푼으로 독일에 있는 남편에게로 돌아왔다.

이 말세 종파가 어떻게 그처럼 세계 각처에서 사람들을 끌어 모으는지 이상스럽다. 특히 독일인들과 미국인들은 환영을 받는데 대체로 그들이 거액의 돈을 가지고 들어오기 때문이다.

로리의 주된 가르침 중의 하나는 세상이 1977년에 멸망하게 되며, 자신의 추종자들은 그 전에 들려올라 간다는 것이다.

'그리스도의 신부(新婦)들'은 육체의 정화과정을 거쳤으므로 이미 이러한 휴거에 대한 만반의 준비가 갖추어져 있다는 것이다.

이 글을 쓰고 있을 무렵, 이 공동생활체의 회원 수는 700명을 헤아렸고, 아직도 900명의 신규 지원자가 있지만 더 이상 회원을 받아들이지 않는다. 700명의 회원이 도달해 있는 영적 경지가 이제는 너무도 앞질러 있기 때문에 신참자가 감히 따라잡을 수가 없다는 것이다. 오로지 이 700명의 '첫 열매'만이 휴거될 것이라고 주장한다.

독일에서 로리의 대변자 역을 맡고 있는 멩겔(Herr Mangel)의 활동도 역시 흥미롭다. 처음에 그는 부인과 네 자녀들을 데리고 로리의 공동생활체에 들어가 살다가 로리의 이념을 유럽에 알리려고 독일로 돌아왔다. 멩겔은 계시록에 나오는 두 증인 중 한 사람이라고 말하면서, 3년 반 후 자신은 살해될 것이며 그때 자신이 휴거될 것이라고 하였다.

사람들이 어찌 그리도 쉽사리 거짓 영에 사로잡혀 그따위를 정말로 믿다니 이상스럽기 짝이 없다. 예언했던 1977년의 세상 멸망이 일어나지 않았으니 이제 또 무슨 거짓말을 늘어놓을지 두고 볼 일이다.

거짓 그리스도와 유사한 것이 거짓 예언자의 활동이다. 속이는 환상과 거짓 예언은 예나 지금이나 다름없이 극단적 무리들 가운데서 판치는 사탄적인 속임수를 항상 대동한다.

거짓 예언자 베르타 두데(Berta Dudde)와 마가렛(Sister Marguerite)이 그리스도께서 자신들의 입을 통하여 일인칭으로 말씀하신다고 하는 엉터리 주장에 대하여 이미 잠깐 언급했던 적이 있다. 그들이 받았다는 계시들을 살펴보면 그다지 중요하지도 않은 내용일 뿐만 아니라 너무도 허무맹랑하므로 그 사례를 일일이 열거해 보았자 지면 낭비에 지나지 않는다. 그 대신 간단하면서도 분명히 드러나는 거짓 예언에 관한 사례 두 가지를 제시해 보기로 한다.

거짓 그리스도 1

다음 사례는 때 아닌 죽음을 초래한 이야기이기에 한층 비극적이다. 이번의 사례는 한스 배쉬(Hans Bash) 목사가 말해 준 것이다. 이야기인즉 암수술을 받기로 예정되어 있는 부인을 수술 직전에 퇴원시킨 사람에 관한 것으로써 여기서 나는 이런 행동을 뒤에서 부추겼던 예언에 대해 언급해 보려고 하다.

그 예언은 취리히 부근 본쉬테텐(Bonstetten)에 자리 잡고 있는 자칭 신앙부흥친교회(Revival Fellowship)라고 일컫는 한 단체에서 날아들었다. 그 메시지는 암에 걸린 부인의 남편, 앨버트(Albert) 앞으로 왔다.

"주님께서 말씀하신다. 내 아들아 내가 은혜로 너를 덮었도다. 범사에 나를 믿으라. 그리하면 모든 일을 그처럼 인도하고 지시해온 이가 나임을 네가 확신하리라. 이제 네 아내를 데려 나오라. 네 아내를 실험용으로 그곳에 내버려두지 말라. 그 실험이 네 아내를 죽게 할 것이니라. 네 아내가 보살핌을 받으리라. 그곳은 무거운 짐에 눌려 지친 영혼들을 위한 집이니라. 그곳에서 네 아내는 몸과 혼과 영이 원기를 얻어 병에서 나으리라. 때가 늦기 전에 빨리 네 아내를(병원에서) 데려 나오라. 나는 주, 너의 하나님이라. 너를 올바로 인도하는 자니라."

괄호 안에 있는 말은 배쉬 목사가 명확성을 보완하려고 첨가한 말이다. 이 현대판 여 선지자를 통하여 1인칭으로 말하고 있는 여기서의 이 주님은 그리스도나 하나님이 아니고 사탄의 속이는 영이다. 이 속이는 영이 환자를 일찍 죽게 만들었던 것이다.

사탄의 속임수 기법은 그리스도의 재림이 다가옴에 따라 점점 더 위험스럽고 위협적이다. 우리는 하나님의 말씀을 더욱 청종해야 한다. 하나님의 말씀이야말로 생과 사에 대한 예언들을 모두 담고 있다.

"너희가 사람의 미혹을 받지 않도록 하라"(마 24:4).

"미혹을 받지 말라"(고전 6:9).

"악한 사람들과 속이는 자들은 더욱 악해져서 속이기도 하고 속기도 하나니"(딤후 3:13).

율법주의
LEGALISM

율법주의는 성경에 언급된 바와 같이 '꺼칠꺼칠하고 딱딱한 각질성 (角質性) 영'을 생성시킨다. 고린도후서 3:6절의 말씀은 다음과 같다. "새 언약의 일꾼들은 의문으로 아니하고 오직 영으로 함이니 의문은 죽이는 것이요 영은 살리는 것이니라."

이 장은 신비술 운동들의 영역에 속하지는 않지만 엄청난 긴밀성을 들어낸다. 나는 45년 남짓한 목회상담 경험을 통하여 율법주의적 기독교인이 초래하는 파멸적 효과를 지켜보아 왔다. 사사건건 물고 늘어지는 차갑고 사랑 없는 기독교인에게서 비난을 벗어난 생활의 영역이 과연 존재하겠는가?

율법주의 1

나는 할리우드 제일 장로교회에서 강연을 했는데 그곳에서 헨리에터 미어즈(Henrietta Mears) 여사를 만났다. 미어즈 여사는 내가 만났던 유별난 그리스도인들 중의 하나이다. 빌리 그래함 목사도 미어즈 여사를 자신의 영적 어머니라고 불렀던 적이 있다. 미어즈 여사는 몸담고 있는 교회에서 문제 소녀들을 위한 주일학교를 시작했다. 12년 후 이 주일학교는 6,000여 명 이상의 졸업생을 배출했다. 미어즈 여사로부터 교육과정을 수료한 사람들 중 수백 명이 주일학교 교사가 되어 많은 주일학교의 그룹과 학급을 맡아 가르치고 있으며, 그들이 사용하는 교사용 지도 교재들은 현재 전 세계 영어 사용권에서 채택되어 사용 중이다.

오래 전부터 나는 각종 기록 문서를 수집해 두는 습관이 몸에 배었고, 그러다보니 나는 전신사진이 삽입된 미어즈 여사의 전기를 발간하게 되었다. 그 후 어떤 일이 생겼던가?

스위스인 형제 한 사람이 이 전기를 읽고 내게 편지를 보냈는데, 미어즈 여사가 짧게 단발머리를 하고 있기 때문에 그 책에서 사진을 오려내 버렸다는 것이다.

어느 크리스천 부인도 역시 짧게 자른 머리를 가졌는데 다음처럼 토로했다. "저는 머리를 길게 기르고 싶어요. 그런데 저는 머리가 길면 머리카락이 빠지는 피부병에 걸려 있는 탓으로 항상 머리를 짧게 자르지 않을 수 없어요."

설령 머리를 짧게 잘라야만 하는 질병이 없다고 하더라도 나는 이 형제의 율법주의적 견해에 동조하지 않는다. 물론 나는 고린도전서 11:6절을 잘 알고 있다.

그러나 율법주의적 기독교인들은 그리스도께로 단 한 사람도 제대로 인도하지 못하면서 한 여인을 몰아세워 비판한다. 그 여인의 목회로 6,000명이나 선교사가 되어 오늘날 세계 각처에서 일하고 있는데도 말이다.

영적 판단척도를 논의하는 터이므로 또 다른 사례를 제시해 본다.

율법주의 2

내 저서 '하나님의 포도주' 가 미국에서 발행되어 나오자 어느 복음주의적 출판사의 평판 높은 편집자가 이 책을 비판하고픈 마음이 일었다. 그가 비판의 근거로 삼은 성경 말씀은 고린도후서 6:14절이었다. "너희는 믿지 않는 사람들과 짝짓지 말라."

그리하여 그는 하나님께서 여러모로 사용하셨던 사람인 마드라스의 다니엘 목사에게 비난의 돌을 던졌다. 주님께서는 다니엘 목사를 들어 사용하셔서 그의 목회를 통하여 수만 명이 회심하였다. 그러한 영적 체험들은 하나님 은총의 역사이지 결코 인간이 이룬 일이 아니다. 그러나 많은 신앙인들이 주님의 길에서 교만을 부리고 불복종을 일삼는다.

다니엘 목사는 자신의 목회 결과 전문 직업인들과 거지들, 고위층의 힌두교도들과 범죄자들을 망라한 각계각층의 사람들이 그리스도께로 돌아오는 광경을 보는 허락을 받았다.

다니엘이 젊었을 적에 사두 썬다 싱(Sadhu Sundar Singh)이 그를 위해 기도해 주었고 축복해 주었다. 다니엘이 아직 미혼일 때였다. 어느 날 주님께서는 어떤 힌두교 처녀와 결혼하라는 말씀을 다니엘에게 하셨다. 다니엘은 다음과 같이 말하면서 거절하였다.

"주님께서는 저를 시험해 보시려는 것입니까? 저는 이방인 처녀와는 결혼하지 않으렵니다."

주님께서는 평화를 거두어 가셨다. 여러 차례 표적을 보고 나서야 다니엘은 주님의 뜻임을 알아차리고 순종하였다. 결혼 후 즉각 다니엘의 젊은 신부는 거듭난 그리스도인이 되었다.

이런 일은 물론 정상적인 길을 벗어난 진기한 사건이다. 나는 고린도후서 6:14을 아는 터이라 기독교인 총각에게 불신자 처녀와 결혼하라고 조언해 준 적이 전혀 없다. 그러나 성경은 결의론(決疑論)적 율법서가 아니다. 다니엘의 결혼이 하나님의 뜻이었다면 기독교계 잡지의 편집자라

해도 그 사실을 고칠 수는 없다.

다니엘 목사의 전기에서도 보았듯이 하나님께서는 이 둘의 결합을 풍성히 축복해 주셨다. 하나님의 사람이 이룩한 풍성한 축복의 업적은 일언반구도 하지 않고 도리어 단 한 가지 쟁점을 부각시켜 돌로 치려는 행동은 참기 힘든 율법주의 냄새를 물씬 풍긴다.

나는 형제인 그대 편집자를 위해 종종 기도한다. 그리스도의 사랑과 정신 안에서 이 문제를 진지하게 바라보도록 하자. 가령 그대의 생활, 강연, 논설, 행동 가운데 99%가 선하였고 1%가 비성경적이었다고 할 때, 누군가가 불쑥 나타나 그대의 인생을 논하면서 하나님께서 축복해주셨던 많은 업적에 대하여는 말 한마디 없이 다만 비성경적인 그 1%만을 물고 늘어져 전 세계에 출판물과 방송으로 떠들어 댄다면 그대는 어떤 느낌이 들겠는가?

그런 일은 필경 어처구니없는 사실 왜곡으로써 소름끼치는 불공정 행위이며 그대의 명성을 짓밟는 살인행위일 것이다. 그대가 다니엘 형제에게 했던 일이 바로 그와 다를 바 없는 짓이다.

하나님께서는 다니엘 목사를 강력히 들어 쓰셨다. 다니엘 형제는 풍성한 축복, 수많은 자의 회심, 그리고 사악한 세력의 권세로부터 구원받는 경우를 많이 체험한 분으로서 그대와 나 두 사람을 합쳐 놓는다 해도 다니엘 형제의 수고를 따르지 못한다.

그럼에도 불구하고 그대는 하나님께서 축복해 주신 이 사람의 온갖 업적에 대해서는 함구한 채 그대의 율법주의적 신학의 편협한 범주에 들지 않는다는 단 한 가지만을 끄집어내어 미국사회에 널리 공표하고 있다. 그 같은 행위는 명예훼손이 아닐까? 그 때문에 그대가 언젠가는 소환되어 해명하라는 책임추궁을 당하지는 않을까?

솔로몬 군도에서 일어났던 신앙부흥운동에 대한 평론도 그 성격이 비슷하다. 뉴질랜드의 복음전도자인 무리 톰슨(Muri Tompson)은 성령께서 많은 무리의 사람들을 한꺼번에 움직이고 계신 것을 두 눈으로 직접 목격하였다.

그 곳에는 오스트레일리아인과 미국인 선교사 여러 명을 포함하여 약 3,000여 명의 군중이 운집해 있었다. 성령께서는 무리 전체 위에 임하시어 그들을 참회와 구원으로 인도하셨다. 그가 펴낸 책의 개설에서 쓴 비평은 다음과 같았다.

"하나님께서 그런 일을 능히 하실 수 있음을 우리는 잘 알고 있지만, 그러나 하나님께서는 그런 일을 하실 리가 없다. 또 성령께서 능히 그런 일을 수행하실 수 있음도 우리가 알고 있지만, 성령께서는 그렇게 하시지를 않는다."

묻건대, 당신이 하나님께서 하고 계신 일과 하시지 않는 일을 그처럼 정확하고 거침없이 알아 맞춘다니 그러면 당신은 하나님의 뜻을 가름해 주는 재판관인가? 그 책임감 있는 그리스도인들의 증언이 유독 당신에게만은 충분치가 못하단 말인가? 당신은 한국, 우간다, 인도네시아, 대만 등의 신앙부흥지역을 방문해 본 적이 있는가? 그런 신앙부흥지역에서 가끔 발생하는 사도행전을 방불케 하는 사건들을 목격해 본 적이 있는가?

나는 이런 비평 배후에 도사림 생각을 잘 알고 있다. 극단적 섭리주의는 성령의 모든 은사와 능력들이 사도시대의 끝남과 동시에, 혹은 얌니아와 욥바의 종교회의(A.D. 201)에서의 정경의 확정과 아울러 막을 내렸다고 선언한다.

섭리주의 신학은 루터시대 이래로 유럽에서 전수되어 왔다. 예언과 관련시켜 볼 경우 말세에 일어날 사건들이란 점에서 나는 섭리주의 신학에 동의한다. 그러나 신앙부흥의 경우에서는 성령의 능력들이 때때로 생생한 현실로 나타난다는 것은 명백하다. 이런 일은 특히 대다수 사람들이 글을 모르는 미개지역에서 흔히 목격되고 있는 바이다. 미개지역 사람들은 읽을 줄도 쓸 줄도 모르기 때문에 성경을 공부할 수가 없다. 하나님께서는 때때로 이런 사람들에게 기적으로 자신을 계시하셨다. 그 기적의 시기는 문맹자들이 성경을 읽을 줄 알게 될 무렵 대개 끝난다. 더욱이 성령의 갖가지 은사는 사라지지 않고 존속해 있다. 나는 교회 역사상 신유은사를 보유했던 인물들을 다수 알고 있다.

경직된 율법주의자가 솔로몬 군도에서 일어났던 신앙부흥사건을 거짓으로 간단히 일축해 버린다면, 그런 행위는 율법적이고 독선적인 교만을 드러내는 또 하나의 증거가 된다. 나는 성경적 절제를 잘 견지하며 극단주의로 치우치는 경향이 전혀 없는 오스트레일리아의 남양선교회 (Australian South Mission)의 보고서를 독자들에게 권면하는 바이다.

첫 오순절에 성령이 부어져 내렸던 일은 되풀이 될 수 있는 성질의 것이 아님을 나는 안다. 성령은 이미 부어졌으며 지금 교회 안에 현존하고 있다. 그러나 아직도 성령은 이교도와 영적으로 죽어있는 집단에게 나타나야만 한다.

또한 우리가 영적으로 거듭나지 않은 상태이거나 성령의 다스림에 우리 자신을 내맡기지 않은 경우, 성령은 우리에게도 임해야 한다. 성령을 가로 막고, 성령을 슬프게 하며, 성령께 불순종하고, 성령을 끊임없이 거스르는 신자들이 많이 있다.

예수께서 율법 주의적 바리새인들을 꾸짖고 나무랐던 이유는 바로 그 같은 행위 때문이었다. 이제 다시 예수께서는 현대의 많은 기독교인들에게도 그러한 꾸지람을 하셔야만 할 것 같다.

예수님 시대에 바리새인들과 서기관들 그리고 제사장들은 예수를 신성 모독죄로 고발하여 로마 관헌에게 정죄 받도록 했다. 교회사를 통하여 하나님께서 특별히 사용하셨던 하나님의 종들은 그와 같은 박해를 당해 왔다.

예컨대 독일의 헤르만스부르거 선교회(Hermannsburger Mission)의 설립자인 루트비히 함스(Ludwig Harms)는 동료 목사에 의해 62회나 교회 당국에 소환을 당했다. 그러나 교회당국자들은 함스에게서 책잡을 만한 것을 찾아내지 못했다. 구약성경에서도 참 예언자들이 박해를 받았고, 신약성경 시대에도 예수의 제자들과 사도들은 박해를 받았다. 교회사를 들추어 보더라도 하나님의 사람들은 교회의 지도자들과 명목상의 기독교인들에게 박해를 받았다.

오늘날도 역시 상황이 같다. 이 모든 것들과 훨씬 많은 것들이 다음과 같은 경고 속에 함축되어 있다. "의문은 죽이는 것이요 영은 살리는 것임이라."

구원에 대한 믿음이나 정통교리에 대한 충실성을 잘 고수한다고 할지라도 성령 없이는 성경의 현실성과 역동성을 놓치고 마는 일이다.

율법은 죽음을 가져오나 성령은 생명을 가져온다. 선의의 신학을 들이대면서 하나님께서 손수 행하시는 일에 우리가 끊일 새 없이 끼어들어 간섭하는 행위를 삼가 하자!

나의 출판물에 대한 비난은 복음주의이다. 나도 역시 성경의 모범을 닮은 복음전도자가 되려고 항상 애써왔다. 극단주의자적 견해, 소위 사이비성령은사운동, 기타 현대의 갖가지 잘못된 극단주의운동 등과 같이 비성경적이라면 모조리 물리치려는 나의 투쟁에 관하여 당신도 잘 알리라고 확신한다.

한 복음 잡지의 편집자가 같은 복음주의 안에서 일하고 있는 동료사역자에게 공격을 퍼붓는다면 세계가 과연 어떤 인상을 받을 것인가. 당신은 생각해본 적이 있는가?

성령께서는 그리스도의 사랑 안에서 우리를 함께 인도하시며, 신자들을 결속시킨다. 그러나 율법주의는 서로 갈라져 형제들을 분리시키며, 그리스도께서 갈보리 산상에서의 구속사역으로 동여매신 결속을 파괴한다. 이러한 분리, 분열, 불일치의 배후에는 '하계(下界)에서 올라온 적'이 도사리고 있으며, 이 적은 이를 회심의 미소를 지으며 이용한다.

성령께서는 그리스도의 교회를 일으켜 세우신다. 신학은 그 어느 시대를 막론하고 그리스도의 교회를 파괴하는 위험에 늘 빠져 있었다. 섭리신학의 지나친 유형도 역시 마찬가지로 그러한 것은 사실이다. 못 누린 자가 흔히 하는 시샘 탓으로 내가 신학의 남용에 공박을 퍼붓고 있는 것은 아니다. 나도 튀빙겐 대학교에서 신학 박사 학위를 취득한 바 있다.

동료 그리스도인으로서, 그리고 그리스도의 동역자 종으로서 각자는 다른 사람의 소명과 다양한 목회를 서로 존중하도록 힘쓰자. 그러나 프랑스 속담에도 있듯이 "고결함에는 의무가 따른다"는 점을 마음 속 깊이 새기도록 하자.

크리스천 사이언스
CHRISTIAN SCIENCE

    이 운동에 관한 나의 지식은 이 운동의 창시자 메리 베이커 에디(Mary Baker Eddy)의 주요 저술서 두 권에서 주로 얻어졌는데, 각각의 책 제목은 1883~96년에 걸쳐 저술된 '과학과 건강(Science and Health)'과 '잡필집(Miscellaneous Writings)'이다.
    내가 가지고 있는 대다수의 자료는 이 신비력 병 치료 운동의 추종자들과 더불어 가졌던 카운슬링 목회와 토론회에서 추려 뽑은 것이다. 예상했던 대로 나는 이 운동에 관하여 평가내린 신비술(occult)이란 용어 때문에 강력한 공격의 화살을 받아 왔다.

크리스천 사이언스 1

    나는 여러 선교기지와 국제 선교사 대회에서 아이티(Haiti)에 관하여 강연을 했다. 내가 크리스천 사이언스 종파가 하는 신비력 치료법을 언급하자 한 사람이 화를 벌컥 내며 자리를 박차고 일어나 내 말을 가로막으며 강연을 못하도록 방해를 했다.
    그는 누이동생과 함께 크리스천 사이언스 종파의 전문 시술사에게 치료를 받아 병을 고쳤다고 말했다. 그는 자신의 면전에서 이 종파교회를 비방하는 것을 그 누구에게도 용납하지 않을 태세였다. 의장이 회의 진행에 관한 절차를 말하면서 회의 훼방꾼에게는 질서를 지키도록 주의를 환기시켰고 토론이 끝난 후 별도로 강연자와 토론하라고 그에게 권고했다.

강연이 끝난 후 캘리포니아에서 온 한 목사가 나에게 다가와 말했다. "신경 쓸 것 없습니다. 저 사람은 다니는 곳마다 항상 말썽을 일으키곤 합니다. 저 꼴에 그래도 한 교회를 맡고 있는 목사랍니다."

나는 대답했다. "뭐 그리 놀랍지는 않습니다. 내 경험에 비추어보건대 크리스천 사이어스 종파자에게 치료를 받았던 사람은 너나 할 것 없이 모두가 모종의 압박 장애나 정서적 해악을 받게 마련입니다."

크리스천 사이언스 2

나는 독일에서 또 한 번 신랄한 공격을 받았는데 책을 통하여 다음과 같은 사실을 지적하였기 때문이다. 때때로 전문 시술자들(크리스천 사이언스 종파 내에서 열성적으로 일하는 정회원을 이처럼 부른다)은 정신 집중력을 사용하여 적대시하는 사람들에게 해를 끼친다.

메리 베이커 에디가 지은 저서에서 이 사실에 대해 살펴보면 치료능력을 해악 능력으로 전환시킨 것을 일컬어 부정요법(Malpractice)이라고 하였다. 나를 공박하던 사람은 메리 베이커 에디의 책에서 부정요법이란 개념과 말을 그림자조차도 보지 못했다고 막무가내로 고집을 부렸다. 나는 그런 생떼 쓰는 주장을 듣고 한층 더 놀랐으며 한편으론 설마 하는 마음도 들었다.

성경을 제대로 읽지 않은 교인이 있는 것처럼 마찬가지로 크리스천 사이언스 교도들도 그들의 창시자가 쓴 저서들을 읽지 않는 사람들이 있을 것임은 뻔한 이치다.

앞서 말한 나의 공박자가 부정요법이란 표현은 에디 여사의 저서에는 나오지도 않는다고 주장하며 에디 여사를 잘못 평한다고 나를 비난하므로 나는 도리 없이 지면을 밝혀 제시한다.

부정요법에 관한 구절들 중의 하나를 소개하면 다음과 같다.(pp. 40-41) "오로지 잔인하고 사악한 자들만이 생성해 낼 수 있는 종류에 해당되는 잔인무도한 폭력의 한 요소가 뿜어져 나오는 데, 선을 행할 수 있도록 자유로이 풀려난 사고의 힘을 배워 익혔으면서도 그 힘을 악용하고 더욱이 사악한 목적을 위하여 사용하는 자의 극악무도한 시술에서 이것을 목격하는 바이다. 이러한 정신적 부정요법은 만일 하나님께서 제어하여 다스리지 않으신다면 정신력 치료요법에 먹칠을 하고 말 것이다."

크리스천 사이언스 3

다음은 내가 알고 있는 가장 중요한 실례들 중의 하나이다. 어떤 크리스천 사이언스 교도의 전문 시술사가 자신의 잘못을 시인하고 이 운동에서 손을 씻고 떠났다. 그는 보스톤에 있는 본부로부터 곧 후회하게 될 것이라는 내용의 편지를 받았다. 그 후 즉시 그는 피부과 전문의조차 고칠 수 없는 원인 미상의 무시무시한 피부병을 앓게 되었다. 환자는 뱀처럼 비늘이 생기며 허물 벗어지듯 피부가 벗겨져 나갔다. 이렇게 세 차례나 겪었는데 세 번째 때에 결국 그는 사망했다.

여러 명의 심령력을 지닌 전문 시술사들이 연합적으로 행한 부정요법의 결과로써 이러한 혹독한 질환이 생겼는지는 입증해 볼 도리가 없다. 솔직히 말해서 나는 다른 신비술 운동을 다루면서 이런 일들에 관한 고백을 들어보았다는 사실을 밝힌다.

미국에서는 '길 잃은 양'을 돌아오게 한다는 미명 아래 영혼력(Soul Force)을 사용하던 운동이 있었는데, 이 운동도 앞의 경우와 비슷한 여러 문제들을 야기 시켰다.

메리 베이커 에디의 교리는 대단히 복잡하고 난해하다. 그녀의 저서를 볼 때 명확한 것은 비록 성경 구절을 인용하여 사용하고는 있지만 가르침의 체계가 성경과는 전혀 일치하지 않는다는 사실이다. 메리 베이커 에디는 질병과 죽음이 현실적 실상이라고 믿지 않는다. 질병과 죽음을 극복할 수 있으려면 올바른 내적 태도를 갖추는 일만이 필요하며, 모든 사물을 제어 조절하는 힘은 정신(Mind)이라고 말한다.

크리스천 사이언스 종파의 교의적 체계 중 세 가지 국면을 가려 뽑아 본다.

첫째, 죽음(Death)의 국면이다. 실제로 에디는 죽음을 극복하는 일이 가능하고 생각했다. 따라서 그녀는 '잡필집'에서 이렇게 말했다. "1867년 나는 크리스천 사이언스에서 첫 회 제자를 가르쳤다. 그날 이후 약 5천여 명에 이르는 제자들 중에서 사망자 발생은 단 14명 뿐이란 사실을 나는 알고 있다.

물론 그 후 5천 명 모두가 예외 없이 다 죽었다. 에디의 추종자들은 그들이 존경하는 지도자가 죽음을 면할 것이라고 믿었다. 들리는 말에 따르면, 에디가 사망한 후 에디의 옷을 입힌 마네킹을 만들어 차에 태워 여러 곳을 다니면서 그 추종자들을 속이려 했다고 한다. 이 속임수가 드러나자 수십 만 명이 이탈했다.

둘째, 병 고침(Healing)의 국면이다. 에디 밑에서 수학했던 자들은 세계 도처로 퍼져나가 전문시술사들이 되었다. 이들은 직접적으로 병을 고치거나 그들의 정신력, 즉 '진리를 아는 힘'을 이용하여 원거리에서도 병고치는 능력을 발휘했다. 그들은 이것을 제삼자를 위한 '기도(praying)' 혹은 '사역(working)'이라고 일컬었다. 이런 유형의 병 치료는 성경이 가르치고 있는 기도와는 전혀 관련이 없다. 그런 시술은 암시, 자동암시, 종교적 암시, 그리고 가장 보편적으로 말해서 정신적 암시감응 - 암시에 의한 원거리 영향 - 이란 범주에 속한다. 빈번한 성경 인용과 모든 그럴듯한 기독교적 겉모습은 다만 위장에 불과할 뿐이다.

이것은 둘러쳐서 하는 말이 아니다. 우리는 '잡필집'에 나오는 "정신력 치료술의 창시자는 누구인가?"라는 제목의 메리 베이커 에디의 글에서 이것을 읽을 수 있다.

또한 원거리 병 치료술에 관한 언급도 나온다. "정신은 공간의 제한을 받지 않는다." 즉, 정신력 치료법을 따르든지 약물치료를 하던지 한 가지를 택할 일이지 둘 다 병행할 수는 없다는 의미이다.

에디가 수천 번이나 사용하고 있는 정신력 치료법이란 말은 우리가 여기서 파악해 본 바에 의하면 성경적 치료 과정과는 다르다는 입증이 나온다. 에디가 믿는 치료의 기본 초석은 그리스도가 아니라 정신력, 사고의 힘, 인간의 사고하는 혼(魂)이다.

어쨌든 참 그리스도인이 전개하는 운동에서는 육체적 병 고침이 아니라 인간의 구원문제가 최우선이 된다.

셋째, 부정요법(Malpractice)의 국면이다. 메리 베이커 에디는 정신적 치료가 병자에게 정신집중을 가하는 치료로서 참된 치료이며, 그 반대가 부정요법이라고 기술한다. 에디가 뜻하는 부정요법이란, '시술자가 타인에게 질병을 일으키거나 기타 방법으로 해악을 끼치고자 정신력을 사용하는 것'을 가리킨다.

정신적 치료술이 성경적이라는 결론은 그릇된 것이다. 참 그리스도인이 아픈 사람을 위하여 기도할 때 취하는 태도는 "주님, 당신의 뜻이 이루어지기를 원하옵니다"이다. 성경적 병 고침에서는 치료력이 그리스도로부터 비롯되어 나온다.

정신력 치료술에서 그 근원은 "정신적으로 작용을 가하는" 시술자이다. 따라서 성경적 관점에서 본다면 정신력 치료술은 비록 선한 유형이라 할지라도 부정요법과 다를 바 없다. 왜냐하면 정신적 치료술은 심령적, 다시 말해서 본질적으로 신비력에 의존하고 있기 때문이다. 심령력을 지니지 못한 치료 시술자는 원거리에서 병 고치는 효력을 발휘할 수가 없다.

그러므로 에디가 심지어 부정요법이라고 부르는 유형은 갑절이나 나쁜 부정적 치료술로서 그것은 바로 마법술이다. 에디는 이러한 사악한 유형을 잘 알고 있는 관계로 대단히 자주 거론하였다.

크리스천 사이언스의 가르침에 따르면 유용한 정신력 시술과 부정요법 양자가 존재한다. 크리스천 사이언스 종파자들이 아무리 애써 성경과 일치하는 점을 입증해 보려고 발버둥 쳐본들 성경과 일치하는 점이 추호도 없으므로 헛수고일 뿐이다. 크리스천 사이언스는 신비술 운동인 바, 그리스도인들은 경각심을 일깨워 이를 배격해야 할 것이다.

하나님의 말씀이 크리스천 사이언스의 체계를 세우려는 디딤돌로 무수히 이용되고 있는 사실 때문에 이러한 경계심은 한층 더 절실히 요청되는 바이다.

여호와의 증인
JEHOVAH'S WITNESSES

여호와의 증인이라는 교파에 대한 논의가 이 책의 한계에서 벗어나는 것은 아니다. 쿠르트 후텐 박사(Dr. Kurt Hutten)는 '예언자 · 환상가 · 광신자(Seher Grubler Enthusiasten)'라는 저서에서 이 운동에 대해 55페이지나 할애하고 있다. 여기서는 개략적으로 이 완고한 이단에 대해 몇 가지 밝히고자 한다.

19세기에 윌리엄 밀러(William Miller)라는 미국인은 그리스도의 재림에 관한 시간계산으로 유명하게 되었다. 그는 1843년을 세계의 종말이 오는 해라고 했다. 밀러가 그러한 계산을 한 유일한 사람은 아니다. 독일에서 존경받는 저명한 신학자 벵겔(Bengel)도 예수가 1846년에 재림할 것이라고 말했다. 벵겔과 같은 그리스도 중심적이고 성경에 확고부동한 기초를 둔 신학자가 그런 오류를 범한 것은 독일의 신자들에게 매우 심각한 충격이었다.

침례교 설교자였던 밀러의 예언에 자극을 받은 미국의 재림운동(The Adventist Movement)이 여호와 증인의 영적 모체가 되었다. 아마 이것은 우리 시대에 가장 치밀하게 조직된 이단이라 하겠다.

이 운동의 창시자는 러셀(Charles Taze Russell)인데 그는 펜실베니아의 피츠버그(Pittsburgh)에서 1852년에 태어났다. 젊은 그는 뛰어난 수완으로써 막대한 부를 축적하는데 성공했다. 그러나 그에게는 30만 달러라는 거금도 그가 답을 얻지 못한 종교적 문제들 보다는 덜 중요했다.

그는 칼빈주의자들의 엄한 율법주의에 반감을 느꼈다. 정죄 받은 자들의 영원한 형벌이라는 위협 때문에 그의 마음은 도무지 평안하지 못했다. 그래서 그는 5년 동안이나 성경에 관한 광범위한 연구에 몰두했다.

그 결과 그는 1874년 '주님 재림의 목적과 양상(The Object and manner of Our Lord's Return)'이라는 제목의 책을 출간했다. 그의 주요 저작은 6권으로 된 '성경연구(Scripture Studies)'였다(나중에 루더포드(Rutherford)가 제 7권을 추가했다).

그의 생각은 시온의 파수대(Zion's Watch tower)라는 잡지를 통해 퍼지게 되었는데 오늘날 이 잡지는 세계 각국의 언어로 번역되고, 수백만 부나 출간되고 있다.

1884년, 러셀은 '파수대 전도지협회(Watch Tower Bible and Tract Society)'를 창설했다. 그는 1916년에 죽었으나 후계자인 루더포드(Joseph F. Rutherford)에 의해 이 운동은 여러 이름으로 알려졌다. 어떤 이들은 그것을 국제성경연구회(International Bible Students)라 불렀고, 혹자는 천년 새벽파(Millenial Dawnists) 또는 러셀주의자들(Russellites)이라고도 불렀다. 1942년 루더포드가 죽은 후 노르(Nathan Homer Knorr)가 이 운동의 지도자가 되었다.

몇 가지 사실들과 숫자가 보여주듯이 여호와의 증인의 간행물은 세계 도처에 널리 배포되고 있다. 1932년까지 루더포드의 저작물은 1억 2천만 부나 되었다. 파수대는 165개 국어로 출판된다. 여호와의 증인은 세계 곳곳에 커다란 출판사를 가지고 있다. 만일 그들이 거짓 가르침이 아닌 성경적 진리를 출판하는데 분주하다면 얼마나 큰 축복이겠는가!

진리를 증거한다는 여호와의 증인의 주장에 반대하는 여러 이유 중 하나는 터무니없이 왜곡되고 혼동된 그들의 종말론이다.

러셀은 아담과 이브가 B.C. 4126년에 창조되었다고 믿었다. 세계가 존속될 기간은 6,000년으로 잡았다. 그러므로 그리스도가 1874년에 재림한다는 것이었다. 러셀과 그의 추종자들은 이 사건이 일어나기를 기다렸지만 헛수고였다. 재림이 일어나지 않자 그는 하나님의 백성을 시험하는 40년의 기간을 추가하여 1914년을 재림의 해로 정정하였다. 운 없게도 그는 두 번째의 실망을 겪으면서 살아야 했다. 그는 1916년까지 살았던 것이다. 그러나 여호와의 증인의 추종자들은 비웃음을 개의치 않는다. 그들 중 다수는 아직도 그리스도가 1914년에 눈에 보이지 않게 지상에 나타났다고 믿고 있다.

루더포드는 그 이상의 흥분과 기대감을 제고했다. 1920년에 그는 1925년에 예수가 재림할 것이라고 썼다. 나는 이 날짜를 잘 기억하고 있다. 내가 자라난 마을에도 여호와의 증인의 추종자들이 있었는데 그들은 우리에게 곧 일어날 일에 대하여 이야기했다.

나는 당시 어린 소년이었는데 1925년에는 하늘에 어두운 구름들이 나타날 때마다 놀라곤 했다. 나는 궁금했다. 예수께서 오시는 걸까? 나는 12세의 소년으로서 아직 내가 예수님을 맞이할 준비가 되어있지 않음을 알고 있었다.

새로 정정한 그 날짜도 또 빗나갔다. 그렇다고 해서 그 운동에서 많은 사람이 떨어져 나가지는 않았다. 계속해서 새로운 설명이 주어졌던 것이다.

이 이단의 지도자들은 그들의 계산을 고치는 작업에 착수했다. 그들은 아담과 이브가 그보다 100년 더 늦은 B.C. 4025년에 창조되었다고 말했다. 그렇다면 그리스도는 1975년에 재림해야 하는데 또 틀렸다! 그럼에도 불구하고 그들은 자기들의 고집스런 선전 표어를 내걸고 사람들을 자기네 출입구에서 괴롭히면서도 사람들이 진지하게 그것을 받아들이기를 바라는 것이다.

여호와의 증인들에게는 장래에 일어날 중요한 두 사건이 있다. 세상에 종말을 가져올 최후의 전쟁과 하나님이 통치하는 조직체의 구원이 그것이다.

아마겟돈(Armageddon)은 여호와의 증인의 모든 반대자들을 향한 대심판이다. 그리스도는 심판자로 나타나 여호와의 증인들이 선포하는 그 '진리'를 받아들이지 않는 모든 사람들을 진멸시킬 것이다.

그들은 스스로를 두 부류로 나눈다.

첫 번째 부류는 144,000명으로 구성되어 있는, 하나님의 왕국에 들어가는 계층, 즉 그리스도와 더불어 다스리게 될 성스러운 자들이다.

두 번째 부류는 지상을 온갖 종류의 희락이 있는 놀라운 낙원으로 변화시킬 것이다. 그들은 또 캘리포니아의 벳 사림(Beth-Sarim)이 구약시대의 하나님의 사람들이 살게 될 공적인 거주지가 될 것이라고 믿고 있다.

선택된 144,000명의 수효가 이미 19세기에 다 들어찼으므로 이러한 분류가 필요하게 되었다. 세계 도처의 600~700만이나 되는 추종자들도 그러한 약속을 누려야 할 필요성에 봉착했던 것이다.

아마겟돈의 피비린내 나는 심판의 두려움과 낙원의 형언할 수 없는 희락에 대한 소망이 여호와의 증인을 일으킨 동기가 되었다. 채찍의 두려움과 축복에 넘치는 잔을 교묘히 이용하고, 거기에 뛰어난 장사꾼의 판매술을 추가하여 여호와의 증인들은 성경에 대한 확고한 지식으로 무장하지 못한 사람들을 사로잡을 수 있었던 것이다.

여호와의 증인들은 그리스도에 대하여 어떻게 믿는가?

예수는 하나님의 집행자가 아니고, 단지 세상의 대속자이며 구원자일 뿐이다. 그러나 성경은 말한다. "하나님이 세상을 이처럼 사랑하사 독생자를 주셨으니 이는 저를 믿는 자마다 멸망치 않고 영생을 얻게 하려 하심이니라"(요 3:16).

여호와의 증인은 삼위일체를 부정하여 이교도적 삼신(三神) 교리라고 말한다. 그들의 견해에 의하면 그리스도는 권세가 없고, 하나님의 아들이 아니며, 다만 하나님이 만드신 가장 완전한 사람에 불과하다는 것이다. 그러나 성경은 말한다. "아들이 있는 자에게는 생명이 있고 하나님의 아들이 없는 자에게는 생명이 없느니라"(요일 5:12).

그들의 책 '진리가 너희를 자유케 하리라(The Truth Will Make You Free)'에는 다음과 같이 기록되어 있다. "메시아 또는 그리스도로서의 예수의 칭호는 그의 재림의 주요 목적이 인류의 구원과 구속에 있지 않음을 증명한다." 그러나 성경은 말한다. "그가(예수가) 자기 백성을 저의 죄에서 구원할 자이심이라"(마 1:21).

고린도전서 15:22절을 보자. "아담 안에서 모든 사람이 죽은 것같이 그리스도 안에서 모든 사람이 삶을 얻으리라."

여호와의 증인들은 인간의 눈으로는 그의 오심을 볼 수 없다고 주장한다. 그러나 성경은 "볼지어다. 구름을 타고 오시리라 각인의 눈이 그를 보겠고 그를 찌를 자들도 볼 터이요"(계 1:7).

그리스도는 성경을 푸는 열쇠다. 누구든지 그리스도를 제외시키려 하면 성경의 핵심에 이르지 못한다. 그리스도의 신성을 부인하는 자마다 스스로를 구속받은 백성에서 제외시키는 것이다. 여호와의 증인들은 스스로를 하늘나라 계급에 속한 특별한 은혜를 받은 자들이라고 부르지만 실상은 하늘나라 밖에 있는 자들이다.

여호와의 증인의 잘못된 가르침으로부터 어떤 결과가 발생하는가?

그들은 교회의 지도자들과 정치적 지도자들을 저항해야 될 사탄의 도구라고 말한다. 그래서 그들은 현존하는 교회들을 악평하고, 정부에 복종하기를 거절한다. 그들은 병역을 기피하며 선서를 하지 않는다. 여러 나라에서 그들 중 수만 명이 감옥에 투옥되었다. 히틀러 시대엔 집단 강제 수용소에 보내졌고, 많은 사람들이 그들의 신앙을 죽음으로써 사수했다.

한편 여기서 우리는 깊은 존경심을 불러 일으켰던 한 국면을 보게 된다. 그들은 감옥과 강제 수용소에서 다른 죄수들 사이에서는 찾아 볼 수 없는 자진하여 돕는 정신과 인간미를 보여주었다.

여호와의 증인들을 수용한 구역들은 모범구역이었다. 그들은 정직했고, 진실했고, 부지런했으며, 결코 탈옥을 기도하지 않았다. 때때로 히틀러(Himmler)는 그의 친위대원들(SS)에게 그들을 모범으로 제시하기조차 했다.

우리는 경의를 가지고 이 운동에 참여했던 자들의 인간적 측면을 인정해야 한다. 그렇다고 해서 하늘나라를 얻을 수는 없으며 하나님의 나라에는 오직 하나의 문이 있을 뿐이다. 예수 그리스도를 주님과 구주로 영접하는 것과 성령을 통한 거듭남이다.

때때로 그 '하나님이 다스리는 조직체(Thecratic Organization)'의 속박에서 벗어나는 사람들도 있다. 그들은 자기들이 그 일원이었던 날들을 세뇌라고 묘사하며, 스스로의 힘으로 탈피하기가 불가능한 영적, 신앙적 속박이었다고 말한다. 여기에서 그리스도만이 깨뜨릴 수 있는 악령적 속박이 드러난다.

프리메이슨
FREEMASONRY

나의 저서 '미신(Der Aberglaube)'이 처음 발간된 이래 10여 년이 흘렀다. 그 책은 많은 반대를 불러 일으켰다.

남부 독일에 있는 어느 판사는 만일 프리메이슨에 관한 글을 고쳐 쓰지 않는다면 법정에 소환하겠다고 위협하는 편지를 내게 보냈다.

어떤 목사가 그 판사의 반대 판결을 지지하고 나섰으며 내가 프리메이슨에 대하여 쓴 내용은 사실이 아니라고 증언했다. 그 이후로도 나는 프리메이슨과 관련을 맺었던 여러 사람들을 카운슬링 해왔다.

나는 협박편지를 몇 장 더 받는다고 하더라도 내 소신을 바꿀만한 정도로 심약하지도 않았고, 무엇보다도 하나님께서 늘 지켜 주셨다.

우선 우애부조를 내건 비밀결사 운동의 역사를 훑어보기로 하자. 프리메이슨 단원은 자신들의 비밀결사 조직체의 기원을 거슬러 올라가 솔로몬 왕을 위하여 일했던 석공들의 조합체에 귀착시킨다. 물론 역사적으로 보아 이것은 사리에 맞지 않는다.

유럽에선 1717년이 최초로 거대한 비밀결사 지부가 설립된 해라고 일컬어지며, 독일에서의 비밀결사 지부들은 1738년에 시작되었는데 프리데릭 대제가 회원이 되던 해였다. 미국에만 약 500만 명의 프리메이슨 단원이 있다는 말을 들었으며 또한 독일에서 그 회원 수가 약 5만 내지 8만

명으로 추산되고 있다.

모든 결사지부의 조직 성격과 이념을 똑같은 말로 일괄하여 평가하기란 불가능하다. 일부 결사지부에서는 마법술과 영접술이 행해지는가 하면, 또 다른 결사지부에선 우애와 영의 빛을 예찬하는 분위기가 조성되기도 하며, 자선사업에 몰두하고 있는 결사지부들도 있다.

미국에서 나를 가장 놀라게 했던 일은 감리교 목사들, 구세군의 고위 사관들, 그리고 주교들도 프리메이슨에 가입해 있다는 사실이다.

나는 제단 뒷벽에 프리메이슨의 상징을 걸어놓은 어느 교회에서 강연한 적이 있다. 나는 그때 그 교회 목사에게 이렇게 말했다.

"여기가 프리메이슨 교회라는 것을 미리 알았더라면 나는 이 초청에 응하지 않았을 것입니다."

미국에서 루터파 교단의 미조리 지방 연회가 소속 목사와 장로들에게 결사지부에 가입하는 일을 엄금한 조치는 환영할 만한 일이다.

프리메이슨에 가입한 목사가 담임하고 있는 교회는 영적으로 죽어 있다. 이것은 북미의 영적으로 살아있는 많은 목사들이 겪고 있는 공통 경험이며, 또한 그런 교회에서 복음을 강론하려면 무척 힘이 든다. 모종의 덮쳐 누르는 힘이 교회 전체에 드리워져 있다는 인상을 받는다. 내가 직접 겪어본 몇 가지 사례는 다음과 같다.

프리메이슨 1

내가 가장 최근에 겪었던 경험은 플로리다 주 세인트 피터즈버그에서 온 한 고위 프리메이슨 단원을 만나 본 일이다. 그는 프리메이슨단의 33단계 급수에서 32단계에 까지 도달한 자였다. 그 사내는 부인이 우울증에 시달리고 있으므로 도와달라고 요청했다. 나는 그 사내에게 다른 사람을 통해서 어떤 사람을 카운슬링 해 줄 수는 없는 노릇이므로 부인을 데려

오라고 요청했다.

대화중에 나는 그 사내에게 그리스도와 어떤 관계를 맺고 있는지 질문해 보았다. 그는 그저 하나님을 믿는다는 정도의 흐리멍텅한 대답을 했다.

여러 가지 질문을 하는 가운데 대화는 점차 핵심에 접근해 들어갔으며 나는 그 사내가 영적인 장애물에 가로막혀 방해받고 있음을 발견했다. 그 사내는 신약성경에 나오는 영적 구원 사실을 이해하는 수준에도 못 미치고 있었다. 하물며 그 사내가 영적구원을 사실로 받아들인다는 것은 어림도 없는 일이었다. 나는 이 사나이를 도와 줄 수가 없었다.

프리메이슨 2

스위스에서 열린 복음 전도대회 기간 중 나는 어느 스위스 프리메이슨 지부의 서기가 기독교인이 되었다는 말을 들었다.

바로 그 순간부터 그는 프리메이슨 운동에서 떠나야 한다는 사실을 알았다. 아무도 이것을 그에게 말해 준 사람은 없었다. 그리스도를 향한 결단을 내림으로써 그 사실은 저절로 그에게 분명해졌던 것이다.

프리메이슨 3

내가 알고 있는 사람 중에 어느 스위스인 건축 청부업자의 아들이 있다. 아버지는 원래 프리메이슨 단원이었으나 몇 가지 이유로 인하여 그 결사지부를 탈퇴했다. 그 이후부터 은행들은 그에게 여신을 거절했다. 그 이유는 은행의 이사들이 프리메이슨 단원이기 때문이었다. 그 건축 청부업자의 사업은 파산하고 말았다.

나는 훨씬 더 심각한 성격의 다른 정보도 가지고 있다. 그 정보는 결사지부에서 탈퇴했다는 단 한 가지 이유 때문에 그 탈퇴자들이 옛 동료들로부터 박해를 받는 양상을 잘 보여준다. 그러나 나는 법정에 출두하고 싶지가 않다. 이만하며 저 남부 독일의 판사가 내게 가한 위협은 제 효력을 발휘한 셈이다. 동시에 그 같은 위협은 프리메이슨이 지닌 특성을 어느 정도 드러내 보여준다.

사례는 이쯤하고 프리메이슨 서적에서 따온 한 인용문으로 눈을 돌려 보자. 이 인용문은 우리의 눈을 번쩍 뜨게 해준다.

한 사람이 어떤 악행을 저지른다. 그 자는 악행을 어느 성직자에게 고백한다. 그 성직자는 하나님을 대신하여 그 죄인이 저지른 악행을 사면해 준다. 일이 기가 막히게도 간단하다. 이 얼마나 사람들을 오도하고 있는 일인가! 하나님의 단 한번 행위로 악행이 싹 쓸어져 나가고 새 생활을 시작할 수 있다니 이 얼마나 달콤한 위안인가. 과거에 지은 죄 짐을 벗어던지고 새 삶을 시작할 수 있는 가능성은 우리 자신의 영혼 속에 존재한다. 즉 인간들이 기록해 오고 말해 온 내용이 뒤이어 하나님의 계시라고 포고된다.

여기에 대해 우리는 기독교인으로서 무엇이라 말할 것인가?
성경에 비추어 본다면 이 말은 신성모독이다. 그런데도 조언을 요청받을 때 우리는 과연 그런 결사지부의 회원신분을 칭송할 것인가?
내 경험이 알려주는 바는 프리메이슨 단원들이 그리스도 신앙을 갖게 될 때, 즉 그들이 회심을 하고 거듭남을 체험한 후에도 결사지부를 탈퇴하지 않는다면 그들은 영적인 생활에서 아무런 진전도 거두지 못한다는 점이다. 반면에 그리스도께로 향하고 난 후 결사지부와 관계를 끊어야 한다는 점을 즉시 알아차렸던 사람들에 관하여서도 나는 가끔 소식을 들어 보았다.

종교적 유형에 속하는 특별한 결사 지부는 취리히에 본거지를 둔 소위 '영적 결사단(Spiritual Lodge)'이라고 부르는 것이다.

이 결사단은 바젤과 베를린에 분회를 두고 있다. 나는 이 영적 결사단이 알피나에 있는 스위스 대동결사단과 관련을 맺고 있는지를 확실히 모른다.

이 영적 결사단은 예배를 거행하는데 예배 시에 성경을 읽고 기도를 한다. 그러나 설교는 목사가 하지 않고 저편 세계에서 온 요셉이란 영이 하는데 이 영은 영매 베아트리체를 통하여 그 존재를 알린다. 이것은 종교적 영접술이다.

스위스에서 열린 집회에서 강연했을 때 나는 이 영적결사단 탓으로 속박 장애증을 겪고 있던 사람들을 가끔 카운슬링 해 주었다. 그 영적 결사단이 비록 기독교적 외관을 가졌을지라도 나는 그 영접자 결사단을 반박하는 경고를 하는 바이다.

우리는 죽은자들의 세계에서 오는 영들에게 우리가 믿을 바를 알려달라고 할 필요가 없다. 우리는 성경, 즉 성령의 영감으로 받은 하나님의 말씀을 가지고 있다. 우리는 예수 그리스도를 모시고 있으며, 주님께서는 말씀하셨다.

"나는 세상의 빛이니 나를 따르는 자는 어두움에 다니지 아니하고 생명의 빛을 얻으리라"(요 8:12).

바하이교
BAHA'I

바하이교는 이슬람교에 근원을 두고 있다. 서기 1,800년경에 시크 아메드(Sheikh Ahmed)가 시크 종파를 창시하였는데 이 종파는 종말론을 강조한다. 시크교도들은 최후의 이맘(Imam: 정신적 지도자인 동시에 코란 경전의 해설자)이 다시 출현하기를 기다렸다.

1844년에 시크 아메드는 자신이 바브(Bab: 진리의 문)라고 선언했다. 따라서 그의 추종자들은 자칭 바비(Babi)라고 일컬었다. 보수주의 이슬람교도들에게 박해를 당하여 궁지에 몰리자 바비들은 1848년에 이슬람교로부터 떨어져 나왔다. 1850년에 바브는 피격 당했다. 종류 여하를 막론하고 순교자가 생기면 열기 띤 자극을 그 운동에 불어 넣어 일층 촉진되는 게 당연지사이다.

바브는 미르자 후사인 알리(Mirza Husayn Ali)가 열정적이며 탁월한 재능을 갖춘 후계자 감임을 발견했다. 알리는 1817년 테헤란(Teheran)에서 어느 장관의 아들로 태어났다. 알리의 인생노정도 역시 박해, 체포 등으로 점철되었으며, 심지어 독살까지 당할 뻔했다. 그는 감옥에서 받은 계시를 밑받침 삼아 석방 후 스스로 바하울라(Baha u' lla, 신의 영광)라고 자칭했다. 알리는 대단히 다재다능한 사람이었다. 1892년 사망할 때까지 그의 저술서는 100권이나 되었다.

알리의 뜻을 따라 아메드는 알리의 아들 압둘 바하(Abdul Baha)를 그의 후계자로 임명하였다. 압둘은 학교라곤 문턱에도 가본 적이 없었으나 페르시아어, 아랍어, 터키어를 구사할 줄 알았고 철학과 신학에 관해서도 해박한 지식을 가지고 있었다. 전 세계를 누비는 대여행을 하여 바하이교를 서구 세계에 퍼뜨린 위업을 성취한 장본인이 바로 압둘 바하이다.

바하이 사원은 아쉬카바드(Ishkabad), 캄팔라(Kampala), 시드니(Sydney), 그리고 미국 시카고 부근에 있는 윌메트(Wilmett)에 세워졌다. 그리하여 이들 사원이 포교의 근거지로 활용되고 있다. 나는 이쉬카바드에 있는 사원을 제외한 나머지 사원들을 모두 순방해 보았다. 윌메트 사원은 그중에서도 가장 정교한 건축물이다. 강연 여행 중 시카고에 머무는 동안, 나는 플라움(Plaum) 목사의 안내를 받아 이 사원을 구경하러 갔었다. 이 사원은 우리 기독교인들에게 바하이교가 신봉하는 신조를 매우 선명하게 보여준다. 그리스도가 모하메드(Mohammed), 아브라함(Abraham)과 나란히 같은 반열에 자리 잡고 있다. 예수 그리스도도 종교 지도자들 중 한 사람일 뿐이지 인류의 구원자, 우리의 구원의 유일한 토대는 아니란 뜻이다.

그러므로 이것은 기독교인에게 관심을 불러일으킬 수 있는 범주에서 바하이교의 종교적 내용을 보게 해준다. 모든 종교는 상대적이며 오직 일부의 진리만을 표현할 뿐이라고 그들은 말한다. 그들은 바하이교 계시에서 통일과 성취를 발견한다. 바하이교의 가르침이야말로 최고이며 또한 모든 종교의 결속을 나타낸다. 따라서 석가, 모세 및 예수는 종교의 창시자로서 모하메드와 동일한 수준에 놓인다.

여기서 우리는 바하이교를 후원 조직체로 삼는 종교적 종합주의(Syncretism)를 보게 된다. 성경의 가르침을 따르는 한 이것은 용납될 수 없다. 예수께서는 요한복음 14:6에서 말씀하시길 "나로 말미암지 않고는 아버지께로 올 자가 없느니라." 했다.

12계(the Dodecalogue), 즉 12가지 지도 원리를 살펴보면 바하이교의 이념체계를 더욱 뚜렷이 알 수 있다. 시드니에 있는 사원의 바깥뜰에는 다음과 같이 새겨진 명판이 있다.

〈바하이〉
세계를 포용하는 신앙, 바하이의 12 기본교리

우리는 가르친다
1. 온 인류의 통일
2. 진리탐구의 독립
3. 모든 종교는 동일한 기원을 갖는다.
4. 종교는 통일성을 지닌 원리이어야 한다.
5. 종교는 과학 및 이성과 일치해야 한다.
6. 남녀평등
7. 각종 편견은 종식되어야 한다.
8. 범세계적 평화
9. 온 인류의 교육
10. 경제적 문제에 따른 정신적 해결
11. 단일 공용어
12. 단일 국제 재판법

이러한 열두 가지 지침은 지극히 계몽적이다. 우리는 이와 유사한 것들을 많이 찾아볼 수 있다. 칸트의 저서 '이성의 한계 안에만 존재하는 종교(Religions Within the Limits of Reason Alone)'를 상기해 보기 바란다.

바하이의 원리는 현대주의 신학의 추종자들에게 의해서도 작성될 수 있었을 것이다. 대부분의 그 원리가 에큐메니칼 운동(ecumenical movement)도 받아들일 듯한 내용이기 때문이다. 따라서 간접적인 지원을 받음으로써 바하이 교리는 급속도로 발판을 넓혀가고 있다.

바하이교가 번져가는 이면에는 훨씬 많은 것들이 감추어져 있다. 이것은 곧 앞으로 출현할 적그리스도를 위한 전초적 예비로서 적그리스도는 모든 것을 하나의 공통척도로 귀일(歸一)시킬 것이다.

예컨대 최소한 서구에서 만이라도 단일 공용어, 단일 통화, 제정권을 중앙집권적으로 행사하는 단일 정부, 오직 한 명의 통치자(적그리스도 자신)가 권력을 행사하는 단일 정치체제, 단일 세계재판소, 단일 조세제도 등이다. 모든 시민들은 등록된 번호표를 받게 될 것이며, 그 표 없이는 물품을 사고 팔 수도 없다. 그리고 오직 단 하나뿐인 세계교회가 출현한다. 이러한 전 세계적 통일조직체제에 동참하기를 거부하는 사람은 누구든지 끝장이며, 생존권마저도 잃을지 모른다.

만일 우리가 이런 관점에서 모든 것을 고려해 본다면 적그리스도가 바하이교에서 나타날 조짐이 보인다는 말을 일부 기독교인들이 한다고 해서 그다지 놀랄 일은 아니다.

적그리스도의 출현지에 관해서는 여러 견해가 엇갈리고 있다. 루터는 적그리스도가 로마교황 체제에서 나타날 것이라고 했으며, 혹자들은 공산주의가 적그리스도를 키우는 온상이라고 본다. 대다수는 적그리스도가 틀림없이 유태인일 것이라고 생각을 한다. 여타 사람들은 과거 로마제국 영토에서 일어나게 될 열 왕국에서 적그리스도가 출현하리라고 생각하지만, 오직 그때 자기의 마각을 드러낼 것이다.

적그리스도는 거짓 예언자를 대동하고 나타날 것이기 때문에 바하이교를 믿는 추종자들을 종교적 조력자로 이용하여 범세계적 교회를 세우는 계획의 실현이 도모되리라는 짐작은 상당히 가능성 있는 일이다.

이러한 사건들이 반드시 일어나리라는 예언을 확실성 있게 할 수는 없다. 우리는 다만 현세계의 종교적 현상을 관측할 따름이며, 또한 바하이교와 범세계적 교회 창설 양자 중에서 적그리스도가 최후로 단행할 종교대체에 언젠가는 한 몫을 하게 될 것 같은 조짐들이 나타나고 있다는 결론을 짓는다.

"눈 있는 자는 볼지어다"(마 13:13).
"귀 있는 자는 들을지어다"(마 11:15).

장미십자단
ROSICRUCIANS

　장미십자단들은 자칭 형제애결사단(brotherhood order)이라고 부른다. 이들의 완전한 명칭은 라틴어로 Antiquus Mysticus Ordo Rosae Crucis로써 "장미십자가를 표방하는 고대적 신비주의자 결사체"라는 뜻이다. 국제형제단(the International Brotherhood)의 본부는 캘리포니아 주 산 호세(San Jose)에 자리 잡고 있다.

　이들은 고대 이집트의 파라오 아메노피스 4세(Amenophis IV, B.C. 1350) 시절에 있었던 신비주의 학파에 그 뿌리를 두고 있다고 주장한다. 또한 그들은 모세시대에 이스라엘에서 활발한 활동을 했었고 솔로몬 성전 건축에도 협력했다고 말한다.

　장미십자단의 상징은 장미가 그려진 십자가이다. 십자가는 솟아오르는 태양을 맞이하려고 두 팔을 쭉 뻗고 있는 인간의 육체를 상징하고 십자가 가운데 그려진 장미는 인간의 영혼을 뜻한다. 장미십자단은 다음 표어를 그 상징에 덧붙인다. "십자가를 통하여 장미로 장미를 통하여 십자가로"

　그들의 신조를 보면, 장미십자단원들은 모든 인종적, 정치적, 종교적 애착을 벗어나 홀가분해지려고 애쓴다.

　그렇다면 이 결사단은 과연 무엇을 가르치는가? 바덴바덴에서 출간된 선전용 소책자는 다음과 같은 답변을 해주고 있다. "이 결사단은 인간의 잠재능력을 일깨워 주려는 형이상학적이며 과학적인 철학 체계를 가르친다. 그리하여 인간이 타고난 재능을 보다 잘 활용할 수 있고 더욱 행복하며 보람된 삶을 영위할 수 있게 하려는 것이다."

편견을 버린 역사가들은 장미십자단에 대하여 무슨 말을 할까? 모세와 솔로몬을 운운하기에 앞서 이집트의 밀사조직과의 관련 주장조차도 아직 입증을 거쳐야 할 사항이다.

이 결사단에 대하여 우리가 가지고 있는 최초의 증거 자료는 17세기 초반에 나타난 '형제애의 전통(Fama Fraternitatis, 1604)' 과 '형제애의 고백(Confessio Fraternitatis, 1614)' 이라는 책들이다. 장미십자단은 이 서적들의 저작자가 프란시스 베이컨(Francis Bacon)이라고 주장하지만 확실한 증거가 없다. 역사가들은 그 저작자에 관하여 서로 엇갈리는 여러 견해들을 피력한다.

리더스 다이제스트 백과사전은 장미십자단을 '16세기에 나타난 접신론적(接神論的) 비밀단체의 하나' 라고 간략히 기술했고, 축소판 브록하우스 사전에는 "17, 18세기 비밀단체의 하나 - 장미십자단 결사단체(the order of German Gold - and Rosicrucians)는 1769년 경 남부 독일에서 설립되었던 것으로 일종의 프리메이슨 단(a masonic order)이다"라고 적혀 있으며, 과거와 현대의 종교(Religions in Geschichte und Gegenwart)는 "장미십자단은 1757년부터 시작된 마법술, 히브리신비철학, 그리고 연금술에 토대를 둔 신비주의자 연합체라고 할 수 있다. 1767년과 1777년에 조직을 개편한 이래 그들은 프리메이슨 운동에 있어서 효과적인 선전구호를 개발해냈다"라고 말하고 있다.

성경에 맞추어 살아가려는 기독교인들에게 이러한 논술들은 나름대로의 표현에 불과할 뿐이다. '삶의 정복' 이라는 소책자는 오히려 더 많은 정보를 우리에게 제공해 준다.

다음 인용문은 알버트 매그너스(Albert Magnus)에게서 따온 것이다. "복종의 은총이나 눈물어린 인종을 너무 지나치게 추구하지 말라. 오히려 당신 마음속에 내재한 선의로써 신과 내적 연합을 유지하는 것을 우선적 첫 과제로 삼으라."

우리가 하나님과의 연합을 유지하기에 앞서 연합을 이루도록 결속의 끈이 먼저 마련되어야만 한다. 예수 그리스도께서 십자가상에서 이루어 놓으신 일이 바로 그 일이다. 우리는 예수 그리스도를 우리의 구세주와 주님으로 영접할 때 하나님과의 연합을 경험한다. 우리 자신의 선의로써는 하나님과 연합될 수가 없고, 연합을 유지할 수도 없다.

그 소책자의 다른 곳에서 상황은 더욱 분명해진다. 거기에는 다음과 같은 제목이 붙어있다. "우리 내면에 있는 비밀세계, 우리가 알고 필히 활용해야 하는 능력들."

이러한 능력들이란 대체 무엇인가?
1. "글자나 다른 물체를 만져만 보고도 우리는 고통스런 전갈을 받아들이는 감지자가 될 수 있다." 이것은 정신측정술(Psychometry)로서 일종의 초감각적 인지력이다.
2. "생각이나 감각적인 느낌이 원거리에 전달될 수 있다." 이것은 일종의 신비술 형태의 정신적 암시력(Mental Suggestion)이다.
3. "우리의 의식은 먼 곳이나 먼 곳에서 일어나는 사건들을 전광석화(電光石火)처럼 볼 수 있다." 이것은 심령력에 의한 투시력(Clairvoyance)이다.
4. "소수의 사람들은 자기력을 방사함으로써 자신들의 참된 특성을 드러낸다." 이것은 영접자들의 개념인 이른바 영기(Aura)이다.

따라서 '삶의 정복'이란 이 소책자에서 장미십자단은 그 회원들에게 심령성 및 신비성 관행을 일삼도록 독려한다. 이것만으로도 상황은 명료해진다.

성령을 통하여 거듭난 기독교인이 만일 이 단체에 가입한다면 영적인 해악을 입게 될 것이다. 혹 명목상의 기독교인이라면 그러한 해악을 모를 것이다. 그런 자는 그리스도께 자신을 바치고 싶어졌을 때에야 비로소 자신이 속박 장애를 받고 있다는 것을 깨닫게 된다.

흑색미사
BLACK MASS

과거로부터 현대에 이르기까지 모든 유형의 사탄숭배는 흑색미사를 거행해왔다. 물론 극소수의 예외도 있다. 예를 들면 과정주의자(Process-eans) 정도뿐이다.

흑색미사를 거행하는 자들은 사탄의 정예부대로서 흑색미사의 목적은 삼위일체 하나님을 모독하고 조롱하려는 것이다.

흑색미사 1

수년 전 서독 뮌스터(Munster)에 재학 중인 신학생들이 커다란 물의를 빚었다. 그들은 교회 안에서 흑색미사를 올렸다. 그들은 성찬대 위에 독한 술병들을 올려놓고 기도를 하면서 하나님의 이름 대신 사탄의 이름을 불렀다. 그들에게 신학을 공부하고 있는 이유에 대하여 질문을 하자 서슴없이 "교회를 파괴해 버리기 위하여"라고 대답하는 것이다.

흑색미사 2

영국 콘월(Cornwall)에 있을 때 나는 그 지역에서도 흑색미사에 대한 소문을 들었다. 나체의 한 여인이 제단 구실을 하는데, 흑색미사에 참가한 회원들은 여인에게 갖가지 변태적 행위를 자행한다. 행해지는 그 끔찍스런 일들을 차마 사실대로 옮겨 적을 수가 없다. 나는 이 무서운 짓거리에 참가한 이래 마음의 평화를 찾을 수 없었다는 어떤 전문 직업인의 고백을 들은 적이 있다. 때때로 사탄숭배자들은 교회에 침입하여 흑색미사에 성체현시대(聖體顯示臺)를 사용하기도 하고 혹은 십자가를 가져가기도 하며, 그리스도의 상에다 배설물을 끼얹기도 한다.

흑색미사 3

미국에서는 사탄숭배자들이 동물의 피를 사용하여 흑색미사를 올린다. 어떤 무리들은 음식과 술에다 남자와 여자의 체내에서 뽑아낸 물질을 혼합한다. 아이티에서는 지위 높은 승려가 연례적 축제행사 때 어린애의 피를 마신다. 브라질에 있는 머큠바(Macumba) 집단에서도 대모(大母) 전수식 때에 피를 마시는 일이 행해진다.

평화의 상징(peace symbol)을 애호하는 자들에게 알린다. 악마의 교황인 '안톤 라비(Anton La Vey)'는 샌프란시스코에서 사탄숭배 축제를 시작하기 전, 대형 화면에 평화의 상징을 투사시킨다는 사실을 알아두기 바란다. 그럼에도 불구하고 유럽과 미국의 천진난만한 기독교인들은 어리석게도 버젓이 평화의 상징을 목에 걸고 다니거나 혹은 소매 끝에 매달아 다니고 있다!

마법의 여왕-마녀
QUEEN OF DARKNESS

　선교여행을 하면서 가끔 카운슬링을 해보면, 지난날에 마법사였던 사람들이나 마법사들의 고위 지도자였던 사람들을 여러 차례 접촉하게 된다. 참고가 필요한 독자를 위하여 관련된 사실들을 언급하고자 한다.

　뉴기니에 있는 사우구마 사교(Sauguma Cult)에 대한 논술은 나의 저서 '예수 인도하심 따라(Unter der Fuhrung jesu, p.224)'에서 찾아볼 수 있다. 이 사교의 지도자들은 아직도 유아(幼兒)번제를 집전하며 때론 식인풍습(Cannibalism)과 관련하여 어른까지도 산 제물로 삼는다.
　내가 알고 있기로는 이 무서운 풍습의 가장 최근 사례는 1974년 가을 다야푸라(Djajapura) 부근에 위치한 서부 아이리안(West Irian)에서 있었던 14명의 살상이었다.
　이러한 일의 사실성을 입증해 보고자 한 사람은, 밀워키 출신의 정신의학자이며 신학자인 잭슨(Jackson) 박사와 플로리다 주 세인트 피터즈버그에서 온 케네스 문(Kenneth Moon) 박사였다.

　소위 리베리아의 마왕(Country Devil of Liberia)이라고 일컫는 괴수 마법사를 내가 대면하여 모든 암흑의 권세를 제압하신 예수님의 승리를 체험하는 귀중한 결과를 얻었다. 이 괴수 마법사는 그가 지은 무서운 죄악을 모두 회개하고 그리스도를 영접하였다. 그 지역에 나가 있는 선교사들이 터전을 잘 닦아 사전예비를 훌륭히 했던 까닭이다.

리오 데 자네이로(Rio de Janeiro)에서 나는 머큠바 사교(Macumba cult)의 영접자 대모(cult mother)에 관한 이야기를 들었다. 그녀의 이름은 오틸랴 데 폰테스(Ottilia de Pontes)인데, 나는 그녀의 이야기를 공표해도 좋다는 허락을 받았다.

폰테스 부인은 이제 브라질에서는 주님의 풍성한 축복을 받은 복음전도자이다. 그녀의 사진은 나의 선교도서 '모든 대륙에 임하신 예수(Jesus auf allen kontinenten)'란 책에서 볼 수 있다. 그녀의 구원에 관한 경탄스러운 이야기도 바로 그 책에 기록되어 있다.

1973년 나는 아이티(Haiti)에서 연속 강연을 하였다. 과거 프랑스 식민지였던 이곳은 부두교(Voodoo) 본고장인데 이 사교는 흑색마법(black mass)과 범죄적 영접주의(Criminal Spiritism)가 한데 뒤엉킨 것으로 여기서 매년 마법계의 여왕이 선발되는데 수행하는 임무 중 하나가 열나흘 간 어린애를 산 채로 집전하는 것이다. 그 세부사항에 관한 소름끼치는 정보를 선교사들이 나에게 제공해주었다.

이제 영국에서 나온 한 사례를 자세히 제시해보고자 한다. 그전에 나는 이 무시무시한 보고에 내포되어 있는 갖가지 세부사항을 동아시아, 아프리카, 그리고 남아메리카 등지의 여러 나라에서 이미 여러 차례 들어본 경험이 있다는 사실을 밝혀두고 싶다. 그런 경험이 없었더라면 나는 이 영국인의 말을 믿지 않았을 것이다.

저작자는 도린 얼빈(Doreen Irvine)인데, 그녀는 '마법에서 떠나 그리스도께로(From Witchcraft To Christ)'라는 제목으로 자신의 인생편력을 책으로 펴냈다.

여기에 얼빈 여사의 이야기 일부를 간추려 제시하기 위해 우선 그녀가 쓴 글을 인용한다.

악마 예배의 집전과 고위 만신으로서의 나의 직능은 내 생활에서 가장 중요한 일들이었다. 무당 마녀들(Black Witches)은 큰 능력을 가지고 있으므로 가볍게 다루어져서는 안 된다. 그들은 암흑의 권세를 불러내어 도움을 청할 수도 있고, 혹은 물러가게도 한다.

아주 흔히 그들은 갓 만든 무덤을 파헤쳐서 그 시체를 꺼내 사탄에게 제물로 바친다. 그들은 교회에 난입하여 성경과 기도서를 불태운다. 성소가 모독당하는 곳에는 언제나 그 뒤에 마법의 상징이 남겨진다.

무당 마녀들과 사탄 숭배자들은 루시퍼가 언젠가는 그리스도를 정복할 것이라고 믿는다.

경각심을 가지라! 마법술의 어두운 길로 내려가는 자들은 이성을 잃으며, 가끔 완전히 미치광이가 된다.

그리고 얼빈은 마녀들과 사탄 숭배자들이 괴이한 짓들을 어떻게 하는지 계속해서 기술한다. 그들은 나체로 춤을 추며, 그리고는 성희의 난장판을 벌려 동성연애, 피학성 및 가학성 변태 성행위에 빠져든다. 마녀 속회의 회원은 악마에게 자신을 바친 정도에 따라 그 신비술 능력도 비례적으로 증감된다.

다시 도린 얼빈의 글을 인용한다.

무당 마녀로서의 나의 능력은 신통했으며, 나는 나날이 악에 관한 나의 지식을 증가시켜 갔다. 몸이 네댓 자쯤 공중으로 떠오를 수 있는 나의 능력은 너무도 생생한 실제였다. 이 말은 허튼소리가 아니다. 악령들이 나를 도왔다.

새장에서 새를 날려 보내어 날고 있는 그 새를 죽이는 것은 마녀로서 내가 해낸 또 다른 솜씨였다. 나는 또한 물체를 나타내거나 사라지게 할 수도 있었다. 아울러 나는 또한 물체신출술(apports)을 통달했는데, 이것은 마녀들이 다른 사람 앞에서 그들의 능력을 과시할 때 가끔 사용하는 것이다.

나는 우두머리 사탄 숭배자가 마법에 정진해 보라고 넌지시 귀뜸해 주었을 때 별로 놀라지 않았다.

"다이애나(도린 얼빈의 예명), 그대는 후일 무당 마녀들의 여왕도 될 수 있을 거야."

"뭐라고요, 제가요?"

"그래요! 나는 그대 이름을 천거할거야. 그러니 능력을 열심히 연마하여 시험 대비에 만전을 기하도록 해요."

우두머리 사탄 숭배자가 말한 능력 시험은 막강하고 활기찬 두 마녀 속회의 본거지인 데본(Devon)에 있는 달트무어(Dartmoor)에서 거행될 예정이다.

얼빈 여사는 어느 청명한 밤 정각 12시에 그녀의 속회원들과 만났다. 마녀 속회는 통솔자를 포함하여 13명의 마녀들이 구성원이다. 한참 발가벗고 춤추고 있을 때 불쑥 세 남자가 나타났다. 춤추고 있던 여인들은 기겁을 했지만 근처에는 몸을 감추고 숨을 만한 나무나 바위도 없었다.

"어쩌지요? 숨을 수 있는 곳도 없어요!"

마녀들은 안절부절못하면서 물었다.

"걱정 말아요. 나는 내 몸이 눈에 안보이도록 할 수 있어요!"

도린이 그렇게 말하자 마녀들은 물었. "우리들은 어떡하고요?"

"그대들도 역시 안보이도록 해줄 터이니 내 손을 맞잡아요!"

머뭇거릴 시간 여유가 없었다. 서둘러 그들은 내가 말해준 대로 하였다. 숨을 죽이고 삥 둘러선 채 우리는 두 손을 번쩍 처들고 마주잡았다.

나는 악령들과 사탄에게서 암흑의 능력을 불러냈다. 단 몇 초 내에 녹색 안개가 피어올라 우리를 감싸버렸으며, 우리는 서로를 잘 볼 수조차도 없었다. 그 세 사나이가 우리 곁을 통과할 때 나는 쉽사리 손을 뻗쳐 그들을 건드릴 수도 있었으며, 사내들 중에 한 사람이 번쩍 치켜든 두 손 아래로 걸어서 가운데로 들어왔다.

"집으로 돌아갑시다."

우리는 그들 중 한 사람의 말소리를 들었다.

"여기에는 마녀들이 없습니다. 시간만 허비했습니다."

그 세 사나이가 나타났던 이유는 다음날 내가 그 지방신문을 읽어보고 나서야 설명되었다. 가운데 장에 써있는 한 기사에 "달트무어에 마녀 전무(全無)"란 제목이 붙어 있었다. 그 기사는 한 교구 목사가 그 전날 밤 기자 두 사람을 데리고 달트무어에 와서 마녀들이 거기에 모일 것이라는 소문을 조사해 보았다고 한다. 그 추적은 어쨌든 무위로 끝나버렸다. 그러나 그 교구 목사는 황무지에 마녀들이 없었다는 것을 믿으려 하지 않았다. 물론 그 목사가 옳았다. 모르긴 했지만 그 목사는 마녀들과 불과 얼마 안 되는 곳까지 왔었던 것이다.

우리는 이 이야기를 거울삼아 믿는 사람조차도 원수에게 속임을 당할 수 있다는 경각심을 가져야 한다. 그러나 이 경우에 있어서는 주님께서 암흑의 세력들이 진을 치고 날뛰는 곳에서 조차도 믿음을 가진 목사를 보호하고 계셨다는 말이 한층 그럴듯하다.

달트무어에서 이런 경험을 하고난 후 도린 얼빈은 가장 중대한 시험을 맞이했는데, 다른 여섯 명의 마녀들과 함께 그녀가 갈고 닦은 신비력을 발휘해 보라는 지시를 받았다. 일곱 사람 중에서 가장 우수한 마녀가 마법계의 여왕(Queen of Darkness)이 될 것이다. 그러나 일곱 사람 모두 대단한 마법 능력으로 내로라하는 이름난 자들이었다.

그 경쟁은 늘 하는 평상의식과 더불어 시작했는데, 그 의식 중에 악령들과 루시퍼를 불러낸다.

첫 번째 시험은 새장에서 새를 날려 보내는 것으로 도린이 공중에 날고 있는 새를 죽여 떨어뜨릴 수 있었던 유일한 마녀였다. 한 시험이 끝나고 나면 다음 시험으로 계속 이어졌다. 최종 시험은 가장 어려운 시험인 불속걷기(fire walking) 차례였다. 나는 다시 도린 자신이 쓴 말로 그 이야기를 진행하겠다.

그 시험은 거대한 모닥불 속을 걸어 들어가는 것인데, 그 불은 원형 틀을 세워놓고 불 지른 정도가 아니라 활활 타오르며, 이글거리는 화염이었다. 성공하는 후보자는 화염 한가운데서 루시퍼를 만날 것이며, 루시퍼가 모인 사람들의 앞에 나타나 마녀의 손을 잡고 머리털 하나 안 그을리게 통과해 나가도록 불길 속을 인도해 줄 것이다.

나는 자신 있게 일곱 발자국 남짓 불속으로 걸어 들어가며 계속 나의 위대한 주인 마왕(Diablos)을 불러댔다. 갑자기 나는 내 앞에 마왕의 거대하고 시커먼 모습이 나타나는 것을 보았다. 나는 그의 손을 잡고 함께 이글거리는 불길 한가운데로 걸어갔다. 거기서 나는 멈춰 섰으며 시뻘건 불길이 내 주위를 휘감고 활활 타올랐다.

내가 화염의 그 반대쪽에 다다라 밖으로 나오고 나서야 나의 주인 마왕은 사라졌다. 치렁치렁하게 입고 있던 마녀복이나 길게 늘어뜨려 흩날리는 내 머리에서 탄내라곤 털끝만치도 없었다.

모든 사람이 땅에 엎드려 부복하고 있었다.

"만세, 다이애나! 마녀 여왕 탄생 만세!" 천여 명이 넘는 마녀들의 우렁찬 함성이 울려 퍼졌다.

순금제 왕관이 내 머리 위에 씌어졌고, 금으로 아름답게 수놓인 여왕복이 어깨에 걸쳐졌으며, 내 왼손에는 여왕봉이 들려졌다. 나는 미리 준비해 놓은 왕좌에 앉았다.

사람들은 악의 증거가 당장 눈앞에 벌어지거나 목격되지 않는다면 마법의 속설을 코웃음 쳐버릴지도 모르지만 그날 밤 황무지에 있어본 사람은 웃어넘기지 못했을 것이다.

도린의 어두운 생활면만을 말하고 만다면 이 보고는 불충분할 것이다. 우리는 사탄이 사람들의 생활을 어떻게 파멸시키는가 하는 점보다는 그리스도께서 무슨 일을 해내시는가 하는 점에 더욱 관심을 기울인다.

비록 이 여인이 마법의 올무에 걸려들었지만 주님께서는 지켜보고 계셨다.

때는 1964년 봄이었다. 도린은 어느 날 밤 브리스톨(Bristol)의 악명높은 거리를 어슬렁거렸다. 그녀는 세상에서 가장 유서 깊은 직업을 업으로 삼아 손님을 기다리고 있었다. 그때 그녀는 교회 게시판에서 성경의 한 구절을 읽었다.

"마음이 깨끗한 자는 복이 있나니 저들이 하나님을 볼 것이라."

마음이 깨끗하다? 하나님을 본다? 그녀는 이러한 말들이 심어준 인상을 떨쳐 버리려고 애를 썼으나 뇌리에서 떠나지 않았다. 화가 나서 그녀는 포스터를 찢어버리고, 다른 거리로 옮겨갔다. 그러나 그녀가 읽어본 말이 자꾸만 머릿속에 맴돌며 마음을 사로잡았다. 하나님은 없다고 그녀는 혼자말로 안간 힘을 다하여 다짐했지만 며칠이 지나서야 비로소 그 충격을 진정시킬 수 있었다.

3개월 후 똑같은 일이 다시 일어났는데, 그 교회 게시판에는 에릭 허칭즈(Eric Hutchings)가 설교하는 집회에 사람들을 초대하는 내용의 기독교 포스터가 나붙어 있었다.

도린은 지나가는 사람에게 물었다. "이 에릭 허칭즈란 사람이 누구에요?" 그 부인은 몰랐다. 그때 그녀는 몇 사람이 손에 성경을 들고 큰 강당 안으로 들어가는 것을 보았다. 그녀는 에릭 허칭즈란 사람이 분명히 종교적 사기꾼에 속하는 부류일 것이라는 생각에 왈칵 화가 치밀었다. '내가 가서 코를 납작하게 만들어 줄 테다' 그러자 그녀 내면에서 또 다른 목소리가 말했다. "가지마라, 너는 내 것이다!"

그렇지만 그녀는 그 강당 안으로 끌려 들어갔는데, 그 강당은 이미 사람들로 메워졌고, 안내원이 뒷줄 중간쯤에 한 자리를 그녀에게 찾아주었다. 그 줄에 앉은 사람들이 그녀를 맞아들이려고 모두 일어서야만 했기 때문에 그녀는 당혹감을 느꼈다.

그 집회는 도린의 마음을 사로잡는 멋진 독창과 더불어 시작되었다. 그녀는 어린 시절 기도를 배우던 때를 회상하면서 지금 자신의 모습이 너무도 추하다는 느낌이 들었다.

에릭 허칭즈는 설교를 시작했다.

"여러분이 주님 예수 그리스도가 친히 여러분 각자의 구원자인 사실을 모르신다면, 여러분은 길 잃은 자입니다. 여러분은 죄악 속에서 죽어 넘어진 자입니다. 성경은 여러분이 올무에 걸렸다고 말합니다."

도린은 벌떡 일어나서 주위도 의식하지 못한 채 소리쳤다.

"맞습니다. 나는 올무에 걸려있습니다."

청중들도 그녀를 돌아다보았다. 허칭즈조차도 잠시 말을 중단하지 않을 수 없었다. 잠시 후 허칭즈는 설교를 계속했다.

"여러분이 매주 일요일 교회를 다니면서도 주 예수 그리스도께서 구원자 되신 사실을 모르고 있다면 여러분도 역시 길 잃은 자입니다."

도린은 다시 고함치고 싶었지만 주위사람 때문에 망설였다. 허칭즈는 다음과 같은 권면을 하면서 설교의 결말을 지었다.

"오늘밤 예수님께로 나오십시오. 일어나 이 앞으로 나오십시오."

사람들이 일어나 앞으로 나가기 시작하자 성가대가 '나있는 그대로 단 한마디 변명 없이' 란 찬송을 불렀다. 도린은 줄곧 부들부들 떨고 있었다. 그녀는 앞으로 나가려고 결심했으나, 발걸음이 떨어지지 않았다. 마치 또 다른 힘이 그녀를 자리에 꽉 눌러 앉혀 놓으려고 하는 것 같았다. 다시 그녀는 목소리를 들었다.

"너는 내 것이야. 너는 앞으로 나가서는 안 돼. 너는 너무 늦었단 말이야. 너는 내게 속한거야!"

격렬한 싸움이 들볶아 쳤다. 그것은 사탄과의 싸움이었다. 사탄은 그의 제물을 붙잡아 매려고 했다. 이러한 갈등 중에 도린은 불현듯 또 다른 힘이 그녀를 돕고 있다는 걸 알아차렸는데 그 힘은 사탄의 끄나풀 보다 훨씬 강하였다. 사탄은 싸움에서 지자 물러갔다. 도린은 기도했다. "나 이제 예수님께로 갑니다! 제발 어둠의 세력을 쫓아주세요!" 그녀는 더 이상 말이 안 나왔다. 기도는 그녀에게 생소하기 이를 데 없었다.

허칭즈 부인을 비롯하여 여러 명의 상담자가 그녀를 도우려고 힘썼다. 그들과 대담을 마치고 난 후 그녀는 요한복음서와 구원의 길에 관한 소책자를 손에 들고 그 강당을 나섰다.

그 다음 거리 길 모퉁이에서 그녀는 동료들을 만났다.

"얘, 다이애나, 너 어디 갔었니? 우린 널 찾아다니는 중 이란 말이야." 그들은 합창하다시피 말했다.

"난 지금 막 콜스턴회관에서 구원받고 오는 길이야."

나는 간단히 대답했다. 그들은 내가 자기들을 놀리는 줄 알고 박장대소했다.

"농담 아니야. 콜스턴회관에서 예수님께 내 마음을 바쳤단 말이야."

그들은 믿기지 않는다는 듯 빤히 쳐다보았다.

"허튼소리 그만하고 꿈 깨. 다이애나, 우리란 말이야. 제 친구들도 몰라보나봐."

"나는 지금 똑바로 알 것 다 아는 제정신이란다. 그러나 이건 전부 사실이야. 나는 지금 성경을 읽으려고 집으로 돌아가는 길이야."

도린이 예수님을 따르기로 한 그의 결심을 옛 친구들에게 지체하지 않고 툭 털어 놓은 것은 그녀에게 참으로 유익한 일이다. 회심하고 난 후 즉시 자신의 입장을 분명히 밝혀두는 것은 대단히 중요하다. 멈칫거리며 망설이는 자들은 잘못된 출발을 한다.

간략히 줄여서 결론을 내린다면 이것은 도린의 회심을 쓴 이야기다. 사탄에게 수천 가닥 끈으로 동여매어졌던 한 여인이 예수 그리스도의 증거자가 되었다.

누구든지 소망을 가져야 할 필요가 있다. 도린은 마법을 하는 마녀들의 여왕이었으며, 창녀였건만 이 지옥에서 하나님의 독생자이신 예수 그리스도에 의해 건짐을 받았다.

"죄를 짓는 자는 마귀에게 속하나니 마귀는 처음부터 범죄함이니라 하나님의 아들이 나타나신 것은 마귀의 일을 멸하려 하심이니라"(요일 3:8).

사탄숭배
SATAN WORSHIP

　자유주의 신학자인 로어(Rohr, 1777~ 1848)는 악마의 실존을 믿는 것이 미개시대에 속하는 가엾은 망상이라고 논술했다. 아돌프 쉴라터(Adolf Schlatter)는 성경의 메시지가 악마의 실존에 대한 신조를 포함한다고 선언했는데 이 분은 성경에 기초를 둔 견해를 가지고 있는 신학자였으며 나도 튀빙겐 대학 재학시절 운 좋게 이 분의 강의를 들은 적이 있다. 여기서 우리는 비성경적인 신조와 성경적인 신조 양자를 본다.

　사탄의 실존에 대한 신조와 사탄숭배를 논의하는 또 다른 출발점으로 눈을 돌려보기로 하자.

　1975년 10월 나는 바바리아 지방의 가톨릭 신문에서 교황 바오르 6세의 발언을 읽고 부아가 치밀었다. 이 신문 기사에 따르면 교황은 루터교파(Lutheranism)가 유럽의 비극적 상황에 대한 책임을 져야 한다고 선언하였다. 그에 대한 반증을 하기란 쉽다. 이탈리아를 한 번 살펴보자. 그 나라는 루터교가 발도 붙이지 못한 곳으로 만일 교황의 말이 옳다면 유럽에서 가장 발전한 나라이어야 하는데 실상은 경제적으로 가장 허약한 나라이며 끊임없이 일어나는 파업과 정치 분쟁으로 사분오열 되어 비틀거린다.

　반면에 종교개혁 이래 개신교를 받아들인 스웨덴, 독일, 스위스와 영국 등은 훨씬 더 안정된 경제생활을 구가한다. 독일에 살고 있는 루터교도들이 낸 세금의 일부가 유럽경제공동체(EEC)의 보조금으로써 이탈리아 흘러 들어가는 실정이지 결코 그 반대는 아니다.

교황청에서 발표한 또 다른 기사를 본 후에야 비로소 교황에 대한 마음이 조금 누그러졌다. 이 보도 기사에는 교황이 사탄숭배 이단들(Satanic cults)을 주제로 한 강론의 일부가 기록되어 있었다. 교황은 심지어 이탈리아에서 조차도 사탄주의자들이 흑색미사를 거행하며 교회에 난입하고 있다고 언급했다. 예를 들면 이른바 예수님의 수의가 보관되어 있는 튜린(Turin) 성당이 사탄주의자들에게 습격당했다. 교황은 이어서 말했다.

"우리 모두는 어둠의 권세 아래, 이 세상의 권세를 쥐고 있는 악마의 지배 아래 놓여있습니다."

"나는 여러 기독교 신학자들이 사탄주의운동(Satanic Movements)에 대해 관심조차도 보이지 않는다는 사실을 유감스럽게 여깁니다.

많은 신학자들이 정신분석학과 정신의학에서 그 대안을 구하며, 심지어는 오늘날 세계 각국에 유감스럽게도 널리 퍼져있는 영접주의를 연구하는 가운데서 대안을 찾습니다."

교황은 강론의 마지막에서 부르짖었다.

"악마는 살아 날뜁니다."

성경과 종교사에서는 사탄숭배가 간혹 뱀에 대한 숭배와 동일시되고 있다. 이것은 낙원에서 일어나 태초의 유혹으로까지 거슬러 올라가게 된다. 거기서 악마는 최초의 남자와 여자 앞에 뱀의 형상을 입고 나타났다. 가나안 땅에 살던 거인들은 뱀의 형상을 숭배했고, 우리는 이집트에서도 동일한 것을 발견한다. 모세에게 맞서던 술객들은 뱀 숭배 사교에 속하는 자들이었다. 그들은 뱀에게 최면을 걸어 지팡이처럼 빳빳해지게 할 수 있는 재간으로써 모세가 행한 기적에 맞서려고 했다. 모세가 하나님의 권능에 의하여 그의 지팡이를 뱀으로 변하게 하자 술객들은 사탄의 힘을 빌려 뱀을 지팡이로 변하게 한 후 다시 최면상태를 풀어 처음 상태로 되돌아오게 했다.

그리스도께서 오시기 수세기 전 오파이트 사교(the Ophite cult)가 시리아에서 시작되었다. 오파이트 교도들은 뱀과 사탄의 숭배자들이다. 그들은 스스로를 영지자(Gnostics), 즉 보다 높은 차원의 지혜를 터득한 선사라고 일컬었다.

오파이트 교도들은 사람이란 죽은 후에도 긴 세월의 발전 과정을 통하여 완전한 구원에 도달한다고 믿었다. 그래서 그들은 사탄이 이브에게 말한 예언을 추종하고 있다. "너희는 결코 죽지 아니하며 너희 눈이 밝아지리라."

또 다른 뱀숭배 사교는 구약성경에 구리뱀의 유형으로 언급되어 있다. 민수기 21장에서 모세는 구리뱀을 들어 올리라는 하나님의 명령을 받았다. 결국 불뱀에게 물린 이스라엘 백성들 중에 그 구리뱀을 쳐다본 자들만 살아남았다. 이 구리뱀은 하나님께서 주신 구원의 표적인 것이다.

우리는 예수님의 십자가에 못 박히심을 일컬어 높이 들린 구원의 표적이라고 한 요한복음 3장을 견주어 볼 수 있다. 그러나 그 당시 하나님께서 이스라엘 백성에게 구원의 표적으로 주신 것이 후대에 와서는 일종의 우상숭배가 되었다. 그 구리뱀은 느후스단(Nehushtan)이라고 불렸고, 모세시대 이후 약 400~500년가량 이스라엘 백성 사이에서 마법에 이용되고 우상숭배 대상이 되었다.

교회사는 사탄과 뱀숭배의 이단으로 점철되어 있어서 모두를 다루기란 불가능하다. 그래서 이 문제를 다룬 유익한 책으로 탯포드(Tatford)가 지은 '사탄, 어둠의 권세다(Satan, the Prince of Darkness)'를 추천한다. 이 책을 추천하는 이유는 성경적 관점에서 저술되었을 뿐만 아니라 종교사에 관한 훌륭한 지식을 담고 있기 때문이다.

이제 사례 몇 가지를 제시한다.

사탄숭배 1

사탄을 모신 정식교회의 창설자는 템플러 기사단(the Knights Templar)으로 전해지고 있다. 이 결사단체에 가입을 희망하는 자는 땅바닥에 놓인 십자가를 발로 밟으며 그 십자가에 침을 뱉어야만 한다. 뿐만 아니라 그들은 피를 내어 악마에게 자신들을 넘긴다는 서약을 해야만 하였다. 프랑스 왕은 1307년과 1311년에 이들을 색출, 체포하라는 명령을 내렸다. 물론 고문에 의한 강제자백도 있었지만 사실과 그다지 거리가 먼 것은 아니었다. 아베 바누엘(Abbe Barnuel)같은 프랑스 역사가들은 프랑스 혁명이 이들 템플러단에 의하여 용의주도하게 준비되었다고 주장한다.

템플러 집단에서는 악마의 미사(the black mass)가 거행되었다. 우리가 성경적 준거로 성스럽게 여기는 모든 것들을 그들은 땅바닥에 내던져 나뒹굴게 했다. 제단 위에 발가벗긴 여자를 올려놓았으며 성찬포도주에 살해당한 어린애의 피를 혼합시키고 하나님의 이름 대신에 사탄의 이름으로 기도문을 바꾸어 놓았다.

이러한 모든 것들은 우리가 오늘날의 사탄의 교회에서도 볼 수 있는 일이다. 사탄숭배자들의 제전은 파리에서 미국으로, 로마와 다른 여타 국가로 퍼져나간 이들 템플러단의 일부 무리에 의하여 거행되었다. 프랑스식의 악마숭배 사교만 있는 게 아니라 독일식도 또한 존재한다.

사탄숭배 2

13세기에 쉬테딩거(Stedinger)란 이름을 가진 프리지아(Friesia) 지방의 일족(一族)은 사탄을 섬기는 제의로 악명이 자자했다. 쉬테딩거 일가는 갖가지 마법술과 신성모독 행위로도 이름을 떨쳤다. 그들은 교회를 약탈하였고 성례와 십자가를 모독하였다. 그들은 무고한 피를 흘리게 했고 살육과 온갖 비양심적인 짓들을 일삼았다. 심지어 그들은 왕권에 대항하여 반기를 들었다. 결국 1234년에 브리반트(Brabant) 공에 의해 일족 8,000명이 죽음을 당하고 쉬테딩거 일가가 풍지박산이 되자 잔여 생존자들은 비밀스럽게 전해오는 신비술법을 간직하고 전국 각 지방으로 흩어졌다. 그리하여 문제는 전보다 더욱 고약해졌다.

사탄숭배 사교의 세 번째 유형은 영국에서 발견된다. 드루이즈(Druids)는 고대 켈트족의 사제들인데 높은 수준의 천문학 지식으로 유명하였다. 이외에도 그들은 죄 많은 인간을 하나님께 회해 시키려는 목적으로 사람과 동물의 희생제를 올렸다. 나는 이미 할로윈(Halloween)이란 장에서 이것을 말한 바 있다.

드루이즈의 역사는 B.C. 1900년에서 A.D. 500~600년에 걸쳐 존속했던 것으로 추정된다. 일부 학자들은 스톤헨지(Stonehenge)에 남아있는 거대한 폐허 유적을 드루이즈와 관련시킨다. 스톤헨지는 영국 본토의 샐리즈버리(Salisbury) 북쪽에 위치해 있다. 나는 한 영국인 친구로부터 악마 숭배자 집단들이 지금까지도 콘월(Cornwall) 주에서 그 명맥을 유지해 오고 있다는 말을 들었다.

선교지에서 나는 다시금 각종 뱀숭배 사교를 접해 보았다. 그 두 가지 사례는 다음과 같다.

사탄숭배 3

나이지리아에는 코브라 사교(the cobra cult)가 있다. 코브라 사교에 몸담은 사람들은 악마에게 그들의 영혼을 넘겨주어야 한다. 그 보답으로 그들은 코브라를 부리는 능력을 받는다. 코브라 뱀들은 그들이 시키는 대로 따른다. 나에게 정보를 제공해 준 선교사의 악랄하기 짝이 없는 적수였던 한 마법사가 한번은 이 선교사를 죽이라는 임무를 주어 코브라 한 마리를 선교사의 집으로 보냈다. 선교사는 위험을 깨닫고 자신을 예수님의 보호하심 아래 내맡기며 주님의 이름으로 그 뱀에게 명령했다. 그러자 그 뱀은 그를 해칠 수가 없어 스르르 물러가고 말았다. 이것은 하나님께서 그 자녀들을 어떻게 보호하고 계신가를 보여주는 또 하나의 본보기이다.

사탄숭배 4

내가 리베리아(Liberia)의 어느 지방장관 댁에 머물고 있을 적에 유럽에서 교육을 받았으며 기독교인인 그 지방장관은 나에게 그 나라에 있는 뱀숭배 사교에 대하여 말해 주었다. 그 신도들은 악마에게 자신들을 넘겨주어야만 한다. 그러면 그들은 각종 뱀들을 부릴 수 있는 능력을 받는다. 그 사교의 신도가 적을 죽이고 싶으면 뱀에게 그 사람을 물어 죽이라는 임무를 부여하여 보낸다.

이 사교에 속해있던 한 젊은이가 수단내륙선교회 소속 선교사들의 목회를 통하여 그리스도를 발견하였다. 그 젊은이는 예수님의 이름으로 그 사교와 절연하고 이 사탄의 굴레에서 벗어나왔다. 어느 날 집에 막 들어선 그는 커다랗고 시커먼 뱀을 보았다. 그는 질겁하였다. 왜냐하면 그는 개종을 하여 뱀을 부리는 능력이 상실되었기 때문이다. 그는 마가복음 16장에 약속해 주신 뱀을 제압하는 능력을 기억해냈다. 그 뱀은 그를 해치지 못했다.

여기서 우리는 다시금 사탄의 능력은 예수 그리스도를 믿는 사도들의 신앙과 찬양받으시는 주님에 의하여 제압되는 것을 본다.

사탄숭배 5

나는 미국의 콜로라도 주에서 강연여행을 하던 중 한 오순절 교회에서 일어난 비극적 사건에 관하여 들었다. 두 젊은 복음전도자가 예배 시에 독사들을 가지고 들어왔다. 그들은 뱀을 집으며 무슨 독을 마실지라도 해를 받지 아니한다는 마가복음 16장의 구절을 읽어 내려갔다. 그런 후 그들은 목에 뱀을 칭칭 감아 장난을 하다가 그만 뱀에 물렸다. 그 두 목사는 꾸밈없는 믿음에도 불구하고 죽고 말았다. 경찰이 그 사건을 전해 듣고 달려와 교회에서 독사들을 제거해 냈다.

뉴잉글랜드 주를 여행하면서 똑같은 일을 전해 들었다. 여기서도 역시 한 목사가 마가복음 16:18절을 근거로 삼아 독사 한 마리를 목에 둘렀다가 물려죽었다.

또한 일리노이 주에서도 또 다시 비슷한 이야기를 들었다.

이 사례는 물론 뱀숭배 사교나 사탄숭배 사교와는 아무런 관련이 없다. 그것들은 단지 종교적 광신주의와 성경의 잘못된 해석을 표현한 것에 불과하다. 예수님께서는 이와 비슷한 경우에서 다음과 같이 말씀하셨다. "주 너의 하나님을 시험치 말라"(마 4:7).

사람과 동물의 희생제물은 고대 이교도들이 행하였던 것으로서 오늘날에도 사탄을 숭배하는 자들에 의하여 행해지고 있다.

사탄숭배 6

나는 17세의 로스 코흐란(Ross Cochran)에 관한 이야기를 한 바 있다. 그는 어느 사탄교회를 다니던 신도였는데 그리스도를 발견하고 사탄의 교회로의 발걸음을 끊었다. 그 후 그는 옛 동료들에게 고문을 당하다가 죽었다. 그 살인극의 주동자는 17살 동갑내기인 오티스 헤스터(Otis Hester)란 자인데 체포되었을 당시 경찰관에게 왼쪽 팔뚝에 있는 문신을 보여주었다. 그 문신은 "마왕 폐하"란 글귀가 새겨진 거꾸로 세운 십자가를 그린 것이었다.

사탄숭배 7

한층 더 끔찍스러운 사례이다. 한 미국인 가정에서 어느 젊은 부부를 불러 아기를 돌보아줄 것을 부탁하고 외출했다. 그 부모가 외출을 마치고 집에 돌아왔을 때 그들은 젊은 부부가 어린애를 석쇠에 굽고 있는 것을 목도하였다. 그 젊은 부부는 모 사탄숭배 사교에 다니는 자들이었다. 겁에 질린 부모는 자신들의 어린애를 두 젊은 악마들에게 내맡긴 채 넋을 잃고 말았다.

몇 가지 무서운 사태가 미국에서 일어나고 있다. 약 12년 전 성경과 기도가 공립학교에서 금지되었다. 그 대신 영접술, 신비술 및 사탄숭배 이단에 대한 과목이 교과과정에 슬며시 끼어들었다. 최근에는 사탄적인 것들(Satanic things)을 가르치는 정도로는 불충분한지 실습까지도 포함시켜야 한다는 논의가 일고 있다.

뉴햄프셔 주에서 이런 종류의 청문회가 개최되었을 때 나도 참석했다. 나는 미국에서 겪은 내 경험담을 말해달라는 취지로 한 상원의원의 초청을 받았다. 상원의원들이 모임을 개최한 목적은 이미 편성되어 있는 사탄적 과목에 영접술과 마법술의 실습 추가여부를 논의하려는 것이었다. 나는 미국 내의 여러 신학교와 대학에서 보고 들었던 경험 중 몇 가지 끔찍스런 실례를 발표했는데, 상원의원들은 내 말에 깊은 감명을 받아 실제적인 실험소개를 요청한 그 신청을 부결시켰다.

타낫 사교(Tanat Cult)

나는 영국의 콘웰, 데븐, 섬머셋, 돌셋 주를 돌며 순회복회를 하던 중 타낫 사교에 대하여 들었다. 이것은 그 기독교가 전래되기 이전의 토속종교에 기원을 두고 있다. 태양은 남성으로 달은 여성으로 간주되었다. 따라서 그 사교의 상징은 태양과 달을 뜻하는 남녀의 성기였으며 그 표적물은 빵과 소금이었다.

그리하여 타낫 사교의 제례의식에서는 빵과 소금이 여인의 육체 위에 놓인다. 여인은 극히 일부만 가린 채 붉은 예복을 입고 테이블 위에 눕는다. 제단 뒷면에는 남성과 여성의 원리를 나타내는 상징들이 놓여 잇다. 최초의 선교사들이 영국에 건너왔을 무렵의 타낫 사교는 이른바 악마의 미사로 발전했다.

이것이 오늘날까지도 전해져 내려와 영국뿐만 아니라 세계 각처에서 거행되고 있다. 악마의 미사는 타낫 사교의 제례의식과 비슷한 형식으로 거행된다. 그들의 성찬의식은 너무도 끔찍스럽기에 여기서는 차마 상세히 기술할 수가 없다. 악마의 미사는 말할 필요조차도 없이 성적 난장판을 수반한다.

이들 네 주(州)에는 아직도 많은 타낫 교도들이 존재하고 있다. 기독교 선교가 구석까지 미치지 못했던 것이다.

뿔 달린 신 사교

뿔 달린 신 사교는 런던에 본부를 두고 있으며 사탄숭배 사교의 한 분파이다. 모든 신도는 그 가정에 뿔 달린 신을 모셔두고 있다. 이 뿔 달린 신은 십자가상의 예수님처럼 양팔을 벌리고 있으며 발은 뱀처럼 꼬여있다. '멘데스의 염소'의 머리가 바로 사탄의 상징이다. 그러므로 뿔 달린 신

사교는 사탄숭배의 한 형태이다.

마법에 쓰이는 물건들을 전시해 놓은 박물관에 가보면 뿔 달린 신 사교의 상징물뿐만 아니라 타낫 사교의 모조 제단도 역시 볼 수 있다.

사탄숭배 사교로부터 구원받은 사례에 관하여서는 마지막 편에 있는 데이비드 한센(David Hansen)의 증언을 참조해 보기 바란다. 나는 또한 마이크 원크(Mike Warnke)가 지은 '사탄의 판매인(Satan's Seller)' 이란 책을 추천한다. 이 저자는 사탄의 교회에서 고위 사제직을 맡고 있던 사람이었으나 그리스도에 의해 구원받아 풀려나왔다. 그는 이 책에 자신의 증언을 기록했다.

허쉘 스미스(Hershel Smith)는 초등학교 시절에 사탄숭배자들 틈에 가담하였으며, 열세 살 때는 산 채로 강아지 가죽을 벗겨내고 그 피를 마셨다. 그의 가학성은 점점 더해 다른 사람의 손과 발에서 벗겨낸 껍질을 질경질경 씹어 먹었다. 그래서 그는 피부식육자(skin eater)로 알려졌다. 그는 사탄을 사랑하는 나머지 해괴망칙스런 일들을 다반사로 자행했다. 이로 인하여 사탄숭배자들 사회에서 그는 저명인물이 되었고 그 사회에서 출세가도를 달렸다. 드디어 그는 고위 사제가 되어 사탄을 숭배하고 예배하는 모든 일을 집전하였다.

그러나 사탄에게 천겹만겹으로 묶여있던 이 사나이도 갈보리에서 거두신 승리에 의하여 구원받았다. 허쉘 스미스는 그리스도의 사도가 되었다. 오늘날 그는 과거 자기처럼 곁길로 빗나간 젊은이들에게 특별한 책임감을 느낀다. 그는 캘리포니아에서 청소년센터를 운영하며 그들에게 예수님께로 오는 길을 비춰주는 일을 한다.

2부
사탄의 덫으로 인한 여러 징후들

영친력
하나님께 속한 것들에 대한 저항
성격상의 뒤틀림
정서적 이상질환
정신병의 근황
후손들이 겪는 압박장애증
자살에의 충동증
마법죄로부터 비롯되는 유령 및 도깨비 현상
질병의 빈발

천년이 차매 사탄이 그 옥에서 놓여나와서
땅의 사방백성 곧 곡과 마곡을 미혹하고 모아
싸움을 붙이리니 그 수가 바다모래 같으리라
계 20:7-8

마법의 죄로 인한 영향중과 의학적 징후군, 특히 정신의학적 증후군을 분간해 낼 수 있으려면 여러 방면에 걸친 지식과 경험이 필요하다.

내가 이 장을 집필하고 있을 무렵 한 친구가 내 책을 공공연히 비난하고 있는 어떤 정신과 의사의 이야기를 말해주었다. 그 정신과 의사는 내가 정신의학을 거부한다는 이유를 들어 내 책을 단 한 줄도 읽지 않겠다는 것이다. 그러나 내가 쓴 글은 단 한 줄도 안 읽어보고서 내가 정신의학을 거부하는지 이 의사는 어떻게 안다는 말인가? 내 저서 '기독교 카운슬링과 신비술'과 '악령론'을 읽어본 사람이라면 누구나 정신의학을 공부한 카운슬러는 신비력을 다루는데 많은 도움을 받는다는 나의 지론을 알 것이다.

나는 종교적 문제까지도 역시 처리할 수 있다고 생각하는 정신의학자의 월경행위(越境行爲)만을 반대할 뿐이다. 종교적 망상 및 그 유사 증세의 경우에는 분명히 정신의학적 치료가 적격이다. 그러나 신비술 활동에서 비롯된 압박 장애증이 있다면 노련한 카운슬러가 요청된다.

물론 정신과 의사와 카운슬러 양자가 함께 일해야 되는 접경성(接境性)을 띤 경우들도 있다.

나는 카운슬러(Counselor)라는 용어를 계속 사용해 왔다. 신비력 속박장애증이란 문제에 대해 과연 누가 조언을 해줄 수 있는 적격자인가?

이성을 벗어난 일과 초자연적인 일이라면 무조건 도외시하며 외면해 버리는 현대주의 신학자는 적격자가 아니다. 믿음을 가진 목회자라 할지라도 선입견에 사로잡혀 신비력에 대한 카운슬링에 등을 돌리고 있는 자도 적격이 아니다.

비록 경험이 풍부한 카운슬러일지라도 의학적 도움 없이도 능히 해나갈 수 있다고 자신만만하게 생각한다면 그도 역시 적격자가 아니다.

이러한 임무를 감당할 만한 카운슬러의 수효는 극히 적다. 따라서 그나마 몇 안 되는 적격자들은 도움을 청하는 사람들이 겹겹이 둘러싸고 쇄도하는 바람에 어찌할 바를 모를 지경이다. 신비력 속박장애자들을 카운슬링해 주는 일에 종사하고 있는 나의 친지들은 도움을 청하러 줄지어 몰려드는 이런 요구에 짓눌려 신음한다.

그렇다면 누가 과연 이 분야에서 일할 수 있는 적격자일까?

1. 성령의 역사하심으로 참된 거듭남을 체험한 자라야 한다.
2. 많은 카운슬링을 하면서 폭넓은 경험을 쌓은 그리스도인이라야 한다. 누구든지 시작은 경험 없이 한다는 반론이 제기될 수도 있다. 사실 그렇다. 초보자는 이 어려운 분야에 파고드는 방법을 터득하고 성숙을 기하기 위하여 일 년 이상 연륜 있는 그리스도인의 동반을 받아야 한다.
3. 나는 모든 기독교인이 위험을 무릅쓰고라도 신비술 카운슬링 분야에 뛰어들어야 하는 지를 종종 질문 받아 왔다. 나는 그 누구도 이런 목회를 스스로 찾아 나서서는 안 된다고 대답하겠다. 어쩔 수 없이 그런 처지에 몰리게 된다면 그는 악마가 쏘는 살에 맞아 쓰러지지 않기 위하여 주위에 있는 형제들로 기도모임을 만들어야 할 것이다.
4. 나와 절친한 친지들 가운데에서 신비력에 매인 자들을 카운슬링하는 일에 종사해 오던 믿음 있는 카운슬러들이 도중에 쓰러지는 서글픈 경험을 나는 무려 여섯 차례나 겪어 보았다. 이 목회에 종

사하기에 앞서 부름 받는 일이 반드시 필요하다고 나는 자주 느꼈다. 신비력에 매인 자들을 카운슬링 해주는 일에 전념하는 사람은 대체로 이해받지를 못하며, 실제로 선의의 기독교인들에게조차도 외면 당한다. 하나님의 소명 없이는 이 힘겨운 목회의 중압을 견뎌내기란 거의 불가능하다.

5. 이 분야에 종사하는 카운슬러가 의학적 훈련, 특히 정신의학적 훈련을 받는다면 퍽 도움이 된다. 신학공부는 의학훈련만큼 중요하지는 못하다. 신학적 연구란 가끔 삶의 실제적 문제들을 소홀히 한다. 나는 아직도 하이델베르크 대학교에서 받았던 상담학 강의노트를 가지고 있다. 이러한 강의 내용은 너무도 빈약한 것이어서 마치 허공에 대고 외쳐대는 격이나 다름없었다. 그러나 교수가 거듭난 체험이나 목회경험을 해본 적이 없는데도 불구하고 어찌 달리 알 방도가 있단 말인가? 하나님의 사람이 대학 강의자로서 일하는 경우는 매우 드물다. 더욱이 그 숱한 대학교 가운데 그런 훈련을 겸비한 사람이 심지어 단 한 명도 없는 대학이 수두룩하다.

이런 글을 영적 자만에서 쓰는 것은 결코 아니다. 그러나 툭 터놓고 솔직히 말할 수 있는 용기만은 가져야 할 것이다. 나는 하나님의 이름으로 과감히 그렇게 하는 바이다.

신비술 활동에서 비롯되는 영향은 다면성(多面性)을 띠고 있으나, 여기서 나는 이 책의 범위를 참작하여 가장 중요한 유형에 국한시켜 기술하고자 한다.

영친력(榮親力)

　영친력이란 용어는 두 마디의 라틴어에서 유래한다. 그 첫마디는 매개체(medius), 전도체(media), 매개인(medium) 등 많은 뜻을 가진 말이다. 여기서는 다만 중개인(mediator)이란 뜻으로만 사용된다. 따라서 영매는 감지의 세계와 미지의 세계 사이에서 가교 역할을 하는 사람, 자연계와 초자연계 사이에서 연계해 주는 사람, 청하는 자와 악령 사이에서 접속지어 주는 사람을 말한다.

　그 두 번째 말은 affinitas로서 친화력, 접촉, 관련을 뜻한다. 영매성 친화력의 개념을 다른 방법으로 표현하면 심령성 접촉을 할 수 있는 능력이라고 말할 수 있을 것이다. 이 분야에 45년간 종사하며 내가 관찰해본 바로는 대부분의 경우 영친력은 그 장본인조차도 못 느끼고 있는 상태임이 분명해졌다. 이것은 심령력이 의식 속에 존재하는 것이 아니라 무의식 속에 뿌리박고 있다는 사실과도 관련이 있다. 수많은 사람들이 영매성, 즉 심령성이지만 그 사실을 감지하지 못하는 상태로 지낸다.

　다른 장에서 이미 말했듯이 영매력은 유전, 전이 및 마법의 실험 실습이란 세 가지 근원 중 그 어느 요인과 관련을 맺고 있다.

　영매력은 매우 광범위한 영역을 뒤덮는다. 유리 겔러의 쇼 중에 시청자의 집에서 포크가 굽었을 때, 시청자의 무의식적 영매력이 유리겔러의 동일성을 띤 무의식력(혹 의식력?)에 의해 일깨워져 이용되었던 것이다. 영접자의 초혼집회에서 영매가 죽은 자의 망령을 나타나게 하는 경우, 영매 자신의 힘이 충분치 못하면 심령성 참석자들의 영매성 능력이 일깨워져 조력하는데 이용된다.

    심령성 성향을 가진 사람들은 영매성 능력이 동적인 활동을 보이는 집단, 예컨대 신비주의자 사교, 영접자 집단, 극단적이며 광신적인 집단, 비성경적 종파와 운동에 쉽게 끌린다.

    심령성을 띤 사람들이 자주 찾는 이상향인 극단적 성령강림 집단이 몇몇 있다. 많은 경우에 있어서 예컨대 신성령 은사운동(neocharismatic movement)에서처럼 영매력은 종교라는 겉치장을 한다. 이들 집단 속에도 역시 신실하고 참된 하나님의 자녀들이 있으며, 나는 그들을 매우 존중한다는 사실을 거듭 천명하는 바이다. 사실적으로 그들은 이들 극단 집단에 속하지 않는다.

    영매력은 무의식 속에 그 자리를 잡고 있으면서 그리스도를 따르려는 의식적 결단에 항상 반대작용을 하고 있다. 심령성을 띤 사람들은 예수 그리스도를 주님으로 영접하는 일이 의외로 어렵다는 사실을 발견한다.

    심령력은 조상 혹은 본인 자신의 마법의 죄에 기원하는데, 이러한 힘은 또한 속박장애력으로 작용한다. 친화력은 접촉할 수 있는 능력뿐만 아니라 또한 집착성도 뜻한다. 심령력자는 무의식적으로(때론 의식적일 수도 있지만) 조상들의 가증스런 죄악, 혹은 본인 자신의 마법죄에 착 달라붙거나, 온통 심령성 성향자들이 우글거리는 심령성 집단에 무의식적으로 가담한다.

    신비력에 딱 달라붙는 집착성은 복음주의와 연관 지어 볼 때, 선교 분야 및 카운슬링 영력에서 커다란 문제거리다. 로스앤젤레스, 아이티, 리오데자네이로, 뤼네부르크와 같은 지역과 신비술 활동이 기승을 부리고 있는 많은 지역에서는 복음 전도자들조차도 몸서리칠 정도로 카운슬링이 매우 어렵다.

영친력은 극단적 광란 종파, 사교 및 친목 결사지부를 키우는 텃밭이다. 로스앤젤레스가 사탄의 늪에서 흘러나오는 각종 해괴망칙스런 것들로 우글거리는 이유는 바로 이 때문이다.

무의식 상태의 영매력은 어떤 체험의 결과에 의해 의식되기도 한다. 카운슬링 사례 하나를 보고나면 내가 뜻하는 바가 분명해질 것이다.

영친력 1

한 젊은 여인이 카운슬링을 받으러 나를 찾아왔다. 여인은 가족이나 가까운 친척이 죽을 무렵이면 언제나 그녀의 방에서 밤중에 시커먼 형체가 나타나는 것을 본다고 하소연 하였다. 여인은 이러한 환상 탓으로 겁에 질렸다. 그런데 이삼 일 후면 여인은 그 사람의 사망 소식을 듣게 되는 것이었다.

심령과학자는 이러한 경험에 대한 설명으로 아마 텔레파시를 지적할 것이다. 중병이 때론 텔레파시로 감지될 수도 있다. 그러나 이 같은 설명은 이 경우에는 합당치 않다. 치명적 사건이 발생 삼일 전에 텔레파시로 전달될 수는 없기 때문이다.

이 젊은 여인의 경험은 이른바 '투시력의 재능'을 보여준다. 이러한 기질을 가진 사람들은 종종 죽음, 화재, 재난을 미리 예견한다. 이러한 기질의 근원은 과연 무엇일까?

여인이 환상에 관한 갖가지 이야기를 모두 마친 후, 나는 여인의 부모 혹은 조부모가 영접술을 했는지를 캐물었다. 여인은 즉시 그 사실을 긍정하였다. "우리 집안에서는 최소한 삼대에 걸쳐 내려오면서 원탁 초혼술이 파티 놀이로 행해지고 있습니다." 이 여인도 어릴 적에 직접 이 놀이에 참여했었다.

이러한 영접술 놀이에 따른 결과로 이 젊은 여인은 심령성이 되었다. 그리고 여인의 영매력은 밤에 겪었던 체험에서 그 본체를 드러냈다.

영매력은 표출되는 방식이 다양하다. 영매력이 예언적 꿈으로 작용하여 그 꿈이 며칠 후 그대로 이루어지는 수도 있다. 점막대나 점추에 대한 민감성을 보이는 경우도 있다. 만일 한 평생 신비술과는 단 한 번도 상관해 본 적이 없는데도 불구하고 점막대나 진동자를 손에 쥐자 아무런 의식적인 충동 없이도 그것이 작동한다면 그 사람은 심령성이다.

영매력은 그 강도에 있어서도 폭이 넓다. 미약한 정도의 영매력을 가진 사람은 일평생 모르고 지내는 수도 있으며, 반면에 대단히 강한 영매력은 일찍이 유년시절에 모습을 드러내기도 한다. 예컨대 불과 4세에서 7세에 지나지 않는 어린 시절에 사람들의 병을 고칠 수 있었던 무당들에 관하여 우리는 이미 알고 있다.

성경적 관점에서 보면 심령성 재능은 성령의 은사에 대응하는 사탄의 선물이다. 사탄이 주는 가짜 은사는 대개 종교를 앞세우고서 행해지고 있는 관계로 그 악령적 특성이 감지되지 않은 채 간과되고 만다. 사실 이러한 모조품 은사가 때로는 성령의 은사라고 선언되기조차 한다.

가장 널리 알려져 있는 심령성 재능은 이 책에서 이미 언급했던 많은 유형을 포함한다. 투시력, 원격감지력, 초청력, 영접경에 몰입하는 능력, 자동필기술, 원격력, 영혼의 유람, 물체출현술, 도깨비 현상의 원인력, 점막대와 점추에 대한 민감성, 그 외 다른 여러 신비현상들이 있다.

이 같은 골칫거리로 시달리는 사람은 누구든 자신이 중요인물이라고 오인할 것이 아니라 구원을 찾는 일에 관심을 기울여야 한다. 물론 심령과학자들은 실험에 적합한 빼어난 영매를 발견하면 매우 기뻐한다. 그런 실험으로써 그들의 '과학'을 진일보시키며, 나아가 명예를 안겨주기 때문이다.

악마의 전략은 다면성을 띤다. 악마는 신비가에게는 그의 음모를 "새로운 지식"으로 나타내 보여주는 한편, 그 모든 게 속임수, 기만술 및 미신에 불과한 일이라고 이성주의자들을 설득한다.

하나님에게서 비롯되는 진짜 경험은 심령성 경험과는 대조를 이룬다. 하나님께서는 여러 가지 방법으로 사전 경고하여 주님의 자녀들을 보호하신다. 사례를 하나 제시해 보기로 한다. 나의 정보 제공자는 나와 오랜 친구인 영국 출신의 폴 헌트(Paul Hunt)씨이다.

영친력 2

폴의 친구인 리처드(Richard)와 그의 부인은 독실한 기독교인이다. 어느 날 그들 부부는 2인승 자전거를 타고 가파른 언덕길을 내려오고 있었다. 휙 꺾여진 모퉁이 바로 앞에 이르자 리처드는 갑자기 두려움이 엄습했다. 머리끝이 쭈뼛 일어서고 얼굴이 백지장처럼 하얗게 질리는 것이었다. 그는 자전거를 멈추었다. "무슨 일이세요? 왜 그렇게 겁에 질렸어요?" 부인이 물었다. 그러나 리처드는 무어라고 대답할 수가 없었다.

그는 주위를 살펴보았으나 위험한 것이라곤 아무것도 눈에 띄지 않았다. 그들 부부는 천천히 걸어갔다. 길모퉁이를 돌자 길이 막혀있었다. 가로등 기둥이 차에 받혀서 길을 가로질러 쓰러져 있었고, 사고차도 역시 몹시 부서진 채 그곳에 나동그라져 있었다. 위험표지판 조차 세워져 있지 않았다. 차 주인은 도움을 구하러 가버리고 없었다. 만일 그들 중 리처드가 미리 경고를 받지 않았더라면 내리막길을 타고 내려와 곧장 사고지점으로 들이박을 뻔했다.

심령성 사전예지와 주님의 경고 사이에는 어떤 차이점이 있는가? 심령성 경고는 피할 수 없는 사건을 알려준다. 그 사건을 모면할 길이 없다. 하나님의 예고는 하나님의 자녀들이 해악을 받지 않도록 도움을 준다. 따라서 이미 예고 받은 그 위험을 피할 수가 있다. 또 다른 사례 하나를 제시한다.

영친력 3

어느해 여름, 카나리 군도(the Canary Islands)에 있는 데네리페(Tenerife)에는 많은 독일인 휴양객들이 몰려와 붐비고 있었다. 공항에는 집에 돌아갈 비행기를 타려고 180명의 휴양객이 대기하고 있었는데, 그 가운데 바바리아에서 온 한 부부도 있었다.

그 부인은 비행기에 오르자 불안감이 느껴져서 남편에게 말했다, "여보, 이 비행기에서 내립시다. 사람이 너무 많이 탔어요. 무서워요. 무슨 일이 일어날 것만 같아요!" 남편은 부인의 청을 따르는 게 썩 달갑지는 않았지만 잠자코 그렇게 했다. 그들은 공항대합실로 되돌아 나와 혹시 비행기 표 값을 환불받을 수 있지나 않을까 해서 기다렸다.

몇 시간 후 그 비행기가 추락했으며 탑승객 전원이 사망했다는 소식을 접했다. 독일에서 온 그 사나이는 가슴이 뭉클했다. 그는 급히 바바리아에 있는 자녀들에게 전화를 걸었다. "애들아, 우리 걱정은 말려무나. 우리는 추락한 그 비행기에 타지 않았다. 주님께 감사드릴 일이며, 또한 네 어머니의 직감력 덕분이기도 하지."

갖가지 재난이 끊일 새 없이 일어나고 있는 세상에 사는 탓으로 이런 이야기를 듣고 나면 믿음에 활력소가 된다. 하나님께서는 우리가 사는 세상을 악마에게 넘겨주시고 만 것이 아니라, 하나님의 손길은 이 세상의 혼란스런 깊은 곳까지라도 닿아 도우시고 구하시며, 그리고 하나님께선 사람의 자손들 눈에서 눈물을 거두어 주실 때가 다가오고 있음을 느끼게 하신다.

하나님께 속한 것들에 대한 저항

영매력의 주된 특성 중 하나는 영매가 성령께서 하시는 사역에 대하여 거부감을 갖는다는 점이다. 심령성 기질을 가진 사람은 참 그리스도 신앙과 관련이 있는 것에 대해서는 모조리 거부감을 갖는다. 그 사람은 성령께서 하시는 격려에도 둔감하며, 하나님의 말씀과 기도에 대한 애착심도 없다. 강한 영매력의 경우, 그 사람은 선명한 성경적 설교에 정면으로 마주칠 때 구토를 일으킬 정도로 몸서리친다.

하나님께 속한 것들에 대한 거부 현상은 다른 방식으로도 그 모습을 드러낸다. 신비력 압박 장애를 겪고 있는 사람들은 교회의 커다란 행사 직전에 항상 몸이 아파 눕게 되어, 결국 크리스마스나 부활절 예배에 참석할 수 없는 경우도 더러 있다. 혹 복음전도대회나 성경공부의 계획이 세워지면 그들은 그 주간이 시작되기 바로 전에 항상 병이 난다. 마치 악령이 끊임없이 날뛰며, 성경적 복음 설교를 못 듣게 가로 막으려고 하는 것만 같다.

나는 한두 가지 사례로써 이것을 잘 예시할 수 있다.

저항 1

수년 전 한 젊은이가 카운슬링을 받으러 나를 찾아왔다. 그 젊은이는 갖가지 신비술의 도움을 이용했다는데, 혹 풀 수 없는 문제가 생기면 그는 흔히 점쟁이, 점성가 혹은 대내림 점쟁이에게 찾아갔다. 아플 때면 용하다는 마법사에게 단골로 다녔으며, 갔다 오기만 하면 실제로 병이 씻은 듯이 나았다. 그러나 이렇게 하고 나서부터 그 젊은이는 광기의 발작증세로 시달렸으며, 특히 교회의 축제행사 바로 전이나 혹은 복음전도자나 선교사가 그가 다니는 교회에 와서 설교할 예정일 때면 더 심했다. 이 모든 것들은 카운슬링 중에 밝혀져 나왔으며, 나는 이 젊은이에게 예수 그리스도께로 오는 길을 알려주었다.

저항 2

이번 사례는 관련자가 우선 먼저 기독교인 정신과의사의 검사를 받았기 때문에 특별한 가치를 지닌다. 문제의 사나이는 복음 전도자였는데 그는 유명한 정신과의사 레힐러(Lechler) 박사에게 치료를 받으러 다녔다. 레힐러 박사는 나와 오랜 접촉을 가진 분으로 나는 그분을 높이 존경한다. 그 복음전도자는 의사에게 목사로서의 일을 수행하는데 심한 갈등이 마음 속에서 소용돌이친다고 말했다.

이 문제는 그가 회심하고 나서부터 시작되었다. 신학교에 다니자 증세가 한층 악화되었으므로 그는 가끔 신학교를 그만 두는 것도 생각해 보았다. 그러나 그는 끝까지 버텨냈고 전도자가 되었다. 그렇지만 그의 갈등은 끝나지 않았는데, 특히 성경을 읽을 때, 기도할 때, 하나님의 말씀을 설교할 때, 그리고 성도와 교제를 나눌 때 그는 맹공(猛攻)을 당했다.

레힐러 박사는 그 복음전도자가 지나치게 죄에 민감해 죄짓지 않으려는 염려가 정반대의 반응으로 발전했다고 생각했다. 그러한 반작용도 확실히 발생한다. 나도 카운슬링 하면서 가끔 그런 일을 접해 보았다.

그 복음전도자는 성 마가 정신의원에서 치료를 받았으나 안도감을 못 느꼈으며, 결국 그는 나의 조언을 구했다. 나는 그에게 가문내력을 질문하였는데, 그의 부모와 조부모에 대해서도 물어보았다. 그러자 그가 어릴 적에 주술치료를 받았던 사실이 드러났고, 그의 형제자매들도 마찬가지로 주술마법을 사용하는 치료사에게서 치료를 받았으며, 그 결과 그들도 모두 똑같은 증세를 겪고 있었다.

따라서 여기서의 문제는 정신의학적인 것도 아니고, 심리학적인 것도 아니며, 기독교카운슬링으로 비로소 발견해 낼 수 있는 영적인 문제인 것이다.

저항 3

어떤 여집사가 병들어 앓고 있는 다른 여집사에게 마법주술을 시술했다. 이 두 집사는 어느 날 에바(mother Eva)가 이끄는 기도 모임에 참석했다. 기도시간에 주술을 시술받았던 자매가 미친듯 소리치며 날뛰기 시작했다. 그녀는 또한 예배 모임에 참석하는 것조차도 어려운 일임을 느꼈다. 에바는 그 문제의 핵심을 찔러 병 고친 여집사가 친척으로부터 마법주술을 배웠다고 하는 사실을 밝혀내었고 그들은 에바의 성령 충만한 목회를 통하여 그들의 죄를 회개하고 구원을 찾았으나 얼마간 몸이 아팠다. 이러한 반작용이 가끔씩 발견되는데, 마법의 속박에서 풀려난 사람들은 몸이 아프거나 아니면 다른 곤란을 겪는다.

저항 4

브라질의 쿠리티바(Curitiba)에 있는 마틴 루터 교회에서 나는 전형적인 경험을 하였다. 주일 아침 예배 때 세 건의 소동이 있었는데, 한 여인은 마법주술사의 딸이었으며, 자녀들 모두에게 주술을 써왔던 사람으로서 설교시간이 되자 그만 영접경에 빠져들어 단 한 마디의 설교도 듣지 못했다. 그 여인은 내가 마지막 아멘을 말하고 나서야 부스스 깨어나 의식을 되찾았다. 두 번째 여인은 구세군 사관이었는데, 교회 밖으로 뛰쳐나갔다. 후에 그녀는 설교를 참고 들을 수가 없었다고 털어 놓았다. 그녀 내면에서 어떤 음성이 계속 그녀에게 속삭이며 재촉했다. "크게 소리 질러서 저 메시지를 방해해!" 남에게 눈치를 보이지 않으려고 그녀는 교회를 박차고 떠났다. 세 번째 인물은 처녀였는데, 그 처녀도 마찬가지로 어떤 음성이 설교시간에 계속 자신에게 말하는 소리를 들었다. "하나님을 저주하라. 하나님을 모독해 버려." 처녀도 역시 교회 밖으로 나갔다. 나중에 이야기를 해본 결과 그 처녀도 어릴 적에 병을 고치려고 주술치료를 받았던 사실이 밝혀졌다.

여기서 우리는 마법의 죄 때문에 하나님께 속한 것들에 대해 저항하는 실례를 단 한 교회예배에서 세 건씩이나 일어나고 있는 것을 본다. 브라질에서 복음을 전파하는 사람들은 거의 매일 이런 일에 부딪히는데, 눈 딱 감고 괴로움을 견디며, 이런 종류의 갖가지 문제를 피해 나가지 않으면 견디어 내지를 못한다.

저항 5

사람들이 카운슬링 중에 나에게 고백한 내용은 비록 그들이 복음에 대한 마음은 간절하였지만, 성경을 펼쳐들고 읽거나, 기도를 하려하면 번번이 몸을 움직일 수 없게 된다는 것이다. 이런 종류의 최근 사례로써 아직도 내 자료철에 기록 정리도 안 된 것이 있다. 마법술이 성행되고 있는 가톨릭 지역에서 한 부인이 카운슬링을 받으러 왔다. 부인은 성경을 읽고 싶을 때면 몸이 널빤지처럼 빳빳해져서 성경을 잡지도 못하고, 펼치지도 못한다고 고백했다. 의식이 있는 가운데 일어나는 경직성 동작불능 상태는 의학공부를 해보았기 때문에 내가 익히 알고 있는 것이다. 우리는 강경증과 발작성 간질의 경우에 그런 상태를 본다.

이 부인의 경우에는 그런 이상 질환이 없었다. 이러한 증세는 부인이 성경을 읽거나 기도하고 싶을 때에만 일어났다. 나는 신비술과 관련된 그녀의 이력을 차근차근 캐물어 보았는데, 참으로 기절초풍할 노릇이었다. 부인의 집안에서는 증조부모에 이르기까지 모두가 다반사로 영접술과 각종 마법술을 해왔다. 바로 이것이 부인이 내게 설명한 무시무시한 압박장애증의 근원이었다.

부인은 예수 그리스도를 주님으로 기꺼이 영접했고, 함께 절연의 기도를 했다. 그 이후 부인은 내 집회에 단골로 참석했다. 그런데 이처럼 강력한 영향을 받고 있는 사람은 다시금 압박 장애 상태로 굴러 떨어지기가 쉽다. 따라서 기도모임을 조직하여 그 같은 강한 심령성 압박 장애 상태에 놓인 사람을 위해서 중보기도를 해주어야 한다.

수많은 사례에 따르면 사람들은 신비술 때문에 압박 장애를 받고 있으면서도, 악마를 섬기며 그리스도를 멀리하고 있는 동안엔 대체로 잠잠하게 지낸다.

반면에 그들이 그리스도를 따르려는 결단을 할 경우 극렬한 싸움이 시작된다. 그 법칙은 아주 선명하다. 즉 악마는 자신을 섬기고 있는 자들은 가만히 내버려 둔다. 그러나 전리품을 잃게 될 위협을 느끼는 상황에 이르면 어김없이 악마의 공세가 시작된다.

애석하게도 그리스도께로 나오는 사람 모두가 즉시 신비력 압박장애 중에서 풀려나는 것이 아니라는 사실도 또한 명백하다. 그리스도께로 귀의(歸依)가 불완전하고 말씀이 제대로 준수되지 않는 경우엔 그리스도를 따르고자 결심했지만 그 사람은 여러 주일, 여러 달 심지어 여러 해에 걸친 커다란 고충을 겪을 수도 있다. 사람이 회심하고 나면 모든 신비력 문제는 해결되어 종지부를 찍는다는 어설프고 경험 없는 카운슬러의 주장은 사실이 아니다.

한 사례를 들어 나는 이 사실을 잘 입증할 수 있다.

저항 6

수 년 전 잘 알려진 한 복음전도자가 나에게 찾아왔는데, 그는 나의 저서 '기독교 카운슬링과 신비술'을 읽고서 눈을 떴다고 말했다. 자신도 설명하기 어려운 일종의 압박 장애 상태에서 25년 만에 처음으로 그 원인을 깨달았다. 유년시절에 그의 어머니는 마법주술로 그의 병을 고쳤다. 그 이후 그는 그리스도께로 회심했고, 신학공부를 마친 후 25년 간 주님을 섬겨 왔는데, 항상 발에는 납덩어리가 매달린 것 같았다.

그는 내가 전한 구원의 길을 받아들여 절연의 기도를 했다. 나는 주님의 이름으로 그의 자유로움을 선언했고, 그는 구원 받았다. 몇 개월 후 그 복음전도자는 편지를 통하여 목회가 완전히 새로워졌다고 증언했다. 납덩이가 달린 듯 한 무거움이 싹 가셔졌던 것이다. 이것은 살아계신 주님 예수께서 해주신 일이었다.

성격상의 뒤틀림

신비력 압박 장애증은 성격상의 극단적인 편향과 특이한 형태를 취하기도 한다. 몇 가지 사례를 들어본다.

뒤틀림 1

브라질에서 20세의 처녀가 나에게 카운슬링 받으러 왔다. 처녀는 난폭한 성미 탓으로 곤란을 겪었는데, 한번은 여동생에게 가위를 집어던져 머리에 심한 상처를 입혔다. 그때 그녀는 자신의 동맥을 끊어버리려고 했으나, 주위사람들로 인하여 화를 면했다. 처녀는 그리스도를 따르고 싶어했고, 교회학교에서 보조교사로 일하기도 했다. 그러나 그 무서운 불같은 성미가 처녀에게는 커다란 골칫거리였다. 그런데 카운슬링 중에 그녀가 여섯 살 나던 해, 쿠란데이로(Curandeiro)란 자에게 주술 치료를 받았던 사실이 드러났다.

뒤틀림 2

아펜젤(Appenzell) 출신의 어느 자연력 치료사는 전화로 치료를 한다. 일곱 살 난 애의 어머니가 그에게 전화를 걸어 어린애가 급성 맹장염이므로 병원에 가야만 하겠다고 말했다. 그러자 치료사는 "그럴 필요가 없습니다. 좌우간 그 애는 즉시 맹장염의 통증에서 풀려날 겁니다."라고 말했다.

수술이 불필요했음은 입증이 되었다. 그러나 결과는 그 아이가 무서우리만큼 타락한 것이었다. 불과 열 살 밖에 안 되는 어린 나이로 결혼한 남자를 유혹했고, 그 때문에 남자는 법정에 소환 당했고, 스무 살 이후 그녀는 결혼도 하지 않은 채 잘 알려진 인물과 동거생활을 하고 있다.

신비력 치료에는 항상 값비싼 대가가 치러진다. 그 대가는 영적 구원의 상실뿐만이 아니라 때로는 현생(現生)에서의 심각한 재난, 사고 혹은 끊일 새 없는 질병도 포함된다.

뒤틀림 3

한 소년이 물건을 훔치다가 종종 붙들렸다. 그 소년은 제 자전거가 버젓이 있는데도 남의 자전거를 훔쳤다. 학교에서도 그 소년이 얼씬거리면 남아나는 게 없었다. 소년은 제 것이 있는데도 불구하고 볼펜, 책, 지우개, 그 외 자질구레한 것들을 훔쳤다. 소년은 들켜서 추궁당하면 갖은 거짓말로 모면하려고 했다. 그러다 결국엔 훔친 사실을 인정하면서 이런 말을 했다. "나는 훔치고 싶지 않지만 왠지 모르게 그런 짓을 하게 되어요." 카운슬링 중에 알게 된 바로는 소년이 어려서 아팠을 적에 그 어머니가 마법주술사에게 소년을 데려갔던 적이 있었다는 사실이었다.

충동성 거짓말, 충동성 도벽 그리고 충동성 방화광은 신비력 치료의 결과인 경우가 잦다. 지난 수 년 간 신문에 방화광에 대한 뉴스가 많이 오르내렸다. 예컨대 지난 북부 독일에서는 한 젊은 방화범이 유서 깊은 건물 여러 채에 불을 질러 수백 만 달러어치의 재산을 파괴했다. 그 젊은이는 정신의학적 검사를 받았다. 그러나 정신과 의사는 조상들이 행한 마법죄와의 관련 가능성을 전혀 고려치 않았다. 정신과 의사들은 그것을 부적응증 혹은 잘못된 성장 탓으로 돌리고 만 것이다.

뒤틀림 4

한 부부가 복음전도대회 기간 중 회심하였다. 남편과 부인 두 사람 다 예수 그리스도를 주님으로 영접했다. 그들이 회심한 이후 무서운 발작과 고통거리가 그들의 생활 속에 파고들었다. 그 싸움은 대개 교회의 기념행사가 있기 이틀쯤 전이나 혹은 그들의 가정에서 기도모임을 갖게 될 때쯤 시작된다. 그때엔 이들 부부사이에 괜스레 성질이 끓어올라 부부싸움이 벌어진다. 이상스럽게도 그 부부의 믿지 않는 친척들은 그런 문제 때문에 시달림을 받지 않는다. 게다가 그 부부는 병치레가 잦다. 믿지 않는 친척들은 보란 듯이 말한다. "그게 다 당신네 종교 때문이야!"

카운슬링 하는 가운데 남편과 부인 두 사람은 모두 마법사 가문 출신이란 사실이 분명히 드러났다. 여기서도 악마가 자신을 섬기고 있는 사람들을 가만히 내버려 둔다는 자주 되풀이 되는 모형을 본다. 악마는 사람들이 자신에게서 달아나려고 할 때 비로소 공격을 퍼붓기 시작한다.

뒤틀림 5

폴란드 출신의 한 여인이 내게 카운슬링을 받으러 왔다. 여인은 어렸을 때 구루병을 앓았는데 그녀의 어머니가 마법주술사에게 찾아가 다음과 같은 처방을 받아왔다.

"아홉 군데의 다른 밭에서 흙을 조금씩 퍼 와서 그 흙을 모세 6·7경에 나오는 한 주문과 함께 보자기에 꼭 싸맨 다음, 그 흙에다 더운 물을 끼얹고, 그 물에다 어린애를 씻기고 나서 흙을 가져왔던 곳에 다시 갖다버리면 어린애가 나을 것이다."

어머니가 지시대로 하자 어린애는 병이 나았다. 그러나 그 여자는 이상스런 방향으로 성장해 갔다. 그녀는 잘 싸웠고, 툭하면 사나운 성미를 부렸으며, 심한 성도착증으로 시달렸다. 그녀는 가정에 많은 불화와 싸움을 몰고 왔다.

뒤틀림 6

한 사나이는 카운슬링 중에 정신생활에서 겪었던 커다란 문젯거리를 내게 말했다. 그는 청년시절에 동성연애를 했으며, 종종 그리스도에 대하여 성적으로 모독적인 상상을 했다. 이 사나이는 어떤 복음전도대회 기간 중에 회심을 했으나 이러한 모든 문제에서 벗어나지는 못했다. 나는 전에도 마법의 죄와 관련하여 그런 증세를 보았다고 하자, 사나이도 역시 그러하다고 시인했다.

"군에 있을 때 나는 손금을 보았습니다. 후에 나는 또한 카드 점쟁이와 진동자 점쟁이에게도 찾아 갔지요. 나의 할아버지도 마법적 압박 장애로 시달림을 받았던 사람이었습니다. 오월제 전날 밤이면 할아버지는 마녀들을 쫓는다고 빗자루를 세워 놓았습니다."

나는 그에게 구원을 찾는 방법을 알려 주었고, 함께 절연의 기도를 했다. 그는 기꺼이 예수 그리스도를 따르는 자가 되려고 했기 때문이었다.

뒤틀림 7

학계에서 높은 지위에 있는 사람이 목회조언을 받고자 나를 찾아왔다. 그는 마법술을 행했던 어머니에 대한 이야기를 했다. 언젠가 그의 어머니가 화가 나서 말하기를 "나는 불의 호수로 가겠다. 하나님은 나를 그곳에 보내지 않으려고 할 거야! 그렇지만 나는 하나님에게 그럴 기회를 주지 않겠다." 아들은 어머니의 활동에 혐오감을 느꼈으므로 그 악순환에서 벗어나려고 그리스도께로 향한 길을 구했다.

그 이후 사내는 무서운 싸움을 겪었다. 화가 치받치면 사내는 부엌에 들어가 도자기 그릇을 마구 때려 부수었고, 부인과 자녀들을 몹시 때렸으므로 그들은 겁에 질려 달아났다. 이런 행동은 자신을 주님께 온전히 드린 이후부터 비로소 시작되었다.

이런 이야기를 보고서 악령이 그리스도보다 더 강력하다고 속단하는 일은 결코 용납될 수 없다. 악마는 신중히 다루어야 할 적일 뿐 그 이상은 아니다. 그리스도께서 갈보리 십자가 상에서 악령을 정복했다는 사실을 여전히 그대로 존속한다. 성경이 우리에게 알려주고 있는 도움의 모든 수단과 가능성을 십분 활용한다면 우리는 완전한 구원을 찾을 수 있다.

정서적 이상질환

정서적 이상질환을 일으킬 수 있는 것들은 여러 가지가 있다. 수 년 전 나는 도쿄의 어느 목회자 모임에서 우울증이란 주제로 강연을 했다. 그 강연에서 나는 대략 20여 가지나 되는 우울증의 원인을 설명했는데, 그 중 신비력 성격을 띤 것은 단 한 가지에 불과했다. 정서적 이상질환의 의학적 양상을 잘 알지 못하는 사람들은 잘못된 진단을 내릴 위험성이 높으며, 따라서 엉터리 치료를 할 우려가 있다. 이 장에서는 신비적 원인을 가진 정서적 이상질환만을 다루기로 한다.

이상질환 1

유럽의 어느 항구도시에서 한 여인이 내게 여동생의 이야기를 꺼냈다. 그녀의 여동생은 처녀 때 영접자 초혼집회에 참석했는데, 초혼집회의 영매는 너무나 강력해서 손도 대지 않고 테이블에 정신을 집중만 해도 테이블이 움직여 덜커거리는 신호음을 냈다. 그 초혼집회에 참석했던 여동생은 오늘날 충동성 신경질환에 시달리고 있다. 여동생은 귀에 속삭여대는 소리를 듣고 그 목소리와 말을 주고받는다. 그 목소리는 그녀에게 명령을 내려 복종하라고 했다. 그 건강한 여인은 영접술의 영향을 받고 있는 이 여동생 때문에 거의 미칠 지경에 처해 있다.

정신의학자는 물론 그 목소리를 정신분열증의 한 징후라고 여길 것이 뻔하다. 그러나 영접성 배경을 가진 이명현상(耳鳴現狀)도 존재한다.

이상질환 2

에드먼턴(Edmonton)에서 열린 복음전도대회 기간 중 어떤 기독교인 부인이 내게 찾아와 도움을 청했다. 어느 날 아침 이 기독교인 부인이 잠자리에서 일어나 여동생에게 말했다. "나는 네가 친구들과 어떤 차에 타고 있는 모습을 보았어. 너는 사고를 당했는데 글쎄 너도 사망자 중의 한 사람이지 뭐니." 일주일 후 그 사고가 발생했다. 트럭과 추돌 했을 때 그 차에는 세 처녀와 한 청년이 타고 있었는데 그들 모두가 신앙인이었다. 사고는 트럭 운전기사의 부주의였으며, 이 동생을 포함해 네 명의 젊은이 전원이 사망하였다.

이런 종류의 현몽은 종종 조상이 행한 마법주술치료에 연원된다고 이 부인에게 말해 주었다. 부인은 언젠가 사마귀를 주술 치료한 적이 있다고 시인했다. 그 이후 부인은 우울증 때문에 시달려 왔으나, 그렇지만 그리스도를 믿는 신앙과 기도의 힘을 통해서 이런 우울증을 극복해 낼 수 있었던 것이다.

이상질환 3

한 젊은이가 내게 찾아와서 우울증, 자살충동 및 무력증을 하소연 했다. 가끔 젊은이는 일에 자신감이 없어지고 마치 꼼짝달싹도 못할 정도로 몸이 마비되는 듯했다. 그런데, 그의 큰어머니가 집에 함께 살면서 진동자 점술을 했다. 큰어머니는 가정의 모두에게 점추를 사용하였으며, 매일 먹는 음식 위에도 점추를 흔들어 댔다. 그녀는 점추를 사용하여 일상생활의 문제들을 해결했고, 앞일을 알아냈지만 자녀들과 부모들 모두가 우울증에 시달렸고, 갖가지의 골칫거리가 가족들을 괴롭혔다.

나는 진동자와 막대 점술가에 관한 수백 가지 사례를 가지고 있는데 그 모두가 부정적이다. 나는 신내림 점술이 무해하다고 생각하는 신학자들과 크리스천들을 도무지 이해할 수 없다.

이상질환 4

34세의 한 젊은 여인이 카운슬링을 받으러 찾아왔다. 여인의 증조부는 주술가이자 카드점술가였으며, 4대에 걸쳐 전 가족이 우울증세였고, 성격은 극단적인 경향을 나타냈다.

물론 정신의학자는 조울병적 정신질환(Manic-depressive Psychosis)이란 병명을 말할 것이다. 그러나 이것은 4대 이상에 걸쳐 자주 모습을 드러내는 이상질환이다. 조울병적 정신질환은 마법의 죄로 인하여 생긴 우울증과는 전혀 다른 특성을 지닌다.

이상질환 5

충동성 신경질환에 시달리는 한 신학생이 카운슬링 받으러 나를 찾아왔다. 그런데 그의 아버지와 어머니는 믿는 사람이었으나, 그의 할머니는 용한 마법 주술사였다. 그 청년은 한 가지 일에 골똘히 매달려 거듭 되풀이 하는 경향이 뚜렷한 충동적 편집증을 가졌다. 한 번은 만우절에 짓궂은 장난을 한 것을 용서해 달라고 이웃에 돌아다니며 빌었다. 그 자신도 자신의 짓이 우스꽝스럽다는 것을 뻔히 알고 있었으나 그의 무의식에서 나온 충동이 의식적 의지보다 더 강했다.

25년 전 나는 흥미로운 경험을 했다. 당시 성 마가 정신 신경의료원

원장이었던 레힐러(Lechler) 박사에게 내가 카운슬링 해 본 충동성 신경질환자들의 약 50% 가량이 그 배후에 영접술 혹은 마법술과 관련을 맺고 있다는 사실을 지적했다. 레힐러 박사는 이 점에 대해 일언반구도 하지를 않았다. 왜냐하면 의사로서 그는 의학적 내력을 추적해 들어갈 때 환자에게 신비술 관련 여부를 캐묻지 않았기 때문이었다. 그러나 레힐러 박사는 이 점을 환자검진에 도입해 보겠다고 말했다.

그 후 약 15년 정도 지나고 나서 레힐러 박사는 내 발견을 확인할 수 있었다는 사실을 편지로 알려주었다. 충동성 신경질환자들의 거의 절반이 마법의 죄로 말미암아 신비력 영향을 받았던 조상을 가졌다고 했다.

나는 재차 모든 정신이상 질환을 신비력 원인 탓으로 돌리는 것을 경고하는 바이다. 정서적 이상질환의 극히 일부분만이 신비적 뿌리를 가지고 있다. 다른 형태의 정신이상 질환은 정신요법이나 정신과 의사의 치료를 받아야 한다. 그러나 때로는 이 두 영역을 분리해 내기가 어려우며, 어떤 특정 문제가 영적 또는 의학적인 것인지 가늠하여 말하기도 어렵다.

우리는 이 같은 사례가 비일비재하다고 해서 스스로 충동적 판단을 하도록 허용해서도 안 되며, 설상가상으로 신비력 신경과민증의 희생자로 전락해서도 안 된다. 그러한 일도 역시 있을 수는 있다. 나는 이따금 자신들의 삶 속에서 좀 이상스런 것이라면 그 모두를 신비력으로 설명하려 드는 사람들에게 곤욕을 치른다. 이것은 일종의 망상이다.

나는 사람들에게 신비술을 경계하라고 경고하는 바이다. 그러나 사람들이 신비술에 대해 편집중 환자가 되는 것을 원하지는 않는다. 나의 반대자들은 바로 이 점에 초점을 두고 나를 공격하지만, 나는 개의치 않는다. 다만 신비술에 관한 문제는 신학자, 정신의학자 및 심리학자들이 깡그리 무시하고 있는 실태이므로 누군가가 경고를 해야만 한다.

정신병의 근황

나는 신비술 관행을 정신이상의 원인이 아니라 정신이상질환이 쉽사리 생성될 수 있는 온상, 환경, 영적인 풍토로 생각한다는 점을 분명히 강조하는 바이다.

더욱이 영접술 분야 내에도 몇 가지 이상질환, 예컨대 영매성 정신병 등이 있는데, 이는 진짜 정신질환과 매우 유사하다.

정신병 1

한 선교사와 그 부인이 내게 조언을 구하러 왔다. 그 선교사의 동생은 목소리가 귀에 들리고 충동성 생각을 했다. 의사의 진단은 정신 분열증이다. 집안의 내력을 알아보았더니 할아버지와 증조할아버지가 모두 마법주술사였다는 사실이 드러났다. 여기서도 재차 마법술의 시행은 정신이상 질환의 원인이 아니고, 정신이상 질환이 쉽사리 자라날 수 있는 여건, 토양을 제공한다는 점이 강조되어야 한다.

정신병 2

한 사나이가 블루메오(Blumenau)에서 카운슬링을 받으러 나를 찾아왔다. 사나이는 충동성 휘말림(Compulsive Drives) 때문에 고통을 겪는다고 말했다. 그는 가끔 "네 부인을 죽여라" 또는 "네 스스로 목숨을 끊어라"라고 말하는 목소리를 들었다. 계속 캐물어 본 결과 그의 어머니가 탁자초혼술을 했다는 사실을 털어놓았다. 나이가 10세, 12세 그리고 15세나 되었는데도 그들은 아직도 잠자리에서 오줌을 싸며 여러 가지 비정상적인 짓들을 했다.

정신병 3

영국에서 한 의사가 카운슬링을 받으러 왔다. 그는 신경쇠약중에 걸렸으며, 직업까지도 손을 뗐고, 정신병원에서 전기충격치료를 아홉 차례나 받았다.

나는 그의 병력을 캐물어보면서 그의 아버지가 프리메이슨 단원인 동시에 영접자였었다는 사실을 알아냈다. 그의 어머니는 점술가이자 영접자 치료사였다. 그러한 결혼생활이 심한 속박 장애를 받는 자녀들을 생성시킨다는 것은 지극히 예사로운 일인 것이다. 이 의사의 경우가 바로 이러했다.

정신병 4

영국의 어느 국교회 목사가 자신의 동생 이야기를 내게 말했다. 수 년 전 그의 동생은 무릎에 통증을 느꼈는데 검사를 해본 의사들은 결핵이라고 생각했다. 그 후 진동자 시술자가 부름을 받아왔다. 그 시술사는 말했다.

"천만에, 이것은 결핵 증세가 아닙니다."

어떻게 이 자는 진단을 내렸는가? 그는 테이블 위에 여러 가지 간상균과 세균 이름을 열거해 놓은 일람표를 펼쳐놓고 왼손을 이 일람표 위에 얹어 놓았다. 테이블 오른 편에는 전극이 달린 트랜지스터가 놓여 있었으며, 그 사이에 계기 하나가 연결되어 있었다.

그는 오른손을 전극에 올려놓고 환자에게 정신을 집중하는데, 물론 환자도 그 자리에 함께 있었다. 그 다음에 그는 왼손으로 일람표의 병명을 짚어 내려갔다.

올바른 병명에 이르렀을 때 트랜지스터의 계기가 최대 수치를 나타냈다. 그 결과 그 영국 국교회 목사의 동생은 병은 나았으나 2년 후 병을 고친 그에게는 종교광증(宗敎狂症)이 생겨났다.

진동자 진단과 치료는 신비술 관행의 영역에 속한다.

정신병 5

한 여인이 내게 카운슬링을 받으러 왔다. 그 여인은 가정 파탄을 하소연했다. 여인의 남편은 가끔 성난 황소처럼 화를 내어 천방지축으로 날뛰었는데, 그때만 지나면 다시 사리분별이 바르고 상냥한 정상적인 모습을 되찾곤 했다. 그는 이미 정신 요양원에 입원하여 얼마동안 지냈다. 추적해 보니 역시 그의 할아버지가 용한 마법주술사였던 것으로 나타났다.

정신병 6

캐나다에서 한 영접자 여인이 나에게 찾아왔다. 여인은 그녀의 할머니가 영접자였었고, 자신도 영접자 영매라고 나에게 말했다. 여인은 이 영접자 할머니 슬하의 손자 넷이 모두 정신적으로 비정상이라고 털어놓았다. 이 영접자 영매는 병 치료에 관한 주제를 다룬 내 강연을 반박하고 싶어서 나를 찾아왔던 것이다.

그 강연에서 나는 영접자 치료술도 역시 압박장애증을 유발시킨다고 선언했었다. 여인은 이것을 부정하면서 그녀 자신도 한 영접자 치료사에게 병 치료를 받았다고 했다. 여인은 계속 말을 이어 자신은 선한 영들과 접촉할 수 있는 능력도 가졌다고 말했다. 여인은 영들의 말을 들을 수 있고 그들을 느낄 수 있으며 그들의 존재를 감지할 수도 있었다.

때로는 나쁜 영들이 끼어들어 오는 것도 역시 사실이지만 여인은 기도로 이들을 몰아낼 수가 있었다. 이로써 내가 의문을 품었던 점이 확인되었다. 이 여인은 이미 영매성 정신병을 앓고 있는 것이다.

나는 진짜 정신병의 경우엔 정신과 의사의 치료를 전폭적으로 인정한다. 치료법은 여러 유형이 있다. 약제사들은 효과적 약품을 많이 개발해 냈고, 중증인 경우에는 전기충격 치료나 수면치료가 사용될 수도 있다. 미국에서는 요즘 수중치료가 간혹 쓰이고 있는데 환자를 태중(胎中) 자세로 목욕물 속에 집어넣는 치료법이다.

조상들이 행한 마법의 죄가 근간을 이루어서 발생된 정신질환의 경우, 치료가 비효과적일 경우가 매우 많다.

의학적인 문제와 성경적, 영적인 문제를 우선 확연히 나누어 분별해야만 할 것이다.

후손들이 겪는 압박장애증

지금까지 보아온 많은 사례에서 주술사, 영접자, 마법사들은 3대, 4대에 이르는 후손에게까지 압박장애증을 초래한다는 사실이 분명해졌다.

이것은 십계명 중 "하나님을 미워하는 자의 죄를 갚되 아비로부터 아들에게로 삼사 대까지 이르게 하리라" 는 두 번째 계명과도 일치한다. 몇 가지 사례를 더 들어 이 사실을 좀 더 명백히 해보기로 한다.

압박장애증 1

태국을 두루 돌며 선교 여행을 할 때 나는 선교사 프레틀(Pretel)씨와 동행했는데, 그는 내게 다음과 같은 사건을 말해 주었다. 어느 교회에서 대단히 총명한 젊은이가 회심을 했다. 그 선교구 교인들은 모금을 하여 그 젊은이를 미국에 있는 신학대학에 유학을 보냈다. 그런데 얼마 후 그는 목사직을 단념하지 않을 수가 없을 정도로 탈선해 버리고 말았다. 이 이야기의 배경을 이룬 것은 그의 아버지가 어떤 영접자 치료사에게 병을 고쳤던 일이었다.

압박장애증 2

내가 브라질 각지를 돌며 강연 여행을 하고 있을 때 한 목사가 나를 찾아 왔는데, 카운슬링을 받으려는 목적이 아니라 나와 토론을 벌이려는 속셈이었다. 나는 진동자 사용을 논박하였다.

이 목사는 점추를 사용하는 습관이 몸에 배었다. 그는 진동자 시술을 지나치게 하는 경우 맥이 쭉 빠진다고 시인했다. 그러나 그는 그것을 하나님의 은사라고 여겼다. 그 목사의 딸은 정신착란중이다.

그 목사는 딸의 병세가 진동자로 다른 사람들을 도울 수 있는 능력을 받은 대가로 자신이 치러야 할 값이라고 설명했다. 누구나 항상 얼마큼의 희생은 직접 감수해야 된다는 것이며, 딸의 정신질환이 그런 희생이라고 했다. 참으로 괴상망측한 신학이었다. 이 목사가 두 번째 계명을 제대로 공부해 본다면 좋으련만 안타까운 일이다.

압박장애증 3

브라질 산타카타리나 주에서 강연 여행을 하던 중 한 여자 구세군 사관이 나에게 카운슬링을 받으러 왔다. 그녀는 심령성 기질을 띠고 있었으며, 기도할 때나 성경 읽을 때 그리고 밤중에는 심한 공격을 겪었다. 강연 중에 나는 몇 가지 사례를 언급했는데, 그녀 자신의 가정에서 일어나는 사건들과 흡사했으므로 따라서 그녀는 나를 신뢰하였다. 그녀가 자신의 생활 전모를 이야기 하는 가운데 다음 사실들이 밝혀졌다.

그녀의 할머니와 어머니는 영접자로 활동했고, 외삼촌은 자살했으며, 아버지는 폭발사고로 죽었다. 그녀 자신의 남편도 교통사고로 사망했으며, 장남도 역시 치명적 사고를 당했다.

이 사례는 영접자의 가정에서 벌어지는 여러 가지 양상들, 즉 사고, 자살, 정신질환 그리고 암흑의 권세로부터 받은 심한 공격 등을 우리에게 보여준다. 만일 그 영접자 할머니가 자신이 섬기는 영들로 인해 어떤 고통거리를 일으키게 될는지를 알았더라면 그 할머니는 아마 혼자 스스로 그것을 결별해 버렸을 것이다. 잦은 사고와 자살은 신비술 영역에서 흔히 보는 현상이다.

자살에의 충동증

자살 1

함부르크에서 연속 강연 중 한 사나이가 찾아와 다음과 같은 이야기를 했다. 사나이의 이모는 자살을 기도했으며, 할아버지는 마법주술사였는데 그 형처럼 자살을 했다. 이 집안의 정산표(精算表)는 2명의 자살과 2명의 자살기도였다. 게다가 이 집안 사람들은 통명스럽고 잘난 척 하며, 이기적인 성격으로도 평판이 자자하게 나 있었다. 그들은 주위 사람들과 접촉도 잘 안하며, 물론 하나님의 말씀 및 그리스도와는 담쌓고 있는 처지였다.

자살 2

남아프리카 각지를 돌며 강연여행을 하고 있을 적에 어떤 여인이 조언을 구하러 나를 찾아왔다. 여인의 어머니는 카드 점술가였고, 아버지는 스스로 목숨을 끊었다. 여인의 오빠도 마찬가지로 자살을 했다. 여인의 동생은 선교사였으나 정신이상에 걸려 있었다. 그녀는 선교사로 일하고 있음에도 불구하고 동성애에 흠뻑 빠져 있었고, 우울증에 시달렸으며, 성경을 읽거나 기도조차도 할 수 없었다.

자살 3

수 년 전 나는 쉴레스비히 홀스타인 주에 있는 게애스트하하트 고등학교에서 두 차례 강연을 했다. 그 당시 학교장이었던 리익크(Rieck) 박사는 자살에 관해서라면 그 주(州)가 독일에서 가장 높은 수치를 보유하고 있다는 말을 내게 해주었다. 나는 새삼스런 감을 느끼지 않았다. 쉴레스비히 홀스타인 주는 뤼네부르크 헤쏘 주와 더불어 독일연방공화국에서 마법주술사의 수효가 가장 많이 있는 곳으로 알려져 있기 때문이었다.

마법죄로부터 비롯되는 유령 및 도깨비 현상

 유령 1

고등학교 3학년에 재학 중인 한 여학생이 그리스도를 믿게 되었다. 그런데 일 년 전에 죽은 아버지가 마치 백일몽에서처럼 나타났다. 그 출현 횟수가 점점 더 잦아지면서, 아버지는 갈수록 한층 더 험상궂은 표정을 지었다. 드디어 그는 딸더러 자살하라고 호령했다.

이러한 일을 당하고 있는 동안이면 그 딸은 몸이 얼어붙는 듯 해 기도도 할 수 없었고, 몸을 가눌 수도 없었으며, 심지어 예수님에 대한 생각조차도 할 수 없었다.

어느 여목사가 이 여학생을 나도 잘 알고 있는 한 신랄한 정신과 의사에게 데려갔다. 여학생에게 말을 걸어보기 전에는 "이런 중세는 홀림중이자 망상입니다."라고 어림잡아 넘겨짚었으나 정작 말을 해 보고나서 의사는 말했다. "여학생은 정신이상 중세가 없습니다. 기독교 카운슬러에게 데려가 보십시오."

그 여목사는 실수를 막고 확실을 기하고자 레힐러 박사에게 여학생을 데려갔는데, 레힐러 박사는 당시 독일에서 가장 유명한 정신과 의사였다. 레힐러 박사는 신실한 그리스도인이었다. 그분도 역시 정신질환 중세가 없다고 진단하였으나 여학생이 영접자적 현상에 공격당하고 있다고 말했다. 박사는 여학생에게 다소의 목회적 조언을 해주었다.

유령 2

캐나다 서부 지역을 돌면서 강연 여행을 하던 중에 23세의 한 처녀가 카운슬링을 받으러 왔다. 처녀는 밤이면 살고 있는 집의 방문들이 까닭 모르게 활짝 열렸다가 닫히고 라디오가 저절로 켜지며, 번쩍이는 빛과 여러 얼굴이 명멸하는가 하면 문이 모두 안전하게 잠겨 있는데도 두런거리는 말소리와 발자국 소리, 부스럭대는 소리를 들었다. 그러나 처녀는 정신이상 질환으로 시달리는 게 아니었다. 나는 처녀에게 혹 집안에서나 가족 가운데 영접술이 행해진 적이 있느냐고 물어 보았다.

처녀는 할머니가 영접자이자 마법 주술가였고, 비참하게 죽었다는 사실을 시인했다. 영접술이 수년간 계속적으로 그 집에서 행해져 내려온 경우 그 영접자의 집이 도깨비 출몰지가 되는 것은 예사로운 일이다.

유령 3

나는 어느 여집사의 가정으로부터 도움을 요청하는 전화를 받았다. 한 젊은 여집사가 밤에 잠을 잘 수가 없다는 전갈이었다. 가구들이 특히 탁자가 방안을 덩실덩실 돌아다니며 춤춘다고 하였다. 나는 답변해 주었다. "만일 그게 홀림중이 아닌 경우라면 그것은 십중팔구 영접술로 인한 결과일 것입니다." 그 여집사는 아버지가 탁자초혼술을 수년 동안 해왔다는 사실을 확인해 냈다. 그 결과 딸이 심령성을 띠게 되었고, 따라서 암흑의 권세가 전도체로 삼아 이용하는 영매 신세가 되고 말았던 것이다.

이 가정의 자매들은 일을 올바르게 처리했다. 그들은 기도 모임을 조직하여 이 젊은 애송이 여집사 방에 모여 기도했다. 그리하여 이 젊은 여집사와 그 방 양자가 모두 도깨비 현상에서 풀려났다.

질병의 빈발

마법죄로 인한 저주 아래 놓인 사람들은 각종 질병에 걸려 자주 괴로움을 겪는다. 여기서도 역시 성급한 결론을 경계해야 하며, 설명할 수 없는 질병이면 모조리 신비력 원인 탓으로 돌리는 일도 삼가야 한다.

매사에 자격을 갖춘 의사에게 진단과 치료 처방을 받는 일이 필요하다. 어떤 경우를 막론하고 스스로 신비적 혹은 히스테리성 과대망상증에 빠지는 희생자로 전락되는 일이 없도록 해야 한다. 의사가 할 일이 끝난 다음에 남게 되는 넓은 영역을 카운슬러가 담당해야 한다.

질병 1

브라질은 영접술의 세계적 본거지 중 하나이기 때문에 그로 말미암아 압박장애를 겪는 사람들을 카운슬링 한 횟수가 가장 많은 나라이다.

폰타 그로싸(Ponta Grossa) 지방에서 한 여인이 내게 카운슬링을 받으러 왔다. 여인은 그동안 몸담았던 영접자 단체를 떠났는데 이유는 평온함을 전혀 못 느끼고, 또한 그리스도를 찾고 싶었기 때문이었다.

이렇게 결단한 후 여인은 불면증과 우울증에 시달렸으며, 여전히 평화를 찾을 수가 없었다. 후에 여인은 '천국에서 온 편지'를 지니고 있었다고 고백했다. 여인은 각종 정서적 이상질환 뿐만 아니라 불가사의한 피부병을 앓고 있었는데, 그 어느 피부과 전문의사도 고치지 못하고 있었다.

신비력 영향을 받고 있는 사람들이 피부이상 질환을 겪고 있는 일은 자주 목격되는 일이다. 다음에 그 한 사례를 들어본다.

질병 2

브라질 산타 카타리나(Santa Catarina) 주에 있는 어느 도시에서 한 부부가 아들을 내게 데려왔다. 아들은 피부경화증으로 고생하고 있었다. 그의 손가락은 모두 발톱달린 짐승처럼 뻣뻣했다. 손의 피부가 거칠고 딱딱했으며, 차츰 허물이 벗겨져 나갔다. 근육도 감염이 되었으며, 심지어 뼈까지도 굳어졌다.

그 부모들은 내 강연을 듣고서 혹시나 조언을 받을 수 있지 않을까 하는 생각이었다. 나는 가문의 내력을 물어 보았고 친가와 외가의 양쪽 할머니가 주술사였다는 사실을 들었다. 의사들은 영적 연관 작용을 잘 모르므로 이러한 사실들이 상호 관련된다는 제안을 웃어넘길 것이다. 그런데 조상들이 마법을 행해온 가정에서 불치의 피부 질환이 발병되는 일은 종종 발견되고 있다.

질병 3

다음 사례는 히스테리성 질병의 성격, 즉 심령적으로 연원된 질병임을 보여준다. 한 여인이 내게 면담하러 찾아왔다. 여인은 계속 병치레를 했는데 처음엔 폐병이었고, 그다음엔 신장 부근에 염증이 발병했으며, 또 다음엔 충동성 신경질환이었다. 한 질병이 낫고, 낫기가 무섭게 다른 질병이 잇달아 여인은 마침내 의학 교과서에 나오는 온갖 병을 골고루 돌아가며 앓는 처지였다. 여인의 의학적 병력은 히스테리성 질병의 전형적 모형, 즉 심령적 연관성에서 비롯된 질병의 전형적 모형이었다.

여인의 가문 내력을 보면 할머니가 카드 점술가로서, 자녀들과 손자들에게 주술을 사용했던 사실을 드러냈다. 이런 경우에는 의학이 아무런 도움도 주지 못한다. 그것은 영적문제이기 때문이다.

질병 4

내가 피지 군도에 머물고 있을 때 유럽에서 이주해 온 여인이 내게 카운슬링을 받으러 찾아왔다. 이 여인은 자주 완전거동불능의 발작 증세를 겪었다. 나는 이미 한 사례에서 성경을 읽거나 기도하려고 할 때 몸이 뻣뻣해져 널빤지처럼 되는 양상을 제시한 바 있다. 이 여인의 경우 증세의 원인을 도무지 찾을 수가 없었다. 의사의 의견으론 모두가 정상이었다.

나는 여인에게 동아시아와 아프리카 지역에 있는 사람들이 조상이 범한 마법죄에서 비롯된 영향을 받고 있는 경우에 때때로 모종의 강경중적 발작을 겪는 양상에 대하여 몇 가지 실례를 들려주었다. 나는 여인에게 아버지나 어머니 혹은 본인 자신이 그런 일을 한 적이 있는지 캐물어 보았다. 여인은 그런 적이 없다고 말했다. 집으로 돌아가려고 나가면서 여인은 내가 묵던 집 안주인에게 어렸을 적에 탁자초혼술에 참석해 본 적이 있다는 말을 하고 갔다. 여인은 이것이 별 대수롭지 않은 것이라고 생각했다. 그렇지만 바로 거기에서 상관성을 찾아볼 수가 있다.

질병 5

한 젊은 여인이 주목할 만한 간질 발작중세로 고통을 당했다. 가족 주치의는 병의 근원을 알 수 없어서 여인을 대학부속병원에 보냈다. 이 병원에서 판명된 여인의 병명은 희귀한 유형의 간질로써 소위 근육 경련성 간질이었다. 이 병은 병원에서도 처음 겪어보는 이상 질환으로서 여인은 실험 대상용으로 이용되었고, 각종 약물 반응 시험을 받아보기 위하여 정기적으로 병원에 오라는 요청을 받았다. 물론 치료는 무료였다.

나와 대화를 나누던 중 여인은 모태에 있을 적에 마법 주술에 걸렸다는 말을 내게 했다. 여인의 어머니는 마법 주술을 빌어 그녀를 낙태시키려고 했으나 실패를 하고 말았다. 이제 여인은 그리스도께로 오는 길을 찾아보려고 애쓰고 있다. 여태껏 받아온 의학적 치료가 별 도움을 못주었기 때문이다.

이로써 우리는 신비력 압박장애증이 나타내는 여러 효과를 두루 살펴보았다. 이 책은 특정분야에 관한 지식을 담고 있는 참고 서적이다. 불안정한 사람이나 유별나게 민감하여 쉽사리 자극 받는 사람은 확실히 이 책에 나오는 내용의 극히 일부만을 읽도록 해야 한다.

나의 반대자들은 여기서 나에게 이렇게 묻고자 할 것이다 "당신은 위험이 내포되어 있는 줄을 뻔히 알면서도 어째서 이 책을 써냈단 말인가?" 충분한 경험을 쌓은 자라야만 이런 주제에 대한 책을 쓸 자격이 있다.

믿음을 가진 그리스도인들은 아마 45년간이나 카운슬링에 전념해 오면서 약 20,000여 건의 끔찍스런 사례를 들어온 사람에게 과연 그 어떤 투쟁이 있어 왔겠는가를 가히 이해할 것이다. 대체로 사람으로서는 제 아무리 강심장을 가졌다고 하더라도 그처럼 오래도록 버티고 견디기란 불가능한 것이다. 악마가 오래 전에 나를 파멸시키지 못했던 것은 하나님의 보호하심의 은혜가 낳은 기적이다.

다시 한 번 모든 믿음의 형제들이 나의 가족과 나의 하는 일과 나를 위하여 진심으로 기도해 주시기를 간곡히 부탁드리는 바이다.

질병 6

수 년 전 한 젊은 부인이 나에게 카운슬링을 받으러 찾아왔는데, 부인은 머리부터 발끝까지 온 전신에 무거운 피부질환이 번져 있었다. 이런 상태로 어떻게 결혼을 했느냐고 묻자 "이 피부병은 이따금 몇 달 동안이나 말끔히 가라앉고 없어져요. 그러다가 또다시 재발합니다." 부인의 대답이었다.

부인은 피부과 전문의를 찾아다니느라고 돈도 수만 달러나 썼지만 아무에게서도 도움을 받지 못했다. 나는 부인에게 조상 중에 누군가 마법술을 했는지 물어 보았다. "예, 있어요! 할아버지께서는 소떼에게 마법을 걸고 병도 주술로 다스렸지요. 아버지께서도 할아버지께 이런 기법을 배워 역시 여러 해 동안 그런 걸 했지요." 그리하여 이 부인은 이처럼 무서운 피부병을 앓으며 수년 동안 고통을 당하면서 절망에 휩싸여 왔다.

나는 젊은 부인에게 예수께로 오는 길을 알려 주었다. 부인의 끔찍스런 곤경이 내 마음을 몹시도 쥐어흔들었다. 나는 야고보서 5:14에 따라 기도해도 좋을는지 궁리해 보았다. 부인의 병이 아버지와 할아버지의 마법죄에 따른 결과이기 때문에 나는 이 점에 대해 다소 망설였다.

나는 성실하며 믿음이 깊은 목사인 친구에게 그 점에 대해 어떻게 생각하는지 의견을 물었다. 그는 부인에게 손을 얹고 안수기도를 할 정도로 선뜻 나서는 과감성을 보였다. 그는 안수기도를 단지 부인의 피부병에 국한하여 했을 뿐이며, 신비술 개재 관련과는 연관 짓지 않았다. 우리 두 사람은 그리스도의 보호하심 아래 자신을 맡기고, 부인에게 손을 얹어 안수하며 부인과 더불어 무서운 피부병에서 낫기를 간구하였다.

18개월 뒤 나는 그 목사를 다시 만났는데, 젊은 부인의 안부를 물으니 그는 활짝 웃으면서 안수기도 후 부인의 무서운 피부병이 나았다고 대답했다. 부인은 그 이후 예수 그리스도를 따르고 있다. 이것은 하나님의 은혜가 보여준 개가로써 그리스도께서는 승리의 우승컵을 높이 치켜드셨다.

우리는 그저 아무렇게나 사탄의 세력에게 내던져진 것이 아니다. 우리는 예수 그리스도 이름으로 승리를 쟁취할 수 있다.

3부 구원

1. 예수 그리스도께로 오라
2. 모든 신비술 물체를 부수어 없애라
3. 모든 영매성과의 접촉 및 교제를 끊어라
4. 자신의 죄를 깨닫고 고백하라
5. 마법죄로부터 벗어나 자신의 해방을 선언하라
6. 죄 용서받음을 믿어라
7. 반쯤 걸친 채 엉거주춤 하지 말라
8. 영적 권위를 가진 카운슬러를 찾아라
9. 기도모임을 결성하라
10. 기도와 금식을 행하라
11. 예수 그리스도의 보혈 아래 자신을 두라
12. 예수 그리스도의 이름으로 원수들에게 명령하라
13. 은혜의 수단을 부지런히 활용하라
14. 영적 전신갑주를 무장하라
15. 어둠의 권세를 쳐부순 예수 그리스도의 승리를 깨달아라
16. 악령의 되돌아옴을 경계하라
17. 온전한 헌신을 아끼지 말라
18. 구원은 오직 예수 그리스도를 통하여만 가능한 것임을 명확히 깨닫자
19. 범사에 순종하라
20. 성령의 충만하심을 입어라

우리의 씨름은 혈과 육에 대한 것이 아니요
정사와 권세와 이 어두움의 세상 주관자들과
하늘에 있는 악의 영들에게 대함이라

엡 6:12

우리는 기독교 카운슬링의 가장 중요한 지점에 도달했다. 신비력 압박 장애증을 겪고 있는 사람들이나 악령들린 사람들이 어떻게 구원을 얻을 수 있을까? 만일 구원받는 길이 없고 신비력 압박 장애증에서 벗어나는 해방의 길이 전혀 없다면 나는 이 책을 손조차도 대지 않았을 것이다. 이제 나의 소망은 성령께서 나에게 지혜를 주시고 나의 글에 영감을 주셔서 독자들로 하여금 구원의 길을 찾도록 하는 것이다.

이 책의 제1부 및 제2부에 있는 사례들과 제3부 및 제4부에 나온 사례들을 견주어 본다면 신비력 압박장애증을 받고 있는 사례가 구원받은 사례보다 훨씬 많다는 사실이 눈에 띌 것이다.

일부 사람들은 이 점을 들어 "어째서 당신은 해방과 구원을 보여주는 더 많은 사례를 제시하지 않는가?"라고 반박할 것이다. 이에 대해 나는 두 가지 답변 자료를 가지고 있다.

첫째, 앞에 언급된 압박 장애자들 중 많은 사람들이 구원을 찾았다. 둘째, 해방을 발견하는 사람의 수효는 항상 압박 장애자들의 수효보다 적다.

예수님께서도 산상설교에서 넓은 길로 가는 사람은 많고 좁은 길로 가는 사람은 극히 적다고 말씀하셨다. 육체적, 영적 구원은 그리스도 안에 있는 모든 자에게 주어진다. 그러나 주님께서 뻗치신 손을 믿음으로 붙잡는 자는 극히 소수에 불과하다.

그렇다고 해서 이것이 낙담할 이유는 되지 않는다. 우리는 승리에 대한 사실을 안다. 우리는 하나님께서 아들의 모든 원수들을 발등상으로 삼으시리라는 사실을 안다. 따라서 세상이 제아무리 어둡고 악령으로 가득

한 것처럼 보일지라도 우리는 기쁨에 차있을 수 있다. 이 편을 시작하려던 날에 주님께서 한 경이로운 체험을 주셨는데, 말하자면 내가 쓰려고 하는 것에 대한 일종의 전주(前奏)였다.

구원 1

오늘 아침 한 여인이 카운슬링을 받으러 왔다. 여인은 동양에서 왔는데 그곳엔 의사라곤 전혀 없고, 다만 마법주술사들만 널려 있는 지역이었다. 여인은 생활 중에 여러 종류의 압박증세를 겪어 왔는데 어렸을 때 부모에게 이끌려 주술사에게 다녀온 이후부터 비롯된 것이었다. 여인은 나의 가장 최근 전도대회 중에 찾아와 지은 죄를 회개하고, 예수님께 삶을 내맡기고, 믿음으로 구원을 받았다. 그 후 몇 달이 지난 지금, 여인은 생활이 아주 딴판으로 변했음을 나에게 알려주었다.

여기서 우리는 예수 그리스도의 권능을 보는 바, 이는 복음 전도자의 판에 박힌 일이 아니다.

여기서 나는 두 가지를 증거하고 싶다.
그 첫째가 많은 기독교계 일꾼들의 눈 먼 상태이다. 독자는 내가 서문에서 말한 것을 참조해 보고, 또 스위스에는 신비술이 존재하지 않는다고 말한 길겐(Gilgen) 목사의 소견을 참고해 보기 바란다. 나는 이런 견해를 취하는 기독교계 일꾼들을 세계 도처에서 무수히 많이 만나 보았다.
캐나다 밴쿠버에서 열린 여러 전도대회 중에 게바우어(Gebauer) 형제는 신비력 압박장애를 겪고 있는 사람들을 카운슬링해 주었던 많은 사례를 나에게 말해 주었다. 반면에 또 다른 교회 목사들은 그런 일들이 밴쿠버에서는 일어나지 않는다고 말했다.

나에게 큰 충격을 안겨준 또 다른 사건이 캐나다의 다른 도시에서도 있었다. 그 도시에 있는 어느 루터교단 교회의 장로들이 찾아와 강연 초청을 했다. 나는 대답했다. "여러분 교회의 목사에게서 초청을 받지 않고는 나는 응할 수가 없습니다."

그 형제들은 돌아가 담임 목사와 논의하고 난 후 담임 목사의 답변을 가지고 다시 찾아왔다.

"우리는 코흐 박사의 강연을 필요로 하지 않습니다. 우리 교회에는 그런 종류의 문제가 전혀 없기 때문입니다."

이 전갈을 가져온 장로들 중 한 분은 몹시 언짢은 투로 말을 했다.

"아니, 목사의 사모는 여전도 회원들과 더불어 탁자초혼술을 하고 있고, 올겐 반주자가 점성술에 심취해 있는데도 괜찮다니, 눈이 멀어도 한참 멀었구나!"

나는 한층 더 고약스런 일을 겪었다. 수 년 전 역시 내가 복음전도를 했던 어느 도시에서 일어났던 일이다.

구원 2

한 여인이 내게 카운슬링 받으러 왔다. 그녀는 소녀시절에 어떤 기독교 청소년 단체의 모임에 여러 번 참석했는데, 어느 날 저녁 소녀는 코피를 흘렸다. 그러자 그 단체의 회장이 소녀에게 어떤 비법 처방을 해주었다. 소녀는 모세 6·7경에 나오는 주문이 적힌 종이쪽지 하나를 받아 혀 밑에 넣었다. 그러자 즉시 지혈이 되었다. 어느 날 소녀가 또다시 코피를 흘렸을 때 한 번 더 그 주문을 써보았더니 역시 효력을 보였다. 그 이후부터 하나님의 말씀과 기도에 대한 마음의 갈망을 상실해 버렸다고 여인은 말했다. 그녀는 그 기독교 청소년 운동에 가담하지 않기로 했다. 여인은 말했다. "그때까지만 해도 나는 그 단체에 있는 사람들이라면 마법이 무엇인지 분별하여 알 줄로 생각했었지요. 나는 말로 표현하기 어려울 정도로 실망했어요."

구원 3

어느 목사의 젊은 아내는 동부 프러시아에서 성장했다. 그녀의 아버지는 기독교인 친교운동의 회원이었고, 동부 프러시아 기도 모임회 소속이었다. 그들은 유월절 전날 밤에 소위 '유월절 물(Easter water)'을 떠오는 관습이 있는데, 그 물은 여러 가지로 마법에 사용된다. 그 물은 흐르는 냇물에서 떠오는 것이어야만 하며, 떠오는 동안 단 한 마디도 해서는 안 된다. 그렇게 해서 떠온 물은 병자에게도 뿌려 주고, 아이들을 축복해 주는 데에도 사용된다. 목사의 아내도 역시 자녀들에게 이런 일을 했다. 후에 그녀의 자녀들 모두가 자라나면서 모종의 비정상성을 농후하게 보였다. '유월절 물'을 떠오는 이런 관습은 일종의 마법술 유형인 백색 마법의 영역에 속한다. 기독교인 친교운동의 회원이 이런 것을 모르다니 이 또한 무서운 영적 혼동이며, 부적합한 가르침의 또 다른 모습인 것이다.

구원 4

모 목사는 수맥 탐지가이다. 그 목사는 점막대를 사용하여 수맥을 찾아낸다. 그는 아직 한창 젊은 나이인데도 벌써부터 무서운 발작 증세를 보이고, 발작이 일면 부인까지도 두들겨 팬다. 38세의 나이에 그는 두 번이나 뇌졸중으로 쓰러졌다. 여섯 살 난 아들도 정상이 아니다. 이 목사는 자신의 재능이 하나님께로부터 받은 은사이며, 교구민들을 위하여 그 재능을 사용하는 것이 의무라고 주장한다. 카운슬링해 본 결과 그의 할아버지가 가축 주술사였음이 밝혀졌다.

구원 5

어느 자선 부인회관의 여자 관장은 '액막이 하라'는 뜻으로 '토이, 토이, 토이'란 말을 입버릇처럼 하는 습관이 있었다. 그 회관에 새로 부임해 온 목사는 믿음의 사람이었던 까닭에 이 말이 얼마나 미신적인가를 관장과 다른 자매들에게 지적해 주었다. 토이(toi)는 악마(Teufer)라는 고어의 약자이다. 그러자 그 여관장은 화를 발끈 내며 말했다. "목사님께서는 저희 자매들을 혼동시키고 계시군요." 그녀는 그 목사가 떠나갈 때까지 좀처럼 마음을 누그러뜨리지 않았다.

구원 6

남아 연방에서 한 여선교사가 네 명의 반투(Bantu)인 목사들과 함께 차를 몰고 그 나라를 횡단해 가고 있었다. 한 지점에 이르자 그 목사들은 여선교사에게 차를 세워 달라고 요청했다. 여선교사가 영문을 묻자 그들은 이곳이 어떤 마법사의 우두머리가 묻힌 곳이라는 설명을 했다.

"만일 우리가 이 사람에게 존경을 표시해 보이지 않으면 우리는 오늘 오후에 사고를 당하게 됩니다."

목사들이 완강히 고집했으나 여선교사는 그 요구를 거절했다. 그래서 여선교사는 차 안에 그대로 남아있었고, 반투인 목사들만 그 마법사의 묘소로 가서 고개 숙여 절하며 기도문을 중얼거렸다. 그런 다음 그들은 다시 차를 몰았는데, 한 시간 후에 사고를 당했다. 반투인 목사들은 여선교사를 힐난하였다.

"우리가 이런 사고를 당한 까닭은 당신 탓입니다. 당신이 이 마법사 우두머리에게 합당한 존경을 표시하지 않고 거절했기 때문입니다."

아울러 이와 같은 마법술의 잘못된 정신에 반대 입장을 취해온 사람들도 있다. 나는 독일의 베라(Werra) 계곡에 있는 나이 지긋하고 신실한 목사 한 분을 말해보고자 한다.

어느 날 그 목사는 자신이 맡고 있는 교구에 마법주술을 일삼고 있는 사람이 있음을 발견했다. 목사는 직접 그 사람을 방문하여 그가 하고 있는 잘못된 방법을 깨우쳐 주려고 온갖 노력을 다 기울여 보았고, 심지어 그 지역사회에서 축출시킬 수도 있다는 으름장까지도 놓았다. 그런데 마법 주술사는 태연스레 답변을 했다.

"무엇을 바라고 하시는 말씀이신가요, 목사님? 이 마을에 있는 가정과 집집마다 내가 모조리 주술을 해주고 있을 뿐만 아니라 근처에 있는 여러 마을까지도 내가 주술을 해주고 있는 관할구역인데요."

목사는 상황을 교회 당회에 보고하였다. 목사는 당연히 주술을 막기 위한 조치가 취해질 줄로 기대했다. 그런데 장로들도 가족들과 더불어 이 마법사에게 주술치료를 받았다고 대답하는 것이었다. 목사는 더 이상 손을 쓸 수가 없이 속수무책이 되고 말았다. 그럼에도 목사는 굽히지 않고 말했다.

"이 자가 무덤에 묻히면 나는 그 묘 옆에서라도 주술치료의 악행을 논박하는 증언을 하고야 말 것입니다."

그 마법 주술사는 그때 이미 아흔을 바라보는 고령이었다. 목사는 약속대로 실행에 옮겼다. 목사가 그 교구에서 성경공부 모임을 도입시켜 보려고 동분서주 할 때 교구민들은 비쭉거리며 말했다.

"우리는 목사편으로 가지 않을 테다."

베라 계곡에서 목사와 복음 전도자로 일 해본 경험이 있는 세 증언자가 내게 말하기를 그 지역에 있는 마을에서는 영적인 생활이라곤 그림자도 찾아보기가 힘들다고 했다. 그것은 기이하게 여길 일이 아니다. 강력한 주술치료사가 수십 년 간이나 그 자리에 버티고서 사람들을 마법주문의 영향 아래 끌어 두었던 형세였으므로 과히 그럴 법도 한 일인 것이다.

구원 7

남부 독일에 있는 내 친구 중 한 사람은 나의 저서 '기독교 카운슬링과 신비술'을 읽고 나서 자신이 맡고 있는 교회에서 마법술을 공박하는 설교를 연속했다. 그 결과 마을은 벌집을 쑤셔놓은 것 같았는데 그 이유는 마을에 한 마법주술사가 도사리고 앉아 그 지역 농가와 주민들의 약 75% 가량에게 마법주술을 해주었기 때문이었다. 이 농촌사회에서는 자살자와 살인자가 수두룩하였다. 그 지역 농민들이 이 목사를 너무나 신랄하게 몰아세우는 통에 결국 목사는 이 교회를 떠나고 말았다. 마법죄를 꼬집어 증명하는 사람들은 사탄과 그 조력자들로부터 받는 반격을 예상해야만 한다.

복음전도 대회에서는 마법죄를 공박하는 강연이 있고 나서야 비로소 카운슬링을 받으려는 사람이 나온다는 사실이 종종 발견된다. 프로에 보트샤프트(Froge Botschaft) 선교단의 지도자인 볼프강 하이너(Wolfgang Heiner)씨가 언젠가 내게 말한 적이 있다.

"복음전도대회에서 장승처럼 버티고 선 갖가지 장벽이 허물어져내리는 시기는 대개 신비술에 대한 강연이 있고 난 후입니다."

구원 8

이번에는 호주 출신 복음전도자에게서 나온 사례 하나를 더 들어 본다.

그 복음전도자가 영국의 뉴캐슬에서 설교를 하고 있을 때, 선교천막 바로 옆에서는 때마침 각종 여흥거리를 곁들인 연례 축제가 벌어지고 있었다. 복음전도자가 어떤 점술가의 천막을 지나쳐 가려니까 점쟁이가 그에게 소리쳤다.

"나는 당신의 미래사를 말해줄 수가 있습니다."

그도 되받아 말했다.

"나도 당신의 미래사를 압니다. 나는 당신의 도움이 필요 없습니다."

"당신은 수많은 사람들 앞에서 연설하겠고 또 오랫동안 긴 여행을 하겠군요."

여자 점쟁이가 소리쳤다.

"나도 역시 이 책을 근거로 해서 당신의 미래사를 말해줄 수 있습니다."

복음 전도자도 맞장구를 치면서 그의 성경책을 번쩍 들어 보였다. 그 점쟁이가 물었다.

"그렇다면 내 미래는 어떤가요?"

"만일 당신이 마법죄를 회개하지 않고 예수 그리스도를 주님으로 영접하지 않는다면 당신은 낭패를 당할 것입니다."

복음전도자가 대답해 주었다.

"그게 무슨 책인가요?" 여자 점쟁이가 또 물었다.

"성경."

그러자 여자 점쟁이는 몸을 으쓱해 보이며 혐오감을 나타냈다.

이쯤 소개를 마치고 이제 '어떻게 구원을 찾을 수 있을까?'라는 문제로 옮겨가 보기로 한다.

나는 20가지 제안을 제시함으로서 이 문제에 답하고자 한다. 오해를 피하기 위해 아예 첫출발과 동시에 이 20가지 제안이 단일체계가 아니요, 유일한 방법론도 아니며, 다용도 형판(型板)도 아님을 나는 밝혀두고자 한다.

우리는 간단하게나마 신약성경이 제공해 주는 모든 도움을 한데 모아

보아야 한다. 때때로 존귀하신 주님께서 권능의 손길을 인간의 삶 속에 펼치자 20가지 사항 모두가 준수될 필요도 없이 자유롭게 해주시는 일이 일어나기도 한다.

　이 점을 미리 밝혀두는 것은 수년 전 어떤 감독이 나의 카운슬링 스타일이 마치 주형과도 같아 내가 카운슬링 하는 사람들 모두가 그 형틀에 찍혀 나온다고 말했기 때문이다. 비록 그런 말이 감독의 입에서 흘러 나왔을망정 그것은 비방이다.

1. 예수 그리스도께로 오라

만일 신비력 압박장애중 때문에 고통을 겪는 사람이 있다면 그는 정신과 의사나 심리학자 혹은 현대주의 신학의 신봉자로부터는 아무런 도움을 얻지 못할 것이다. 요가나 명상 또는 자기수양으로도 도움을 얻지 못한다. 이런 상황에서는 오로지 그리스도만이 도움을 베푸실 수 있다. 이러한 단독적 선언은 사도행전 4:12절에 나온다.

"(예수 그리스도 이외에) 다른 이에게서는 구원을 얻을 수 없나니 천하 인간에 구원 얻을 만한 다른 이름을 우리에게 주신 일이 없음이니라 하였더라."

마태복음 11:28에서 예수님께서는 무거운 짐 진 자 모두를 오라고 부르신다. 이 구절의 헬라어 본문은 더욱 멋진 초청의 표현이다.

"그대들 지쳐 떨어진 자들과 무거운 짐진 자들은 모두 내게로 오라"

예수님께서는 우리에게 오라는 명령만 내린 것이 아니라 또한 요한복음 6:37의 약속도 주신다.

"내게 오는 자는 내가 결코 내어 쫓지 아니하리라."

그리스도 없이 자신의 짐을 떨쳐 버리려 애쓰는 자는 낙심천만일 것이다. 수 년 전 나는 함부르크에 있는 교회에서 선교집회를 열었다. 그런데 강연을 끝낸 후 한 여인이 목사실로 찾아와 말했다.

"저는 목사님께서 말씀하신 그런 일 때문에 고생이랍니다. 제발 저를 좀 도와주세요."

나는 되받아 물었다.

"당신은 기꺼이 그리스도께 삶을 내맡길 의향이 있습니까?"

그러자 여인은 화를 내며 고함치듯 말했다.

"입버릇처럼 말하는 예수는 집어 치우세요! 나는 건강하고 편안해지는 걸 원한단 말예요."

"예수님 아니고서는 당신도 나도 아무런 재간이 없습니다."

나의 대답에 여인은 몹시 화를 내며 총총 걸음으로 나갔다.

자유로워지고자 하는 자는 기꺼이 자신의 삶을 그리스도께 온전히 내맡겨야 한다. 그렇지 않고는 이처럼 얽매인 속박에서 풀려나 구원을 받을 길이 전혀 없다.

2. 모든 신비술 물체를 부수어 없애라

신비술 물체, 예컨대 부적(Amulets), 호부(Talismans), 주물(Fetishes), 마스코트, 천국의 편지, 행운의 장신구, 위협의 편지, 비기독교 종교에 속하는 각종 신상 제례품 등은 악령력이 파고드는 작용점이다. 그러한 일들이라면 여지없이 경멸을 퍼붓는 이성주의자들도 제몫분의 악마의 일을 거들고 있다.

선교사 부인들은 남편들이 악마의 가면을 가져와 거실에 걸어놓은 이후로 가정에 싸움과 불화가 잦았다는 말을 내게 수차 해오고 있는 터이다. 선교사들이 수집열에 끌려 악마의 탈과 다른 제례 용품을 가져와 집안에 보관해 두는 일은 지극히 어리석은 일이며, 심한 경험 부족을 드러내는 소치이다.

신비술 파쇄 1

프린스 에드워드 섬(Prince Edward Island)에 있는 어떤 목사의 부인은 선교지에서 각종 신상과 제례 용품들을 수집해 놓았다. 오늘날 그 부인은 정신병원에 입원해 있다.

그리스도께로 온 이교도들이 자신들의 옛 우상들을 부수어 버려야 한다는 것을 즉각 알아보는 사실은 주목할 만한 일이다. 묘하게도 기독교인들만이 이 기초적인 지식을 결여하고 있다. 해리스(Harris) 씨의 주도 아래 약간의 신앙부흥이 1913년 이베리아에서 일어났을 때 그 지방 주민들은 그들의 옛 우상들을 즉시 내다 버렸다.

짜카리아스(Zacharias) 목사의 목회를 통하여 신앙부흥이 로테(Rote) 섬에 일어나게 되었던 지난 5년 동안에 그 섬 원주민들은 옛 우상들을 파괴해 버렸고, 우상들을 안치해 놓았던 집들을 태워 버리기조차 했다. 이 집들을 에워싼 분위기는 우상들의 사악한 영향을 받아왔다고 원주민들이 말했다.

아프리카에서는 간혹 어린애가 외피에 싸여 태어나는 일이 있는데, 원주민들은 이런 어린애가 특별한 심령력을 지닌다고 믿는다.

산파는 그 보를 대개 부적으로 만들며 어린애는 일생 동안 그것을 몸에 지니고 다닌다. 선교사들은 이 부적이 회심에 큰 장애물로 작용한다고 말한다. 그 부적을 없애버리는 원주민들만이 그리스도께로 올 수 있다.

신비술 파쇄 2

함부르크 지역에서 열린 전도 집회에 뒤이어 한 전도자가 로버(Lorber)의 여러 책을 불태워 버렸다. 이제 드디어 기도하거나 성경을 읽을 때 그처럼 이상스런 공격을 겪게 된 이유를 알아냈다고 그는 말했다. 그 고통은 신령주의자의 책들을 불태워 버리고 나자 끝을 맺었다.

신비술 파쇄 3

어떤 젊은이도 앞의 사례와 아주 흡사한 경험을 겪었다. 그 젊은이는 그리스도를 믿게 되자 가지고 있던 신비물을 모두 불태워 버렸다. 그러나 로버의 책들은 그대로 보관해 두었는데 '대 요한복음'이란 가죽 양장의 책으로서 젊은이에게는 값진 소유물이었다. 젊은이는 그 책값으로 수백 마르크를 치렀다. 처음에는 비싼 값 때문에 그 책들을 선뜻 없애버릴 마음이 내키지 않았으나 그로 인해 참신앙을 발견할 수가 없었다. 그는 연거푸 병치레를 했고, 갖가지 무서운 갈등과 유혹을 겪었다.

그를 카운슬링해 주던 기독교인들이 말했다.

"로버의 책들을 불태워 버리지 않겠다면 우리는 더 이상 당신 집에 찾아와서 기도해 주지 않겠습니다."

여러 날이 지난 후에야 그 젊은이는 그 책들을 불태워 버릴 마음이 생겼다. 그 후 드디어 젊은이는 신비력 속박에서 풀려났다.

신비술 파쇄 4

남부 잉글랜드의 사우스엠프턴(Southampton)에서 목회를 하는 레이드 형제가 한 젊은 처녀를 인도하여 신앙을 갖도록 했던 이모저모를 나에게 말해 주었다. 그런데 후에도 처녀는 여전히 우울증에 시달렸고, 속박에서 벗어나지 못했다.

결국 그녀는 아직도 두 권의 마법책을 가지고 있었고, 영접자 친구들과 계속 만나고 있는 사실이 드러났다. 그 목사는 처녀에게 에드워즈(Edwards)와 케이시(Cayce)가 쓴 책들을 불태워 버리고 영접자 친구들과 접촉을 끊을 때까지는 풀려나 자유롭게 되지 못할 것이라고 말해 주었다. 처녀는 그렇게 했고 자유로워졌다.

신비술 파쇄 5

하와이에서 한 원주민 여인이 버얼키(Birkey)라고 하는 선교사에게 찾아왔다. 여인은 우울증과 불안증 뿐만 아니라 밤에는 도깨비 현상도 나타난다고 하소연 하였다. 여인의 남편은 불신자로 몇 달 전에 죽었다. 그 선교사는 여인을 카운슬링해주고 나서 며칠 후 여인의 집을 방문하였다.

그 집의 천정에는 신령들을 모신 조그만 집이 매달려 있었다. 선교사는 여인에게 그것을 즉시 떼어내라는 요청을 했고, 여인은 그대로 따라 했다. 그 후에야 압박장애증을 겪던 여인은 비로소 자유를 누렸다.

신비술 파쇄 6

나는 티모르(Timor) 섬에 있는 쿠사노프(Kusa Nope) 왕이 그의 값비싼 부적을 부수어 버렸다는 말을 듣고 크나큰 감명을 받았다. 그 부적은 순금에다 보석을 박아 만든 것으로 매우 고가품이었다. 그렇지만 왕은 망치로 그 부적을 산산이 부수어 쓰레기통에 집어 던져 버렸다. 나는 선교사 총회기간 중에 소우(Soe) 교회에서 그의 증언을 들었다.

나는 선교지에서 기념품으로 받은 목각 형상을 집에 가져와도 괜찮은지를 가끔 질문 받는다. 새로운 목재를 재료로 사용한 조각품으로서 어떤 신에게도 헌납되지 않은 것이라면 별 위험성이 없다.

그러나 불행스럽게도 발리(Bali) 섬 같은 곳에서는 새로이 조각한 신상도 악령에게 헌납하는 관습이 있다. 나는 발리섬에 다섯 차례나 다녀왔지만 이 섬에서는 단 한 가지 물품도 집에 가져오지 않았다 그러나 과도한 조심을 하는 나머지 극단으로 치우쳐서는 안 된다.

3. 모든 영매성과의 접촉 및 교제를 끊어라

신비적 물체를 모두 부수어 버리는 것만으론 충분치가 않다. 우리는 또한 의식적으로 마법을 행하는 사람 및 그런 관행을 그만두려고 하지 않는 사람들과의 교제도 포기해야만 한다. 나는 몇 가지 사례를 들면서 이것을 여러 가지 방법으로 쉽게 풀이해 보고자 한다.

절교 1

남아프리카의 강연 여행 중 한 침례교 목사가 나에게 찾아와 흉금을 털어 놓았다. 그의 교회에서는 신앙부흥이 일었었다. 그때 그는 병이 들어 한 치료사에게 찾아갔는데, 이 사내는 그의 피를 약간 뽑아 정신측정술적 투시력을 하였다. 목사는 이 치료사에게 네 번 찾아갔다. 그와 동시에 신앙 부흥도 갑자기 중지되어 버렸는데, 목사는 그 이유를 도무지 이해할 수가 없었다. 그는 치료사에게 찾아감으로써 자신의 교회에서 일어나는 신앙부흥에 모종의 주술이 걸리는 동기를 만들었다.

이 사례는 비록 모르고 한 행동이라고 할지라도 금지령을 받는 상태에 놓인다는 것이 가능함을 보여 준다. "나는 몰랐습니다."란 변명은 우리를 그 귀결로부터 보호해 주지 않는다.

설교 2

페루를 두루 돌면서 푸칼파(Pucallpa)와 리마(Lima)에서 강연할 때 나는 마니(Money) 박사를 만났는데, 그는 요가 수련을 해 온 기독교인들에 대한 경험을 나에게 말해 주었다.

"요가를 하러 다니는 사람은 기독교 신앙을 잃고 맙니다."

이 말은 요가가 기독교인들도 할 수 있는 무해한 수련이라 생각하는 모든 사람이 귀담아 들어야 할 말이다.

설교 3

스리랑카의 콜롬보(Colombo)에서 나는 세계 교회 협의회의 위원인 나일즈 박사를 만났다. 다음 이야기를 내게 해준 사람이 나일즈 박사였다.

스리랑카에 온 한 선교사가 배화교 신도들이 모여 사는 한 촌락에서 일하고 있었다. 주목할 만한 일은 이 마을이 간혹 심각한 화재의 무대가 되는 것이었다. 선교사는 마을 사람들에게 불의 악마에게 제물 바치는 일을 그만두자고 하였다. 그러자 자주 일어났던 화재가 이 마을에서 멎었다. 그러나 서너 주일 후에 또 한 건의 화재가 발생했다. 선교사는 마을 주민을 다시 불러 모았다. 한 사내가 불의 악마에게 재차 제물을 바친 사실이 드러났다.

설교 4

남아연방에는 약 110만 명 가량의 인도 이주민이 있다. 이들 이주민들은 그들 힌두교의 여러 신도 더불어 가져왔다. 나는 그들이 모여 사는 곳을 방문했는데, 그곳에서 일하는 한 복음전도자가 다음 이야기를 해주었다.

어떤 힌두교 가정에 딸이 하나 있었다. 그 딸은 여러 해 동안 벙어리로 지내왔는데, 힌두교의 여러 신들이 도움을 주지 못했으므로 그 부모들은 어느 날 선교사를 찾아와 도움과 기도를 부탁했다. 선교사가 그 가정을 방문하여 그들과 함께 기도했다.

첫날엔 소녀에게서 아무런 기미도 보이지 않았다. 소녀는 다만 불분명한 소리를 지르며 떠들 뿐이었다. 그래도 선교사는 계속 방문을 했는데, 삼일 째 되던 날 소녀가 갑자기 질문을 했다. 모두가 기뻐했다.

그러나 훗날 사건들은 소녀가 완전히 풀려나지는 않았음을 보여주었다. 어느 날 저녁 소녀는 마치 뱀처럼 땅바닥을 이리저리 기어 다녔다. 아버지는 소녀를 안아다 재우고, 다음날 아침 다시 선교사를 불러왔다. 선교사는 한 번 더 그 가정을 방문하여 그들이 섬기는 신들을 모조리 꺼내 오라고 요청했다. 그 가정은 악귀를 쫓는데 쓰는 몇 가지 힌두교 징(Nail)을 가지고 있었는데 그것들을 넘겨받았다. 그러고 나서 선교사는 다시 소녀를 위한 기도를 했다. 그러나 소녀는 여전히 완전한 구원을 받지 못했다.

"당신들은 모든 걸 다 빼놓지 않고 꺼내 왔나요?"

선교사가 부모에게 물으니 그들은 그렇다고 대답하는데 소녀가 가로막고 나서서 말했다.

"엄마, 목욕탕에 감춰둔 건 뭐야?"

그것은 어머니가 넘겨주기를 못내 섭섭해 여기는 아름다운 우상이었다. 그렇지만 그녀는 이 우상도 역시 포기하기로 결심했다. 그런 후에야 소녀는 자유로워졌다. 그 소녀의 벙어리는 기질성이 아니라 마법의 죄로 말미암은 속박장애였음이 밝혀졌다.

절교 5

남아연방의 엘리자베스 항구도시에서, 나는 목회자들의 모임 뿐만 아니라 여러 교회에서 열린 수차의 집회에서도 강연을 했다. 어느 목사의 부인이 한 친구의 이야기를 나에게 들려주었는데, 그는 성경을 읽고 기도

하며 그리스도를 찾고 있으나 참신앙으로 뚫고 들어갈 수가 없었다. 이 사람은 장미십자단원이었는데 그 조직체와 결별하는 것을 주저하고 있었다.

카운슬링을 해보면 이런 것들보다도 훨씬 더 심각한 문제에 접한다. 나는 종종 다음과 같은 상황을 들었다. 부모들이 영접자 집단에 소속되어 있어 아들이나 딸을 데리고 초혼집회에 간다. 그런데 아들이나 딸은 그리스도를 믿게 된다. 그러면 당연히 영접자 모임에서 발길을 끊어야 한다.

그렇다고 하더라도 문제는 기독교인이 된 자녀들이 부모들과 계속 함께 생활한다면 대단히 위험스럽다는 점이다. 이들 회심한 어린 사람들이 쓰러지는 듯 한 양상은 흔히 눈에 띤다. 때때로 나는 이들에게 셋방을 구하여 부모와 별거하라고 조언한다. 이런 경우라면 심지어 부모를 위한 기도를 하는 데에도 조심을 기울여야 한다.

다른 사람과 함께 기도할 때에 한하여 그들이 부모를 위하여 기도한다면 그 정도로 최상이다. 여의치 못한 경우에는 나는 심지어 이렇게까지 조언한다.

"부모들이 영접자 모임에 가는 것을 한사코 그만 두려고 하지 않는다면 당신들의 부모를 위한 기도를 그만 두라."

그리스도께로 오기를 거부하며 신비력의 영향을 받고 있는 사람들을 위한 중보기도는 나이어린 기독교인에게는 힘겨우리만치 부단한 싸움의 수렁일 수도 있다.

나는 해방되기를 원하는 사람들을 위하여서만 기도하며, 그러한 자발성을 전혀 보이지 않는 사람들을 위한 기도는 안한다.

4. 자신의 죄를 깨닫고 고백하라

회개 1

쉴레스비히 홀스타인 주에 있는 어떤 목사가 그의 교회 여성모임에는 여덟 명 중 여섯 명이 마법주술을 받았다고 내게 말했다. 이웃 교회의 또 한 목사는 마법주술을 받은 세 여인이 그 모임 내에 있다고 했다. 그 어느 쪽 목사도 그들의 기분을 상하게 할까 염려한 나머지 감히 나서서 교회나 여성 단체를 깨우쳐 주려 하지 않는다. 목사들이 이런 것들을 교인에게 지적해 주지 않는다면, 신비력 속박 및 압박 장애증을 올바로 인식할 만한 교인이 과연 얼마나 될까? 여기서 죄지은 자는 비단 마법주술을 받은 교인들 뿐만이 아니고 목사들도 해당된다.

회개 2

함부르크에 있는 한 처녀는 사마귀에 마법주술을 걸었다. 그 결과 보기 흉한 사마귀는 없어졌다. 그런데 처녀는 전도대회 기간 중에 그리스도를 믿게 되었고, 또한 그곳에서 생전 처음으로 마법주술의 악영향에 대하여 들었다. 처녀는 카운슬러 앞에서 자신의 죄를 고백하고 나서 기도했다.

"예수님, 만일 그게 잘못이었다면 저에게 사마귀를 되돌려 주시고 이 속박에서 풀려나게 해주세요."

그 다음날 그녀의 사마귀는 다시 나타났다. 사마귀를 지닌 채 천국에 가는 것이 사마귀 없이 지옥에 떨어지는 것보다 낫다.

회개 3

간질증세의 한 소녀가 기독교 청소년 모임에 열심히 다녔다. 그런데 소녀의 어머니가 딸에게 주술 마법을 받도록 해서 간질 증세는 사라졌다. 그러나 마법주술을 받은 소녀는 하나님의 말씀을 들으러 나오질 않았다. 목사는 이 사실을 알고 그 가정을 방문하여 소녀가 나오지 않는 이유를 물었다. 사실의 진상이 밝혀졌다.

마법주술에 관한 이모저모를 듣고서 소녀는 부적을 넘겨주었는데, 그 부적을 자세히 조사해 보니 악마에게 자신을 팔아넘긴다는 내용이어서 소녀도 끔찍스러움에 몸서리쳤다. 어머니와 딸은 죄를 뉘우치며 고백하였고, 교회에 나오기 시작했으며, 다시금 성경을 읽고 기도할 수 있었다. 그러자 간질증세가 다시 나타났다.

"만일 우리가 우리 죄를 자백하면 저는 미쁘시고 의로우사 우리 죄를 사하시며 모든 불의에서 우리를 깨끗케 하실 것이요."(요일 1:9).

누구든지 죄악을 깨닫고 고백하지 않고는 신비력 속박장애에서 구원받지 못한다. 이 고백은 신비술 죄악 뿐만 아니라 우리 자신과 하나님 사이에서 죄책감을 느끼는 모든 것을 포괄한다. 만일 관련 당사자가 이미 그런 고백을 했다면 되풀이 할 필요는 없다.

그러나 그 죄를 깨닫지 못하는 관계로 인하여 신비력 속박장애를 겪고 있는 믿음의 기독교인들도 다소 있다. 그들은 미처 회개치 못한 일들을 하나님 앞에서 모두 고백해야 한다. 수십 년 간에 걸친 카운슬링을 하면서 나는 신비술 활동의 결과로 매인 자 혹은 악령 들린 자가 먼저 죄악을 깨달아 회개하는 순서를 거치지 않고 풀려나는 경우를 단 한 건도 본 적이 없다.

5. 마법죄로부터 벗어나 해방을 선언하라

마법죄는 사탄과 부지중에 맺은 계약을 나타낸다.

마법죄를 저지르면, 사탄은 그를 장악할 권리를 받으려고 덤빈다. 이러한 관계는 부모나 조부모가 신비적인 것들과 관련을 맺었을 경우에도 역시 성립한다. 자녀들이 그 조상들의 죄악 탓으로 속박 장애를 받는 것은 하나님께서 세상을 통치하시는 신비 중의 하나이다.

이것은 두 번째 계명과 일치하고 있으며 카운슬링 중에도 여러 번 확인되고 있다.

따라서 신비력 압박장애를 겪고 있는 사람은 절연의 기도를 해야 한다. 이 절연의 기도는 대략 다음과 같은 유형을 취할 것이다.

"주님, 예수 그리스도의 이름으로 나는 악령 및 그의 일 모두와 절연하오며, 조상과 나의 일생 중에 저지른 마법죄를 절연하오며, 성부와 성자와 성령의 이름으로 이제부터 영원토록 나 자신을 나의 주님 예수 그리스도께 맡기옵니다. 아멘."

이 기도가 마법 공식처럼 취급되거나 사용되서는 안 된다. 여차하면 '백색마법'이 될는지도 모를 일이기 때문이다. 절연의 기도는 또한 각자 나름대로의 말로 작성될 수도 있다.

선포 1

브라질에 있는 한 목사는 어렸을 적에 간질 증세를 고치려고 마법 주술을 받았다. 그가 간질 발작의 기미를 보이자 그의 어머니는 재빨리 입에서 거품을 떠내 빵에다 발라서 모세 6·7 경에 나오는 주문을 하여 고양이에게 주어 먹였다. 그 고양이는 죽었고, 소년은 더 이상 발작 증세를 보이지 않았다.

후에 그는 목사가 되었지만 나에게 카운슬링을 받으러 왔고, 마법 주술의 악영향으로 몹시 고통을 겪고 있음이 드러났다. 내 앞에서 예수 그리스도의 이름으로 해방 받았음을 선언했고, 마법의 영향으로부터 구원 받았음을 선언했다. 동시에 그 목사는 마법적 병 고침이 하나님의 병 고침과는 무관함을 뚜렷이 알게 되었다. 그는 자신이 받은 간질 증세의 병 고침이 하나님의 역사인 줄로 알고 있었다.

선포 2

영국에서 한쪽 다리가 조금 짧은 여인이 영접자 치료사를 찾아갔다. 짧은 쪽 다리는 갑자기는 아니었으나 몇 주일을 두고 서서히 정상적으로 되었다. 그러나 이 놀라운 치료를 받고 난 다음 여인은 마음의 평화와 구원의 확신을 상실해 버렸다. 그래서 여인은 치료에 뭔가 잘못된 게 있음을 알아차리게 되었다. 여인은 회개하여 이상스런 치료와 절연하고서 평화를 되찾았다. 그러자 치료를 받았던 다리가 다시 짧아졌다.

물론 의사들이 이런 이야기를 받아들이지 않는다는 것을 안다. 그렇지만 특히 영접술이 강하게 뿌리박고 있는 지역, 예컨대 아이티, 브라질 및 동아시아 여러 나라에서는 그런 일들이 분명히 일어났다.

선포 3

내가 잘 알고 있는 어느 선교사 협의회 이사가 내게 다음 사건을 들려주었다.

어느 날 그에게 한 마법사가 찾아왔는데 그는 먼 거리에서도 동물을 죽일 수 있을 정도로 강력한 심령력을 지녔다. 그 선교사는 이런 말을 듣고 놀라서 카운슬링에 협력해 줄 믿음이 깊은 목사 한 사람을 불러들였다.

그 마법사는 자신의 피로써 악령에게 자신을 팔아 넘겼다고 고백했다. 그가 받은 능력의 보답으로 그는 매주 두 번씩 사탄을 섬기는 예배를 거행해야만 했다. 만일 그가 양계장을 저주하면 닭들이 알을 낳지 않으며, 젖소를 저주하면 그 소에게서 우유가 아닌 불그스레한 액체가 나온다. 그러나 그 소들을 다른 마을로 보내면 다시 정상적인 우유를 생산했다.

그 마법사는 자신이 사탄의 세력에 붙들린바 되어 있음을 알았던 터이라 어떤 대가를 치루는 한이 있더라도 풀려나게 되기를 원했다. 그는 여러 차례 카운슬링을 받으러 왔다.

어느 날 그는 목사 한 사람에게 양초, 성냥, 바늘, 백지 및 펜을 달라고 청하였다. 그는 바늘을 촛불에 빨갛게 달구어서 손가락을 찔러 자신의 피로써 악마에게서 풀려났음을 선언하는 글을 썼다.

그 이후부터 그는 더 이상 사탄으로부터 명령을 받지 않았으며, 전에 그를 괴롭혔던 험상궂은 형체도 더 이상 눈에 보이지 않았다.

그러므로 이것은 홀림증을 유발하는 정신질환의 경우가 아니라 피의 맹약(Blood Pact)에 따른 결과였다.

나는 이 책의 앞에서 밝혔던 바를 다시 한 번 되풀이 한다. 나는 사람들에게 자신들의 피로 성명서를 써서 악마로부터 풀려났음을 선언하라는 조언을 결코 하지 않는다.

물론 그러한 조언을 해주는 카운슬러들도 더러 있다. 압박 장애를 겪거나 악마와 혈맹을 체결했던 사람들이 꼭 그렇게 해야 한다고 믿는다면, 나는 그들을 만류하지는 않는다.

아울러 과거의 어떤 하나님의 사람들도 때로는 유사한 행동을 했던 적이 있다. 테얼스티겐(Tersteegen)은 자신의 피로써 서명하여 자신을 주님 예수께 바쳤다. 좌우간 이 특정 사례에서는 마법 주술사가 그의 카운슬러들보다 자신이 무슨 행동을 했었는지에 대하여 더 분명히 알았다.

선포 4

아르헨티나에서 강연 여행을 할 때 나는 알비트 렌쉘러(Albert Renscher) 목사와 동행하였는데 그는 여러 개신교 교회에 나를 소개하였다. 엔트레리오(Entre Rios)를 경유하는 우리의 여행은 매우 흥미로웠다.

한 강연이 끝난 후 이 지역에 있는 어떤 목사가 마법 주술사에게 병 치료를 받은 적이 있다는 말을 내게 했다. 그는 주술사에게서 부적도 받았는데, 우리는 그 목사더러 부적을 펼쳐보라는 청을 했다.

그 부적 안에는 악마와 맹약을 체결한다는 내용의 종이쪽지가 있었다. 종이와 부적을 불태우고 예수 그리스도의 이름으로 악마에게서 풀려났음을 선언했다. 그러자 병이 재발했다.

주술 마법의 주문이 파기된 후에 옛 병이 다시 나타나는 것은 좋은 징후이다. 그것은 곧바로 그 주문이 더 이상 그 사람을 얽어맬 수 없음을 뜻하는 것이기 때문이다.

이 사례 역시 목사들조차도 무지한 탓으로 이런 종류의 맹약에 빠져들 수 있음을 보여준다.

선포 5

나는 자이페르트(Seifert) 목사의 초청을 받아 뤼네부르크(Runeburg)에서 전도 집회를 열었다.

집회가 끝나자 어릴 적에 병으로 인하여 주술 치료를 받았던 한 청년이 내게 찾아왔다. 그는 자신의 죄를 고백하고 삶을 예수 그리스도께 내맡겼으며, 신비력 장애에서 풀려났다. 그런데 며칠 후 청년이 다시 찾아와서 병이 재발했다고 말했다. 그때 청년의 어머니도 함께 와서 다시 병들게 만드는 것은 잘못이라는 항의를 자이페르트 형제에게 퍼부었다. 자이페르트 형제는 그 어머니에게 질문했다.

"그렇다면 댁의 아들이 마법의 저주 아래 놓인 채 지옥에 떨어지기를 바랍니까?"

그 여인은 멈칫 놀랐다. 자이페르트 형제는 말을 이었다.

"예수님께서도 악마만큼 아니 그 이상으로…. 예, 천 배나 더 할 수가 있습니다!"

그는 기도를 해주었고 청년은 건강해졌다.

마법의 주문이 깨어진 후 옛날 병이 다시 되돌아 왔을 때 사람들이 예수님의 역사하심으로 병 고침을 받는 일은 흔히 경험할 수 있는 일이다.

선포 6

오스트레일리아와 뉴질랜드를 여행할 당시 나는 피터 제미이슨(Peter Jamieson)을 여러 차례 만났다. 그는 오스트레일리아 서부 지역에 있는 웡가이(Wongai) 종족의 족장이다. 비록 족장이었으나 그는 예수를 영접하였으며, 원주민 종족들에게 복음을 전파하라는 부름을 느꼈다. 그는 회심했던 원주민 모두가 떨어져 나갔다고 내게 말했다.

그들이 옛 전래의 마법과 절연해 버리지 않았던 것이 그 이유이다. 선교사들은 대개 마법의 절연이 필수적이란 사실을 모르고 있다.

선포 7

영국과 스코틀랜드에 강연 여행 중 글라스고우(Glasgow)에서 한 신학생이 나에게 카운슬링을 받으러 왔다. 이 청년은 항상 자살 생각에 시달리고 있으며, 몇 차례 자살을 기도했다. 그러나 그는 자살하려는 욕구의 원인을 알 도리가 없었다. 추적 끝에 드디어 90세 된 그의 할머니가 여러 대를 거쳐 내려오면서 그 가문에서 마법술, 특히 영접술이 행해져 왔음을 인정했다. 그 청년은 죄를 고백하고 조상의 마법죄에서 풀려났음을 선언했다.

나는 이 청년이 매우 진지하고도 열성적으로 이렇게 하는 모습을 지켜보았다. 나는 예수 그리스도의 이름으로 청년의 해방을 선언해도 좋을 것이라는 마음의 허락을 느꼈다. 타인의 풀려났음을 선언하는 이러한 행위는 마태복음 18:18에 근거하고 있다. 그 청년은 혼신의 힘을 다 기울여 왔다. 이제 그는 속박의 멍에에서 풀려나 자유를 얻은 사도로서 예수님과 동행하는 새 출발을 다시 할 수 있었다.

선포 8

불행스럽게도 종교적 허울을 쓴 영매술의 결과로 인해 속박장애 아래 놓이는 것도 역시 가능한 일이다.

영국에 체류하고 있을 당시 한 아일랜드인 신앙인이 나에게 카운슬링을 받으러 왔다. 그는 이미 여러 해 전부터 예수 그리스도의 사도로서 일해 왔다. 그런데 친구들이 성령 강림 운동의 한 모임에 그를 초대하였다. 그는 그들과 함께 어울려 기도했고, 방언의 은사를 받음과 동시에 그는 평화와 죄 사함을 받았다는 확신을 상실해 버렸다. 그 결과로 그의 눈이 열렸으니 방언의 은사가 확신, 죄 사함 그리고 평화의 상실을 초래케 했다면 그 뭔가가 잘못됐다고 생각했다.

그는 회개하고 모든 죄를 고백했으며 혀를 장악하고 있는 방언의 악령으로부터 자유를 선언하였다. 그는 거짓 방언에서 풀려났고, 평화를 되찾았다.

6. 죄 용서받음을 믿어라

신비력 압박장애를 받는 희생자들과의 카운슬링에서 믿음은 결정적인 역할을 했다. 바울은 기록했다.

"네가 만일 네 입으로 예수를 주로 시인하며 또 하나님께서 그를 죽은 자 가운데서 살리신 것을 네 마음에 믿으면 구원을 얻으리라"(롬 10:9).

"믿음이 없이는 기쁘시게 못하나니 하나님께 나아가는 자는 반드시 그가 계신 것과 또한 그가 자기를 찾는 자들에게 상주시는 이심을 믿어야 할찌니라"(히 11:6).

믿음이 없다면 우리는 하나님께서 구원으로 주시는 선한 것들을 활용할 수 없다. 그러나 신비력 압박장애를 받고 있는 사람들은 믿음에 이르기가 더 어렵다는 사실을 깨닫게 된다.

이런 이유 때문에 우리의 불신앙을 극복하기 위해서는 성경이 우리에게 제공해 주는 모든 도움을 활용해야만 한다.

7. 반쯤 걸친 채 엉거주춤 하지 말라

역사상 그리고 현재에도 우리는 회심을 했으나 갖가지 나름대로의 신비력 압박장애로부터 풀려나지 못한 사람들의 사례들을 본다. 나는 시카고에서 나온 사례 하나를 들면서 시작해 볼까 한다.

불완전 1

위대한 미국인 복음 전도사 무디(D. L. Moody)는 여행할 때, 가수 헨리 드라먼드(Henry Drummond)를 늘 동반하였다. 원래 드라먼드는 50마일이나 떨어진 거리에서도 사람들에게 최면을 걸 수 있는 능력의 소유자였다.

그는 회심을 한 후에도 이러한 신비력을 극복하는데 곤란을 겪었다. 무디의 집회에서 일을 거들면서도 그는 종종 청중들이 자신의 심령력에 영향을 받고 있음을 알아차렸다.

그는 이 문제로 몹시 고심하였으며, 주님께서 자신을 신비력으로부터 풀어 주시기를 간구하였다.

주님께서는 그의 기도에 응답하셨다.

불완전 2

알라스카 주의 코체부에(Kozebue)에서 한 에스키모 여인이 나에게 카운슬링을 받으러 왔다.

여인은 사람들이 그의 집에 오고 있는 것을 당도하기 전에 미리 정신력으로 알 수 있는 능력을 가졌다. 회심 전에도 여인은 이것이 심령력이라는 것을 알고 있었다. 회심을 하고 나면 이 신비력이 종지부를 찍으리라고 생각했지만 신비력은 그대로 남아 있었다.

그래서 여인은 내게 카운슬링을 받으러 와서 죄악을 고백하고, 이러한 세력에서 자신이 풀려났음을 선언하였다.

대서양을 사이에 둔 양쪽 대륙에서는 경험이 부족한 카운슬러들이 회심과 더불어 모든 문제가 즉각적이면서도 항구적으로 해결된다고 가끔 주장한다.

그러나 그렇지가 않다. 우리는 종종 과거의 신비술 활동에서 비롯된 악영향을 겪어야만 한다. 예를 들자면 한 젊은이가 방탕한 생활 끝에 매독에 걸렸다. 후에 그가 그리스도를 믿게 된다면 그의 죄는 용서를 받지만, 그 병은 여전히 남는다.

얼마나 많은 사람들이 자유롭게 되고, 어느 정도의 수가 신비력 압박 장애를 지닌 채 힘겹게 지내는지를 가늠하여 말하기란 어렵다. 회심을 경험한 반 수 가량이 그럴 수 있으리라. 만일 회심자들이 그리스도를 따르기로 한 후 심령력을 발견한다면, 그들은 그리스도께서 자유케 해주시고, 더욱 충만한 성령을 보내 주시기를 간구해야 한다. 그런데 회심을 했음에도 불구하고 신비력 영향을 여전히 받고 있는 신앙인들이 더러 있다. 다음 사례에서 이런 사실이 한층 명료해진다.

불완전 3

불경건한 가정에서 자란 21세의 한 젊은이가 회심했다. 그는 어느 지방

청년회 지도자가 되었다. 그는 다재다능하며, 모두가 그의 개인적 매력에 끌렸다. 그는 항상 관심의 핵이며, 다른 사람들은 그에게 감명을 받는다. 그는 기독교인 가정파티를 이끌어 나가며 기도, 카운슬링 및 신앙고백에 대한 강론을 하는데, 그러면서도 그는 자신의 부인과 함께 기도하기를 한사코 거부한다. 그는 또한 그 어떤 목회적 도움도 받아들이려고 하지 않는다.

만일 그의 부인이 어떤 문제를 가지고 도움을 구하러 목사나 카운슬러를 찾아가면 그는 목사와 부인에게 노발대발 한다. 그의 부인이 나에게 찾아왔으므로 나는 그에게 만나서 대화를 나누어 보고 싶다는 전갈을 보냈다.

그는 버럭 화를 내며 부인에게 "이런 사람 열 명을 데려 온다고 해서 내가 갈 성 싶어? 계속 이따위 짓을 한다면 보따리를 싸 보낼 줄 알아!"라고 했다.

그의 부모들은 불경한 사람들이다. 혹 그들이 그 가정을 방문하는 날이면 중압적인 분위기가 가족들을 덮쳐누른다. 이 신앙인에게는 일종의 속박 장애증이 있으며, 따라서 그는 가정에서 행동하는 것과는 판이하게 밖에서 행동한다.

많은 기독교인 폭군들은 그 배후에서 모종의 신비력 영향을 받고 있는 바, 회심 때 말끔히 제거되지 않았던 것이다.

불완전 4

한 자메이카의 기독교인이 내게 카운슬링을 받으러왔다. 그는 밤이면 악령과 맞서 싸워야 하는 고충을 내게 말했다. 믿음으로 예수님을 우러러 보며 예수님께 도움을 청할 때까지 그 어둠의 세력들이 물러가지 않는 것이었다. 나는 그에게 어렸을 적에 오베아(Obeah)에게 주술치료를 받은 적이 있는지를 물어보았다. 오베아는 카리브 해 군도의 마법사이다.

그는 어렸을 적에 아팠던 적이 있다고 대답했다. 그 어떤 의사도 병을 고치지 못한지라 그의 부모들이 그를 어느 '경건한 사람'에게 데려갔는데, 그가 삼일 만에 하나님의 말씀으로 병을 고쳐 주었다. 그것은 백색마법이었다. 백색마법도 흑색마법과 한 가지로 동일한 영향을 끼친다.

우리는 그 결과로써 알 수가 있다. 이 기독교인은 회심 후에도 여전히 어둠의 세력들에게 시달림을 받고 있는데 회심 때에 올바른 조언을 해줄만한 카운슬러를 만나지 못했기 때문이었다.

불완전 5

한 젊은 처녀가 브리스베인(Brisbane)에서 나를 찾아왔다. 처녀는 1960년에 점술가에게 가본 적이 있었고 그 신비술 하는 여인은 처녀에게 말했다.

"나는 당신의 미래사를 1965년 까지만 알아맞힐 수밖에 없어요. 1965년에는 당신의 생에 어떤 일이 벌어져 삶을 뒤바꾸어 놓을 것인데, 그 이상은 아무 것도 알 수가 없어요."

1965년에 처녀는 그리스도를 믿게 되었다. 처녀는 죄의 용서는 발견했으나 참 평화를 찾지 못했다. 처녀는 극복할 수 없는 생각에 쫓김을 받았다. 이것은 신비력 압박 장애가 말끔히 사라지지 않고 있는 회심의 또 한 사례이다.

불완전 6

내가 로스엔젤레스의 열린문 교회(the Church of the Open Door)에서 몇 차례 강연을 할 때 한 여자 기독교인이 도움을 구하러 나에게 왔다.

여인은 어릴 적부터 습진으로 고생해 오고 있었다. 여러 피부과 전문의에게 치료를 받았으나 아무런 효험이 없었다. 여인은 자기 어머니가 무신론자라고 말했다. 이 습진이 신비술 뿌리를 가졌을 것이란 나의 의심이 옳았음이 입증되었다. 대화중에 여인의 어머니가 다 년간 신비술 활동에 종사해 오고 있다는 사실이 드러났다. 그 믿음을 가진 여인은 여러 해 동안 어머니를 위해 기도해 왔다.

이것이 바로 이 믿음을 가진 딸이 가끔 어려운 시련을 겪는 이유인 것이다. 회심했음에도 불구하고 신비력 배경을 가진 습진은 사라지지 않았다. 그 같은 경우라면 나는 차라리 어머니를 위한 기도를 하지 말라고 조언해 주고 싶다.

왜냐하면 그 어머니가 마법술을 포기하려 들지 않기 때문이다. 그런 사람을 위해 기도하면 신앙인이 오히려 더욱 압박 장애를 받게 될 뿐이다. 게다가 이 여인은 기도 모임의 뒷받침을 받지 못하고 있는 실정이다.

로스엔젤레스에서시는 영적인 능력과 권위를 가진 기도 모임을 찾아보기가 지극히 어렵다.

이 모든 사례들이 보여주는 것처럼 항상 회심이 곧바로 신비력 압박 장애의 종말을 뜻하는 것은 아니다.

8. 영적 권위를 가진 카운슬러를 찾아라

절연(絶緣), 즉 풀려났음의 선언은 자유로워지기를 원하는 압박 장애자 쪽에서 보이는 믿음의 행위이다.

풀려났음을 선언해 주는 일은 카운슬러 쪽에서의 믿음의 행위인바 카운슬러는 예수님의 이름으로 매인 자를 풀어줄 수 있는 권위를 가진다.

이 선언은 마태복음 18:18절에 근거를 둔다. "무엇이든지 너희가 땅에서 매면 하늘에서도 매일 것이요 무엇이든지 땅에서 풀면 하늘에서도 풀리리라."

나는 젊은 목사 시절에 신비력 압박 장애로 시달리는 사람들이 풀려났음을 너무 성급하게 선언해 주는 일이 가끔 있었다.

그 결과 나 자신이 어둠의 영역으로부터 몹시 공격을 당했다. 그래서 나는 좀 더 조심스러워졌다. 그 어떤 경우라도 낱낱이 주님께 기도하면서 예수님의 권위에 힘입어 혹자의 풀려났음을 선언해 주는 나의 행위의 가부를 묻는다. 나는 가끔 그런 선언을 거절하기도 하나, 또 어떤 경우엔 아무런 거리낌 없이 홀가분함을 느끼므로 기꺼이 그런 선언을 해준다.

카운슬러 1

42세의 한 여인이 찾아와서 젊었을 적에 다음과 같은 방식으로 사마귀를 주술치료 했다고 고백했다.

여인의 어머니는 사마귀에 소금을 뿌리고 모세 6·7 경에 나오는 주문과 함께 성삼위일체의 이름을 말했다. 그리고 나서 소금을 쓸어 모아 불 속에 던져 넣었다. 그러자 돋았던 사마귀들이 없어졌다. 그러나 그 이후로 여인은 성적 탈선을 했으며, 또한 충동성 거짓말쟁이와 도둑이 되었다. 여인은 그리스도를 영접하려는 마음이 간절해졌을 때 도저히 그럴 수가 없는 자신을 깨달았다.

내 앞에서 여인은 자신의 모든 죄를 고백했으며, 예수님의 이름으로 어머니의 마법죄에서 자신이 풀려났음을 선언했다. 그제야 나는 마태복음 18:18절의 권위를 선포했고, 예수님의 이름으로 세력들에게 이 여인에게서 떠나라고 명령했으며, 여인이 멍에에서 풀려났음을 선언해 주었다.

카운슬러가 스스로 어떤 권위를 지닌 것은 결코 아니다. 카운슬러는 고귀하신 주님의 권위에 힘입어 선언 행위를 하는 대행자에 지나지 않는다.

카운슬러 2

파리에서 능동적 및 수동적 양면으로 마법술에 관련을 맺어왔던 한 젊은 이가 나에게 카운슬링을 받으러 왔다. 그는 모든 것을 고백했고 삶 전체를 그리스도께 기꺼이 바치려고 하였다. 나는 그와 더불어 절연의 기도를 하고 나서 예수 그리스도의 이름으로 그가 풀려났음을 선언해 주었다.

여러 해가 지난 후 다시 만났을 때, 그는 완전히 자유와 행복을 누렸으며, 어느 침례교 교회에서 열성적으로 봉사하는 일꾼이 되어 있었다.

카운슬러 3

오래 전 프리츠 타트다이(Fritz Taddei) 목사의 초청으로 페어덴(Verden)에서 전도 집회를 할 때 그는 나에게 다음 이야기를 들려주었다. 젊은 기독교인 부부가 그에게 카운슬링 받으러 찾아왔다. 매일 밤 2시 경이면 그들은 시커먼 사람을 보았다고 했다. 타트다이 목사가 "정 그렇다면 당신들이나 혹은 당신들 이전에 그 집에 살았던 사람들 중에 누군가가 틀림없이 마법술을 했을 것입니다"라고 말했다.

그들은 자주 아팠는데 의사를 찾아가 보았으나 아무런 도움이 안 됨을 알았다. 그래서 그들은 백방으로 알아보아 한 마법 주술사를 찾았는데 그는 언제든지 그들에게 도움을 줄 수 있는 능력을 보였다.

어느 날 그 마법 주술사는 그들에게 말했다.

"나는 이제 늙어서 기력이 없어요. 머지않아 내가 더 이상 올수가 없을 거예요. 당신들도 하는 법을 직접 배워 익힐 수가 있어요."

그 마법 주술사는 그들에게 공식을 적어 주었다. 그 후 남편은 그 공식을 실험해 보고 그 작용력을 확인했다. 그러자 사람들이 그를 마법 주술사로 찾기 시작하였다. 드디어 부인과 남편 두 사람 모두가 그리스도를 향한 결단을 내리게 되었다.

그들이 밤마다 시커먼 사람을 보기 시작한 시기도 역시 이때였다. 그들은 오랫동안 이 문제로 어려움을 겪어 오다가 타트다이 목사에게 도움을 요청하기에 이르렀다. 그들은 죄를 고백하고 마법술과 절연하였다. 타트다이 목사는 예수 그리스도 이름으로 그들이 풀려났음을 선언해 주었다.

시커먼 형체가 밤에 다시 나타났을 때 남편과 부인이 말하길 "우리는 더 이상 당신을 따르지 않는다. 예수님께서 우리를 풀어 주셨다. 우리는 당신과 절연한다." 그 이후 그들은 평화를 누렸다.

믿는 사람들이 비록 회심을 한 후라 하더라도 그들의 풀려났음을 스스로 선언함과 동시에 카운슬러가 선포해 줄 때까지는 신비력에 대한 영향을 받을 수가 있다는 사실을 알 수 있다.

9. 기도모임을 결성하라

신비력 압박 장애를 겪는 자들을 카운슬링 하는 일은 여럿이서 해야 하는 일이다. 종종 카운슬러 혼자만의 힘으로는 감당해 낼 수가 없으므로 기도 모임의 뒷받침이 필요하다. 슬프게도 기독교인들의 능동적인 합심 기도 모임은 극히 소수 밖에 없다.

기도모임 1

중국에서 여러 해 동안 일했던 한 선교사가 귀국하였다. 그는 더 이상 성경을 읽거나 기도할 수가 없었으며, 마치 영적인 벽에 가로막혀 있는 듯했다. 이 일은 그의 자녀들의 회개를 촉진시켰다. 먼저 큰 딸이 삶을 주님께 다시 바쳤고, 그 다음엔 남동생이 그렇게 했다. 그 둘은 아버지를 위해 합심 기도를 한 결과 하나님께서 그들의 간청을 들어주셔서 그들의 아버지는 다시금 기도할 수 있게 되었다.

기도모임 2

아르헨티나에서의 강연 여행 중 나는 윈터(Winter) 교수를 만났다. 그는 아르헨티나 코르도바(Cordoba)에서 다음 경험을 했다.

그는 여러 해 동안 영접술과 마법술을 해온 어떤 여인을 만나게 되어 악령이 우리의 삶에 미치는 영향과 심령성 재능에 대하여 말해주었다. 여인은 주의 깊게 들으면서 원터 교수가 자신의 말하는 내용에 대하여 확실히 아는지를 살폈다.

교수가 두 번째 방문을 하여 여인이 그리스도를 영접하자 악령들은 복수를 하려고 덤벼들기 시작했다. 여인의 입 속에서 개구리가 툭 튀어나오는 일을 겪었고, 그녀의 침대가 마구 뒤흔들렸으며, 경련으로 고통을 당했다. 기독교인 여럿이 기도 모임을 결성하여 여러 달에 걸쳐 모임을 가졌고, 드디어 여인은 구원받았다. 여인의 구원은 매우 확연하였다. 여인은 주님의 뜻에 자신을 온전히 내맡겼으며 주님의 일에 몸 바쳤다.

기도모임 3

몇 년 전 나는 마틴 로이드 존스(Martyn Lloyd-Jones) 박사의 초청으로 22명의 의사와 정신과 의사들에게 강연을 했다. 나에게 주어진 주제는 악령들림중 이었는데 두 명의 정신과 의사가 나를 공박했고, 다른 두 명이 나를 옹호하고 나섰다.

여기에 한 정신과 의사의 경험을 수록해 보고자 한다.

그 정신과 의사는 믿음을 가진 기독교인으로서 마법 주술이 성행하고 있는 뉴 포레스트(New Forest) 부근에 살고 있었다. 어느 날 한 젊은이가 그에게 찾아왔는데 그는 본래 이러한 마법술 단체들 중 한 조직에 가담했던 자였다. 젊은이는 이 마법 단체가 항상 혼음(混淫)의 난장판으로 끝마무리를 하기 때문에 벗어나고 싶어 했다. 그들은 숲속에 있는 한 수풀에서 정기적으로 모임을 가졌다. 정신과 의사는 여러 사람을 불러 모아 그 집회장소 근처에서 기도를 했다. 마법사들과 영접자들은 의식을 시작하였으나 돌풍이 숲속에 휘몰아쳐 불어서 중단하고 말았다.

정신과 의사는 기독교인 동료들과 기도하면서 그곳에 머물러 있었는데 마법사들이 다시 모임을 시작할 흥미를 잃고 흩어져가자 그제야 돌아갔다.

기도모임 4

남아연방의 포트 엘리자베스에서 한 사나이가 나를 만나러 왔다. 그는 이제 구세군의 일원이다. 그의 숙부는 마법주술사였다.

1947년에 그는 그리스도를 따르기로 결심했다. 동시에 심령성 능력들이 그에게서 나타나기 시작했다. 그의 혀, 뺨, 손은 못으로 찔러도 통증을 전혀 느끼지 못했다. 그는 불도 삼킬 수가 있었다.

기도 모임이 그를 위하여 오랫동안 계속 진행되었다. 구세군 사람들의 성실한 기도를 통하여 그는 다시 풀려났다. 그러나 오늘날까지도 그는 불의 뜨거운 감각을 모른다. 그는 손가락을 대기가 일쑤며 멋모르고 뜨거운 물체를 집는다. 이것은 그의 심령력의 일부 잔재가 여전히 남아있다는 것을 보여준다. 다시 말해서 기도 모임의 합심 기도가 이 사람이 신비력의 최종 찌꺼기로부터 풀림을 받을 때까지 계속 되었어야 하는 것이었다.

기도 모임에 대한 우리의 권능은 마태복음 18:19절에서 찾아볼 수 있다. "너희 중에 두 사람이 땅에서 합심하여 무엇이든지 구하면 하늘에 계신 내 아버지께서 저희를 위하여 이루게 하시리라."

그렇다면 꼭 필요한데 더 이상 사람을 모을 수가 없다면 두 사람으로 기도모임을 결성해도 무방하다.

두 사람이 합심하여 기도하는 성경적 본보기는 사도행전 16:25절에서 보여 진다. "밤중쯤 되어 바울과 실라가 기도하고 찬미 하니라". 또한 사도행전에서 우리는 마리아의 집에 모인 대규모 기도 모임에 대하여도 전해 듣는다. "베드로가 마가라 하는 요한의 어머니 마리아의 집에 가니 여러 사람이 모여 기도 하더라"(행 12:12). 이러한 기도 모임이야말로 주님께서 그의 영광을 드러내 보이시는 곳이다.

10. 기도와 금식을 행하라

우리는 기도와 금식에 대한 권능을 마태복음 17:21절에서 본다.
"이런 종류는 기도와 금식을 하지 않고는 나가지 않느니라".
기도와 금식은 거의 잊혀진바 되었다. 가톨릭교회는 금식을 미덕을 얻기 위한 방법으로 변모시켜 놓았다. 그러나 그것은 금식의 목적이 아니다. 금식은 오로지 집중 기도를 뜻하며, 금식에 관한 상식을 활용하여야 한다.

금식기도 1

한 여선교사가 이스라엘에 가서 40일간 금식기도를 하려는 결심을 했다. 그녀는 마실 것도 일체 입에 대지 않았다. 열이틀 후에 그녀가 쓰러져서 병원에 입원시켰으나 목숨을 구하지 못하였다. 금식하는 사람이라도 매일 필요한 양 만큼의 음료는 마셔야 한다.

나의 저서 '모든 대륙에 임하신 예수' 와 '하나님의 포도주' 에는 마드리스 해협의 다니엘 목사(Father Daniel)에 대한 이야기가 있는데 그는 매년 유월 한 달을 금식기도의 달로 삼았다. 다니엘 목사는 보기 드문 영적 권능을 지닌 사람이다. 그는 심한 압박 장애를 겪고 있는 많은 사람들에게 하나님의 은혜의 손길을 펼 수 있었다.

금식기도 2

동아시아 여행 중에 나는 아이텔(Eitel) 박사를 만났는데 그는 여러 해 동안 장사(長蛇) 병원의 병원장으로 일했다. 그는 나에게 다음 이야기를 해 주었다. 광주에 있는 한 도시가 강력한 도적떼에게 포위당했다. 그 도시는 관군이 수비를 하고 있었으나 숫자가 워낙 열세였다. 열흘간 도적떼를 저지하고 나자 관군의 탄약이 바닥났다.

에바 티일레 빙클러(Eva von Thiele-Winckler)는 멀리 독일에 있었기에 이러한 사건에 대해서는 아무 것도 몰랐지만 중국을 위하여 열흘간 금식하며 기도하여야겠다는 강한 충동을 느꼈다.

열흘이 지날 무렵, 도적떼들이 이상스럽게도 물러가 버렸다. 바로 그 시각에 에바 티일레 빙클러는 일어나 다시 음식을 먹었다. 그녀는 자세한 내막은 몰랐지만 위험이 끝났음을 느낄 수 있었다.

금식기도 3

20년 전에 나는 코부르크(Coburg)에서 몇 차례 강연을 했다. 그곳에서 한 믿음 있는 목사가 나에게 이 이야기를 들려주었다. 그 목사의 교회에 한 여인이 여러 해째 정신과 의사의 치료를 받아오고 있었다. 여인은 정신분열증이라는 진단을 받았다.

여인은 유리창에 악마의 험상궂은 얼굴들이 비치는 것을 보았고, 우울 증세를 보였으며, 자살생각을 품고 있었다. 그래서 목사는 기도모임을 결성하여 여인을 위하여 금식하며 중보기도를 시작하였다. 여인은 영적인 영향을 받으면서부터 눈에 띄게 달라졌다. 따라서 여인은 정신분열증으로 고통 받은 것이 아니라 조상이 저지른 마법죄의 결과로 신비력 압박 장애에 시달렸던 것이 분명하다.

금식기도 4

나의 친구이자 카운슬러인 고트리프 바일란트(Gottlieb Weiland)와 함께 겪었던 극적인 사례 하나를 제시한다.

부활절 월요일이었다. 복음가수인 프란쯔 크니스(Franz Knies)가 카운슬링 받을 젊은이 한 사람을 데려왔는데 그는 그 젊은이를 도울 재간이 없었다. 그곳에는 프란쯔 크니스, 고트리프 바일란트, 그리고 나를 포함하여 셋이 있었다. 크니스가 젊은이에게 물었다.

"호르스트, 어찌된 일인지 말해봐."

"나는 호르스트가 아니야. 나는 호르스트를 점유하고 있어"라는 대답이 튀어 나왔다.

그러나 크니스는 예수님의 이름으로 그 악령에게 명령했다. 그 목소리는 울먹이기 시작했다. "나를 내쫓지 마, 나는 안 나갈 테야. 다른 데 어디로 가란 말이야? 나는 살 곳이 없어."

그때 바일란트는 그 젊은이를 다른 방으로 데려가 이야기를 나누었다. 전부 고백하면서 분명히 예수님을 따르고 싶다고 말했다. 그러자 바일란트는 우리를 그 방으로 불러 들였다. 그와 동시에 호르스트의 얼굴이 변해 조롱하는 웃음을 띠었다. 바일란트가 말했다.

"무릎을 꿇고 함께 기도합시다."

"그렇지만 나는 안할래."

호르스트가 말했다. 우리가 기도하고 있으려니까 호르스트는 못하게 방해를 하였다. 그는 소리를 질렀다.

"기도를 멈추고, 나를 가만히 내버려 두란 말이야."

호르스트는 벌떡 일어나 목을 조를 양으로 두 손을 내 목에 갖다 대었다. 나는 예수님의 보호 아래 나 자신을 두었으므로 그 악령 들린 자가 나에게 손댈 수가 없었다.

나는 말했다.

"너와 나 사이에는 예수님께서 서 계신다."

호르스트는 바닥에 나둥그라졌다. 우리는 기도를 계속 했다. 한 번 더 그 목소리가 나왔다.

"나는 안 나갈 테야. 그러면 나는 또 이리저리 떠돌아 다녀야 한단 말이야. 나는 들어가 살 사람이 필요해."

예수님의 이름으로 우리는 이 세력들더러 그에게서 나가라고 명령했다. 그러자 돌연히 그가 말하기를,

"내가 굳이 나가야 한다면 저 길 아래 선술집에 오늘 오후 내내 앉아있는 술주정뱅이에게 들여 보내줘."

우리는 대답했다.

"예수님의 이름으로 명하노니 예수님께서 보내는 곳으로 가라!"

그때 우리는 증원부대를 불렀다. 그 집안에는 두 명의 여집사가 있었으므로 오라고 해서 우리와 함께 기도했다. 악령 들린 젊은이는 여전히 방바닥에 정신을 잃고 누워 있었다. 여러 목소리들이 그에게서 나왔는데 호르스트에 대해서는 3인칭으로 말했다. 우리는 더 충분한 기도를 하려고 다른 방으로 옮겨갔다. 바일란트가 말했다.

"이런 종류는 기도와 금식이 아니고서는 나가지 않는다고 하신 예수님의 말씀이 적용되는 사람들 중에 하나가 틀림없이 이런 경우일 겁니다."

11. 예수 그리스도의 보혈 아래 자신을 두라

수 년 전 나는 상아해안(Ivory Coast)에 있는 여러 선교 기지를 방문하였다. 나는 무엇보다도 먼저 만(Man)에 일하고 있는 선교사들과 만났는데 여기서 다음의 이야기를 들었다.

그 지역의 이교도들은 만 지역에 있는 개신교 교회협의회의 총 학장을 독살시키려고 애썼는데 그 사람은 신실한 복음전도자였다. 그들은 악어와 표범의 쓸개즙을 사용하였다. 그 복음전도자는 그 음식을 먹고 10분 이내에 죽었어야 했다. 그러나 기껏 해서 가벼운 복통 정도를 겪는데 그쳤다.

일 년 후 그 복음전도자를 살해하려 했던 사나이가 실토를 하기를, "나는 당신을 독살하려 했는데 좌우간 당신의 하나님이 나의 신보다 더 강력합니다."

이 위험스런 지역에서 일하는 선교사들은 매일 예수님의 보혈의 보호 아래 자신들을 둠으로써 적이 넘보지 못하게 했고, 그들은 또한 믿음으로 주장할 수 있는 특별한 성경의 약속들을 알고 있었다.

"여호와의 말씀에 내가 그 사면팔방을 두르는 불 성곽이 되며 그 가운데서 영광이 되리라"(슥 2:5).

"내가 너희에게 뱀과 전갈을 밟으며 원수의 모든 능력을 제어할 권세를 주었으니 너희를 해할 자가 결단코 없으리라"(눅 10:19).

보혈 1

아이텔 박사는 스위스에 있는 목사인 그의 친구에 대하여 나에게 말했다. 그 마을에서는 마법술이 성행하여서 목사는 부인과 더불어 가끔 이 마법술에 대항하는 기도를 했다. 그런데 그 목사 부인이 악령에 들리게 되어 여생 내내 다시 풀려나지 못하였다. 그 목사가 한 말이다. "우리는 예수님의 보혈의 보호 아래 우리 자신을 온전히 두지 못했던 적이 가끔씩 있었나 봅니다."

그런 경우에 내가 해주는 조언은 다르다. 나는 믿는 자들에게 마을 전체의 마법술에 대하여 전반적으로 기도하라고 추천하지는 않으며, 오히려 마법술의 희생자가 된 사람들을 위하여, 특히 그 관행을 끊어버리고자 애쓰는 사람들을 위하여 기도해 주라고 말해준다. 선교현지에서 선교사들이 불교나 힌두교 사원의 승려들을 맞상대하여 기도하는 것을 자신들의 의무로 여기고 그렇게 하다가 정신 나간 사람이 되는 많은 사례들을 들어왔다.

신비력 압박 장애에 시달리는 사람들에게 도움을 주며 목회를 하는 카운슬러들은 한 시도 빈틈없이 예수 그리스도의 보호 아래 자신들을 두도록 해야 한다. 마찬가지로 신비력 압박 장애에서 구원받은 사람들도 매일 예수 그리스도의 보호를 받는 위치에 자신을 두어야 하는데 특히 잠자리에 들어가는 밤에 그러하다.

예수 그리스도의 보혈은 우리의 믿음의 깃발이다(히 9:14, 10:22, 엡 1:7 참조).

12. 예수 그리스도의 이름으로 원수들에게 명령하라

이런 명령이 실효를 거둘 수 있는 방법은 사도행전 16:16-18절에서 사도 바울에 의하여 천명되었다. 빌립보에서 악령 들린 점쟁이와 마주친 사도 바울이 예수 그리스도의 이름으로 악령에게 명령하였을 때 여인은 풀려났다.

우리는 다른 사람을 카운슬링 할 때나 원수가 우리에게 직접 공격을 퍼부을 때에도 예수 그리스도의 이름으로 명령할 수 있다. 예수님의 이름으로 하는 명령은 보다 강력한 유형의 기도와 믿음인 것이다. 어둠의 권세와의 싸움에 직면하여 모든 기독교인은 승리하기 위하여 이 명령법을 실행해야 한다.

어둠의 권세는 주님의 이름 앞에서는 벌벌 떤다. 요한계시록 14:1절에서 우리는 택함 받은 자들이 그 이마에 어린 양의 이름과 아버지의 이름을 기록한 것을 본다. 우리는 주님의 이름을 가진 자이며 따라서 우리는 정복자의 진영에서 행군해 가고 있는 것이다.

명령 1

과거에 나는 아마존 강 상류에 있는 여러 원주민 지역을 여행했다. 나는 또한 푸칼파(Pucallpa) 부근에 있는 신학교도 방문했다.

어느 날 밤 나는 호출되어 젊은 원주민 여인을 만났다. 나는 여인이 마법사들에게 다섯 차례 갔다는 사실과, 마법의 물약인 아야후스카(Ayahusca)를 마셨음을 알아냈다. 여인은 마법사처럼 곧잘 영접경에 빠져들며 그런 다음 대단한 고음으로 목청을 돋우어 노래를 부르기 시작하는 것이었다.

기독교 신앙에 관해서라면 여인은 완전히 백지상태였다. 그런데 이제 한 시 반이나 된 한밤중에 그 여인을 도와달라고 내가 호출되었다. 여인은 한 시간 쯤 전부터 계속 마법 노래를 부르고 있었다.

나는 예수님의 보혈의 보호를 받으면서 그 여인과 함께 기도했다. 그리고 나서 예수 그리스도의 이름으로 세력들에게 여인에게서 떠나가라고 명령했으며, 또한 여인에게도 즉시 마법 노래를 그치라고 명령했다. 여인은 즉시 멈추었고 더 이상 노래를 부르지 않았다.

명령 2

스위스 쪼핑겐(Zofingen) 부근에서 열린 전도 집회 때 한 믿음의 형제가 나에게 카운슬링을 받으러 왔다. 그의 여동생은 유령이 출몰하는 집에서 살고 있었는데 남편은 기독교인이 아니었다. 남편이 잠자리에 들면 침대가 공중으로 붕 떠오르며 이리저리 흔들렸다. 흔들거리며 미끄러져 가는 이런 현상은 영접자의 집에서 특히 잘 발견된다. 기독교인인 부인은 남편에게 그런 일이 일어날 때 그리스도의 이름을 부르라고 말해 주었다. 한 번은 그가 잠이 곤히 들었을 때였다. 얼핏 잠을 깨고 보니 누군가 그의 양어깨를 꽉 내리누르는 것 같았다. 그가 내리누르는 한 쪽을 덥석 움켜잡고 보니 동물의 발톱부리였다. 부인의 조언대로 그는 예수님을 간절히 부르짖었다. 그러자 날카로운 동물의 발이 사라져 버렸다.

여기서 우리는 믿지 않는 자가 예수의 이름을 부르자 주님께서 실제로 응답하시는 장면을 본다. 이것은 약속을 이루심이다. "누구든지 주의 이름을 부르는 자는 구원을 얻으리라"(행 2:21).

그러나 예수님의 이름이 마법 공식처럼 사용되어서는 안 되며, 혹 그렇게 된다면 그렇게 한 자에게는 한층 더한 곤란과 압박 장애가 초래될 것이다. 성경말씀과 예수님의 이름은 마법 공식이 아니다. 우리는 또한 믿지 않는 자들이 고통의 시기에 예수님의 이름을 외치면 일시적 도움을 받는다는 것을 알 수 있다.

그러나 당사자가 그리스도께 온전히 자신을 내맡길 때까지는 공격이 항상 계속된다.

명령 3

샌프란시스코에서 열린 어느 목회자 집회에서 한 목사가 다음 경험을 발표했다. 그의 교회에 나오는 젊은 여인 하나가 회심하여 기도 모임에 참석하기 시작했는데, 기도 중에 그 여인은 항상 의식을 잃고 영접경에 빠져 "깨어 기도하라!"고 외치면서 실내를 이리저리 휘젓고 다녔다.

목사는 이런 일이 벌어지는 것을 세 번이나 목격했다. 그 교회 교우들은 참 멋진 일이라고 생각했으나 목사는 의견을 달리 했다. 목사는 예수님의 이름으로 여인에게 멈추라고 명령했다. 여인은 구원 받았으며, 여인도 구원받은 것을 기뻐했다. 전에 이 여인이 영접자 집회에 참석했던 사실이 드러났다. 바로 그곳에서 여인은 영접경에 빠져드는 능력을 습득했던 것이다. 회심을 했음에도 불구하고 여인은 그 목사가 예수 그리스도의 이름으로 악령에게 명령했을 때까지 여전히 신비력 압박장애를 겪고 있었던 것이다.

여기서도 우리는 다시금 회심을 해도 모든 신비력 속박장애가 즉시로 사라지지 않는 것을 본다. 혹 이런 일이 일어난다면 그것은 하나님의 강하신 손길이시다. 그러나 종종 그런 사람은 전문화된 카운슬링을 필요로 한다.

예수님의 이름으로 명령하는 문제는 또한 악령축출에 대해 우리는 어떻게 생각해야 하는가 라는 물음으로 끌고 간다. 이 문제에 대하여 몇 마디 간략하게 정리해 본다.

"권능으로 그가 더러운 귀신들을 명한 즉 순종하는 도다."

주님의 제자들도 똑같은 권능을 예수님께로부터 받았다.

"예수께서 그 열 두 제자를 부르사 더러운 귀신을 쫓아내는 권능을 주시니라."

이러한 본문들은 예수님과 그 제자들이 악령 축출을 했다는 확증을 우리에게 준다.

섭리신학(Dispensational Theology)의 일부 지지자들은 이런 권능이 1세기 전에 끝났다고 말한다. 우리가 성경의 정경(正經)을 갖고 난 이후 성령의 은사의 모두 혹은 대부분이 자취를 감추었다고 한다.

이 신학은 다만 부분적으로 옳을 뿐이다. 정경의 확정과 더불어 사라진 은사도 더러 있기는 하다. 예컨대 나의 견해로는 지난날에 대한 예언이 그런 것이다. 그러나 기독교인의 항구적인 갑주의 일부를 이루고 있는 권세와 은사들도 있으며 이런 것들 중 하나가 예수님의 이름으로 악령을 명하여 쫓아내는 권능이다.

1900년에 이르는 교회 역사에서 교회의 거의 모든 위대한 인물들이 그 권능을 행했다. 따라서 나는 하필이면 20세기의 사람들이 그것도 다른 면에서는 명성을 떨치는 자들이 각종 잡지에 이 은사가 과거에 속한 낡은 것이라고 선언하는데 대하여 도무지 이해할 수 없다. 나로서는 그들이 악령 들린 자를 다루어 본 경험이 전무한 점을 들어서 이러한 진술에 맞설 수 있을 뿐이다. 만일 그들이 그런 경험을 한다면 그들은 이처럼 비성경적인 견해를 취하지는 않을 것이다.

이방 마법사들과 비기독교의 추종자들, 예컨대 회교도, 힌두교도, 불교도들도 역시 악귀 축출 형식을 가지고 있는 점을 지적해 넘으로써 악령 축출을 일축해 버릴 수는 없다. 유일한 진짜 악령축출은 예수 그리스도의 이름으로 행해지는 것이다.

중세기의 로마 가톨릭 교회는 가끔 악령 축출을 웅장한 광경의 종교적 구경거리로 만들었다. 이런 일이 진짜 악령 축출까지도 먹칠을 하고 말았다.

그러나 가톨릭교회가 개신교단보다 악령들림증과 악령 축출에 관한 문제를 더 철저히 논의해왔던 점을 인정해야 한다. 나는 이 점을 가톨릭 교도가 아닌 개신교도의 입장에서 밝혀 말한다. 따라서 이로 인해 내가 하는 말에 특별한 비중이 주어지는 바이다. 최근 사례를 하나 들어본다.

악령들림증에 관한 문제는 쉽사리 진단되는 이상질환조차도 악령들림증이라고 생각해 버리는 광신자들의 주장 탓으로 몹시 혼동을 빚고 있다. 뿐만 아니라 엑소시스트(The Exorcist)와 같은 선풍적 인기를 끈 영화로 더 한층 심한 혼동이 야기되었다. 그 영화는 악령들림증의 문제를 사탄적 형태로 왜곡시킨 것이다.

비록 100건의 악령축출 중에서 99건이 비성경적이라는 통계가 성립되고 있는 실정이지만, 그러나 여전히 참된 악령 축출을 필요로 하는 진짜 악령들림증의 경우가 소수 존재한다.

나는 이런 종류의 정통적인 사례들을 잘 알고 있다. 동료들과 함께 악령 들린 사람들을 직접 보아 왔는데 그들은 의심할 여지조차 없는 악령들림증의 증세를 나타내 보였으며, 예수 그리스도의 이름을 통하여 구원을 받았다.

21세기에 이르러서도 여전히 우리로 예수 그리스도께서 이루신 승리의 일부분을 알고 체험하도록 허락해 주신데 대하여 하나님께 감사를 드릴 따름이다.

13. 은혜의 수단을 부지런히 활용하라

사도행전 2:42절을 보면 은혜를 받는 방도가 예시되어 있다. "저희가 사도의 가르침을 받아 서로 교제하며 떡을 떼며 기도하기를 전혀 힘쓰니라". 여기에는 그리스도인의 삶을 쌓아올리도록 영적 벽돌의 구실을 하는 네 가지 요소로 하나님의 말씀, 믿는 자의 교제, 성찬, 그리고 개인적 합심 기도가 열거되어 있다.

신비력 압박 장애를 겪는 많은 사람들이 절연의 기도를 하는 지점에까지는 곧잘 인도받는다. 그런데 일부는 다음과 같이 생각해 버린다.

"자, 이쯤 이르렀으니 이젠 그 지긋지긋한 압박장애중에서 영구히 풀려났을 거야!"

그러나 때때로 이러한 것들과 모두 절연했음에도 불구하고 압박장애중이 계속된다. 이것은 구원받은 자가 은혜의 방도를 충실히 활용하지 못하기 때문이다. 은혜의 방도로써 영적인 삶의 영양을 공급하지 않는 자는 자유로움을 유지할 수 없으며, 끊임없이 사탄이 노리는 목표가 될 뿐이다. 우리가 은혜의 방도로 충실하고 부지런하게 활용하는 것은 예수 그리스도를 따르는 믿음생활에 중요한 핵심이다.

은혜 1

한 여인이 바바리아(Bavaria) 지방에 있는 어느 대도시에서 나를 만나러 왔다. 여인은 커다란 영적인 어려움을 겪고 있었다. 여인의 어머니와 할머니가 영접자의 탁자초혼술을 했었는데 내 책들을 읽고 나서 그녀의 고통거리가 조상들의 영접술에서 비롯된 것을 알게 되었다.

여인은 그 도시에 있는 어느 목사를 찾아갔으나 그 목사는 무지하고 경험이 없어서 그녀의 텔레파시와 투시력이 하나님의 은사라고 말해주었다. 여인은 그것이 압박장애증의 한 형태인 것을 곧바로 알았던 터라 서둘러 나에게 찾아와 조언을 요청했다. 여인은 그녀의 모든 죄를 고백하고 나서 그리스도께 헌신하는 삶을 재다짐 했다.

나는 여인과 더불어 절연의 기도를 했다. 이렇게 했는데도 불구하고 여인은 여전히 자신과 하나님 사이에 벽이 가로놓인 듯한 감을 느꼈다고 그 후에 내게 말했다. 나는 여인에게 살고 있는 도시의 여러 곳을 살펴보고 기도모임을 함께 결성하고자 하는 기독교인이 다소라도 있는지 알아보라고 답변해 주었다. 동시에 나는 사도행전 2:42절에 언급되어 있는 은혜의 방도를 충실히 활용하라고 여인을 독려하였다.

은혜 2

스위스에서 열린 전도대회 중에 40세가량의 사나이가 나에게 카운슬링 받으러 왔다. 사나이는 10년간 두통으로 고생해 오고 있었다. 그는 잘 알려진 치료사 두 사람을 찾아가 보았고, 또한 여자 마법주술사도 찾아가 보았다. 세 사람 모두가 한결같은 말을 사나이에게 했다. "우리가 해낼 도리가 없군요. 누군가 우리를 방해하고 있어요. 적대 세력이 있는데요." 사나이의 부인은 충실한 기도의 여인이어서 성경에 주어진 모든 도움과 약속을 활용하는 사람이었다.

매일매일 자신의 영적 삶을 부지런하고 충실하게 살찌우지 않는 자는 신비력에 사로잡힌 과거에서 풀려날 수 없으며 항상 사탄이 넘보아 먹기 쉬운 먹이이다.

14. 영적 전신갑주로 무장하라

에베소서 6:10-18절에서 바울은 그의 편지 한 단락을 할애하여 하나님께서 제공해 주시는 영적인 갑주에 대하여 쓰고 있다. 그는 하나님의 전신갑주에 대하여 말한다. 의의 흉배, 믿음의 방패, 구원의 투구 그리고 성령의 검.

이 용어들은 군사용어에서 따온 말들이다. 바울은 군사용어를 사용함으로써 우리가 사탄 및 그의 악령 무리들과 대치하여 싸우는, 실탄이 오가는 전쟁터에 진을 치고 있음을 생생히 보여주려 한다.

적은 항상 면갑(面甲)을 걷어 올려 얼굴을 내민 채 싸우지 않는다. 오히려 종교적 위장을 하고 많은 공격을 일삼는다. 바울이 에베소서 6:11에서 마귀의 궤계에 대하여 논하는 이유가 바로 이 때문이다.

내가 토론토(Toronto)에 있을 적에 말부르크(Marburg)선교회에서 온 메리 클리(Mary Klee)라는 자매가 내게 한 말이다.

"사탄 숭배라고 하면 즉시 그 좌표를 알아보는데, 소위 성령은사운동이나 오순절 교회의 여러 갈래를 들먹거리고 나오면 좀처럼 알아볼 수가 없어요. 그 모두가 매우 영적인 것처럼 들려서 분간하기가 애매모호한 지경이에요."

마귀의 궤계에 대하여 바울이 말했던 것과 똑같은 말을 이 자매도 하고 있다.

우리는 마태복음 4장에서 마귀가 성경을 교묘히 이용하여 공격하는 광경을 본다. 악마도 성경을 안다. 그러나 예수께서는 훨씬 더 성경을 잘 아시며, 또 경건하게 들리는 사탄의 공격을 성경의 다른 본문으로 대처해 나갈 수 있는 능력을 지니고 계신다.

성경은 손에 연필을 쥐고서 정독을 해야 한다. 우리는 유의해 보고 싶은 구절과 사탄의 공격에 맞서 싸울 때 활용할 수 있는 구절에 모조리 밑줄을 그어가며 읽어야 한다. 사탄이 최악의 공격을 나에게 퍼부을 때에도 나는 성경말씀을 활용하여 나 자신을 구할 수 있었으며, 그 성경말씀 덕분에 나는 온갖 싸움을 모두 치뤄 왔다. 혹 영적인 냄새를 풍기는 악령들이 우리를 혼동케 하려 할 때엔 우리는 예수님께서 하신 것처럼 '또 기록되었으되'로 응수해야 한다. 성경에 나오는 말씀을 오용하거나 왜곡시킨 것에 맞서 우리는 성경의 올바른 적용으로 답변을 해야 한다.

무장 1

캐나다에서의 강연 여행 중 모 목사가 자신의 교회에 나오는 한 여인이 하나님께서 미래사를 알아맞히는 능력을 자기에게 주셨다고 주장하고 나선 일을 말해주었다. 그 목사는 여인을 일깨워 주려고 노력했으나 여인은 막무가내로 그의 조언을 받아들이지 않았다. 면담을 끝내고 여인과 더불어 목사가 기도했을 때 여인의 눈에서 괴상스런 힘이 그에게로 향해 왔다. 그것은 마치 그를 덮치려는 먹구름과도 같았다. 목사는 보호받기 위해 예수님께로 피신하여 하나님의 전신갑주인 믿음의 방패와 구원의 투구를 요청할 도리밖에 없었다.

군사장비의 여러 부분품을 살펴보면, 갑옷, 흉배판, 방패 및 투구는 적의 공격을 물리치는 데 도움을 주는 방어 장비이며, 검은 공격무기이다. 에베소서에는 네 종류의 방어 장비가 언급되었고 공격 무기는 하나이다. 이것은 우리를 둘러싼 위험의 정도를 나타내 준다.

15. 어둠의 권세를 쳐부순 예수 그리스도의 승리를 깨달아라

승리 1

나는 리베리아(Liberia)에서 다음과 같은 경험을 했다. 나는 일꾼 100명을 고용하고 있는 어느 농장을 방문했다. 그 농장 관리인은 어떤 비밀단체에 소속했었는데 그리스도께로 온 후로 그 비밀단체를 떠나게 되자 몇 사람과 철천지원수를 맺게 되었다. 그는 기독교인 몇 사람을 집에 불러 모아 성경을 읽고 함께 기도했다.

어느 날 열 살 난 그의 아들이 아프다고 펄쩍펄쩍 뛰며 집에 돌아왔다. 한 시간 반 쯤 후에 아들은 죽었다. 비밀단체 회원들 소행으로 아들이 독살 당했음이 밝혀졌다. 6개월 쯤 지난 후 또 다른 아들이 몹시 아프다고 울먹이며 집에 돌아왔다. 그러나 이번에는 그 아버지와 믿음의 동료들도 대비가 되어 있었다. 그들은 기도하며 예수님의 승리가 소년을 감쌌음을 선언하였다. 얼마 동안 소년은 완전히 눈이 멀었다. 그러나 그들이 소년과 함께 기도하며 안수해 주자 소년은 점차 회복하여 시력과 건강을 되찾았다.

처음 공격을 당했을 때는 이 기독교인들이 어둠의 권세에 놀라 어쩔 줄 몰랐으나, 두 번째엔 경각심을 느끼고, 그리스도의 승리를 주장하고 나설 수가 있었다.

승리 2

어떤 믿음의 여인이 뷔르쯔부르크(Wurzburg)에서 하룻밤을 보냈다. 잠자리에 들려고 하는데 문이 모두 닫혀 있음에도 불구하고 여인 하나가 방안으로 걸어 들어오는 것이었다. 그녀는 목이 잘리는 듯 한 아픔에 외마디 소리를 질렀다. 믿음의 여인은 얼어붙듯이 자지러져서 기도조차도 할 수 없었다. 드디어 여인은 "예수님, 예수님, 예수님!" 하고 간신히 외쳤다. 여인이 외치고 나자 마비증세가 가시고 환영도 사라져 버렸다.

승리 3

내가 필리핀의 마닐라시에 있는 연합교회에서 강연을 할 때 갑자기 전기불이 나갔다. 그래서 누군가가 촛불 두 개를 켜서 내 앞에 갖다 놓았다. 불꽃이 가물거리며 점점 작아지며 꺼지려하자 한 선교사가 손을 오므려 촛불을 감쌌다. 교회 내부에는 바람이 들어올 틈도 없었고 또 선교사의 손으로 가려 막았는데도 촛불은 여전히 꺼질듯 했다. 바로 이때 나는 어둠의 세력이 퍼붓는 공격이란 걸 알아차리고 마음속으로 말했다.

"예수님의 이름으로 나는 너 어둠의 세력이 물러갈 것을 명령한다." 그러자 촛불은 다시 정상이 되었다. 나는 자리를 함께 한 선교사에게 말했다. "악령이 하는 짓입니다."

후에 그 교회 안에 마법사인 힐롯 한 사람이 와 있었음이 판명되었다. 그는 땀을 뻘뻘 흘리면서 집회에서 빠져 나왔다. 그가 내 가까이 바짝 서 있었으므로 나는 말을 걸었다. 그는 마법력으로 촛불을 꺼비린 사실을 순순히 시인하면서 보다 강력한 힘이 가로막지만 않았다면 촛불도 마저 꺼버렸을 것이라고 말했다. 이 힐롯은 또한 마법력으로 원거리에서도 사람을 죽일 수 있다고 장담했다.

나는 선교사들과 나눠본 대화에서 이것이 가능함을 안다. 필리핀의 힐롯

(Hilots), 하와이의 카후나(Kahunas), 그리고 뉴기니아의 사우구마(Saugumas)는 '살생의 마법'을 행할 수 있는 능력을 소유하고 있다.

승리 4

남부 뷔르템베르크(Wurttemberg)에서 열린 전도대회 기간 중에 두 남자가 나를 찾아왔다. 그들은 형제였는데 제분소 하나를 경영하고 있었다. 그 제분소에 또 한 명의 방아꾼이 일하러 왔는데, 그는 곧 나이어린 여동생에게 눈독을 들였다. 그는 영접자로서 탁자초혼술을 했고, 모세 6·7경을 사용했으며, 또 정신암시술을 했다. 밤이면 그는 점찍어 둔 처녀를 "오라!"고 불렀다. 그러면 처녀는 마치 몽유병자처럼 그 사내의 방으로 가는 것이었다. 결국 그들은 결혼을 했다. 그의 어린 아내가 병원에 입원했을 때 언니는 밤중에 "이리와!"하고 부르는 그 똑같은 부름을 열 번이나 들었다. 그러나 언니는 예수님의 이름을 부르며 그 사내의 부름을 이겨냈다.

나를 찾아온 두 형제는 이 영접자 때문에 몹시 어려움을 당하고 있었다. 그들은 도깨비가 시끄럽게 날뛰는 소리를 들었고, 시커먼 형체가 그들에게 다가오는 것을 보았다. 그러나 예수님의 이름을 부르며 기도하면 이 도깨비 형상이 사라져 버렸다.

그 사내는 세 사람 모두를 땅 속에 파묻을 때까지 가만히 내버려두지 않겠다고 말했다. 뿐만 아니라 제분소와 세 사람 몫의 유산을 혼자 독차지하고 싶어 하였다.

지금까지 그 사내는 성공을 못 거두었는데 이유는 두 형제와 언니, 그리고 그의 나이어린 아내가 모두 믿음을 가진 기독교인이기 때문이었다. 단 한 가지 실수는 나이어린 여동생이 이 끔찍스런 사내와 결혼하는데 동의한 일이었다.

승리 5

이제 스위스에서 나온 사례를 하나 들어본다. 이 일은 내 친구 중 한 사람에게 일어났던 일이다. 복음전도자 O.H.는 스위스 유라(Jura)에서 복음전도대회를 열고 있었다. 그가 일했던 계곡은 마법술로 널리 알려졌었는데 첫 집회를 마친 날 밤에 그는 돌연 문이 꼭꼭 닫힌 그의 방에서 시커먼 형체를 보았다. 그 시커먼 형체가 말했다. "나는 이 계곡의 영주이다. 떠나가라, 만약 말을 듣지 않으면 죽일 테다!"

그 다음날 아침 그 복음전도자는 여러 친구들에게 전화를 걸어 전날 밤에 일어났던 일을 말해 주면서 자신을 위해 기도해 줄 것을 부탁하였다. 그는 계곡을 떠나지 않았다.

두 번째 집회가 끝난 날에 그는 다시 그 유령을 보았다. "24시간 여유를 주겠다. 그때까지 사라지지 않으면 너는 송장이 될 거다."라며 그 형체가 말했다. 복음전도자는 자지러지는 듯 한 전율을 느끼며 아무리 기도하려고 해도 입술이 움직이지 않았다. 그는 마음속으로 거듭거듭 "예수님, 예수님, 예수님!" 하고 되뇌는 도리밖에 없었다.

다음날 아침 그는 더 많은 사람들에게 연락하여 기도를 부탁했다. 세 번째 집회가 끝난 후 그 검은 형체는 더 이상 나타나지 않았다. 모든 것이 잠잠하였다. 그 전도대회는 풍성한 축복을 받아 수많은 사람들이 그리스도를 믿게 되었으며, 다수가 신비력의 멍에에서 풀려났다.

우리는 여기서 요한일서 4:4절이 이루어진 것을 본다.
"너희 안에 계신 이가 세상에 있는 자보다 크심이라."

그러나 나는 사람들이 이 말씀을 취하여 적절치 못한 상황에서 무책임하게 사용하는 일이 없기를 간구한다. 나는 이와 같은 말씀으로 자신들의 행위를 정당화 시키려다가 겉만 아는 탓으로 그만 사탄의 공격을 받아 쓰러져버린 무책임한 기독교인들을 다수 만나보았기 때문이다. 사탄의 힘을 아는 사람은 결코 사탄을 얕잡아 보지 않는다. 그러나 그는 또한 예수님의 경이로운 승리의 능력에 대하여 더 한층 잘 알기 때문에 믿음으로 그 권능을 주장하고 나선다.

구약성경에 나오는 말씀을 들어 이 절을 끝맺음하고자 한다. 이스라엘 백성들은 홍해 앞에 멈춰서 있었고, 애굽인들이 뒤쫓아 오는 상황에 처했다. 이스라엘의 처지는 절망적이었다. 그들은 모세에게 아우성쳤다. "왜 우리를 애굽에서 이끌어 내었는가? 이제 애굽인의 손에서 우리를 구하라."

모세는 하나님께 기도했고, 하나님께서 그에게 응답하셨다.

"어찌하여 내게 부르짖느뇨. 이스라엘 백성에게 명하여 앞으로 나가라고 말하라."

하나님께서는 승리가 이미 확정되어 있음을 모세에게 뚜렷이 알려주셨다.

"승리가 거기에 있다, 주장하고 나서라!"

그때 모세는 바닷물 위로 지팡이를 치켜 올리자 물이 갈라져 이스라엘 백성은 마른 땅을 밟듯 바다를 건너 하나님께서 그들을 위하여 예비해 두신 승리를 쟁취했다.

갈보리의 십자가상에서도 역시 하나님께서 우리를 위하여 승리를 그처럼 예비해 두셨던 터이므로 싸움에 허덕이고 있는 우리에게 하나님께서 소리치신다.

"어찌하여 내게 부르짖느뇨. 승리가 거기에 있다. 외치고 나서라!" 한 미국찬송가의 후렴처럼 "승리를 깨달아라!" 그것이 분부이다.

16. 악령의 되돌아옴을 경계하라

누가복음 11:24절에서 우리는 내쫓긴 악령이 기를 쓰고 다시 들어오려 한다는 경고를 받는다. 악령들이 전에 거하던 집이 말끔하게 수리된 모습을 보고는 더 악한 영들을 데리고 들어와 거함으로써 그 사람의 나중 형편은 처음보다 더욱 악화된다.

카운슬링 하는 일에 관계를 맺어본 악령 들린 사람은 쫓겨난 악령이 다시 들어와 형편을 더욱 악화시키는 문제를 잘 알고 있다. 나도 카운슬링을 하면서 이런 일을 여러 번 겪어 보았다.

악령이 한 사람에게서 나가 다른 가족이나 친구에게 들어가는 일도 역시 가끔 일어난다. 한두 가지 사례를 들면 다음과 같다.

경계 1

파리, 보오, 그리고 노젠에서의 강연 여행 중 나는 여러 사람을 카운슬링 해주었다. 어느 신학교 기숙사의 여 관리인은 내게 영접자 초혼집회에 참석 한 적이 있었던 한 여학생에 대하여 말했는데, 참석 후 나이가 스무 살인데도 불구하고 매일 잠자리에서 오줌을 쌌다. 전에는 그러지 않았다. 여 관리인은 여학생을 위하여 집중적으로 기도했다. 그 결과 여학생은 오줌을 싸지 않게 되었으나 이번에는 도리어 관리인이 오줌을 싸기 시작하였다.

그녀는 몇몇 믿는 형제들을 수소문 하였다. 그리하여 그들이 와서 그녀에게 안수하며 기도해 주었다. 그러자 이번에는 여 관리인이 잠자리 적시는 일을 그치고 여학생이 다시 오줌싸개가 되었다.

이 사건은 여 관리인과 여학생이 받았던 카운슬링이 적합지 못했음을 드러내준다. 신비력 속박장애로 시달리는 사람들을 카운슬링 하는 일에 대하여 속속들이 알지 못하고 있는 신앙인들이 너무 많다.

경계 2

오스트레일리아에서 강연 여행을 하던 중 나는 특히 리버우드에서 강연했다. 강연이 끝난 후 어떤 젊은이가 나에게 카운슬링을 받으러 왔다. 그 젊은이는 죄를 고백했고, 그리스도께 그의 삶을 내맡겼으며, 과거 영접술과 관련을 맺었던 적이 있었으므로 절연의 기도를 했다.

일주일 후 젊은이는 다시 와서 기독교인이 된 이후 보이지 않는 세계로부터 공격을 받게 되었다고 말했다. 다시 말해서 그는 영접술의 영향에서 아직 완전히 풀려나지 못했거나, 아니면 그가 이런 보이지 않는 세력들을 물리칠 수 있을 정도로 충분히 무장되어 있지 않았던 것이다. 단 한 번의 카운슬링 목회에서 구원에 관한 모든 것과 풀려나 자유를 누리는 일에 관한 모두를 다 말해줄 수는 없는 노릇이다.

경계 3

스위스에서 열린 전도대회에서 한 여인이 그리스도를 믿게 되었다. 그이후 여인은 광란케 되었는데 그녀가 심한 신비력 압박장애증을 겪고 있었기 때문이었다. 미쳐버린 여인을 기독교인 친구 하나가 돌보아 주었다. 그러나 여인은 광란 발작 중 죽었다. 그러자 이번에는 지금까지 기도해주던 기독교인 친구가 우울증에 걸렸다. 그 이후 그녀는 하나님께 속한 일들을 전혀 거들떠보지도 않았다.

여기서 우리가 보는 바는 악령이 한 사람에게서 떠나 다른 사람에게로 들어가는 과정이다. 악령은 죽은 시체 속에 머물러 있으려 하지 않는다. 한 사람이 죽고 나면 악령들은 그 사람을 떠나 살기 적합한 또 다른 곳을 찾아 나선다. 때때로 악령들은 가족이나 친구에게로 들어간다.

이 사례는 압박장애를 받거나 악령 들린 사람을 위하여 분별없이 기도해 주어서는 안 된다는 사실을 보여준다.

우리는 그리스도의 보혈의 보호 아래 놓여 있어야 하며, 피치 못 할 경우라 하더라도 심한 압박장애증인 경우에 있어서는 기도 모임의 합심기도 때에 한하여 그 사람을 위한 기도를 하는 것이 바람직하다. 경험이 없는 연고로 보호되지 못한 기독교인들이 너무 많이 있다.

17. 온전한 헌신을 아끼지 말라

예수님과 관계를 맺는 경우 단지 반쪽 마음만 드리는 사람들은 사탄의 공격을 이겨낼 수 없다.

헌신 1

취리히에서 한 청년이 나에게 카운슬링을 받으러 왔다. 청년은 5년간 '영적인 결사지부'에 소속해 왔다고 내게 말했다. 그는 그 결사지부를 그만두고, 그리스도께 삶을 바쳤다. 그 후 그는 대단히 강력한 속박과 무서운 압박증을 겪었다. 그는 올바로 믿거나 기도할 수가 없었다. 커다란 장애물이 가로 놓여서 구원의 확신을 찾을 수가 없었다. 아마도 그가 영적인 결사지부의 문헌을 불태워버리거나 옛 친구들과의 관계를 끊지 않았던 것이 그 이유였을 것이다.

예수 그리스도를 따르는 데 전심을 다하지 않는 자들은 승리를 얻지 못한다.

헌신 2

내가 경험해 본 악령들림증의 최악의 경우가 필리핀에서 있었다. 나는 마닐라 근교에 있는 어느 신학대학에서 강연을 했었는데, 한 청년이 나에게 카운슬링 받으러 왔다. 내가 그와 더불어 기도를 하자 청년은 영접경에 빠져들었고, 다른 목소리가 그에게서 튀어 나왔다. 몇몇 목소리들은 청년이 전혀 배운 적이 없는 언어로 말했다. 청년은 필리핀의 방언과 영어만을 알고 있을 뿐이다. 청년의 입을 통해 말하는 악령들은 유창한 러시아어와 다른 여러 언어로 말했다. 내 생애 중에 겪었던 가장 긴 시간의 카운슬링 목회가 바로 이번 경우였는데, 무려 19시간 30분이나 계속되었고, 그동안 신학대학의 믿음이 있는 교수들의 지원을 받았다.

우리는 그 목소리들에게 물었다.

"너희는 어째서 이 젊은이 안에 들어와 있느냐?"

그들은 영어로 답변했다.

"이 자가 온전한 헌신을 하지 않았으므로 우리가 덮쳤다."

예수께 삶을 불완전하게 바친 헌신은 악령력이 얼른 들어오도록 문을 활짝 열어놓는 것과 다름이 없다. 이 장시간의 카운슬링 목회를 마치고 난 후에 젊은이는 회심 때와 첫 고백을 하는 과정에서 말하지 않았던 여러 가지 일을 고백했다. 악령들의 증언은 사실이었다.

반쪽 마음의 엉거주춤한 태도는 하나님 나라에선 위험스런 일이다. 복음 전도자 고트리프 바일란트는 가끔 청중들에게 질문을 했다.

"반쪽 1000개는 온전한 것 몇 개가 됩니까?"

그러면 흔히 이런 대답이 나온다.

"500개."

바일란트는 다음과 같이 답변해 준다.

"틀렸습니다. 반쪽짜리 기독교인 천 명을 합친다고 하더라도 단 한 사람의 온전한 그리스도인보다 못합니다."

독일 천막 전도의 창시자 야콥 페터는 종종 청중들에게 이렇게 외친다. "반쪽짜리는 아무짝에도 쓸모가 없으며 차라리 없느니만 못합니다."

18. 구원은 오직 예수 그리스도를 통하여서만 가능한 것임을 명확히 깨닫자

이 말에 담겨 있는 진리의 여러 측면은 주의 깊게 고찰되어야 할 필요가 있다.

신비력 압박장애를 받고 있는 사람에게는 경험 있는 카운슬러에게 가보라는 조언이 우선 되어야 한다. 신비술이란 미로는 너무도 위험스러워서 일단 걸려든 사람이 스스로의 힘으로 빠져 나온다는 것은 거의 불가능에 가깝다. 이 분야에 정통한 카운슬러를 만나볼 필요가 있다. 나는 신비력 재능을 하나님의 은사, 즉 성령의 은사라고 생각하는 신학자와 목사들을 많이 보았다.

신비력 압박 장애자가 살고 있는 지역에 마땅한 카운슬러가 없다면 어떻게 해야 하는가? 하나님께서는 우리 사람보다 확실히 더 자비로우시다. 하나님은 우리의 도움을 필요로 하지 않으신다. 하나님은 인적조차 안 닿는 황야에서도 길을 만드실 수 있다.

그 한 예로 어느 날 나는 프랑스에서 편지 한 통을 받았다. 한 여인이 신비술에 관한 내 책들을 읽고 내가 제시한 조언을 받아들였다고 편지로 알려왔다. 하나님의 선하심으로 여인은 구원을 받았다.

오직예수 1

뉴질랜드에서도 비슷한 이야기를 들었다. 나는 오토로행가(Otorohanga)에 있는 어느 침례교회에서 복음을 전하고 있었다. 예배 후에 한 여인이 부속실로 나를 찾아왔다. 여인은 주일학교 부장이라고 말했다. 여인은 전에 마법술을 하였는데, 한 친구에게 나의 저서 '그리스도와 사탄의 사이' 한 권을 받은 후 여인은 눈이 번쩍 떠졌고, 예수 그리스도께 풀어주실 것을 간구하여 카운슬러의 도움 없이 구원을 받았다. 여인이 살고 있는 지역에서는 마땅한 카운슬러를 한 사람도 찾아볼 수 없었다.

오직예수 2

나는 오스트레일리아에서도 똑같은 경험을 한 적이 있다. 공항에서 한 여인이 내게 다가와 이야기를 하였다. 그 여인은 그리스도인이었다. 어느 날 여인은 서점 진열장에서 내 저서 '그리스도와 사탄의 사이'가 눈에 띄어 그 책을 샀다.

그 책은 여인의 가정에 일대 변혁을 일으켰다. 여인의 아들 앨런(Allan)은 마법술을 그만 두고 회개함으로, 주님을 영접했다. 내가 그 다음번 오스트레일리아에 갔을 때 그 아들은 음악인으로서 내 여행에 동행하고 싶어 하였다.

이것들은 모두가 예외적인 사례들로써 원칙이 아니다. 요한복음 8:36절의 말씀을 주목해 보도록 하자. "그러므로 아들이 너희를 자유케 하면 너희가 참으로 자유하리라."

주님께서는 카운슬러의 도움이 있건 없건 간에 사람들을 자유케 해주실 수 있다. "여호와께서 집을 세우지 아니하시면 세우는 수고가 헛되도다"(시 127:1).

우리는 이 말씀을 적용하여 다음과 같이 말할 수 있으리라.

"주님께서 카운슬링을 하시지 않으면 카운슬링 하는 자의 그 카운슬링이 헛일이 되도다."

오직예수 3

어떤 여인이 내게 자신의 인생 편력을 말해주었다. 열두 살 때 여인은 사마귀 때문에 주술치료를 받았다. 후에 여인은 점술을 했는데 점쟁이를 즐겨 찾아다니기도 했고 다른 사람에게 점을 보아주기도 했다. 그 다음엔 요가와 명상을 했으니 설상가상으로 여인의 속박 장애증을 더욱 촉진시킨 꼴이 되었다.

서른네 살 때 여인은 전도대회에 참석하여 복음전도자의 카운슬링을 받은 후 그리스도를 만났다. 그녀가 회심하자 이상질환이 나타나기 시작하였다. 믿음을 가진 기독교인이 여인과 더불어 권능으로 기도하면 여인의 마음은 종잡을 수 없이 방황하였고, 온 몸이 타는 듯이 화끈거렸다. 최악의 일은 여인에게 불치의 결막염이 발병한 것이었다. 결막염은 눈의 망막에 부분적 또는 완전 실명을 일으키는 병으로써 여인은 거의 실명상태였다.

고통에 빠진 여인은 믿는 형제 몇 사람을 찾아다녔는데 그들이 야고보서 5:14절에 따라 여인을 위하여 안수하며 기도해 주었다. 그 기도는 응답되었으며 주님께선 이 형제들의 간구를 명예롭게 해주셨다.

혹 카운슬링 교육을 받은 사람들이 신비력 압박 장애자를 다루는 일을 하고 있다면 그들은 예수님과 도움을 구하는 사람 사이에 끼어들어 가로막아서는 안 된다. 예수님을 만나보려는 자를 위하여 그 길은 탁 트인 채로 내버려 두어야 한다.

19. 범사에 순종하라

육군 원수 몰트케(Moltke)가 어느 날 어떤 여 집사 수련원을 방문하여 그곳의 자매들에게 연설을 했다는 일화가 있다. 그것은 전 시대를 통틀어 가장 짧은 연설이었다. 그는 말했다.

"자매들이여, 순종하라!"

단 두 마디뿐인 연설이다.

티모르(Timor)섬에서 일어난 인도네시아의 신앙부흥에서는 단 한 마디가 중요한 역할을 했다. 그것은 순종이란 말이었다.

믿음이 있는 그리스도인이라도 범사에 주님께 순종하기란 여간 힘든 일이 아니다. 우리는 고삐를 남에게 넘기기를 매우 못마땅해 한다. 우리는 나름대로 계획을 세우고 마음대로 행동하고 결정하기를 원하며, 이찌하라는 말 듣기를 좋아하지 않는다.

회심을 한 후에도 주님께 순종하지 않는 자들은 좌절과 패배를 수없이 겪을 것이다.

크든 작던 간에 그날그날의 일상적인 일에서 보이는 순종은 커다란 축복을 가져온다. 반면 불순종은 우리의 영적 능력을 마비시킨다.

빌립보서 2:8절은 예수님에 관하여 다음과 같이 말하고 있다. "그는 죽기까지 순종하셨도다."

바울이 받은 사명의 일부가 바로 믿음의 순종을 불러일으키는 것이었고 (롬 1:5), 베드로는 진리에 순종할 것을 말했다(벧전 1:22).

순종 1

수년 전 친교 운동에 몸담고 일하는 나이 지긋한 형제가 내게 마음을 털어 놓았다. 1차 세계대전이 끝나 귀향했을 때 그는 하나님께 생의 동반자를 주시기를 간구하였다.

어느 날 그는 한 아리따운 처녀를 만났는데, 그 처녀가 그를 즉시 사로잡았다. 불행스럽게도 그 처녀는 믿는 사람이 아니었다. 그는 사랑에 푹 빠져서 자신의 사랑으로 처녀를 예수님께 인도할 수 있을 거라 생각을 했다. 그러나 마음 저편 한 구석에서 나오는 경고의 목소리를 그는 들었다. "너희는 믿지 않는 자와 멍에를 같이 하지 말라"(고후 6:14).

그는 그 경고를 무시해버리고 이 믿음이 없는 처녀와 결혼을 했다. 결혼 첫 해부터 문제가 속속들이 나타나기 시작했는데, 그녀는 "교회에 나가기는 하겠지만 당신의 친교 테두리에 나를 끌어들일 생각은 아예 그만두세요."라고 말했다.

이것이 그들 부부 사이에 불협화음을 불러 일으켰고, 따라서 그는 자신의 양심이 들려준 경고의 음성에 순종치 않았음을 후회하지 않을 수 없었다. 이 형제의 결혼은 수난이 되고 말았다. 그의 부인은 거세었고, 멋대로 결정을 했다. 그는 가정의 평화를 위해 점점 더 함구한 채 조용해져 갔다.

그는 남은 일생 동안 자신의 불순종의 열매를 거두어 들였다. 그의 부인은 회심하지 않았다. 그녀는 교회예배에 출석하는 일조차도 처음에 약속했던 대로 하지 않았다. 그러나 드디어 그녀는 호적수를 만났다. 그녀의 딸도 그녀가 젊었을 때처럼 예뻤고, 그녀에 못지 않은 불신자였다. 딸이 결혼하자 그 어머니는 젊은 신혼부부를 마음대로 할 수 있을 것이라 생각했다. 그녀는 뱃심 두둑한 사위를 계산에 넣지 못한 것이다. 사위는 여러 차례 장모에게 '감내라 대추내라 하는 식의 명령'을 그만 두라고 말했다. 그녀가 이 말을 아랑곳하지 않자 사위는 장모의 뺨따귀를 불이 튀도록 후려 갈겨서 지배하려는 장모의 욕구를 싹 가시게 만들어 놓았다.

대체 어디서 일이 잘못되기 시작한 것일까? 그 친교운동 요원이 결혼하는 일에 불순종하여 믿지 않는 처녀와 결혼한 때부터이다. 그는 죽는 그날까지 이 잘못된 결정의 결과들을 감내해야만 할 것이다.

20. 성령의 충만하심을 입어라

요즈음 성령에 대한 의견들이 부쩍 많아 졌다. 그러나 비성경적인 것이 성경적인 것보다 더 많으니 큰일이다.

성령충만 1

나는 남부 독일에서 열린 목회자 집회에 참석하였다. 벤더(Bender)를 위시하여 지방교구 감독들도 그 집회에 참석해 있었다. 논의 주제는 성령이었다. 한 젊은 여자 신학자가 일어나서 발언했다.

"우리는 유아세례 때 성령을 받습니다."

이 말에 나는 등골이 오싹했는데 누구 하나 일어나 반박하는 사람조차 없었기에 더했다.

독일에는 전 인구의 90%가 유아 때 세례를 받고 있다. 따라서 우리는 독일인의 90%가 (은행 강도, 살인자, 강간 살해자, 그리고 거드름 피우고 자기만족에 취하여 호사스럽게 사는 시민들까지도) 성령을 지니고 있다는 결론에 이르게 된다.

터무니없기 짝이 없는 생각이다. 그런데도 국교회 소속 140여명의 목사들이 참석해 있는 자리에서 이런 말이 발표되었다. 휴식시간에 나는 사회자에게 찾아가 이같은 비성경적 발언에 동의하지 않는다는 나의 견해를 선언해 줄 것을 요청하였다.

그 당시 나는 아직 애송이 목사였던지라 벤더 감독은 내가 항의를 한다는 이유로 몹시 꾸지람 하였는데, 비단 이번 뿐만이 아니고 이미 수차례였다.

또 다른 극단은 몇몇 광신적 집단들의 과열된 분위기인데, 그들은 성령의 다스림 안에서 사는 참된 성경적 삶보다도 방언에 더 큰 가치를 부여한다. 다음 사례는 인도네시아 소우(Soe)에서 일어났던 일이다.

성령충만 2

소우에서 신앙부흥이 일어난 후 미국의 오순절 계통 목사들이 그 신앙부흥을 목격하려고 몰려갔다. 그들이 도착하기 전 소우에 있는 지도적 형제들은 주님의 경고를 받다. "성령에 대하여 잘못된 가르침을 가진 자들이 몰려오고 있도다. 그들이 여기서 연설하도록 허락해서는 안 된다. 그렇지 않으면 그들이 교회를 혼동케 하리라." 미국인들은 당도하자 곧 많은 돈을 뿌림으로써 사람들 사이에 인기를 끌었다. 그 교회의 대 집회 때 미국인들은 연단에 내빈으로 자리 잡고 있었다. 집회는 계속 진행되어 많은 연사들이 증언을 했다. 그러나 미국인들에게는 발언할 기회가 주어지지 않았다. 드디어 그들은 조바심을 내어 간청했다.

"우리도 간증을 하고 싶은데 허락하시겠습니까?"

"안됩니다."

의장으로 집회를 진행하던 다니엘(Daniel)목사가 대답하였습니다.

"주님께서 당신들은 성령에 대하여 잘못된 교리를 가지고 있다고 경고를 주셨습니다."

그것은 6,000마일이나 되는 거리를 날아온 사람들에게는 꽤나 싸늘한 소나기 세례였다.

싸늘하고 생기 없는 "교회 지상론(churchianity)"과 극단주의자들의 지나치게 흥분된 분위기 사이에 진리는 자리 잡고 있다.

진리는 성경에서 아주 명료하게 나타나 있다.

우리는 거듭날 때 성령을 받는다. 성령이 아니고서는 아무도 예수를 주님이라고 부를 수 없다(고전 12:3). 유아 세례는 거듭남과 동일한 것이 아니다.

우리는 거듭남에 덧붙여 또 한 번의 큰 체험을 할 필요가 없다. 그 형태가 "제2의 축복"이든 부가적인 "성령세례"이든 간에 그러하다. 단 두 가지 축복밖에 줄 것이 없다면 그런 주님을 나는 따르지 않을 것이다. 우리가 그분과 함께 살고 있는 하루하루가 다 축복이다.

성령에 대하여 말하고 있는 모든 성경 구절들이 다 내게는 매우 중요하다. 그러나 우리가 이 구절들을 가려 뽑아 잘못된 교리를 만들 만한 권리는 결단코 없다.

성경의 가르침을 간략히 요약하면 다음과 같다.

첫째, 우리는 거듭날 때 성령을 받는다. 거듭날 때 우리는 성령으로 채워져 봉인된다.

둘째, 우리는 이 출발점에 가만히 서 있어서는 안 된다. 에베소교회에 있는 믿는 자들이 성령으로 충만한 것을 경험했지만 바울은 에베소서 5:18절에서 "성령으로 충만하라"고 말했다. 이것은 우리가 완전한 영적 구원이란 제2의 경험으로 성령세례를 필요로 하지 않는다는 뜻이다. 우리가 거듭남으로 그리스도 교회의 일원이 된 후에도 우리는 끊임없는 성령 충만을 필요로 한다. 물론 여기에는 많은 문제들이 답변되지 않은 채 남아있다. 그 문제들은 성령 은사론에서 이미 언급되어 있다.

신비적 힘과 영향이 미치는 영역에서 구원된 사람은 성령의 능력 안에 굳게 서서 예수님을 따라야 한다. 사탄의 세력권은 이제 등 뒤로 내버려졌고, 믿는 자는 하나님 나라의 일원이 된 것이다.

이 20가지 요점이 청사진이 아니라는 사실을 거듭 되풀이 한다고 해서 유감스럽게 여기지 않기를 바란다.

우리가 필요한 것은 청사진도 아니요 판에 박힌 일도 아니요 방법론도 아니요 어떤 체계도 아니며 오로지 예수 그리스도 한 분이다. 그분이 사탄의 권세에서 우리를 구해낼 수 있는 능력을 지닌 유일한 분이시다.

신비력 압박 장애자들이 자유를 찾을 수 있도록 도움을 주는 그 어떤 가능한 일들이 성경에 내포되어 있는지를 가르쳐주는 일은 이제까지 중요한 역할을 해왔다.

4부
정복자의 대열

사탄숭배자들에게서 예수 그리스도에게로
점성술이냐 예수 그리스도냐
마법사
강력자 정복

마귀의 궤계를 능히 대적하기 위하여
하나님의 전신갑주를 입으라
엡 6:11

역사적으로 볼 때 개선장군이 정벌한 적장수들을 전승행렬에 끌고 오는 것은 관습으로 전해져 내려오고 있다.

우리는 사무엘상 15장에서 한 사례를 본다. 사울왕은 아말렉 사람을 전멸하고 아말렉의 왕 아각을 포로로 끌고 왔다.

동일한 관례가 고대 로마에서도 보여 진다. 귀국하여 돌아오는 정복자들에게는 개선 행렬이 허용되었는데 그 정복자들을 뒤따르는 행렬에는 사로잡은 적들이 끼여 있다.

이사야서 53:12은 모든 시대를 통틀어 가장 막강한 정복자에 대하여 이처럼 말하고 있다.

"내가 그로 존귀한 자와 함께 분깃을 얻게 하며 강한 자와 함께 탈취한 것을 나누게 하리라"(독일 번역본: 그는 그 강한 자를 전리품으로 삼으리라).

누가 정복자 중에 가장 막강한 자인가? 누가 강한 자를 전리품으로 삼을 자인가?

다음 장들이 해답을 줄 것이다.

사탄숭배자들에게서 예수 그리스도께로

주님께서는 내게 과거의 사탄숭배자 한 사람을 만나도록 허락해 주셨다. 그 사람은 나에게 그의 인생노정을 출판하도록 허락해 주었으며, 아울러 나의 통신지를 받아보는 사람들에게 기도를 부탁하였다. 이 형제의 이름은 데이비드 한센(David Hansen)인데 우리가 서로 만났다가 헤어진 지 수개월 후에 짤막한 자서전을 적어 보냈다. 여기에 전부를 옮겨 적기에는 너무 길므로 그 편지의 서론 부분만을 옮겨 적어 다음 이야기의 배경 설명으로 삼고자 한다.

친애하는 코흐 박사님께!

5월 19일, 캘리포니아주 산타 바바라에 있는 성삼위일체 침례교회(Trinity Baptist church)에서 예배 후에 박사님과 함께 시간을 보낼 수 있었던 기회에 감사드립니다. 그때가 저에게는 대단히 중요한 만남으로써 격려와 축복에 찬 대면이었습니다.

저는 그리스도께 몸 바친 박사님의 헌신적인 삶과 주님께서 당신에게 부여해 주신 그런 임무에 감명 받아 하나님께 찬양 드립니다. 박사님의 저서 '하나님의 포도주'를 읽었을 때에도 저는 또다시 축복을 받았으며, 용기백배되는 힘을 얻었습니다. 제가 당신의 저서를 한 권 한 권 읽어갈 때마다 주님께서는 그리스도께 몸 바친 당신의 삶을 사용하셔서 저에게 힘과 용기를 주셨습니다. 이제 저는 매일 기도로 박사님을 성원합니다.

그러면 이제 이 사람의 이야기를 전개해 보기로 한다. 이 사나이는 고등학교 교사인데 가정과 교회에서 늘 들었던 기독교에 대해 불만스럽게 생각했다. 그는 기독교 가르침과 실제생활 사이에 커다란 괴리가 존재하고 있는 것을 두 눈으로 똑똑히 보았다. 그는 자신의 삶에서도 의욕과 실천 사이에 모순이 있음을 인정할 만큼 정직하였다. 따라서 그는 자신의 삶을 받쳐줄 견고한 터전을 찾아보려고 애썼다. 그는 자신이 원하는 삶을 살게 해 줄 수 있는 모종의 능력을 찾아보고자 힘썼다.

어느 날 밤 그는 어떤 사탄 숭배자가 텔레비전에서 하는 말을 들었다. 그 사탄 숭배자는 사탄의 능력을 격찬하고 있었다.
"여러분이 능력을 원한다면 우리는 여러분에게 능력을 줄 것이며 줄 수 있습니다. 기독교는 이미 오래 전에 한물갔습니다. 그 어떤 경우에도 기독교는 그 신자들에게 아무 것도 제공해 오지 못했습니다."
그날 밤 살아갈 지표를 찾아 애써온 이 체육교사는 결단을 내렸다. 그는 가장 가까운 사탄숭배 사교의 주소와 집회장을 문의하였다. 그곳은 싸우전드 오크스(Thousand Oaks) 근처에 있는 해골협곡(Skeleton Canyon)이었는데 산타 바바라와 로스엔젤레스 사이에 있는 지점이었다.

이 교사는 2년간 이 집단의 회원으로 있었다. 대개 그들은 토요일 오후 4시부터 밤늦게까지 해골협곡에 모여 흑색미사를 올리고 혼음(混淫)의 난장판을 벌였다. 데이비드는 모든 것을 사탄에게 바쳤다. 그의 삶, 영혼, 가정, 수입, 자동차 그리고 가족까지 바쳤다. 그러나 이처럼 완전히 다 바쳤음에도 불구하고 그에게 평화가 오지 않았다. 어둠의 세력은 그의 영혼을 덮쳤고, 자살충동이 그를 괴롭혔다.

어느 날 그는 자신이 주인으로 모신 사탄에게 기도를 하고 있었다. 그는 하나님을 저주하였는데 그것은 사탄에게 드리는 참 기도에 꼭 요구되는 사항이었다. 그때 요한일서 4:4 말씀이 얼핏 마음속에 떠올랐다. "너희 안에 계신 이가 세상에 있는 자보다 크시도다."

그래도 그는 부글부글 끓어오르는 증오를 나타내며 계속 하나님께 저주를 퍼부었다. 그런데 그는 커다란 평화가 그의 마음속에 퍼져 들어오며 방 전체에 가득 차는 것을 느꼈다. 그 분위기는 그를 압도하였다. 그것은 하나님께서 보내주시는 것이었다. 갑자기 데이비드는 침대에서 벌떡 일어나 앉아 하나님께 도움을 간구하였다. 하나님께서는 그의 기도와 외침을 들으셨다.

그 이후 데이비드의 생활은 새로운 진로에 접어들었다. 그는 성경을 꺼내 매일 열심히 탐독하였다. 그의 평화는 더욱 심화되어 갔다.

그런데 토요일이 다가왔다. 그의 옛 동료들은 해골협곡에서 모임을 가질 것이다. 데이비드는 어찌해야 할지 인도해 달라고 기도했다. 그는 한 번 더 그 모임에 참석하여 동료들에게 자신이 떠난다는 사실을 알리고 예수 그리스도를 증거 하기로 결심했다.

이런 일은 함부로 흉내내서는 안 되는 일이다. 카운슬러로서 나는 그 누구에게도 그 같은 사악한 모임의 현장을 방문하라고 조언하지 않는다. 그러나 이 경우엔 데이비드가 갈 수 있다는 내적 자유를 느꼈을 뿐만 아니라 필요한 힘과 권능을 받았던 것이다.

그는 해골협곡에 갔다. 모든 회원이 다 모였을 때 그는 떠난다는 사실을 설명하고 예수 그리스도가 그의 구원자이며 대속자임을 증언하였다. 그의 동료들은 깜짝 놀랐으나 이상스럽게도 그를 가로막지 않았다. 그들은 이처럼 말할 뿐이었다.

"이러는 이유가 뭐야? 그렇게 해서 당신은 무얼 얻는 거지?"

데이비드는 답변을 해 줄 만반의 준비가 되어 있었다.

"우리가 교제해오고 있는 삶이 나에게 가져다주는 것이라고는 평화의 결핍, 실망과 자살생각 이외에 아무 것도 없기 때문에 나는 이 길을 택하고 있는 거야! 내가 그리스도와 더불어 이미 얻은 바는 참으로 수긍이 가는 내적 평화야!"

그의 그리스도에 대한 증언과 뒤이어 벌어진 토론은 무려 9시간이나 진행되었다. 그 결과 그의 많은 동료들이 말했다.

"우리도 당신 편에 가담하겠어. 당신의 문제가 바로 우리의 문제잖아. 우리도 역시 그리스도가 줄 수 있다고 말하는 그런 평화를 찾고 있는 거야."

이 모임의 결과는 데이비드가 주님으로부터 사교 모임에 가라는 사명을 받았음을 보여준다.

사탄의 수중에서 탈출하려는 자는 사탄의 보복에 대비를 해야 한다. 그 사교의 집회 장소에서 거둔 예수 그리스도의 이같은 압도적 대승리에 뒤이어 그날 밤 데이비드는 사탄의 직접적인 개입을 체험했다.

"너는 내 소유물이야. 만일 네가 나에게서 달아나려 하면 네 아이를 죽이고 너를 가난뱅이로 만들어 버릴 테다!"

그 사악한 존재의 말이었다. 그러나 데이비드는 무슨 일이 있더라도 예수님께 대한 믿음을 지키기로 각오하였다.

그 다음날 아침 그의 아이가 몹시 아팠으므로 병원에 입원시켰다. 3주일 동안이나 치료를 받았으나 아이는 결국 죽고 말았다. 치료비가 약 3,000달러에 달했다. 사탄은 협박을 실행에 옮겼다. 아이는 죽었고 그 가정은 경제적 파산에 직면했다.

여기서 나는 이야기를 잠시 중단한다. 나는 이미 뉴스 통신지에 데이비드의 경험을 짤막하게 실어 보냈었다. 그 결과 이야기의 이 부분을 빼버리라고 요청하는 편지를 많이 받았다. 일부 기독교인들은 사람이 회심하고 나면 모든 것을 용서받고 모든 문제가 척척 풀려나간다고 믿는 이유 때문에 화를 냈다.

한 가지는 사실이다. 사람이 회심하면 그의 모든 죄는 용서를 받는다. 그러나 그 결과까지도 없어지는 것은 아니다. 결단코 그렇지 않다. 성경은 우리에게 피상적이며 사리분별 없는 신학을 제공하지는 않는다.

가끔 내가 사용하는 예증이 이러한 사실을 더욱 뚜렷이 알게 하는데 도움을 줄 것이다. 한 망나니가 방탕한 생활 끝에 매독에 걸렸다고 하자. 그 후 그는 그리스도를 발견하였고, 따라서 그의 타락 생활에 대한 용서도 받았다. 그러나 이것이 곧바로 그의 성병이 고침 받는 것을 뜻하지는 않는다. 아마도 상당기간의 의학적 치료가 필요할 것이다.

성경에는 피상적인 신학을 터무니없게 보이도록 하는 구절들이 다소 있다. 이사야 45:7절을 상고해 보라.

"나는 평안도 짓고 환난도 창조하나니"

하나님께서 환난을 창조하신다? 아모스 3:6절을 생각해 보라.

"여호와의 시키심이 아니고야 재앙이 어찌 성읍에 임하겠느냐?"

하나님께서 재앙을 부른다?

철없고 피상적인 기독교인들은 하나님의 성스러우심과 의로우심을 망각하고 사탄의 능력을 과소평가한다.

데이비드는 악마에게 스스로 서명하여 자신을 넘겨주었고 하나님을 저주하였다. 하나님께서 아이의 죽음과 경제적 파탄을 허락하셨을지라도 그것은 하나님께서 관여하시는 일이다. 더욱이 데이비드는 그 어린애가 아직 어머니 모태에 있을 적에 이미 사탄에게 헌납되었다고 내게 말했다.

이처럼 처절한 좌절을 겪었음에도 불구하고 데이비드는 흐트러짐 없이 예수님을 따랐다. 그 이후 그는 자신과 가족을 매일 예수님의 보호아래 맡겼다.

그는 도움을 받기 위하여 기도로 자신을 지원해 줄 신앙인들을 몇 사람 찾아보았으나 몹시 실망하고 말았다. 기독교인들은 그를 겁내며 슬슬 피했다. 서구 세계에 있는 기독교인들이 고통 받고 위협받는 동료 기독교인들에게 도움을 줄 수 있는 기도 모임의 조직에 그다지 관심을 보이지 않는 일은 비극이다.

그 이후 데이비드는 많은 교회에 축복을 가져다주었다. 그는 초청받아 가는 곳마다 그리스도께서 자신을 사탄의 올무에서 풀어주신 방법에 대하여 증언한다. 하나님께서는 이 형제에게 신비력 압박 장애자들을 카운슬링 해줄 수 있는 능력을 주셨다. 많은 교회들이 그에게 문을 활짝 열었다.

그러한 목회는 이해력 있는 기독교인들의 기도 지원을 필요로 한다. 나는 이 기회를 빌려 나를 성원하여 기도해 주는 모든 분들에게 그를 위하여서도 중보 기도를 충실히 계속해 줄 것을 부탁드린다.

이 경험은 다음 질문에 대한 첫 응답이다.
"강한 자를 전리품으로 삼을 자가 과연 누구인가?"
우리는 그분을 안다.

점성술이냐 예수 그리스도냐

1972년 나는 퀘백(Quebec)시에 있는 프랑스계 교회에서 점술이란 주제로 강연을 했다. 강연 후에 토론이 있었는데 장발의 한 젊은이가 일어나서 말했다.

"나는 점성가인 동시에 기독교인입니다."

그러고 나서 그는 내가 말했던 내용 몇 가지를 논박하였다. 나는 대답해 주었다.

"당신은 점성가이든가 기독교인이던가 그 어느 한 쪽입니다. 두 가지가 동시에 양립될 수는 없습니다."

"왜 안 됩니까?"

장발의 젊은이가 물었다.

"집에 돌아가시면 이사야 47:12-14절을 읽어 보십시오."

나는 그때 세 구절을 인용하였으며 이 젊은이와의 토론은 그것으로 끝났다.

약 6개월 후에 나는 우편으로 소책자를 받았다. 앞표지에는 두 사진이 있었는데, 위 사진은 덥수룩한 장발의 모습이었고, 아래 사진은 머리를 단정하게 깎은 젊은이었다. 그 두 사진 사이에 닮은 점이라고는 눈 씻고 봐도 찾을 수 없었다. 사진 사이에는 "내가 점성술을 박차버린 이유"라는 제목이 있었다.

이 소책자에는 아이브 페테르(Ives Petelle)의 증언이 담겨져 있었다. 그의 이야기를 간단히 훑어보기로 한다.

페테르는 몬트리얼(Montreal)의 어느 가톨릭 가정에서 자라났다. 그의 아버지는 캐나다인이 경영하는 어느 공장에 근무했다. 성장해가면서 페테르는 예능과 연극에 흥미를 가졌다. 그는 공립 연극학교에서 공부하고 싶어 입학시험에 응시했으나 그 공립 학교장은 다음과 같은 이유를 들어 그를 낙방시켰다. "재능의 결핍은 아니다. 훈련의 적응성 부족이다." 페테르의 거친 생활을 아는 사람은 누구나 이 논평을 수긍한다.

그 후에도 연극 연구생이 되려고 여러 번 응시했으나 번번이 낙방하는 바람에 그는 흥미를 잃었다. 연속되는 실망에 못 이겨, 그는 마약복용에 발을 들여 놓았다. 그는 불쾌한 삶의 경험을 잊어버리며, 과거를 떨쳐버리고 싶었다. 마약도 그가 바라는 의미와 성취감을 안겨주지 못했다. 그래서 그는 점성술을 택했다.

그는 점성술을 전공으로 삼아 3년간 공부하였다. 그는 의학적 진단을 내리기 위하여 별점을 쳤고, 천궁도에 힘입어 미래사를 예언해보려고도 했다. 그는 또한 성격분석을 실습했고, 정신측정술도 시도했다. 이것이 생계비를 벌어들이는 수단이 되었다.

그러면 그의 삶의 대전환은 어떻게 일어났는가? 그가 바라던 전문교육을 받지 못한 실망감과 마약 중독은 아마도 페테르가 무의식적으로도 채우고 싶어 했던 어떤 진공(眞空)을 남겼던 것 같다.

그는 1971년 말에 한 친구가 회심한 것을 보고서 그의 삶에 새로운 방향을 모색해 볼 수 있다는 격려를 받았다. 페테르는 친구가 그리스도를 따르려는 결심을 한 후 성격에 큰 변화가 일어난 것을 보았다. 여기에 자극을 받은 페테르는 마음 내키는 대로 성경을 펼쳐 읽기 시작했다.

그의 삶의 방향을 재설정하게 된 다음 단계는 이미 말했듯이 퀘백 주에 있는 어느 프랑스계 교회에서 했던 내 설교가 원인이 되었다.

페테르는 갖은 고초를 겪는 싸움 끝에 드디어 크리스탈 공이나 진동자에서와 마찬가지로 하늘의 별자리에서도 초자연적 능력과 지혜가 존재하지 않는다는 인식에 도달했다.

이러한 초자연적 능력은 그 같은 수단을 써서 점술을 하는 사람의 내면에 존재하는 것이 아니다. 이런 초자연력은 바로 사탄에게서 온다. 이사야 47장, 신명기 18:9-12절과 같은 많은 성경구절들이 그를 인도하여 이 사실을 깨닫게 해주었다.

비록 그가 이런 것들을 알게 되기는 했지만 곧바로 그의 생활에 실질적인 변화로까지 몰고 가지는 못했다. 그는 필히 한 가지 더 지적받아야만 했다.

신비술에 관한 연속 강연이 몬트리올에서 열리는 국제 신비 과학 집회에서 있다는 광고가 나왔다. 페테르는 아직 점성술과 관련하여 자신이 서있는 위치가 어떤 곳인지, 특히 생계비를 벌어들이는 수단이 되다보니 확신을 가지지 못한 채 엉거주춤하고 있었다. 그는 집회를 찾아갔다. 그가 그곳에서 느꼈던 전적인 반발심이 도화선이 되어 그는 신비술 관행을 완전히 결별하기에 이르렀다.

몬트리올에서 열린 이 신비술 축제에서 페테르는 한 가톨릭 신부와 대화를 주고 받았다. 그 신부는 페테르에게 미해결의 문제를 풀기 위하여 크리스탈 공을 사용해 보라고 조언해 주었다. 다시 말해서 그 신부는 페테르에게 점술을 통하여 도움을 구해보라고 말한 것이었다.

이 젊은이의 마음은 벌컥 뒤집혀 안정을 찾지 못하고 안절부절 하였다. 그는 점성술과 모든 점술의 기법이 기독교 신앙과 상충된다는 사실을 깨달았다.

결국 그는 그리스도를 따르려는 결단을 내렸다. 페테르에게는 이것이야말로 완전한 새 생활의 시작이었다.

그의 철저한 회심의 효과는 곧 분명해졌다. 페테르는 퀘벡시에서 자그마한 피자 식당을 개업했다. 그가 그리스도께 인도한 첫 번째 사람들은 종업원들이었다. 내가 캐나다를 열여덟 번째 여행하는 중에 그의 종업원들을 만나본 것은 새삼스러운 경험이었다. 그들은 옆구리에 성경을 끼고 식당에 출근하여 성경읽기와 합심기도로 하루일과를 시작했다.

그가 회심한 지 18개월이 지났을 때 페테르는 벌써 23명의 젊은이를 그리스도께 인도했다. 내가 벧엘신학교(the Bethel Bible School)에서 강연을 했을 때 나에게 말을 걸어온 한 학생도 페테르의 인도로 그리스도께 나온 자였다. 페테르는 영적인 것들에 관하여 고객들에게 말해주는 것을 부끄럽게 여기지 않으며, 서슴없이 손님들과 함께 기도했다.

주님을 섬기는 일에 능동적인 사람은 누구든지 사탄의 보복 공격을 예상해야 한다. 보복 공격은 매우 거센 힘으로 몰아닥친다. 페테르는 하나님 나라에 있는 다른 많은 사람들처럼 쏘는 살을 맞아 쓰러지기 쉬운 처지에 있다. 이런 이유로 인하여 나는 내 통신지에서 두 번씩이나 그를 위하여 기도해 줄 것을 사람들에게 부탁하였다. 지금 또다시 나는 그를 위하여 열심히 중보기도에 진력해 줄 것을 나의 모든 기도 동료들에게 부탁하는 바이다.

그리스도의 교회는 최전선에서 맞붙어 싸우는 전사들을 잃고 마는 실패를 종종 거듭해 왔다. 페테르는 원수와 직접 주먹을 주고받는 싸움에 뛰어든 중이다. 그리하여 그는 종종 각지로 여행하며 자신이 몸소 해본 점성술과 신비술에 대항하여 강연을 하며 사람들에게 경고를 준다.

마법사

선교 현지에서 나는 사도행전 13장에 나오는 엘리마스처럼 암흑의 기법을 행하며, 사람들을 그리스도께로 나오지 못하게 가로막는 사람들을 종종 만났다.

나는 이 책에서 마법술에 관하여 이미 충분히 썼다. 이 장에서는 마법사들이 그리스도를 통하여 어떻게 자유롭게 풀려 나왔는가 하는 문제에 대하여 쓰고자 한다.

나는 뉴기니에 있는 간디(Gandi)를 기억한다. 내가 오스트레일리아 남양선교회(the Australian South Sea Mission) 소속의 여러 기지를 방문하고 있을 때였다. 리스베드 쉬라더(Lisbeth Schrader)자매가 나를 기독교인이 된 옛 마법사들에게 소개시켜 주었다. 그의 이야기는 이미 나의 저서 '예수 인도하심 따라'에 언급된 바 있다.

어느 곳을 막론하고 사람들 사이에는 암흑의 기법을 행하며 악마의 주구 노릇을 함으로써 많은 질고를 불러일으키는 마법사들이 끼어있다.

예컨대, 수년 전 독일 홀스타인(Holstein) 주에 있는 어떤 마법사는 사탄의 힘을 이용하여 세 사람을 죽였다고 내게 말했다. 오늘날 그는 예수님의 사도이다.

한 경험이 나의 기억에 깊은 감명을 남겼다. 그것은 어떤 마법사의 회심이었는데, 나는 그를 그리스도께로 인도해 줄 수 있었다.

어떤 루터교 교회에서 설교를 마친 후 한 사내가 내가 있던 부속실로 부리나케 뛰어들어 왔다. 미처 말릴 겨를도 없이 그는 무릎을 꿇고 울면서 죄를 고백했다. 그는 몹시 깊은 감동을 받아 스스로를 자제하여 가눌 수조차 없을 정도였다. 강력한 충격이 그 사내를 연타하여 울게 만든 것이었다.

마법술과 주술치료에 공격을 퍼부은 내 설교를 듣고서 그의 양심은 찔림을 받았다. 그는 하나님 앞에서 마법술을 단호히 끊어 버렸다. 그를 그리스도께로 인도해 주는 것은 쉬웠다. 성령께서도 분명히 역사하고 계셨다. 나는 그와 더불어 절연의 기도를 했고, 주님의 이름으로 그가 풀려났음을 선언해 주었다(마 18:18).

그 다음날 나는 딴 곳으로 여행해야 했으며, 그 사람과 연락이 두절되었다. 약 2년 후 나는 그 마을에서 멀지 않은 곳을 방문했다.

그 옛날 마법사는 직접 오지 못하고 대신 친구를 시켜 전갈을 보내왔다. "코호 박사에게 그날 이후 내가 풀려나 자유롭게 되었으며, 그 이후부터 내가 예수님을 따르고 있음을 전해 주게나." 그것은 내가 하는 목회의 갖가지 어려움 속에서 받는 기쁜 소식이었다.

그 이후 나는 그에 관하여 더 이상 소식을 듣지 못하였다. 그런데 8년 후, 나는 그가 살던 곳에서 200마일쯤 떨어진 장소에서 열린 어떤 선교사 집회에서 강연을 하였다. 그 집회에 참석한 사람들 가운데 한 사람이 내게 다가와 말을 걸었다.

"아직도 저를 알아보십니까?"

나는 모른다고 대답했다.

"제가 바로 목사님께서 그리스도께로 인도해 주셨던 그 옛날 마법사입니다. 저는 지금도 항상 주님을 따르고 있습니다."

나의 기쁨은 말할 수 없었다. 그 형제는 말했다.

"박사님께서 아직 모르시는 사실이 하나 있습니다. 제가 목사님을 찾아갔을 그 당시에 저는 폐병에 걸려 있었습니다. 제가 회심 하고나자 폐병이 멈춰졌다는 사실을 여태껏 말씀드리지 않고 숨겨 왔습니다. 저는 확증이 설 때까지 기다려 보고 싶었기 때문입니다. 이제 그 이후 10여 년이 되었습니다. 주님께서는 제게 갑절의 기적을 베풀어 주셨습니다. 저의 모든 죄를 용서해 주셨고, 사탄의 올무에서 저를 풀어 주셨으며, 폐병을 고쳐 주셨습니다."

그리고 보면 예수님께서 제자들을 내보내실 당시에 그들에게 부여하신 원초적인 임무를 드러내는 예증이 바로 여기에 있다. 누가복음 9:1-2에서 우리는 읽는다.

"예수께서 열두 제자를 불러 모으사 모든 귀신을 제어하며 병을 고치는 능력과 권세를 주시고, 하나님의 나라를 전파하며, 앓는 자를 고치게 하려고 내어 보내셨도다."

복음전파, 병 고침, 악령축출이 예수님께서 부여하신 사명의 세 가지 요점이다. 이 구절들은 사도시대에만 적용된다고 믿는 기독교계 종사자들도 많이 있다. 물론 사도시대에 한 이 말씀으로 자신들을 위한 보호막을 삼는다. 그러나 내가 본 성경책에 "예수 그리스도는 어제나 오늘이나 영원토록 동일하시니라"(히 13:8)라고 기록되어 있는 한 나는 우리 시대에 해당되지 않는 것을 탐구하느라 귀중한 시간을 소비하려는 것이 아니라, 오히려 생생히 우리 시대에 속한 것을 애써 찾으려는 것이다.

또한 그것은 우리로 하여금 근시안을 가진 자들이 주장하는 것보다 확실한 믿음으로 인도해 준다.

강력자 정복

영접술과 마법술의 가장 강력한 유형 중 몇 가지는 남아메리카에 있는 머큠바(the Macumba)집단, 아이티의 부두교(Voodoo), 아프리카와 아시아에 있는 좀비스(the Zombis), 그리고 시베리아와 알래스카의 무당 가운데에서 발견된다.

나는 이 지역들을 방문해 보았으나 그곳에선 구원받는 사례를 많이 들어보지 못했다. 그러나 불과 소수이기는 하나 그 승리의 체험은 세상에 널려있는 어둠의 지배 지역에서 이루신 예수님의 승전보이다. 이제 그 승전보를 살펴보기로 한다.

오틸랴 폰테(Otillia Pontes)의 이야기는, 예수님께서는 마법의 깊은 지옥에서도 사람들을 실제로 구출해 내셔서 주님의 도구로 삼으실 수 있음을 실증해 주는 찬연한 횃불이다.

오틸랴 폰테는 리오데자네이로에 있는 어느 공장에서 일하던 봉제공이었다. 그곳에서 그녀는 여자 경영주의 수중에 빠져 들었는데, 그 여주인은 심령력을 발휘하여 그녀를 머큠바에 가입하게 만들었다. 오틸랴는 브라질의 울창한 밀림에서 거행되는 사교의식에 소개되었다. 오틸랴는 자신의 강력한 유전성 심령력 덕분에 급속한 진전을 보이며 단계를 밟아 올라갔고, 온갖 시험을 모두 통과했다.

그 중 한 가지는 펄펄 끓는 기름 속에서 맨손으로 불타는 모직물을 손가락 하나 데지 않고 꺼내는 것이었다. 50명의 후보자 가운데 오직 오틸랴와 다른 한 명의 수련생만이 이 일을 해냈다.

가장 어려운 시험은 그녀의 친아들을 희생 제물로 바치라는 명령이었다. 한밤중에 그 어린 아들은 축제집회 장소로 끌려갔다. 동시에 숫염소 한 마리도 묶어 소년 앞에 놓았다. 악령이 어린애의 생명을 택할 것인지 혹은 염소를 택할 것인지에 따라 결정이 된다. 오늘날까지도 머큠바 집단에서는 어린이 제물이 행해지고 있다. 정부 당국은 그것을 엄금하고 있으나 그 사교회 집회 장소가 밀림 속 깊숙이 숨겨져 있어서 경찰이 적발하지를 못한다.

한밤중에 악령 조아오 까베이라(Joao Caveira)는 대모에게 들어와 대치물을 받아들이겠다고 알렸다. 그래서 염소가 제물로 바쳐졌다. 혹 악령이 요구했더라면 그 소년은 틀림없이 희생 제물로 바쳐졌을 것이다.

이 소년이 자라 이제는 예수님의 일꾼이 되어 있음을 이 시점에서 밝혀두는 바이다.

최종 시험을 통과한 후 오틸랴는 장미서약을 마친 대모, 즉 바바(Baba)가 되었다. 그녀는 엄청난 영매성 능력을 키웠다. 그녀는 질병을 일으키고 고칠 수 있었으며, 주술을 걸고 풀 수 있는 능력을 지녔다. 그녀는 영접경에 빠져들어 악령의 전갈을 받아 다른 사람에게 전달해 줄 수도 있었다.

그러나 오틸랴가 발견한 놀라운 일은 참 그리스도인이 개재 되어있는 곳에서는 그녀의 능력이 맥을 못 춘다는 사실이었다. 그녀는 사탄과 악령들보다 훨씬 더 강력한 그 무엇이 존재하고 있음을 알게 되었다.

오틸랴는 머큠바 내에서 20년간이나 지도자 지위를 누렸다. 그런데 그녀는 그리스도의 부름을 들었다. 우선 첫째로 그녀의 어린애가 몹시 병

들어 회복이 거의 절망적인 것 같았다. 그때 그리스도의 한 사역자가 그녀를 방문하여 말했다.

"그리스도께서는 당신 아들을 고칠 수 있습니다. 다음 주일날 예배에 나오십시오."

"대모가 기독교 예배에 나간다? 어림도 없는 생각이지!" 그러나 그녀는 자식을 사랑했다. 그래서 한주일 내내 나가느냐 마느냐 하는 문제로 고민했다. 각종 어려움이 튀어나와 가로 막았다. 게다가 그녀의 선임자인 늙은 대모가 낌새를 알아채고 가로 막으려고 찾아왔다.

오틸랴는 그녀에게 주술을 걸어 집안에 묶어 놓았다. 늙은 바바는 오틸랴가 돌아올 때까지 꼼짝없이 서 있어야만 했다. 그 정도로 젊은 바바가 지닌 능력은 강력했다.

오틸랴는 단 한 번 교회에 나간 것만으로 만족스럽지가 않았다. 무서운 싸움을 겪는 가운데 오틸랴는 그리스도께로 오는 길을 찾았고, 머쿰바 사교와 절연하였다. 대모가 머쿰바를 이탈하면 대개 생명을 잃기가 일쑤다. 오틸랴는 이것을 잘 알고 있었다. 그러나 그녀는 그 위험을 불사했다.

그녀는 이제 더 한층 강력한 분께서 보호해 주시고 있음을 알았다. 그녀의 아들은 완전히 병이 나았다. 오틸랴 자신은 복음전도자가 되었으며, 그 이후 브라질 각처를 돌면서 여성 대집회에서 강연을 계속 하고 있다.

리오(Rio)에서 내가 그녀를 만나 직접 그녀의 증언을 들었을 때 그녀는 이미 130여 교회에서 강연을 했다. 오틸랴 폰테는 우리의 기도 뒷받침을 필요로 한다. 왜냐하면 사탄은 한때 그를 섬기다가 그의 지배를 박차고 탈출해 나간 자를 어김없이 추적하기 때문이다.

숨은 이야기가 많이 있지만 빠르게 진행시키고자 한다. 나는 아이티에서 부두교에 대하여 알았다. 선교사들이 쓴 보고서를 많이 보았고, 또

한 카운슬링 경험에서 얻은 직접적인 사례도 가지고 있다.

젊은 흑인 한 사람이 내게 카운슬링을 받으러 왔다. 그는 어렸을 적에 포트 오 프린스(Port au Prince)에 있는 어떤 부두 승에게 병 치료를 받았다. 그의 부모들도 도움이 필요할 적마다 항상 그 부두 승을 찾아갔다.
그 결과는 뻔했다. 그는 성격의 변화를 겪었다. 그의 영적 생활에 장애물이 생겼고, 여러 가지 종류의 속박 장애가 있었다. 그 젊은이는 나에게 생의 모든 것을 말했다. 나는 그와 더불어 절연의 기도를 해주었다. 그러고 나서 두 사람의 믿는 형제가 있는 자리에서 주님의 이름으로 그가 부두교에서 풀려났음을 선언해 주었다.
나는 두려운 마음을 느끼며 이 일을 했음을 솔직히 고백한다. 나는 어둠의 세력이 퍼붓는 보복을 알고 있으며, 그 공격이 피상적이며 경험 없는 기독교인의 안일한 생각보다는 훨씬 더 무서운 것이기 때문이다.

이런 일이 있은 후 나는 그 젊은이와 접촉을 못했다. 그런데 몇 년 전 세계복음전도대회 때 그가 불쑥 나타나 내게 말을 걸었다.
"저를 기억하십니까? 십여 년 전에 제가 박사님께 카운슬링을 받으러 갔었지요."
옛 기억이 주마등처럼 모두 떠올랐다. 이 형제가 이제 그의 본국에서 복음을 전도하고 있으며, 기독교 교회 지도자 중 한 사람이라는 말을 듣고서 나는 얼마나 기뻤는지 모른다.
주님께서는 때때로 우리의 적은 믿음을 부끄럽게 하신다.

수년 전 나는 캘리포니아 주 샌디에고(San Diego)에서 몇 차례 강연을 했다. 집회가 끝난 후 어떤 젊은 여인이 내게 찾아와 자신이 여러 해 동안 요가에 몸담아 왔다고 말했다. 많은 수련을 쌓은 끝에 여인은 두 번째 단계를 통달했다. 여인은 정신통일로 자신의 자율신경조직을 조절할 수 있었으며, 혈액순환을 촉진시키거나 늦출 수도 있었다. 여인의 무의식적인 신체 기능은 정신통일과 명상으로 조절되었다.

여인은 수련생활에서 예수를 스승으로 선택하였다. 주목해야 할 점은 예수가 단지 귀감일 뿐이요 지혜를 깨친 위대한 인물일 뿐이지 그녀의 대속자이며 구원자는 아니란 점이다. 그 젊은 여인은 잘 균형 잡힌 인생 철학을 가졌다고 생각했다. 그런데 그녀의 안정감은 산산조각이 나고 말았다.

여인의 측근에는 그녀를 위해 기도해 주는 기독교인 몇 사람이 살고 있었다. 그들은 여인을 예배에 초대하기도 했고, 기독교 문헌을 읽으라고 주기도 했다. 그들은 또한 예수님께 그저 명예로운 칭호를 부여하며 스승으로 모시는 정도로는 충분치 못하다고 일깨워 주기도 했다. 그러나 충분치 못한 정도가 아니라, 예수님은 우리의 모든 삶의 주님이 되시기를 원하신다.

이렇게 해서 여인이 차곡차곡 쌓아 올렸던 가르침의 체계에서 돌 하나가 부서졌고, 곧이어 와르르 무너져 내렸다. 그 상황은 참으로 고통스런 과정이었으나 드디어 여인은 삶을 그리스도께 내맡겼다.

여인은 그리스도께로 회심한 이야기를 인쇄하였다. 그것은 23페이지 짜리 소책자로서 여인은 내가 샌디에고에 가 있을 적에 나에게도 한 권 주었다. 이 소책자의 제목이 바로 '요가에서 그리스도께로'이다.

리베리아에서 있었던 일이다. 나는 선교사 그래함 데이비스(Graham Davis)가 일하고 있는 킹스빌(Kings Ville)에 방문 중이었다.

강연을 마친 후 70세의 노인이 카운슬링 받으러 내게 찾아왔다. 선교사는 많은 사람이 두려워하는 마법사가 바로 이 노인인데, 아마 대왕(The Country Devil)이란 별명까지 붙어 있다고 나에게 일러 주었다. 그는 리베리아의 마법사회 총재였다.

나는 이런 사람을 맞아 카운슬링하게 되어 적이 불안감을 느꼈다. 꼭 놀라운 일을 당할 것만 같았다.

그 마법사는 단도직입적으로 말했다.

"나는 내 죄를 고백하고 기독교인이 되고 싶습니다."

그러고 나서 그는 일생동안 해온 일을 모조리 고백하기 시작했다. 그는 별 어려움 없이 그리스도를 믿는 믿음으로 죄 사함과 구원을 받아들였다. 또한 이 면담을 통하여 나는 리베리아 마법계에서 은밀히 무슨 일이 진행되어 가는지를 알 수 있었다. 이 나라 마법의 상당수가 암시력에 의존하고 있으나 또한 다분히 사탄적인 마법도 역시 끼어 있었다.

이 노인과 관련해서 볼 때 나는 기나긴 사슬에서 맨 나중 연결고리에 지나지 않았다는 것이 분명했다. 여러 선교사들이 터전을 훌륭하게 다져 놓았다. 선교 일선에서 일하는 예수님의 충실한 증언자들의 목회가 없었더라면, 늙은 마법사가 자신이 여지껏 해온 바를 매우 뚜렷이 알고 있는 점으로 보아 그 돌발적인 회심이 가능하지 못했을 것이다.

나는 또한 마법사 우두머리까지도 하나님의 아들에게 머리 숙여 섬길 수 있다는 사실을 보았을 때 예수 그리스도의 권능이 얼마나 위대한지를 똑똑히 알 수 있었다.

동남아시아에서 나는 N.N. 형제를 세 번 만났다. 내가 이 형제의 이름을 밝히지 않는 편이 나을 것 같다. 만일 밝히는 경우 혹 그가 공격받을런지도 모르기 때문이다.

그의 부모는 수마트라(Sumatra)의 회교도가 다스리는 지역에서 살았다. 그 아들 N.N.은 재능이 있어 고등학교를 졸업하고 대학에 들어갔다. 그 부모의 계획이자 소망은 아들이 회교 승려가 되어 주는 것이었다. 방학 동안에 그 젊은 승려 후보생은 어떤 늙은 승려에게 찾아가 대학에서 배울 수 없는 온갖 것들을 배웠다. 그 늙은 모하메드의 사도는 열성인 제자에게 마법술의 기법을 가르쳤다.

확실히 그 청년은 심령성 기질이 농후하여서 그 술법을 통달하여 대가의 경지에 다달았다. 그는 마법력으로 닫힌 문과 창문을 열어젖힐 수 있게 되었고, 화염을 뿜어 불을 붙일 수도 있었다. 이러한 온갖 실습을 익히는 중에 그의 스승은 자질을 충분히 갖춘 회교 승려라면 모두가 마법술을 통달해야 한다는 점을 충분히 일러 주었다.

학업을 계속하여 원숙한 경지에 이르려고 그 젊은이는 해외 유학을 하여 어느 유수의 코란(Koran) 대학교에 다녔다. 여기서 그는 생전 처음으로 진짜 확신을 가진 기독교인들을 만났다. 그는 까닭도 없이 그들을 미워하기 시작했다. 그것은 당연한 이치로서 그가 이미 마법실습을 통하여 사탄의 손아귀에 잡혀 있었기 때문이다.

그는 증오심을 행동으로 옮기려고 학생들을 끌어 모아 반기독교 행동대원을 조직했다. 이 단계의 목적은 기독교인이 전개하는 공개 활동이라면 모조리 대항하여 싸우는 것이었다. 기독교인의 예배가 거행되고 있는 곳이라면 어디든지 이 단체가 찾아가 유리창을 깨뜨리고 교회 주변에서 소란을 피워 예배를 못 드리게 방해했다. 그들 모두는 기독교인들에게 비슷한 증오감을 느끼고 있었기 때문이었다.

기독교인들은 소용이 없음을 잘 알고 있기 때문에 경찰의 보호조치를 요청할 생각이 전혀 없었다. 그 대신 기도했으며, 특히 시편 124:8의 말씀으로 기도했다.

"우리의 도움은 천지를 지으신 여호와의 이름에 있도다."

밖에서는 에워싸고 소동을 피우고 있었지만 기독교인들은 교회 안에서 무릎을 꿇고 소란을 피우는 자들을 위해 기도했다.

어느 주일 저녁 예배 때 그 기독교 교회의 지도자와 전도자는 그 회교도 단체를 초대하여 교회 안에서 토론을 벌여보자는 생각을 했다. 지도자가 밖에 나가있는 동안 다른 사람들은 주님께서 그를 보호해 주시기를 간절히 기도했다. 기도에 대한 응답이 내려 회교도들의 주동자가 선뜻 토론에 응하겠다는 답변을 했다. 물론 세계 어느 곳을 막론하고 학생들은 항상 토론에는 잘 응한다.

회교도들은 험상궂은 표정으로 다소 불안한지 힐끔거리며 기독교인들이 모여 있는 곳으로 들어왔다. 참석해 있는 기독교인 전원의 기도에 힘입어 그 지도자는 기독교인으로서 자신들이 원하는 바를 그 젊은 회교도들에게 차근차근 설명해 주었다.

토론은 예상과 달리 매우 조용했다. 그날 밤 두 집단은 더 이상의 소란 없이 헤어졌다.

기독교인들이 말했던 내용에 대하여 깊이 생각한 사람이 바로 회교 승려가 되려고 준비 중인 학생이었다. 그는 더 이상 소요를 선동할 마음이 없어졌다. 그의 동료들은 시위를 계속했으나 '토론했던 교회'에는 얼씬 거리지도 않았다.

그 젊은 승려 후보자는 한 걸음 더 나아가 기독교인이 예배 보는 곳에 슬며시 들어가 맨 뒷줄에 앉았다. 그가 들었던 메시지가 그의 심금을 울렸다 성령께서 그의 마음속에서 활동을 시작하신 것이다.

번민과 갈등 속에서 젊은이는 그 교회 지도자와 개인 면담을 해보기로 굳게 결심했다. 그 지도자는 젊은이를 어느 전도 집회에 데려갔는데 그 집회는 영적 권능을 가진 한 선교사에 의해 인도되고 있었다. 이것이 결정타였다.

코란을 신봉하는 제자, 회교도 승려의 후보자가 예수님의 사도로 변모되었다. 기독교인들에 대한 반대가 과격했었던 것처럼 예수 그리스도를 위한 증거자가 되려는 그의 결심도 역시 과단성이 있었다.

그는 신약성경을 철저히 공부하기 위해 즉시 신학교에 들어갔다. 그 후 그는 선교사로 일하기 위해 옛 고국으로 돌아왔다.

나는 이 형제와 끊임없이 연락해 오고 있는데, 이 형제는 하마터면 회교 승려가 될 뻔 했으나 그 대신 기독교 선교사가 되었다. 다른 선교사들이 그의 풍성하게 축복받은 목회에 관한 소식을 나에게 수시로 연락해 주고 있다.

한 가지 경험만 더 말하겠다. 그 경험이 내게는 주님의 인도하심을 뜻하기 때문이다. 내가 몸담고 있는 성경 및 문서선교회는 여러 해 동안 각 대륙에서 활동하고 있는 많은 선교사들을 지원해오고 있다. 다른 대륙에 송금하는 일은 그렇게 쉬운 일이 아니다. 한 번은 내가 남부 인도(South India)를 통하여 거액의 돈을 송금한 적이 있다. 그런데 은행이 그 돈을 6개월 동안이나 거머쥐고 수취인에게 지불하지 않는 것이었다. 그리고 나서 또 환가료(換價料)로 20%를 요구했다. 서구를 표준해서 본다면 그것은 사기와 다를 바 없을 것이다. 우선 그들은 이자 한 푼 없이 서구의 돈을 이용했고 그 다음 거대한 몫을 뚝 잘라 삼켰다.

이제 N.N. 형제와의 사이에서 있었던 조그만 사건 하나를 소개한다. 어느 날 나는 불현듯 그에게 수표를 보내주고픈 마음이 일었다. 그 편지는 중개인을 통하여 그에게 보내져야만 했는데 이번엔 의외로 빨리 전달되었다. 겨우 삼 주일 밖에 안 되었는데도 나는 그가 띄운 답장을 받았다.

"일 년 전에 저는 결혼했습니다. 이제 곧 첫아기가 태어날 날이 머지않았지요. 목사님께서 편지를 보내주셨던 그 무렵에 우리는 돈이 다 떨어

저 한 푼도 없었습니다. 제 처는 어린애 용품도 사놓지 못했습니다. 심지어 기저귀감 마저도 준비를 못했어요. 그런데 주님께서 해주신 응답, 우리 기도에 대한 응답으로써 목사님께서 보내주신 수표가 왔습니다. 하나님께 감사드립니다!"

이번에는 주님께서 상황의 긴박성을 아셨기 때문에 여러 달 걸리지 않았다. 나는 그 상황을 전혀 몰랐다. 심지어 N.N. 형제가 결혼한 사실조차도 나는 몰랐다.

주님께서는 크고 작은 경험을 주심으로써 우리의 믿음을 견고하게 해 주신다. 이 이야기에서 얻은 커다란 경험은 회교 승려 후보자가 마법술의 갖가지 기법을 수련 받은 후에 사탄을 섬기는 곳에서 탈출하여 기독교인이 되었고, 더 나아가 오늘날 선교분야에서 주님을 위한 심부름꾼으로 일하고 있다는 사실이다.

내가 쉬트라스부르크(Strasburg)에 있는 아우베틀레(the Aubetle) 문화회관에서 연속 강연을 하고 있을 당시, 두 젊은이가 나에게 마구 대들었다.

"내가 무얼 잘못 했기에 당신들이 나를 윽박지르는가요?"

"일 년 전 당신이 바로 이 회관에서 점술을 비난하는 강연을 했습니다. 우리 어머니가 당신 강연을 듣고 집에 돌아와서는 우리들에게 말했어요. '나는 더 이상 이런 일을 안 할 작정이다.'"

"당신의 어머니가 무엇을 하고 계셨던가요?"

"잘 아시잖아요? 어머니는 조언을 청하러 오는 사람들에게 카드점, 크리스탈공점, 진동자점을 쳐주었지요. 어머니는 그 일을 해서 돈을 많이 벌어들였고, 가족들 모두가 편안하게 살았어요. 그런데 이제 끝장나고 말았단 말입니다. 어머니가 막무가내로 고집을 세우시고, 그 재주를 더 이상 쓰지 않으려고 하시기 때문에, 우리 모두가 일자리를 찾아나서야 할 판이란 말이에요."

"당신들은 점술이 악마의 일이란 걸 모르나요? 그리고 또 그로 인해서 일부 사람들이 구원의 기회를 몰수당한다는 사실을 모르나요?"

"그렇지만 우리 어머니는 그것으로 좋은 일을 많이 했습니다. 어머니가 먼저 돈을 요구한 적은 없으니까요. 어머니의 고객들이 마음 내키는 대로 주었고, 조언을 받으러 왔던 사람들 중 일부는 고위직에 있는 중요 인물도 있었단 말입니다. 어머니가 옳지 않은 일을 하고 있었다면 그 사람들이 오지도 않았을 겁니다."

나는 이 젊은이들을 납득시킬 수가 없었다. 그들은 어머니가 대주는 돈으로 빈둥빈둥 노는 대신 이제는 별도리 없이 자신의 생활비를 스스로 벌어야만 했다.

나는 그 말을 듣고 내심 기뻤다. 내 강연의 열매를 보았기 때문이다. 이사야 55:11에는 다음과 같은 말씀이 기록돼 있다.

"내 입에서 나가는 말도 헛되이 내게로 돌아오지 아니 하느니라."

쉬트라스부르크에서는 하나님의 말씀이 점술가의 수입원을 멈추게 하셨다. 그리고 그 이상의 일도 이루셨다. 사탄에 매였던 낯 모르는 사람이 구원을 받고 하나님의 집의 부요함으로 축복을 받았다.

지난 20여 년 동안에 수십 만 명에 달하는 젊은이들이 자신들의 피로 서명하여 영혼을 악령에게 넘겨주었다. 이 무시무시한 혈맹의 배후에는 무엇이 도사리고 있을까?

일부 젊은이들은 스위스의 열네 살 난 하이디(Heidi)처럼 혈맹이 과연 어떤 효력을 나타내는지 알아보려는 단순한 호기심으로 그런 짓을 해 본다.

다른 젊은이들은 교회의 엄격함과 무미건조함을 구실삼아 빗나가거나, 자칭 기독교인이라는 사람들이 안락한 생활에 젖은 채 스스로 의롭다고 내세우는 바리새주의가 역겨워 반감을 느낀다.

또 다른 자들은 쾌락을 추구하던 나머지, 혹은 공허한 삶에 대한 목적을 찾다가 그저 한 발자국 내디뎌 보는 정도로 가볍게 여기고 혈맹을 한다. 그들은 악마가 제공하는 전 상품 목록을 고루 섭렵해 들어간다. 섹스, 알코올, 마약, 광란음악(demonic music), 종교적 광신주의 그러다가 결국 사탄에게 몽땅 내맡겨 버린다.

카운슬링을 하면서 나는 다른 어떤 유형의 악령들림증 보다도 더욱 혈맹을 두려워한다. 그런 사례에 대한 기록을 대략 백여 건 정도 가지고 있는데 구원받은 젊은이라곤 단 네 명 밖에 없다.

이와 관련하여 내가 겪어본 가장 멋진 경험은 취리히에서였다. 한 젊은이가 카운슬링 중에 자신의 피로써 서명하여 악마에게 자신의 영혼을 넘겨주었다고 내게 고백했다. 나는 가슴이 철렁 내려앉았다. 그렇지만 나는 그 젊은이가 내게 말하고 싶어 하는 것을 끝까지 참고 경청했다. 그는 죄를 고백했고, 예수님께 삶을 내맡기겠다는 결의를 표명했다.

나는 그와 더불어 절연의 기도를 해주었다. 그러나 나는 엄두가 나지 않아 그가 풀려났음을 선언해 주지는 못했다. 내게 마음 놓고 그렇게 할 만한 믿음이 솟구치지 않았기 때문이다. 그 대신 그에게 다만 나의 저서 '신비력 속박장애증과 구원'이란 책 한 권을 그에게 주고 말았는데 그 책에는 신비술에 관련된 자들을 카운슬링 하는 지침이 제시되어 있다. 나는 심지어 그를 위한 기도에도 충실을 기하지 않았다. 비슷한 여러 사례에서 겪었던 몸서리치는 나쁜 경험 탓으로 조심스러워졌기 때문이다.

그렇기 때문에 약 8개월쯤 지난 후 그 젊은이가 구원을 받아 복음을 전도하고 있다는 소식을 들었을 때 나의 기쁨은 더없이 컸다.

여기서도 예수 그리스도께서는 승리의 우승컵을 높이 치켜 올리셨던 바, 주님께서 정복하시기 어려운 매임증이나 눌림증이란 전혀 없음을 보여주는 고무적인 표적이었다. 주님께 하늘과 땅을 다스리는 모든 권능이 주어졌도다.

> 예수!
> 그 이름 온 누리에 지고(至高) 하나니
> 지옥에서나 땅에서나 하늘에서나
> 천사들과 사람들이 그 앞에 부복하나니
> 마귀 무서워 달아나는도다
> 예수!
> 잡힌 자의 족쇄 깨부수며
> 사탄의 머리 짓이기는도다
> 예수!
> 힘없는 영혼에 새 힘주시며
> 죽은 자에게 새 생명 선포 하시도다

신약성경은 피로써 서명하여 악마에게 자신을 넘겨준 자들에게 삼중의 보증을 제공한다.

> 그리스도의 피가 죽은 행실에서 깨끗하게 하심(히 9:4).
> 그리스도의 피로 말미암아 구속받음(엡 1:7).
> 그리스도의 피로 죄 값을 하나님께 치름(계 5:9).

하나님의 독생자이신 예수 그리스도의 피는 사탄의 주술에 걸려든 자와 풀려나 놓임 받기를 원하거나 이미 구원을 발견한 자, 그 모두를 위한 승리의 깃발인 것이다.

또 하나의 선민 알이랑 민족

유석근 지음

겨레의 노래 아리랑의 비밀 및 한국인의 정체성과 구원사적 사명이 무엇인지를 성경을 중심으로 역사적 자료들과 함께 상세히 설명한 책. 본서의 독자들은 우리나라를 향한 여호와 하나님의 크고 놀라운 계획을 깨닫게 될 것이다. 한국교회 성도들은 누구나 읽어야 할 필독서.

알이랑 고개를 넘어 예루살렘으로

유석근 지음

알이랑 민족 한국인의 구원사적 사명이 무엇인지 성경을 근거로 밝혔다. 계시록 7장 1~8절이 진정으로 무엇을 계시하고 있는 말씀인지를 명확히 깨닫게 해 줄 것이다. 또한 시님의 군대라고 칭하는 오류를 바로 해석하여 설명하였고 동방박사가 누구인가에 대해 알아본다. 미래를 꿈꾸고 사명을 발견하게 되는 놀라운 일이 벌어질 것이다.